La Lutte

Collection Chroniques

En couverture
Scène de rue à Mazantas (Cuba).
© Veronique Durruty/Rapho

Couverture et composition
Henri-François Serres Cousiné

Diffusion-Distribution
Harmonia Mundi livre

ISBN 978-2-36358-298-0
Éditions Vendémiaire
155, rue de Belleville 75019 Paris
www.editions-vendemiaire.com

La Lutte
Cuba après l'effondrement de l'URSS

Vincent Bloch

Cet ouvrage a été publié avec le soutien du CNL

Vendémiaire

« Hommes de l'avenir, souvenez-vous de moi. »

Vogue, Mariel

Introduction

«La Révolution, c'est lutter avec audace, intelligence et réalisme»: depuis une vingtaine d'années, on aperçoit fréquemment ce slogan sur les panneaux de propagande disséminés dans les villes et les campagnes cubaines. Depuis la Floride, un caricaturiste a repris la photo d'une pancarte affichant cette consigne, en ajoutant au premier plan un individu plongeant la main à l'intérieur d'un sac pendant qu'un autre surveille les alentours. Il arrive que certaines devises du régime soient détournées ou subverties, mais il est difficile, dans ce cas précis, de dissocier un contenu «officiel» d'un contenu «parodique» et, finalement, de ne pas essayer de déchiffrer la façon dont cette maxime du quotidien lie des registres hétérogènes de l'expérience révolutionnaire. À partir d'une longue enquête de terrain portant sur les transactions quotidiennes à La Havane, cet ouvrage montre que, à Cuba, «lutter» est devenu une forme de vie ou de normalité qui brouille les frontières entre principes d'action des dirigeants et capacité d'agir des individus et des groupes placés sous leur joug.

La *lucha*

Au sein de la société cubaine contemporaine, les limites imposées par l'État aux activités économiques privées s'ajoutent à la précarité des conditions de vie matérielles ; tous ou presque en sont réduits à « lutter » aux marges du légal pour joindre les deux bouts. Dans le langage courant, lutter (*luchar*) est le verbe qui désigne l'ensemble de ces formes de « débrouille ». Associé à d'autres verbes comme « inventer », « résoudre », « s'en sortir », etc., il permet tout à la fois de nouer des arrangements discrets, de décrire la vie quotidienne et de rester vague quant aux types de transgression (légales, morales, politiques, idéologiques, etc.) contenus dans les pratiques qu'il recouvre. Selon les situations, dire qu'on lutte est un euphémisme, une forme de justification ou un motif d'honneur. Mais la lutte (*lucha*) appartient également au champ lexical de la propagande révolutionnaire. Elle désigne en particulier la lutte contre la dictature de Fulgencio Batista, entre 1956 et 1958, et plus généralement l'histoire officielle : la lutte de libération contre le « joug colonial » espagnol, puis contre l'« impérialisme nord-américain », à partir de la première guerre d'indépendance en 1868. La *lucha* telle qu'elle est entendue par la propagande est aussi la participation de chacun à la *causa* (« la cause »), la conservation des acquis révolutionnaires face aux agressions américaines et aux menaces contre-révolutionnaires de l'intérieur.

Luchar est aujourd'hui plus que jamais le maître-mot du discours révolutionnaire : entretenir l'esprit de lutte est la seule façon de « continuer à aller de l'avant ». Aussi l'élasticité du champ lexical de la lutte (*lucha*) témoigne-t-elle moins d'une subversion ou d'une récupération du langage révolutionnaire que de l'existence d'un savoir pratique commun, d'une interpénétration des imaginaires et d'un sens partagé de la réalité. Les jeux de langage autour du verbe «lutter» (*luchar*) sont des indices de la manière dont s'articulent la vie quotidienne, le fonctionnement social et les modes de perpétuation du régime mis en place à partir de 1959.

Même si la *lucha* présente à première vue un air de famille avec le *rebusque* colombien, le *trabendo* algérien, le *goorgoorlou* sénégalais ou le *système D* français, la comparaison risque de réduire le phénomène à des abstractions psychologiques ou anthropologiques comme la «résilience» ou la «culture de la pauvreté», sans qu'on perçoive la singularité de l'ancrage contextuel dans lequel les pratiques décrites sont englobées.

Davantage que la déclinaison cubaine de la «débrouille» ou de la «résistance», la *lucha* est un fait social total[1] qui invite à la description ethnographique de pratiques en situation, afin de mieux comprendre les normes tacites et locales dans lesquelles elle s'inscrit, les contraintes spécifiques auxquelles elle renvoie et le sens de la réalité qu'elle véhicule et perpétue. La lutte/*lucha* est l'indice d'une forme de vie et, en ce sens, une piste qu'il est difficile de suivre sans accepter de faire feu de tout bois, d'emprunter plusieurs voies, à partir d'indices, de traces, de contextes qui ébranlent toute certitude méthodologique. Les chemins de la lutte mènent progressivement à une vue synoptique. La multiplication des points de vue, combinée à l'analyse, permet finalement, tout en suivant des pistes hachées, de cerner une forme de vie, dans ce qu'elle a d'englobant – la forme du régime dans la durée, en quelque sorte.

Or, en observant la *lucha* au quotidien, le sociologue est inévitablement entraîné sur le terrain de la réflexion historique[2].

Les Cubains insistent dans leurs récits sur le fait que la *lucha* n'est devenue la dimension centrale de l'expérience sociale qu'à partir du moment où le pays a subi le contrecoup du tarissement de l'aide soviétique, en 1989. Mais ils suggèrent aussi que les règles de la *lucha* participaient du fonctionnement social du régime dès le début des années 1960. La lutte est non seulement la manifestation des convergences stratégiques entre acteurs sociaux et acteurs politiques, mais aussi le symptôme des modes d'adhésion de la population au régime politique. La *lucha* renvoie ainsi au type de contrainte dont elle est le ressort et à une réflexion sur la forme de vie qu'elle articule. Comme la plupart des «cubanologues» estiment que le régime castriste «transite» depuis près de vingt ans du «totalitarisme» à l'«autoritarisme», le sociologue ne peut que se trouver engagé dans une réflexion sur la validité de tels concepts, aussi bien d'un point de vue philosophique qu'historique et comparatif.

Un régime totalitaire?

La *politeia* des Anciens renvoyait à la fois à la constitution, c'est-à-dire l'ordre des magistratures, et au mode de coexistence des êtres humains. En ce sens, les conduites échappent toujours partiellement à un mode de régulation institutionnel et juridique et ôtent une part de sa validité conceptuelle à la notion moderne de régime politique, qui tend à concevoir l'État comme une entité indépendante. Or, dans le cas des régimes totalitaires, les politologues C. Friederich et Z. Brzezinski ont avancé l'idée selon laquelle cet écart entre l'ordre des conduites, des croyances, des procédures et des institutions était refermé. Ils ont défini le «totalitarisme» dans les années 1960 à partir des signes systémiques d'un «modèle général»: parti unique dirigé par un leader charismatique, idéologie officielle, monopole des moyens de communication et de combat, contrôle policier terroriste et pilotage centralisé de l'économie. Cette définition s'applique notamment, d'après les auteurs, à tous les régimes «communistes» et le régime castriste tend bien à remplir chacun de ces critères.

Dès 1961, les trois formations politiques dont les membres avaient œuvré à une refonte radicale de l'organisation de la société et des modes d'autorité, le Mouvement du 26 Juillet (M26-7), le Directoire Révolutionnaire Étudiant (DRE) et le Parti Socialiste Populaire (PSP), se sont regroupées au sein des Organisations Révolutionnaires Intégrées (ORI), rebaptisées en 1963 Parti Uni de la Révolution Socialiste (PURS). Celui-ci, devenu en 1965 le Parti Communiste Cubain (PCC), a été dirigé jusqu'en 2011 par un leader dont les décisions avaient valeur de loi, en vertu de la mission historique qu'il s'était assignée en projetant le renversement de Batista. Appartenant à l'autoproclamée «Génération du Centenaire de la Naissance de Martí», Fidel Castro a repris à son compte les idéaux du «Héros de la République» et s'est fixé comme but de «poursuivre la Révolution» pour «forger une Nation juste et égalitaire». Cette synthèse entre la pensée de José Martí et les principes marxistes, que Fidel Castro considère comme sa contribution à «la Révolution», constitue l'idéologie officielle du régime. Réaffirmée notamment par la réforme constitutionnelle de juin 2002, proclamant face à l'«impérialisme américain» le «caractère socialiste irrévocable de la Révolution», cette idéologie est la matrice officielle à travers laquelle tout se décide, s'interprète et se justifie.

Selon cette idéologie dont le corollaire est le parti unique, le pouvoir ne se situe pas à distance de la société. Au contraire, il s'y enracine jusqu'à se confondre avec elle et Fidel Castro avait expliqué un jour à un journaliste qu'à Cuba chaque citoyen pouvait faire sienne la formule attribuée à Louis XIV : « L'État, c'est moi[3]. » Le gouvernement ne guide « le peuple » que dans la mesure où il est le prolongement de son propre pouvoir : c'est « le peuple » qui veut le bien-être matériel et moral, la préservation de la sûreté et l'indépendance de la nation. Dès lors, l'exercice arbitraire du pouvoir étant exclu par définition, le gouvernement dispose du monopole de la diffusion publique de l'information, de l'usage de la force et de l'organisation de l'activité économique. Le premier vecteur des entreprises de déstabilisation contre-révolutionnaires dirigées contre le peuple et la nation étant la désinformation, le gouvernement a la mainmise sur les chaînes de télévision, les journaux, les maisons d'édition, la compagnie des téléphones et l'accès à l'internet. Toute forme de mobilisation sociale – manifestations, tribunes politiques – est orchestrée par le gouvernement pour répondre aux buts proclamés de la société « digne et égalitaire ». Outre les moyens de dissuasion massifs mis à la disposition des forces régulières, le Ministère des Forces Armées entraîne régulièrement la population civile aux tâches de « défense ».

Le Ministère de l'Intérieur (Minint) exerce pour sa part un contrôle minutieux sur toute forme de déviance idéologique et de velléité d'émancipation par rapport aux modes d'organisation mis en place par le gouvernement. Les sanctions interviennent tantôt de façon radicale, tantôt au terme d'une période de laisser-faire au cours de laquelle les autorités ont tenté de soumettre les « déviants » à une forme d'allégeance à « la Révolution », à travers leur intégration aux programmes et institutions « officiels ». Le plus souvent, le Minint délègue aux tribunaux le soin de fournir une réponse adaptée à ces actes d'opposition : simple admonestation, avertissement assorti de menaces, déclassement hiérarchique, perte d'emploi, confiscation des biens, privation de droits, incarcération, voire peine de mort (appliquée pour la dernière fois en 2003). De fait, la population craint plus que tout la Sûreté de l'État et s'imagine surveillée en permanence par ses agents ou collaborateurs zélés.

Enfin, à quelques aménagements près, notamment la réintroduction partielle au milieu des années 1990 de micro-activités économiques privées (quoique strictement contrôlées), la totalité des moyens de production et des propriétés foncières et immobilières sont aux mains de l'État. Depuis le remplacement en février 2008 de Fidel Castro par son frère Raúl aux fonctions de président du Conseil d'État et de président du Conseil des ministres (puis de Premier Secrétaire du PCC en 2011), les quelques réformes de portée limitée qui ont été menées n'ont pas fondamentalement modifié le mode de régulation des transactions économiques, qu'il s'agisse de la distribution de terres cédées sous conditions en usufruit aux agriculteurs (décret-loi n° 282/08 du 29 août 2008), du droit concédé aux citoyens de réparer ou d'agrandir leur logement par leurs propres moyens en janvier 2009, de la «légalisation» du «pluri-emploi» en juin de la même année, des «plans pilotes» mis en œuvre début 2010 dans les provinces orientales pour lever partiellement les restrictions sur la vente ambulante de produits alimentaires, ou même de la relance à plus grande échelle des micro-activités privées sous licence à l'automne 2010.

Néanmoins, en observant au cours des années 1990 la vie quotidienne des habitants de l'île, il n'était pas aisé de comprendre, à partir de cet échafaudage institutionnel, la nature des liens qui unissent les motifs explicites du régime et un ensemble de comportements, de discours et de règles nettement plus ambigus. Arrivé à La Havane pour la première fois en 1996, je n'avais pas constaté d'emprise significative de l'«idéologie communiste» sur les discours tenus à l'abri des oreilles indiscrètes. L'obéissance absolue aux lois n'était guère de mise et, si les individus craignaient les autorités et se méfiaient les uns des autres, ils ne semblaient pas à proprement parler soumis à la terreur. Or, à la définition d'un régime totalitaire à partir de paramètres sélectifs correspond l'idée d'un emprisonnement total de l'individu dans la norme décidée pour tous depuis le sommet de l'État. Pourtant, le maillage social assuré conjointement par l'appareil répressif, le parti unique et les «organisations de masse» n'altérait pas à première vue la fluidité des relations sociales. En lieu et place d'un système parfaitement rigide, hiérarchisé et ordonné, le fonctionnement social s'apparentait davantage à un système de normes complexe, fluctuant et capable de contenir les écarts les plus divers.

Pour la plupart des «cubanologues», cette situation n'invalidait pas le modèle d'analyse qui, en s'inspirant des «paramètres du totalitarisme», avait prévalu jusque-là pour expliquer le fonctionnement du régime: la configuration observée résultait avant tout des bouleversements économiques, politiques et sociaux du début des années 1990, qui avaient rendu caduque l'application du modèle de Friederich et Brzezinski au «nouveau» contexte cubain. Alléguant une série de «ruptures», ces auteurs évoquaient dans le même temps la mise en échec du système institutionnel et l'implosion du fonctionnement social qui lui était attaché[4]. Partant de là, ils décrivent depuis vingt-cinq ans les dynamiques centrifuges qui ont battu en brèche l'ordre totalitaire et modifié les relations de pouvoir entre les autorités et la population. De leur côté, les Cubains eux-mêmes témoignent, lorsqu'ils font le récit de leur vie quotidienne, de la perte d'un système historiquement homogène et insistent notamment, depuis le début des années 1990, sur les aléas de la *lucha* et la «perte des valeurs». Il convient par conséquent de comprendre

en quoi ils appréhendent ces bouleversements comme un effondrement du monde social et des systèmes de référents collectifs
qui structuraient la vie quotidienne.

Le contexte de la *période spéciale en temps de paix*

À l'origine, le projet révolutionnaire cubain avait instauré un
dispositif institutionnel, des normes juridiques et un ensemble
de droits sociaux dont le but était de créer à Cuba un «homme
nouveau», luttant pour le bien commun dans une parfaite sym-
biose avec les valeurs politiques mises en exergue par le régime.
Idéalement animé par une conscience révolutionnaire, l'«homme
nouveau» était porté par un mode d'intégration et un système
de référents sociaux et politiques dont l'effectivité des normes et
des valeurs prenait sens pour l'ensemble de la société, sans que
celles-ci emportent nécessairement l'adhésion. D'un côté prévalait un égalitarisme «strict», inscrit notamment dans des normes
de consommation stables. De l'autre, la stratégie d'accès à des
faveurs passait par l'obtention d'un poste au sein du système politique ou du haut fonctionnariat et, à un moindre degré, par la
voie des qualifications professionnelles socialement valorisées
par le gouvernement (santé, éducation). Si l'adhésion publique au
régime était la norme pour tous, l'ascension sociale était la récompense d'un «comportement communiste exemplaire», conférant
consubstantiellement une lisibilité à la hiérarchie sociale. Enfin,
même si elles suscitaient un enthousiasme feint ou mitigé, les
valeurs exaltées par le régime agissaient également comme des
référents reconnus: désignation d'un ennemi (le capitalisme et
l'impérialisme), installation dans une alerte permanente face aux
menaces extérieure (les États-Unis d'Amérique) et intérieure (les
contre-révolutionnaires), lutte pour l'égalité et la justice sociale

par le communisme. Mais, à partir de la fin des années 1980, le tarissement de l'aide soviétique a déclenché un effondrement du système économique cubain, au point qu'en 1990 Fidel Castro a décrété la «période spéciale en temps de paix».

La crise du système de rationnement et la déliquescence des droits sociaux représentent chronologiquement la première rupture et le catalyseur de la *lucha* comme dimension centrale du quotidien. À partir du début des années 1990, les services jadis offerts par l'État se réduisent de manière drastique, en conséquence de la dégradation très forte des approvisionnements et du manque de devises de l'État cubain. La *libreta* mensuelle fournit désormais une alimentation très insuffisante en qualité, en quantité et en diversité (elle offre *grosso modo* à chacun de quoi manger pendant une semaine). En outre, les soins médicaux ne sont plus assurés que partiellement, en raison de la pénurie de médicaments et du délabrement des hôpitaux. Les malades doivent par exemple amener eux-mêmes leurs draps, serviettes, savon, shampoing – et même leurs produits de nettoyage pour entretenir la propreté de leur chambre. Les moyens consacrés à l'éducation ne permettent plus aux étudiants de suivre leurs cursus dans de bonnes conditions. Faute de carburant, le réseau de transports devient pratiquement inopérant : les files d'attente aux arrêts des *guagua*[5] et l'«invention» des *camellos*[6] sont emblématiques de cette paralysie. Par ailleurs, les «chômeurs de longue durée», ceux dont les entreprises ont cessé leurs activités en 1990, bénéficient de 60 % de leur salaire et conservent tous leurs avantages sociaux, mais l'annonce du licenciement de 500 000 employés d'entreprises jugées non rentables en 1995 consacre la fin de la politique de plein emploi[7].

La deuxième rupture, fortement imbriquée avec la première, concerne la réintroduction de la logique de marché :

16

une économie socialiste à caractère mixte est progressivement implantée à Cuba. Il conviendrait plutôt de parler d'une «réimplantation», en ce sens que l'économie cubaine a déjà connu plusieurs phases successives durant lesquelles certains types d'activités économiques privées ont été autorisés, puis interdits, avant d'être à nouveau légalisés et encore une fois mis hors la loi[8]. L'«offensive révolutionnaire» de 1968 avait éradiqué quelque 70000 petits commerces. Le décret-loi n° 14 de juillet 1978 avait rouvert toute une gamme d'activités privées dans les services et la production de biens à petite échelle. Ces activités n'étaient permises qu'en complément d'un travail à plein-temps et sans qu'il soit possible d'employer de la main-d'œuvre; l'obtention d'une licence était soumise à des preuves de bonne conduite et à une discipline professionnelle irréprochable, toutes deux attestées par un rapport effectué sur le lieu de travail par les responsables compétents. Parmi les biens produits, certains pouvaient être vendus sur les «Marchés Artisanaux», moyennant impôt. La création en avril 1980 des «Marchés Libres Paysans» entrait dans la même logique.

En 1986, dans le cadre de la *Campagne de rectification des tendances et erreurs négatives,* les différents marchés avaient été fermés et les possibilités de mener des activités économiques privées avaient été coupées à la racine. Le *processus de rectification* avait été pensé par Fidel Castro comme un retour aux «vraies» sources du socialisme: stimulants moraux, étatisme fort, travail volontaire et fin du «pas en arrière vers le capitalisme»[9]. Dans les faits, Fidel Castro avait re-centralisé son contrôle personnel sur les instances économiques les plus importantes, tout en expliquant, appuyé par l'appareil de propagande du pays, que le processus était une rectification des travers bureaucratiques du régime: la décentralisation des décisions et la restitution d'un rôle central aux masses populaires étaient censées former la colonne vertébrale de la nouvelle politique. D'après Fidel Castro, les réformes concédées au marché pendant la *période spéciale* s'inscrivent donc en parfaite continuité avec le processus de décentralisation engagé en 1986.

Durant la *période spéciale* le gouvernement a pris une série de mesures d'austérité destinées à favoriser la production de nourriture et la conservation de l'énergie et des matières premières. Les réformes de structure et de gestion visent à permettre l'émergence de marchés d'exportations et d'importations ainsi qu'à attirer de nouveaux partenaires économiques. Les Associations Économiques entre Entités Cubaines et Étrangères (AECE) ont vu le jour en vertu d'une première législation de 1982 (décret-loi n° 50), complétée par la loi n° 77 de 1995. Celle-ci autorise l'appropriation à 100 % d'une entreprise par des capitaux étrangers et libéralise le commerce extérieur des entités mixtes. Les corporations gouvernementales ou militaires, comme *Cubanacán* et *Gaviota* (tourisme) ou le *Banco Financiero Internacional* (banque et crédit), rompent avec les principes de l'«entreprise socialiste». Peu à peu, le modèle du «perfectionnement d'entreprise» (*perfeccionamiento empresarial*) est introduit dans toutes les sociétés gérées par l'armée, laquelle est dotée par ce système d'une autonomie dont ne jouit aucune autre entité d'État[10].

Depuis 1992, le secteur agricole a subi des transformations et vu la constitution dans toutes ses branches des *Unidades Básicas de Producción Cooperativa* (UBPC). En théorie, celles-ci sont régies par le plan étatique de production mais fonctionnent sur la base du principe de l'autogestion et sont responsables de leur propre accumulation et de leurs fonds d'investissements. En outre, elles jouissent d'une surface cultivable consacrée à l'autoconsommation collective et disposent librement de leurs excédents. Ces mesures ont eu pour corollaire le rétablissement en 1994 des *Marchés Libres Paysans* sous le nom d'*Agropecuarios*, régis dans une certaine mesure par la loi de l'offre et de la demande. Les agriculteurs y vendent leurs excédents en pesos cubains (Cup), soutenant l'offre déficiente de l'État en matière d'alimentation.

Enfin, si le *processus de rectification* de 1986 s'était attaqué aux «travailleurs à leur propre compte», faisant passer le nombre d'agents économiques concernés de 100 000 au milieu des années 1980 à 30 000 à la fin de la décennie, le IVe Congrès du PCC (1991) propose le développement du travail indépendant («*cuentapropismo*») comme source d'emplois (non étatiques) et comme moyen d'offrir des services de manière à pallier certains besoins de la population que l'État n'est pas ou plus en mesure de satisfaire[11]. La création d'un espace légal pour l'expansion d'une nouvelle activité privée se concrétise en septembre 1992 par l'intermédiaire du décret-loi n° 141, qui dépénalise l'exercice d'environ 140 métiers, portant le nombre de *cuentapropistas* sous licence à environ 200 000 en 1998, ce chiffre ne tenant pas compte des agents illégaux[12]. Les restaurants privés (*paladares*) sont à nouveau autorisés sous strict contrôle (douze chaises au maximum). Étudiants, «professionnels» et «individus essentiels» sont exclus de ces formes d'activités économiques privées. En 1996, la possibilité est donnée à tout un chacun, sous condition d'obtention d'une licence, de mettre en location immobilière une partie ou l'ensemble de sa résidence, alors que, depuis 1959, l'insuffisance du nombre de logements est manifeste, en particulier dans la capitale, qui est un important lieu de passage (selon le recensement effectué en 2002, 32 % des habitants de La Havane sont nés dans les «provinces»[13]).

L'autre pôle des changements économiques des années 1990 concerne le système financier de l'île. Décidée en 1993, la dépénalisation de la possession de dollars vise à récupérer les flux qui arrivent directement à la population selon deux cas de figure : la participation à l'économie non officielle et les envois des familles vivant à l'étranger – les *remesas*, dont le montant est compris, selon les estimations, entre un et quatre milliards de dollars par an[14]. Au pic de la crise économique, en 1994, le cours de la devise américaine est monté à près de 80 pesos. À partir de 1995, des maisons de change (*cadecas*) ont été ouvertes et le taux est progressivement retombé entre 25 et 30 pesos (21 pesos pour 1 dollar en janvier 1999 – 20 pesos dans la rue –, puis 26 pesos pour 1 dollar à partir de janvier 2000 – 25 pesos dans la rue). Enfin, en 1994, le gouvernement a commencé à mettre en circulation le peso convertible (Cuc, aussi appelé *chavito*), dont le cours avait été fixé à 1 dollar. Dès lors, il existait trois monnaies en circulation à Cuba mais, à partir de novembre 2004, le dollar a été retiré de la circulation et toutes les opérations « en devise » s'effectuent depuis en Cuc. En outre, une réforme du système fiscal est mise en place à partir de la seconde moitié des années 1990. Créé en 1995, le Bureau National d'Administration Fiscale (*Oficina Nacional de Administracion Tributaria*) a œuvré à une augmentation générale des impôts, à la fois sur le revenu en dollars (10 à 50 %) et sur le revenu des *cuentapropistas*, à partir de 1996[15]. Les réformes concourent ainsi à l'augmentation des prix, laquelle vient parfois compenser la baisse des subventions versées traditionnellement par l'État dans certains secteurs : tabac, alcool, essence, transports, communications, loisirs (prix d'entrée pour assister aux événements sportifs et culturels).

À mesure que se poursuivent les réformes, un dualisme s'introduit dans l'économie : certaines entreprises et certaines activités privées sont financées en dollars, et d'autres en pesos cubains. De manière générale, le gouvernement a déplacé les subventions jadis octroyées aux secteurs agricole et manufacturier vers les infrastructures de l'«économie dollarisée»: tourisme (lequel devient officiellement «la priorité nationale» en 1996), entreprises en *joint-ventures*, mines, forages pétroliers. Progressivement, certains salaires sont payés en devises (dollars puis Cuc), pour partie ou en totalité[16], tandis que l'écrasante majorité de la population continue à percevoir son salaire officiel en pesos cubains. Or, au cours des années 1990, de nombreuses «boutiques de récupération des devises» sont ouvertes et proposent une offre (produits alimentaires, nationaux et importés, produits de consommation courante, biens d'équipement) non soumise aux pénuries et accessible en dollars/Cuc[17].

Cet ensemble de transformations a bouleversé les habitudes et ouvert une période de réorientation des comportements économiques. Petits trafics et entorses à la légalité socialiste se sont multipliés, alors que dans le même temps est apparue une autre ressource, l'argent des touristes étrangers, dont le nombre est passé de 243 026 en 1985 à près de 2 millions en 2000 et a dépassé les 4 millions en 2016[18]. Plus encore, ceux qui le peuvent étalent au grand jour leur goût pour la culture et les produits de consommation occidentaux; le gouvernement semble contraint de tolérer dorénavant un éclectisme croissant des valeurs. À défaut de la ferveur révolutionnaire jadis exigée par les dirigeants et mise en scène dans la vie quotidienne par l'intermédiaire des organisations de masse, le retrait ou le contournement font figure de moindre mal par rapport à la contestation ouverte. Les procédures drastiques qui restreignaient au maximum les possibilités de sortie du territoire ont été sensiblement assouplies et les tentatives de «départ illégal» à bord d'embarcations de fortune ne sont plus sanctionnées par une peine de prison lorsque les *balseros* sont interceptés en mer et renvoyés à Cuba.

Comment interpréter ce contexte, et dans quel cadre d'analyse l'inscrire, en gardant à l'esprit la densité de la notion de régime politique et en s'interrogeant sur la validité du concept de totalitarisme?

En attendant la « transition »...

De nombreux auteurs ont essayé, malgré son hétérogénéité, de subordonner cet ensemble de transformations politiques, juridiques, sociales, économiques et culturelles à une analyse en termes de «transition», pour ensuite tenter de redéfinir la nature du régime cubain. Contraints de rendre compte de la dilution du processus qu'ils se proposaient de décrire, ils se sont lancés dans la recherche de nouveaux paramètres et ils ont fini par transformer la *transitologie* (les théories de la transition cubaine) elle-même en un champ des combinatoires qui, par la gamme des typologies qu'il permet d'articuler, rend possible la définition flexible de nouveaux régimes-types. Juan Linz et Alfred Stepan distinguent quatre types de «régimes non-démocratiques modernes»: les régimes «totalitaires», les régimes «post-totalitaires», les régimes «sultanistes» et les régimes «autoritaires». Ce sont la description et la combinaison interne de quatre «dimensions-clés» (le «pluralisme», «l'idéologie», le «leadership» et la «mobilisation») qui permettent d'après les auteurs de différencier ces quatre idéaux-types.

Mais le labyrinthe des «voies d'extraction», la multiplication des critères et des variables, et plus encore l'interchangeabilité, voire la confusion permanente, des termes «*polity*» et «*regime*», sont, chez Linz et Stepan, les symptômes respectivement d'un enfermement épistémologique, des limites explicatives de leur modèle d'analyse et d'un impensé philosophique.

Premièrement, l'aptitude des théories de la transition à expliquer les changements survenus dépendait d'emblée de leur capacité à identifier correctement les règles qui faisaient fonctionner les régimes déchus. Dans le cadre des systèmes communistes, ces théories laissent de côté la question des modes d'adhésion des populations à ces régimes et l'incidence des convergences stratégiques de différents secteurs sociaux sur leur fonctionnement social.

Ce point aveugle trahit donc, deuxièmement, une vision simpliste de la «domination totalitaire», selon laquelle la nature des règles au sein d'un régime dit totalitaire ne tient qu'à la capacité de l'État et du parti à exercer une coercition «totale» sur une société obéissant de façon nécessaire, univoque et transparente.

Troisièmement, parce que leur échappent pour une grande part la nature et l'efficacité des règles au sein d'un régime politique, les «transitologues-consolidologues» réduisent les formes de ce dernier aux transformations de la *politeia*, sans que l'on parvienne à savoir si ce terme renvoie au dispositif institutionnel (*polity*) ou aux ressorts de la coexistence humaine (*regime*), ni même à s'assurer que les auteurs différencient bien les deux termes ou en offrent une synthèse valide. En ne parvenant ni à montrer la prégnance d'un principe ou d'une logique d'action à l'intérieur de chaque «régime-type», ni à mettre en lumière des modes d'articulation du tout socio-politique à partir des éléments, variables et dimensions qu'ils juxtaposent, les auteurs abordent finalement des expériences politiques sans faire ressortir avec évidence ce qui leur confère une unité.

La stérilité des travaux expliquant la transition depuis un régime totalitaire vers un autre type de régime pose en réalité à nouveaux frais la question du totalitarisme. La raison fondamentale pour laquelle les «transitologues-consolidologues» peinent à *expliquer* les modes de perpétuation des régimes totalitaires, oublient de s'interroger sur leur ancrage social et échouent finalement à isoler leur nature spécifique, tient au fait qu'ils reprennent les postulats à partir desquels les politologues avaient figé «le totalitarisme» à l'intérieur d'un ensemble de critères de définition. Ce que montrent à leur insu les théoriciens de la transition cubaine est que le régime politique n'était pas plus «totalitaire» avant la «période spéciale», au sens où Friederich et Brzezinski l'entendaient, qu'il n'est «autoritaire» ou «post-totalitaire» aujourd'hui, au sens où Linz et Stepan définissent ces catégories. En dressant une liste de critères permettant de définir un régime politique particulier, ces auteurs induisent à penser que celui-ci a été à un moment figé dans ses formes – ainsi, ils concluent nécessairement, dès lors qu'ils essaient d'intégrer des dynamiques socio-historiques à leurs modèles, que le régime en question «change».

Or il est frappant de constater que ces écueils, dans le cas de l'Allemagne nazie et de l'Union Soviétique, sont aussi à la source des critiques adressées par les historiens à l'usage, voire même à la validité, de la notion de «totalitarisme». Cette notion a entraîné des débats qui ont porté sur les difficultés d'ordre typologique, descriptif et explicatif qu'elle soulève. Dans les années 1980-1990, ces débats ont semblé opposer irréductiblement politologues et philosophes d'un côté, historiens de l'autre. En insistant sur l'existence de conflits, de disparités locales, de rivalités bureaucratiques et d'espaces d'autonomie et de résistances, les seconds reprochaient aux premiers d'avoir oublié de s'interroger sur les notions d'historicité, de période et de durée, ainsi que d'avoir déduit à tort, à partir des intentions totalitaires des dirigeants nazis ou bolcheviques, que les sociétés allemande et soviétique avaient été annihilées.

Mais l'approche qui consiste à détailler toutes les formes de «résistance» pour se demander ensuite comment elles contraignent le «projet totalitaire» ou attisent la terreur élude la problématique soulevée par des historiens comme I. Kershaw ou P. Burrin et, à sa manière, par Primo Levi. Ces auteurs, tout en restant attentifs aux inflexions chronologiques, ont finalement cherché à montrer comment se sont forgées des normes à l'intérieur de l'espace où s'enchevêtraient les règles fortes imposées «d'en haut» et les registres à travers lesquels les individus et les groupes «répondaient» à l'ensemble des contraintes auxquelles ils faisaient face. Même si le point de vue consistant à différencier des périodes successives à l'intérieur des régimes nazi et soviétique a par ailleurs imposé son bien-fondé, la façon dont un agencement des normes s'est renouvelé au-delà d'un tel découpage pour perpétuer ces régimes dans la durée repose la question de la singularité des phénomènes de domination qu'ils secrétaient.

Les travaux des historiens qui, à partir de l'inconsistance idéologique, des modes de structuration politique, des dynamiques sociales et des temporalités propres à chacune des deux expériences, avaient invalidé le concept essentialiste de totalitarisme et l'inclusion dans un même genre du nazisme et du bolchevisme, reposent plus que jamais la *question* de la relation prise dans la durée entre les éléments réunis à l'intérieur de ce concept.

À l'échelle sociétale et prise dans la durée, la notion de *régime totalitaire* ne peut rester valide que si elle permet de mettre en lumière un mode d'articulation des parties qui fait système ou un mode d'être en société qui détermine toutes les relations sociales, que ces modes dérivent d'un principe (Montesquieu), qu'ils procèdent d'une logique (Lefort), ou qu'ils résultent d'une clôture (Castoriadis). Arendt, Aron et Lefort, dans l'esprit de Montesquieu, ont fait du mode de fonctionnement des *régimes* nazi et soviétique une manifestation du ressort des principes qui les fondaient, expliquant de la sorte la stérilité fonctionnelle de toutes les formes de résistance qui virent le jour en leur sein. Les philosophes sensibles aux travaux des historiens et à l'apparition de sources microsociologiques en sont venus à éclairer les antagonismes internes aux phénomènes nazi et bolchevique, pour montrer que leur dynamique relevait d'un principe qui, au lieu de faire de ces antagonismes des forces centrifuges, les comprenait comme des mouvements centripètes.

Aussi la lutte à Cuba ne doit-elle pas être analysée comme une forme de «résistance», de «mise en capacité» de la société civile, mais en tant qu'elle est le symptôme d'une capture. Comme dans tout régime politique, il persiste au sein du régime castriste un jeu entre conduites, normes, lois, décisions politiques, institutions et idéologie et en ce sens, la production de la normalité y reste un phénomène dynamique. Celle-ci, cependant, n'est le résultat ni d'un processus de négociations «informelles», ni d'une redéfinition d'un contrat social, car à l'intérieur de ce régime le fonctionnement social est contenu à l'intérieur d'une clôture, qui est l'effet de principes et de règles fortes dont l'essence est politique. La *lucha*, à la fois comme pratique et comme référence, indique donc une limite qui s'impose autant à l'action des individus qu'à celle des dirigeants.

Enquêter à Cuba

La toile bruit de vidéos postées sur Youtube et de récits livrés par des Cubains ordinaires et autres reporters en herbe qui, jusqu'il y a peu, n'avaient ni les moyens ni l'idée de témoigner de leur quotidien. Il s'agit d'un phénomène mondial, dont l'utilisation des réseaux sociaux est la principale manifestation. Pour beaucoup, un tel foisonnement d'informations vient lever le voile d'opacité qui était tombé sur l'île. D'un côté, il oblige les chercheurs à faire preuve de davantage de rigueur ethnographique, par contraste avec une époque, du début des années 1960 au début des années 2000, durant laquelle le soupçon qui accueillait les récits en provenance de Cuba était affranchi de la connaissance du terrain et faisait le lit des joutes partisanes. Mais, de l'autre, en parcourant le contenu des innombrables blogs militants[19] et sites d'informations[20] consacrés à l'actualité cubaine, il est aisé de conclure que l'île connaît depuis des années un processus de changement permanent. Les Cubains resquillent, magouillent, résistent, rouspètent et rien n'est plus savoureux que de décrire leur «vie inventée», comme si le quotidien à Cuba n'avait pas d'histoire. Céder à cet empirisme à toute épreuve n'est pourtant pas une fatalité, pour peu que l'on s'interroge sur le possible effet grossissant que produit cette soudaine surabondance de sources. Celle-ci présente en effet un contraste saisissant avec les maigres données dont nous disposons au sujet de la vie quotidienne à Cuba entre 1959 et le début des années 1990, au moment où le pays s'est ouvert au tourisme.

L'enquête ethnographique présentée dans cet ouvrage date de la fin des années 1990 et du début des années 2000. À mon arrivée en 1996, je me trouvais face à un récit similaire à celui qui, aujourd'hui, met l'accent sur les changements induits par le creusement des inégalités, le bourgeonnement des activités privées et la «montée en puissance de la société civile». Dans le sillon de la propagande du régime, l'essentiel des Cubains et des chercheurs en sciences sociales expliquaient déjà que la disparition des pays frères avait fait voler en éclats le système de normes qui avait prévalu pendant trente ans. En recherchant les quelques ouvrages, témoignages et fonds d'archives qui permettent de restituer les logiques de l'expérience sociale pendant les premières décennies de la «Révolution», l'ethnographe de la Cuba post-soviétique pouvait néanmoins replacer la «lutte» dans la longue durée et la mettre en perspective au sein d'une réflexion philosophique et comparative[21]. Si la plupart des politologues expliquent depuis vingt-cinq ans que Cuba «transite» d'une forme de «régime politique» à une autre (du «totalitarisme» à l'«autoritarisme»), il est nécessaire de décortiquer les phénomènes sociologiques et normatifs que ces notions sont censées recouvrir, quitte à remettre en cause leur bien-fondé méthodologique ou leur valeur explicative.

En 1996, Cuba était en pleine *période spéciale* et le quotidien de la population ne s'est guère amélioré au cours des huit années qui ont suivi. Certes, les statistiques officielles tendent à démontrer le contraire : le salaire mensuel médian est passé de 182 pesos en 1993 à 330 pesos en 2005 et à 436 pesos en 2010, alors que le Produit Intérieur Brut par habitant s'est accru de 11,2 % en 2005 et de 12,1 % en 2006[22]. De tels calculs sont pour le moins obscurs, dans la mesure où ils incluent le « bien-être humain produit par les services », notamment l'éducation et la santé publique. Ces taux de croissance exceptionnels ne correspondent pas à une amélioration observable de la production, des infrastructures publiques ou du niveau de vie de la population et semblent plutôt refléter à leur manière le rôle des subsides vénézuéliens[23]. Il n'empêche, Fidel Castro et les principaux dirigeants du pays ont commencé à circonscrire les « pires années de la crise » au début des années 1990, si bien qu'imperceptiblement la *période spéciale* est devenue une référence du passé.

Cette enquête de terrain s'inscrit dans une anthropologie des transactions quotidiennes à Cuba et porte une attention particulière aux conditions de vie matérielles de plusieurs petits cercles sociaux. Elle vise aussi à mettre en lumière les repères et les critères qui sont susceptibles de permettre à leurs membres de s'orienter, de se justifier, de se juger les uns les autres[24]. Elle cherche enfin à expliquer comment ces transactions et leur mise en sens s'imbriquent avec la ligne politique du gouvernement, la légitimité à laquelle il prétend et les contraintes qu'il exerce, pour perpétuer une forme de vie commune. De ce point de vue, il me semble que les *observations* de terrain qui datent de la fin des années 1990 et du début des années 2000 continuent d'éclairer la période actuelle. Cette enquête s'inscrit par ailleurs dans une démarche cumulative : je reste en contact avec plusieurs des membres de ces petits cercles sociaux. Certains d'entre eux ont émigré aux États-Unis et m'ont accordé des entretiens jusqu'au début des années 2010. D'autres continuent de m'offrir des récits ou de répondre à mes questions par lettre et, de plus en plus, par courrier électronique. C'est de cette façon que, çà et là, mon enquête de terrain en vient à décrire des transactions entre Cuba et l'étranger et réalise des incursions dans la période actuelle. En revanche, plusieurs réformes mises en place au début des années 2010 ont fait évoluer les modalités de certaines transactions, notamment la libéralisation de l'achat-vente de logements et de véhicules à moteur, l'élimination du permis de sortie, remplacé à partir de 2013 par une demande de passeport soumise à certaines conditions, et l'abrogation de la loi n° 989 de 1961 en vertu de laquelle les Cubains qui quittaient l'île «définitivement» renonçaient à tous leurs biens (voir chapitre 5). Les prix et les salaires indiqués sont insérés dans la chronologie des descriptions : sauf précision, ils renvoient aux années 1990 ou 2000 et ont évolué depuis[25]. Très peu de statistiques et de chiffres fournis par le gouvernement cubain ou par des organisations internationales ont été pris en compte dans cette enquête. Les deuxième, troisième et quatrième chapitres donnent une idée précise des raisons qui portent à estimer que ces indicateurs sont pervertis.

Toute enquête de terrain, en ce sens, implique de s'interroger sur la nature et la fiabilité des données recueillies, la valeur des entretiens réalisés et les conditions dans lesquelles les observations ont pu être menées. À cet égard, Cuba présente certaines particularités : se présenter comme chercheur auprès de ses milieux d'enquêtes, après délimitation préalable du «terrain sociologique», n'est peut-être pas la meilleure approche. Il existe de nombreux exemples et précédents, qui montrent combien il est difficile de mener ouvertement une enquête de terrain à Cuba, dès lors qu'elle ne porte pas sur des sujets de recherche que tolèrent les autorités, comme les religions afro-cubaines, ou qu'elle n'est pas cantonnée aux archives. Si rien ne permet de l'affirmer catégoriquement, c'est par un ensemble d'anecdotes que l'on peut offrir une meilleure idée de cet état de fait.

De la difficulté de mener une enquête ouverte à Cuba

Oscar Lewis et son équipe ont réalisé leur enquête à l'invitation de Fidel Castro et de l'Académie Cubaine des Sciences, avec la bienveillance du Département d'État américain et le soutien financier de la fondation Ford. Lewis avait accepté en y mettant certaines conditions :

« La liberté de recherche, c'est-à-dire le droit de décider quoi et qui étudier, sans censure ni intervention de l'État, incluant le droit d'emporter hors de Cuba cassettes, manuscrits et autre matériel sans qu'ils soient lus ou inspectés (1) ; l'assurance que le gouvernement n'inquiète ou ne punisse pas ceux qui ont coopéré à l'étude, et la reconnaissance de la nécessité de maintenir leur anonymat (2) ; la permission d'apporter si nécessaire des équipements supplémentaires et une équipe de non-Cubains pour aider à maintenir la confidentialité et l'indépendance (3)[26]. »

Le gouvernement cubain avait fourni à l'équipe un « responsable de projet » chargé des problèmes logistiques, servant d'intermédiaire avec les officiels et présentant Lewis aux autorités locales qui correspondaient au terrain d'enquête. Une maison avait été mise à leur disposition avec quatre domestiques. Leur équipe comprenait des étudiants cubains triés sur le volet par le gouvernement.

Pourtant, vers la fin de l'enquête, les époux Lewis et Susan Rigdon se rendirent compte qu'ils étaient sous étroite surveillance. À la fin du mois de juin 1970, soit un an et trois mois après le début de l'étude, Lewis ne parvenait plus à obtenir de rendez-vous avec les autorités. Il finit par être officiellement accusé, « en bref, d'avoir accepté des fonds de la fondation Ford, d'employer des sténographes-dactylographes non intégrés[27] et de faire porter son étude sur des familles de classes moyennes ou de contre-révolutionnaires à Cuba et à New York, ainsi que sur des membres du parti et de l'armée[28] ». Dans la foulée, des agents de la Sûreté de l'État firent irruption chez lui et confisquèrent manuscrits, cassettes, interviews, photographies – soit environ 10 000 pages de travail. Seule une partie des textes fut restituée, sans les interviews des « contre-révolutionnaires » en question, et les visas de chercheurs se transformèrent en visas de touristes, ce qui provoqua le départ de l'équipe. Par la suite, le premier Congrès National sur l'Éducation et la Culture, tenu à La Havane, invita les participants à se lancer dans une longue diatribe contre le « colonialisme culturel » et « les prétentions de la Mafia des intellectuels bourgeois pseudo-gauchistes à devenir la conscience culturelle de la société »[29]. Dans un discours de 1972, Fidel Castro présenta même Oscar Lewis comme un agent de la CIA.

Ruth Lewis soulignait que, contrairement à ce qui s'était produit lors de la préparation de leur ouvrage précédent, *Les Enfants de Sánchez*, les informateurs cubains n'étaient pas demandeurs d'aide matérielle, de soutien moral ou d'espace d'expression. Ils étaient aussi moins généreux dans le temps qu'ils accordaient aux enquêteurs. En outre, tous savaient que l'étude était officielle, alors qu'ils dépendaient du gouvernement pour leur emploi, leur nourriture, leur logement, etc. Les auteurs en arrivèrent à la conclusion suivante :

«Finalement, était-il possible d'enregistrer une histoire de vie honnête et vraisemblable dans le Cuba socialiste? Le gouvernement cubain étant la source
majeure de récompenses et de punitions, de quelle manière le récit de vie de
l'informateur cubain en était-il affecté? Ressentait-il le besoin de se présenter
comme un "révolutionnaire" ou sous une autre forme de rôle stéréotypé? [...]
Parlait-il avec des slogans ou répétait-il des phrases qu'il ne comprenait pas ou
auxquelles il ne croyait pas réellement? Jusqu'à quel point la peur d'être catalo-
gué "contre-révolutionnaire" contrôle-t-elle les propos d'un informateur? Comment savions-nous quand il était sincère et quand il ne l'était pas? [...] Nous
croyons que les histoires de vie présentées ici, quels que soient leurs autres
défauts, sont tout aussi honnêtes et révélatrices que celles que nous avons pu
enregistrer ailleurs. Un des avantages d'une longue autobiographie est qu'elle
permet à la personnalité de base et aux vues de l'informateur d'émerger, faisant
ressortir par contraste ses contradictions et ses mensonges [...]. En racontant
leurs expériences personnelles de la vie, les informateurs sont en général trop
aspirés par leurs émotions personnelles pour se préoccuper d'une couverture
systématique, ou d'un catalogage et de ses effets[30].»

Maida L. Donate, qui venait d'obtenir une licence d'histoire
et était membre de l'équipe de recherche de l'Institut Cubain du
Livre, fut intégrée au «projet Cuba» quelques jours avant l'arrivée d'Oscar Lewis à La Havane, le 20 février 1969. Depuis l'exil à
Arlington dans l'État de Virginie, elle est revenue sur son expérience en juillet 2010[31]. Son récit montre la façon dont la Sûreté
de l'État, prise au dépourvu par l'habileté d'Oscar Lewis, avait
tenté de bout en bout de garder le contrôle de l'enquête:

«Les dix individus retenus étaient deux membres de l'ICL et huit membres
de l'Équipe Spéciale du Ministère de l'Éducation, composée de jeunes professeurs de l'enseignement secondaire, dont la tâche était de transformer la
pratique pédagogique afin de former l'*homme nouveau*.

[Le gouvernement cubain] avait d'abord pensé aux professeurs du défunt Département de Philosophie de l'Université de La Havane, mais ceux-ci refusèrent, alléguant qu'ils n'allaient pas être de simples collecteurs de données. J'ignore à quel moment il fut décidé que nous formerions l'équipe, et ce fut semble-t-il une solution d'urgence. Lewis était sur le point d'arriver, l'équipe cubaine devait avoir reçu une éducation supérieure et, pour un meilleur contrôle, devait être composée de jeunes militants.

Je fus informée directement par le directeur de l'ICL. Il m'expliqua qui était Lewis et pourquoi Castro l'avait invité. C'était l'opportunité de démontrer que la *culture de la pauvreté* avait été éradiquée à Cuba avec le triomphe de la révolution [...]. Il me fournit des éléments sur le profil professionnel, familial et psychologique de Lewis, sur ses liens avec la *Ford Foundation*, et insista sur le fait qu'il s'agissait d'une organisation de façade de la CIA pour la recherche sociale en Amérique latine. Il précisa que Manuel Piñeiro [directeur du Département Amériques du Minint] allait centraliser le contrôle de toutes les activités de Lewis à Cuba. Encore aujourd'hui, je ne sais pas comment les autres membres de l'organisation reçurent ces informations [...].

Au début, Lewis n'était pas content parce qu'aucun d'entre nous n'avait d'expérience dans le champ anthropologique et que seuls deux d'entre nous étions diplômés de l'université. Il décida rapidement de profiter de l'opportunité qui lui était donnée d'étudier l'évolution vers l'âge adulte de cette équipe de jeunes en transition. De façon pragmatique, Lewis élabora un plan de travail : entraînement de base, visite collective dans les quartiers où vivaient les anciens habitants de *Las Yaguas*, discussion collective des observations de chacun d'entre nous, nouvelles visites dans les quartiers pour identifier des informateurs, discussion des résultats, décision prise sur le quartier choisi pour l'étude de la communauté et pour le choix des informateurs, même s'ils résidaient dans d'autres quartiers [...].

Parmi de multiples anecdotes, je me souviens de la visite d'une maison où nous fûmes reçus par une enfant qui n'avait pas plus de huit ans. Elle n'était pas à l'école. Nous commençâmes à discuter et elle nous dit très sereine que sa mère était partie chercher quelque chose, que son père était en prison et qu'elle s'occupait de la maison. Nous lui demandâmes si nous pouvions entrer pour voir les meubles et, dans une chambre, nous trouvâmes un sachet qui contenait *de l'herbe* (*marihuana*). Dans une autre maison, une jeune de 17 ans, mère célibataire de deux enfants, nous dit qu'elle n'était jamais allée à l'école, parce que cela ne lui plaisait pas, et se déclara analphabète. Dans un *reparto* [quartier], nous découvrîmes un système d'alarme pour donner l'alerte si la police s'approchait et par lequel les entrées et les sorties du quartier étaient bloquées à quiconque n'était pas de là-bas. Dans son souci d'enquête, Lewis nous confrontait et, avec l'arrogance de la jeunesse et l'audace de l'ignorance, nous nous rebellions devant les faits. Lewis organisa une réunion avec certains représentants des organisations de masse de la zone, à laquelle assistèrent des représentants des directions nationales respectives. La représentante de la Fédération des Femmes Cubaines réfuta énergiquement les résultats et déclara qu'il n'y avait pas d'analphabètes à Cuba. J'étais celle qui avait interviewé la jeune en question et Lewis me demanda de rendre compte de mon expérience. La susdite rédigea le rapport qui lui correspondait, dans lequel elle s'inquiétait de la *pénétration impérialiste* et du *diversionnisme idéologique*. Une des informatrices était une prostituée réhabilitée et Lewis voulait interviewer celui qui l'avait initiée à la prostitution. Elle nous dit qu'il vivait dans le quartier *Diezmero*, près d'une caserne militaire. À l'époque, il y avait plus de vingt casernes militaires dans la zone. Nous réussîmes à localiser et à interviewer l'homme en question à la fin de la journée. La Sûreté cubaine ne voulait pas croire qu'il s'agissait simplement d'interviewer un vieux proxénète.

Au début, la Sûreté de l'État avait sous-estimé le professionnalisme et la capacité de Lewis à établir une bonne communication interpersonnelle. Il fut donc décidé d'étendre le système de surveillance des activités de Lewis à tous les milieux au sein desquels il évoluait et à toutes les personnes avec qui il entrait en relations. 1) Contrôle accru de l'équipe cubaine. Presque tous les jours, chacun devait informer par écrit un officier de la Sûreté de ce qu'il faisait dans le cadre du projet : les activités, les informateurs et les techniques employées dans le travail. 2) Compartimentation de l'information entre les membres de l'équipe. En plus de surveiller les étrangers, nous devions nous surveiller les uns les autres. 3) Distraire l'attention de Lewis. Une fois identifié le type d'informateur que Lewis désirait rencontrer, il s'agissait de lui offrir les histoires personnelles de certains des membres de l'équipe pour avoir le contrôle sur les résultats. 4) Contrôler les lieux de travail. Une fois identifiées les zones de résidence des informateurs, il s'agissait de contacter les personnes de confiance dans les zones en question pour encadrer les visites de Lewis. 5) Contrôler les informateurs. Identifier les informateurs de Lewis qui pussent collaborer avec la Sûreté. 6) Mise en œuvre de moyens techniques. Enregistrer les mouvements et les appels de Lewis et des membres de l'équipe non cubaine, de l'équipe cubaine et des informateurs. 7) Contrôle du personnel de service et du personnel administratif. Tout le personnel de service dans la maison de Lewis, les chauffeurs et les deux secrétaires envoyées par le gouvernement étaient aussi sous le contrôle de la Sûreté. 8) Étude parallèle. Le Département de Philosophie avait commencé une étude similaire dans un quartier voisin de celui choisi par Lewis pour démontrer l'impact positif de la révolution.

Le projet croissait de façon exponentielle. Les données rassemblées recouvraient toutes les strates de la société cubaine et rendaient possible une analyse de la diversité sociale, économique et idéologique des Cubains à dix ans du triomphe de la révolution, mais les résultats n'étaient pas ceux que Castro voulait [...].

Le projet Cuba d'Oscar Lewis est un exemple de la façon dont les services de sécurité cubains agissent contre-*toute*-intelligence et de l'ingénuité des universitaires étrangers lorsqu'ils veulent rendre compte scientifiquement de la réalité cubaine. Les historiens auront le dernier mot.»

L'exemple d'Oscar Lewis souligne toute la difficulté d'une enquête de terrain à Cuba dès lors qu'elle est officielle : problèmes avec les autorités, crainte des personnes interrogées qui risquent des représailles, suspicion du chercheur quant à la valeur des propos qu'il a recueillis. Il est intéressant d'observer qu'Oscar Lewis n'arrivait pas en «terrain inconnu»: il avait été invité à l'été 1946 par l'École de Travail Social de l'Université de La Havane et avait visité *Las Yaguas* avec les étudiants, où il était revenu pendant cinq jours en 1961. C'est en février 1968, à l'occasion de la présentation à l'Institut Cubain du Livre de *Tepoztlán, un pueblo mexicano*, qu'il avait reçu l'invitation de Fidel Castro. Lorsqu'il arriva à La Havane en février 1969, il avait accumulé une expérience en matière d'enquête anthropologique que la Sûreté de l'État était loin d'imaginer: alors que cette dernière pensait pouvoir circonscrire son terrain de recherche, Lewis était disposé à explorer toutes les pistes jusque dans leurs derniers retranchements. Le récit de Maida L. Donate en témoigne:

«L'étude des histoires de vie a un effet multiplicateur parce que, à travers la généalogie d'une personne, on arrive à d'autres vies connectées entre elles, qui à leur tour présentent d'autres références existentielles, et ainsi de suite. Lewis entra en contact avec plus de 300 cas individuels issus de différentes strates socio-économiques et reflétant différents points de vue politiques [...]. Les études portant sur la communauté recouvrirent les différentes organisations au niveau du quartier, y compris les Tribunaux Populaires. Une étude comparative des *Jardines de la Infancia* et des *Círculos Infantiles* avait été entamée. Lewis communiquait ouvertement avec des dirigeants de haut rang, des intellectuels et des artistes cubains.»

Contrairement à une croyance commune, Lewis et son équipe de recherche ne se contentaient pas d'enregistrer sur bande les autobiographies des personnes choisies pour l'étude et faisaient feu de tout bois pour mener leurs enquêtes de terrain:

«Les techniques d'enquête de terrain que Lewis mit en pratique étaient les techniques traditionnelles : observation participante, entretiens en tête-à-tête, autobiographies, études de cas et une batterie de tests psychologiques, dont le Test d'Appréciation Thématique (TAT), Rorschach et les Phrases à Compléter. Il insistait aussi sur l'utilisation des informations ouvertes. Les informateurs ne reçurent aucune rétribution pour leur collaboration.»

Peut-être la conséquence la moins attendue par la Sûreté de l'État fut-elle la transformation de l'équipe de recherche cubaine au contact des anthropologues américains :

«Pendant les treize mois que dura le projet, le rythme de travail augmenta autant que l'habileté des membres de l'équipe et paradoxalement, à la fin du projet, nous les Cubains devînmes plus efficaces que certains des membres de l'équipe étrangère.»

Les conséquences de l'enquête furent pourtant dramatiques à plusieurs égards : Oscar Lewis fut profondément affecté par la tournure des événements, et notamment par la condamnation à six ans de prison de l'un de ses interlocuteurs, après que fut découverte la cassette enregistrée qui contenait des propos «outranciers» à l'égard de Fidel Castro. Sans qu'il soit possible d'affirmer qu'il y avait un lien avec son expérience cubaine, Oscar Lewis commença à souffrir de graves problèmes cardiaques à son retour aux USA et mourut moins de six mois plus tard, à l'âge de 55 ans.

En leur temps, Karol et Dumont avaient connu les mêmes mésaventures, ce dernier faisant même un malaise lorsqu'il fut publiquement accusé par Fidel Castro d'appartenir à la CIA[32]. En 2003, le sociologue cubain-américain Juan Clark était revenu dans un entretien sur les difficultés d'une enquête «ouvertement objective et scientifique à Cuba» :

«Le régime de Fidel Castro est très sensible ou a été très sensible à la critique négative. Dans le cas de Lowry Nelson – le sociologue américain auteur de *Rural Cuba* en 1950, que Castro cite comme une source d'inspiration et qui a manifesté le souhait d'effectuer de nouvelles recherches à Cuba –, les autorités lui refusent l'entrée dans l'île parce qu'elles soupçonnent un commentaire négatif et craignent que ce rapport n'ait un impact négatif sur la Révolution. En outre, compte tenu de l'envergure et de la profondeur du système de sécurité cubain, de sa sophistication et de son raffinement, il est presque impossible d'échapper au contrôle et à la surveillance de ses agents. Dans de nombreux cas, le personnel des hôtels où se trouvent des touristes appartient à *la Sûreté* [...]. Il existe un intérêt ouvert ou très profond dans la manipulation des informations et, si elles ne peuvent être manipulées, comme dans le cas de Lewis, on "coupe l'herbe sous le pied" du chercheur et il ne peut plus continuer, à moins que tout simplement, comme dans le cas de L. Nelson, on ne le laisse pas se rendre sur place [...]. Par ailleurs, la population sait parfaitement que le contact et la communication avec un étranger sont très mal vus et qu'ils peuvent pour le moins dans certains cas créer beaucoup de problèmes. Toutes ces choses combinées rendent ce type d'enquêtes très difficiles à moins que vous ne vous rendiez à Cuba de façon subreptice, pour parler avec les gens, en comptant sur la mémoire pour prendre des notes ensuite, car la mémoire est limitée bien sûr, ou en dissimulant un dictaphone, pour enregistrer ce que dit la personne. Dans ce cas, des questions éthiques entrent en jeu, qui dans un système totalitaire peuvent avoir un impact très négatif sur la personne, car vous pouvez enregistrer quelque chose qui peut lui valoir des années de prison[33].»

Les remarques que m'adressait Juan Clark en 2003 faisaient écho à des faits que j'avais pu observer moi-même entre 1998 et 2003. Dès mon premier voyage à Cuba en 1996, je m'étais rendu par curiosité au bureau des étrangers de l'Université de La Havane, afin de m'enquérir des possibilités offertes aux étudiants étrangers d'être accueillis sur place. Le bureau était fermé, mais j'avais eu l'occasion de discuter sur le trottoir avec un sociologue de l'université, âgé d'une petite cinquantaine d'années. Je lui avais dit de but en blanc que j'envisageais de revenir à Cuba pour mener une enquête sur les conditions de vie matérielles à La Havane, puisque c'était le thème qui me semblait le plus souvent abordé dans les conversations que j'avais pu avoir çà et là. Mon interlocuteur esquissa une moue sceptique et me rétorqua : «Si vous voulez faire de la sociologie, vous devez bien savoir que les gens se plaignent tout le temps et exagèrent.» Après quoi je le saluai poliment et pris congé.

Au cours d'une fête en 1998, j'avais entendu Mauricio Vicent, le correspondant permanent à Cuba du quotidien espagnol *El País*, expliquer à une amie commune qu'il était régulièrement rappelé à l'ordre par l'officier de la Sûreté de l'État qui «s'occupait» de lui : le *seguroso* lui faisait comprendre tacitement que, s'il voulait conserver son accréditation, certains sujets devaient être évités (la prostitution infantile, la répression policière, l'insécurité, etc.). À l'instar de nombreux correspondants permanents, Vicent a toujours été accusé d'écrire des articles complaisants à l'égard des autorités, en particulier par des journalistes et chercheurs critiques qui étaient venus allonger la liste des *persona non grata* à Cuba. Il est certain que Vicent appréciait l'existence qu'il menait à Cuba et que, une fois marié à une Cubaine et devenu père de deux enfants, il risquait de ne plus être seul à pâtir des conséquences d'une objectivité journalistique retrouvée. Toujours est-il qu'en septembre 2011, alors qu'il était correspondant d'*El País* depuis vingt ans, il fut convoqué au Centre International de la Presse, où il fut informé qu'en vertu de l'article 45 de la résolution 182 de l'année 2006, son accréditation ne serait pas renouvelée. Cet article prévoit que le permis de travail peut être retiré à un journaliste si le CPI considère qu'il «a manqué à l'éthique journalistique et/ou qu'il ne fait pas preuve d'objectivité dans ses dépêches». Vicent fut accusé de «refléter depuis quelque temps une image partiale et négative de la réalité cubaine», tendance dont l'aggravation avait fini par «influer sur la ligne éditoriale du quotidien»[34].

À l'été 2000, j'avais fait la connaissance d'un groupe d'Américains qui étaient venus suivre un programme de recherche de quinze jours à l'Université de La Havane. Travaillant pour la plupart dans l'enseignement aux États-Unis, ils avaient bénéficié d'une licence du Département d'État pour se rendre à Cuba, où ils étaient logés à l'Hôtel Kohly, dans le quartier du même nom, moins populaire que *Centro Habana* ou la Vieille Havane. J'avais pu constater que toutes leurs sorties avaient été programmées à l'avance et que leurs rencontres étaient encadrées par des hôtes de confiance, sans parler des visites ciblées à l'École Latino-Américaine de Médecine ou dans des centres scolaires vides, puisque élèves, étudiants et enseignants étaient en vacances. Tous n'étaient pas dupes du manège dans lequel ils étaient embarqués, mais se consolaient en goûtant aux joies du *sea, sex and sun*, agrémenté de *salsa y son*.

Durant l'année pendant laquelle j'étais inscrit à l'Université de La Havane, de février 2002 à février 2003, deux groupes d'étudiants américains s'étaient succédé à la faculté des Lettres et des Arts, où ils étaient venus passer un semestre, dans le cadre de leurs études universitaires de premier cycle. Tous étaient dans l'obligation de loger au même endroit: une immense demeure du quartier de *Miramar*, transformée pour eux en «foyer universitaire» et rebaptisée *La casa blanca*. Il leur était interdit de passer la nuit chez des Cubains et, s'ils se rendaient hors de La Havane, ils devaient informer la «responsable» de leur itinéraire et de l'adresse de l'hôtel ou de la maison d'hôte accréditée où ils allaient être hébergés. Des entorses à ces règles étaient commises de temps à autre – une adresse trouvée en toute hâte dans le guide *Lonely Planet* suffisait à satisfaire les exigences de la «responsable».

La capacité de tous ces étudiants à voyager et établir librement des contacts avec des Cubains rencontrés en dehors des circuits universitaires dépendait de la personnalité de chacun d'entre eux et ne troublait en rien les autorités dès lors qu'elle servait leurs objectifs. Ainsi, lors de la visite de James Carter à Cuba en avril 2002, une étudiante américaine avait prononcé un discours à l'Université de La Havane, en présence de Fidel Castro, dans lequel elle avait fait la liste des expériences des uns et des autres pendant leur séjour d'étude. Le sens du discours était de montrer que l'animosité entre les deux gouvernements n'avait pas empêché les peuples de se rencontrer: l'une avait noué une relation d'amitié avec un vieux pêcheur, qui l'emmenait en mer; l'autre jouait au baseball avec des enfants du quartier; tous avaient appris à danser, etc. L'oratrice avait conclu son discours en confiant qu'elle envisageait pour sa part de revenir à Cuba afin de poursuivre des études de médecine que ses parents, immigrants mexicains, n'avaient pas les moyens de lui offrir aux États-Unis. Fidel Castro lui avait aussitôt assuré qu'une place lui était déjà réservée.

Sans représenter une menace, même selon les critères locaux, ces étudiants américains étaient pourtant surveillés d'une manière ou d'une autre par le personnel de *La casa blanca*. Tous les employés, dont le nombre était presque égal à celui des étudiants, n'avaient pas le même profil: la «responsable», âgée d'une soixantaine d'années, se montrait assez rigide et n'était guère disposée à échanger des points de vue sur la situation politique et sociale de l'île, tandis que les deux portiers étaient jeunes et faisaient un effort particulier pour se montrer accessibles, n'hésitant pas à fermer les yeux sur certains manquements aux règles, notamment quand des Cubains venaient passer la nuit dans la chambre d'un(e) Américain(e), et se montrant bavards et même critiques par rapport à «la Révolution». La «responsable» devait facilement savoir que les agents d'entretien lavaient le linge des étudiants pour une rétribution discrète de cinq dollars par semaine et que le personnel des cuisines faisait main basse sur les produits alimentaires prévus pour le petit-déjeuner. Même si la «responsable» donnait le ton, il est certain que la Sûreté de l'État exigeait de temps à autre un rapport des employés et que, au sein de l'université, certains étudiants faisaient de même. L'un d'entre eux, qui depuis est parvenu à se rendre en Espagne, où il est demeuré, m'a même avoué des années plus tard que, en tant que militant des Jeunesses Communistes, il avait dû lors d'entrevues en tête à tête avec un officier de la Sûreté de l'État «dresser un portrait» individuel des étudiants étrangers avec lesquels il avait noué des relations. La mise en place de cercles de surveillance n'assurait pas pour autant la récolte efficace des informations, ni la mise à distance de tout sentiment d'amitié ou de loyauté. Cet étudiant avait même ajouté, en parlant d'une autre étudiante, qui selon lui avait dû répondre à des questions de routine à mon sujet, qu'«elle [était] une bonne amie», sous-entendant qu'elle avait évité au maximum de me porter préjudice.

Le maillage serré du système de délation, décrit de façon si frappante par Eliseo Alberto dans son célèbre essai autobiographique *Informe contra mí mismo* (1996), n'a pas résisté au basculement des comportements vers l'illégalité généralisée, à partir du moment où la fin des subsides soviétiques a plongé le pays dans une précarité extrême. À l'époque où, en 1978, il effectuait son service militaire, Eliseo Alberto avait été sommé de rédiger un rapport sur sa famille. Le prétexte était que, dans le cadre du «dialogue avec la communauté émigrée», son père, le célèbre poète Eliseo Diego, avait reçu la visite de jeunes gens de la Brigade Antonio Maceo[35] et d'autres membres de sa famille partis en exil au début de la Révolution, et pouvait être la cible de la pénétration impérialiste. Eliseo Alberto refusa d'abord de collaborer :

«Pour m'empoisonner la vie, ils me laissèrent seul dans le bureau, face à cinq centimètres d'épaisseur de papier, contenant une demi-douzaine de dossiers, presque tous écrits contre moi et signés de leur propre main par d'anciens condisciples de l'Institut, des voisins de quartier et quelques-uns des poètes et bardes (*trovadores*) qui étaient les hôtes réguliers du patio de ma maison, où ils venaient réciter ou chanter leurs vers à mon père, dans la chaleur de la nuit havanaise, entre verres de rhum et couplets d'espoir. Je consultai les rapports avec un mélange de terreur, de curiosité et de déconcertement. Le bilan ne laissait aucun doute : Eliseo Alberto de Diego y García Marruz, alias Lichi, descendait d'une lignée de la rance aristocratie cubaine. Son arrière grand-oncle, Eliseo Giberga, prit en charge la solution autonomiste du conflit indépendantiste cubain… en novembre 1897! Il avait suivi [son CE1] au Collège de la Salle. Il n'avait pas renié sa formation chrétienne, au point de continuer le dimanche pendant l'année 1969, Année de l'Effort Décisif, de se rendre à l'église de San Juan Bosco où, après la messe, il faisait la cour à une fille qui n'était pas membre de la Fédération des Femmes Cubaines. Son foyer (le substantif foyer suggérait une critique subtile) était rempli de littérature bourgeoise et visité avec une fréquence suspecte par des intellectuels existentialistes, le poète José Lezama Lima, le prêtre Ángel Gaztelu, et ses oncles adorés Cintio et Fina, entres autres […].

À la fin, il y avait un dossier rouge, couleur *mamey* […]. Je trouvai à l'intérieur un rapport sur ma famille. Il s'agissait d'une version positive mais détaillée des dernières réunions tenues chez moi. Il était fait mention de l'auteur de *En las oscuras manos del olvido* comme d'un patriarche qui exerçait une fascination irrésistible lorsqu'il racontait des histoires sur la tragicomédie insulaire, avant de s'endormir dans son fauteuil, acte dans lequel maman réapparaissait en action pour ôter la cigarette qui se consumait entre ses doigts. En guise de post-scriptum, il était précisé à quiconque pourrait s'y intéresser que nous nous étions organisés pour "abandonner la Révolution" en juin 1962, à bord d'un avion de la compagnie KLM. Selon ce chroniqueur, l'information "méritait d'être prise en compte à l'heure d'évaluer les actions présentes et futures". En bas de la page, la signature était celle de l'un de ces jeunes résidant à Miami, une excellente personne, qui n'avait pas vécu les journées intenses de la Révolution, parce que ses parents l'avaient emmené hors du pays au même moment où mes parents avaient décidé de ne pas nous en faire sortir : en à peine trois semaines, il avait appris les règles du jeu : "Rien n'est plus important que d'être un bon révolutionnaire", avait-il sûrement lu partout sur les murs de La Havane[36]. »

Vingt années, au cours desquelles s'étaient produits l'exode de Mariel[37], l'effondrement du bloc communiste, l'entrée dans la *période spéciale* et la crise des *balseros*[38], séparaient le moment où je commençai mes enquêtes de terrain des faits décrits par Eliseo Alberto. La disposition des uns et des autres à rédiger des rapports s'est sans doute raréfiée dans l'intervalle. De la même façon, l'affirmation de Juan Clark, selon laquelle les employés des hôtels « réalisent une fonction de *la Sûreté* », ne correspond peut-être plus guère à la fluidité de la situation actuelle, marquée par une importante rotation de la main-d'œuvre, en imbrication avec la commercialisation informelle des postes de travail, laquelle éclipse grandement l'ascension « au mérite révolutionnaire ». À partir du début des années 1990 et parallèlement à l'explosion du tourisme, le maillage de la surveillance s'est donc inévitablement desserré.

Reste que ponctuellement la Sûreté de l'État conserve la même capacité d'exiger un rapport, d'autant que ceux qui acceptent de les rédiger contrebalancent ainsi leur manque de «capital politique» ou peuvent espérer à l'inverse s'ouvrir l'accès à des prébendes réservées aux jeunes à la trajectoire exemplaire. Le manque de conviction avec lequel ces rapports sont rédigés ne tend cependant pas à améliorer la qualité des informations recueillies ou transmises : j'ai été témoin une fois du détachement routinier avec lequel «les individus mis sous pression» s'acquittent de leur tâche. Une de mes amies, qui travaillait dans une agence de location de voitures, avait été prévenue par un officier de la Sûreté de l'État qu'un Cubain-américain, dont elle ignorait les antécédents, allait se présenter afin de louer un véhicule avec chauffeur pour une durée de trois jours. J'ai pu assister à l'appel téléphonique au cours duquel elle dut rapporter à son interlocuteur la façon dont s'était passée la rencontre. Elle n'avait rien à dire, sinon que l'homme en question portait un pantalon blanc et une chemise beige, n'était pas accompagné et avait l'air d'«un type sympa». Dans les jours qui suivirent, elle me raconta l'agacement du chauffeur, qui devait constamment répondre «aux gens de la Sûreté» pour détailler les moindres faits et gestes du Cubain-Américain, lequel semblait simplement s'offrir quelques jours de détente sur son île natale.

Enquête discrète

L'à-peu-près et le je-m'en-foutisme avec lequel les informateurs semblent répondre aux injonctions de la Sûreté de l'État, qui est sûrement inondée d'informations ineptes et inutiles, ne mettent cependant personne à l'abri de l'arbitraire. Pour une raison ou une autre, une parole ou un acte peuvent être sanctionnés ou, pire encore pour un étranger, porter préjudice à un citoyen cubain, comme Oscar Lewis en avait fait l'expérience. Le contexte dans lequel j'ai mené mes enquêtes était certes différent, mais les exemples qui suivent montrent que la plus stricte discrétion reste de mise, si le chercheur en sciences sociales ne veut pas s'exposer à des sanctions dont il est loin de pouvoir prévoir la portée.

Tout d'abord, le zèle des services de renseignement reste le même. Au début de l'année 2002, à une époque où je «faisais partie du paysage» pour beaucoup de mes amis cubains, l'un d'entre eux m'invita au mariage de la cousine de sa compagne. Cherchant une place où m'asseoir, je vis une chaise libre à côté d'une jeune femme qui devait avoir mon âge. Mon ami, perçu lui-même comme délinquant par sa belle-famille et très au fait de mon manque de sympathie envers le «système», me mit immédiatement en garde contre cette jeune fille, en me disant que c'était une cousine de sa compagne, qu'elle travaillait pour la contre-intelligence militaire (DCIM) et qu'elle était «une sale connasse». Curieux de l'observer et, à vrai dire, trop confiant en ma capacité de la berner, je décidai de m'asseoir à côté d'elle et engageai la conversation. Croyant distinguer un accent *guajiro* (paysan), elle me pria de confirmer que j'étais bien «de l'intérieur», c'est-à-dire du centre de l'île. Elle me demanda ensuite comment je connaissais le compagnon de sa cousine, et je lui répondis qu'il était le voisin d'une amie. Puis elle s'inquiéta de savoir si j'avais une occupation et, alors que j'avais l'habitude de dire que j'avais fait des études d'histoire en France et que j'étais inscrit à la faculté des Lettres et des Arts de La Havane en vue de passer un concours à mon retour à Paris pour devenir professeur d'espagnol, ma langue fourcha et je répondis que j'avais fait des études de sociologie. Déjà mal à l'aise, je l'interrogeai à mon tour sur sa profession et elle me dit qu'elle avait fait des études de droit. Je lui demandai si elle était avocate, ce à quoi elle répondit qu'elle travaillait dans «quelque chose lié au droit». Elle enchaîna immédiatement avec une autre question: pourquoi étais-je à Cuba? Je m'empêtrai alors dans des développements alambiqués, lui racontant que j'avais toujours entendu dire le plus grand bien de la révolution cubaine dans mon enfance et que j'avais envie de venir passer du temps loin des pays capitalistes. Je m'apitoyai sur le sort de l'île, «constamment victime de cochonneries de la part des États-Unis», et ajoutai d'autres poncifs en me délectant de mon propre baratin, que je croyais ressuscité. Elle prolongea mon discours, précisant en élevant la voix que les Nord-Américains «n'avaient jamais rien pu faire» parce que «nous [les Cubains] sommes bien montés» (*la tenemos bien puesta*). Ce faisant, elle leva son avant-bras en fermant le poing, comme pour illustrer par un geste encore plus explicite l'expression pourtant très claire qu'elle venait d'employer.

Comme il me semblait que j'avais tout de même eu la main lourde dans ma profession de foi révolutionnaire, j'en profitai pour essayer d'introduire une dose de nuance, en lui rétorquant que cette disposition à ne pas se laisser faire conduisait aussi parfois à des excès. Je revins alors sur un épisode récent, au cours duquel j'avais eu affaire au service de sécurité du *Banco Financiero Internacional*. L'équivalent de 500 euros venait d'être prélevé sur mon compte français depuis un distributeur automatique de Varadero, à un moment où je me trouvais à La Havane. Je racontai à cette cousine par alliance de mon ami que j'avais été reçu par une femme extrêmement méfiante, qui m'avait d'abord demandé si je n'avais pas été «en compagnie d'une fille rencontrée dans la rue» et si je n'étais pas «saoul ce soir-là», avant de me prier d'écrire «toute cette histoire» sur une feuille. Après avoir attendu que j'eusse donc moi aussi rédigé mon rapport, elle m'avait regardé droit dans les yeux en me disant : « Pour moi, cette carte de crédit, elle était à Varadero. » Je lui rétorquai qu'elle eût mieux fait de faire son enquête avant d'affirmer des choses sans preuve et, lorsque à sa demande je revins quelques jours après, elle me fit signer comme si de rien n'était un récapitulatif de transaction : il y avait eu effectivement une erreur interne, me dit-elle de façon évasive, et les 500 euros avaient été renvoyés sur mon compte le matin même. Amusée par cette histoire, la cousine me répliqua alors que le fait de m'avoir rendu mon argent était bien la preuve que je n'avais pas de raison de m'inquiéter. Elle conclut en me disant : « Détends-toi et coopère ! » (¡*Relájate y coopera !*), après quoi, le repas terminé, je rejoignis mon ami. Il riait à gorge déployée lorsque, sûr de mon impression, j'évoquai le moment où elle m'avait dit : « ¡*La tenemos bien puesta !* » Quelques jours après, lorsque je racontai à un ami commun qu'elle m'avait dit « ¡*Relájate y coopera !* », celui-ci leva les yeux au ciel et ajouta dans un éclat de rire : « Ah ! Ça, c'est le dicton des gros mouchards ! »

Trois mois plus tard, pourtant, alors que j'étais invité à déjeuner chez l'ami qui m'avait invité au mariage, sa compagne interrompit brusquement la conversation au cours du repas et me dit :

« Oh, j'allais oublier ! Vincent, tu te rappelles de ma cousine à côté de qui tu étais assis pendant le mariage, l'autre fois ? Elle est vraiment folle ; l'autre jour, quand elle est venue m'acheter des produits de beauté, elle m'a demandé de tes nouvelles, si tu étais toujours à Cuba... Enfin bon – tu sais ce qu'elle me dit ? Elle me dit : c'est quelqu'un de très bien, mais c'est un gros menteur... tu devrais te méfier de ces étudiants en sociologie ; la majorité, ce sont des espions. »

La compagne de mon ami, probablement habituée à ce genre d'élucubrations, avait l'air plutôt amusée lorsqu'elle me rapporta l'anecdote, mais je connus pour ma part quelques secondes d'effroi, que je parvins mal à dissimuler. Par la suite, les beaux-parents de mon ami restèrent convaincus que «[je trempais] dans quelque chose» et dès lors je ne me sentis plus complètement à l'aise en leur présence.

Une autre étudiante, mariée à un ami cubain résidant à Paris, avait elle aussi fait un séjour de recherche à Cuba en 2004, dans le cadre de ses études de psychologie. Travaillant avec des écoliers à proximité du domicile de sa belle-famille, dans le quartier havanais de *Buenavista*, elle entreprit d'étudier l'image que les enfants avaient d'eux-mêmes à travers leurs propres dessins. Elle leur demanda de se représenter dans diverses situations. Immédiatement, elle remarqua l'auto-stigmatisation raciale des enfants non Blancs et la fréquence des commentaires ou des attitudes racistes chez les personnages mis en scène sur les dessins. Lorsqu'elle finit de rédiger son mémoire, elle s'attira les foudres de l'équipe chargée d'encadrer son travail. Son mari tenta une médiation, en expliquant qu'elle était étrangère et donc «maladroite», mais elle ne put valider son mémoire à Cuba et fut priée de ne pas revenir à l'institut où elle avait été accueillie, en attendant son retour en France.

Un autre exemple concerne un Allemand de 22 ans venu passer un semestre à la faculté des Lettres et des Arts de La Havane entre septembre 2002 et février 2003. Peu de temps après son arrivée, il avait décidé de rédiger son mémoire de premier cycle sur «les dissidents», en vue de le défendre à son retour en Allemagne. Peu discret sur ses intentions et peu réaliste quant à la possibilité de mener une telle enquête à Cuba, il avait aussi noué une relation intime avec une étudiante de la faculté, originaire de l'est de l'île. Celle-ci était hébergée dans un immeuble qui accueillait les étudiants boursiers de province, «*La beca de 12 y Malecón*». En théorie, aucune personne extérieure à «*La beca*» n'était autorisée à y pénétrer, mais les gardiens n'étaient guère regardants, et il suffisait souvent aux étrangers de leur demander poliment de les laisser monter pour qu'ils acceptassent. Plusieurs fois, je m'étais contenté de saluer le gardien d'un signe de tête, lequel semblait visiblement avoir mieux à faire. Un jour, cependant, l'étudiant allemand avait décidé d'emprunter la carte de pensionnaire de sa petite amie, avec l'accord de celle-ci, et d'y mettre sa photo. Lorsqu'il la montra au gardien, un soir, celui-ci détecta immédiatement la contrefaçon et appela son supérieur, qui envoya la police sur place. L'étudiant allemand se retrouva incarcéré dans une cellule du bureau de l'immigration, au fond de la rue *Factor*, dans le quartier du *Nuevo Vedado*. Sa petite amie fut renvoyée de «*La beca*» et dut se loger par ses propres moyens jusqu'à la date d'obtention de sa Licence, en juin 2004. Il fut quant à lui maintenu en détention pendant une quinzaine de jours avant d'être expulsé. Il avait certes commis un délit pénal, mais d'autres avant lui étaient passés sans encombre à travers les mailles du filet. Y avait-il un rapport avec le sujet de ses recherches ou fut-il simplement victime de l'exécution arbitraire des lois?

Cette dernière considération nous amène à nous interroger sur le champ d'application, potentiellement sans limite, de la loi 88 «de protection de l'indépendance nationale et de l'économie de Cuba» du 16 février 1999:

«Le but de cette loi est de sanctionner les actions qui en accord avec les intérêts impérialistes visent à perturber l'ordre interne de la Nation et détruire son système politique, économique et social [...].

Article 1 : Cette loi a pour finalité de faire une typologie et de sanctionner ces actions destinées à appuyer, faciliter ou collaborer aux objectifs de la loi «Helms Burton», au blocus et à la guerre économique contre notre peuple, à abattre l'ordre interne, à déstabiliser le pays et à liquider l'État Socialiste et l'indépendance de Cuba.

La loi vise ceux qui, dans ce but, «fournissent, directement ou par l'intermédiaire d'une tierce personne, des informations au gouvernement des États-Unis, à ses agences, ses dépendances, ses représentants et ses fonctionnaires (article 4.1), [...] accumulent, reproduisent ou diffusent du matériel à caractère subversif du gouvernement des États-Unis, ses agences, dépendances, représentants, fonctionnaires ou de n'importe quelle entité étrangère (article 6.1), [...] introduisent dans le pays le matériel prévu à cet effet (article 6.2), [...] collaborent de quelque façon avec des radios ou des télévisions, des journaux, des revues ou d'autres moyens de diffusion étrangers (article 7.1), [...] perturbent l'ordre public (article 8.1), [...] promeuvent, organisent ou incitent à réaliser des perturbations de l'ordre public (article 8.2), [...] réalisent n'importe quel acte destiné à empêcher ou porter préjudice aux relations économiques de l'État Cubain, ou d'entité industrielles, commerciales, financières ou d'une autre nature, nationales ou étrangères, étatiques comme privées (article 9.1).»

Les peines encourues peuvent atteindre vingt ans de priva- tion de liberté, et les circonstances sont aggravantes si le délit «est commis avec le concours de deux personnes ou plus, [...] est réalisé dans une intention lucrative, [...] [si] le coupable [...] a eu connaissance de l'information ou l'a possédée [...] de manière subreptice ou en employant quelque autre moyen illicite [...] ou grâce au poste qu'il occupe, [...] [ou si,] comme conséquence du délit, l'économie nationale subit de graves pré- judices [...] ou le gouvernement des États-Unis, ses agences ou dépendances, adoptent des mesures de représailles contre des

entités industrielles, commerciales, financières ou d'autre nature, cubaines ou étrangères, ou contre un de ses dirigeants ou
parents».

La loi 88 ou «loi du bâillon», jugée inapplicable par la plupart
des observateurs, est restée lettre morte pendant quatre ans.
Mais, entre le 18 et le 22 mars 2003, 27 journalistes indépendants
et 51 militants des droits de l'homme, journalistes indépendants
ou promoteurs d'un projet de «transition démocratique», ont été
arrêtés et condamnés en application de l'article 91 de la loi 62
(«délits contre la sûreté de l'État») du code pénal en vigueur
et de la loi 88. Les «mercenaires au service de l'empire» ont été
reconnus coupables de «trahison à la patrie» et de «conspiration contre-révolutionnaire au service d'une puissance étrangère». Sous l'auspice de la Section des Intérêts Nord-Américains
(SINA), accusée d'être devenue le véritable centre de la contre-
révolution interne, ils auraient élevé extraordinairement leur
niveau de vie sans réaliser d'activité professionnelle socialement
utile, grâce aux mandats envoyés par des organisations américaines subversives financées par l'*Agence Américaine d'Aide au
Développement*. En «projetant une image fausse de la réalité
cubaine», en rendant le gouvernement révolutionnaire coupable
de tous les maux, en cherchant à «enrôler» tout particulièrement
la jeunesse dans leurs activités déstabilisatrices, ils auraient
manipulé les citoyens conformément aux buts du gouvernement
américain et des «agents» avec qui ils entretenaient des contacts
fréquents. Appelés à la barre, 12 agents de la Sûreté de l'État
infiltrés dans les rangs de la dissidence sont venus «confondre»
les accusés et corroborer le rôle organisateur de la SINA dans la
conspiration. Confirmant qu'ils jouissaient, au même titre que
leurs «acolytes», d'un droit d'entrée permanent à la SINA, les
«nouveaux héros» ont fait part avec force détails des largesses

de cette dernière à l'égard d'individus cupides, malhonnêtes, animés par l'appât des dollars et des visas pour les États-Unis, et dont l'action visait à «semer la discorde et démotiver les citoyens pour détruire le système social et provoquer des explosions sociales». L'agent Yanier a déclaré:

> «J'ai réussi à pénétrer les contre-révolutionnaires à travers un processus de captation que ces groupes effectuent avec des personnes dont les idées ne sont pas compatibles avec la Révolution ou qui rencontrent des difficultés, qu'elles soient professionnelles ou sociales. Comme j'avais été sanctionné politiquement et administrativement, ils ont pensé: cet homme est dégoûté, et ils ont cherché à m'approcher [...]. Le mobile? Fournir des informations au gouvernement des États-Unis pour essayer de condamner Cuba aux Nations Unies et à Genève devant la Commission des Droits de l'Homme en cherchant un prétexte pour intensifier le blocus et rendre possible l'intervention armée[39].»

Alors qu'aucun «cubanologue» ne s'y attendait plus, ce fut donc au nom de la loi 88 que «les mercenaires au service de l'empire» furent condamnés en tout à 1 454 années de prison. Du reste, aucun étranger n'a jamais été condamné à une peine pénale en vertu de la loi 88 et aucun cubanologue ou diplomate occidental n'est convaincu de la possibilité d'un tel scénario. La loi 88, en son article 7.2, précise cependant que «la responsabilité pénale des reporters étrangers légalement accrédités dans le pays n'est pas engagée dans les cas prévus [par l'article 7.1]», mais que l'amende et les sanctions de deux à cinq années de privation de liberté prévues par l'article 7.1 sont encourues par «tous les autres». Cela signifie donc que tout journaliste, chercheur, essayiste, etc., dont les travaux seraient diffusés ou repris par des revues, journaux, sites internet, radios ou chaînes de télévision, tombe dans le champ d'application de la loi 88. Il n'est pas anodin de remarquer que, lorsque des chercheurs ou reporters ne parviennent pas à obtenir de visa de type professionnel auprès des autorités consulaires cubaines de leur pays, celles-ci mentionnent toujours la possibilité pour leurs interlocuteurs de se rendre sur l'île avec la «carte de touriste», disponible sans formalité dans les aéroports ou les agences de voyage. Non seulement le droit consulaire est un droit discrétionnaire, ce qui permet à tout diplomate en poste dans une ambassade cubaine de prétendre qu'il ignore la raison pour laquelle le visa n'a pas été délivré, mais le fait d'accepter la «carte de touriste» devient aussi pour le chercheur ou journaliste soit une forme tacite de renoncement, soit une façon de reconnaître qu'il n'ignore pas les risques qu'il encourt en se rendant sur l'île dans un autre but que d'aller à la plage et de boire des *mojitos*.

Est-il besoin de préciser que les autorités ont de toute façon les coudées franches pour «fabriquer un dossier judiciaire»? En 2008, le journaliste espagnol Sebastián Martínez Ferraté a réalisé sans autorisation, avec une caméra cachée, un documentaire intitulé *Cuba, prostitución infantil*, diffusé par une chaîne de télévision espagnole. En juillet 2010, alors âgé de 57 ans, il est retourné à La Havane dans le cadre de ses nouvelles activités professionnelles : après avoir mis fin à sa carrière de journaliste, il venait prendre ses fonctions de gérant d'une entreprise de tourisme espagnole. Immédiatement arrêté, il a été placé en détention et accusé de «proxénétisme» et de «trafic de personnes». À l'issue de son procès, qui s'est tenu le 18 juillet 2011, ces deux charges ont été abandonnées, mais il a été condamné à sept ans de prison pour «corruption de mineurs». Si elles ont abouti à des conséquences inverses, les négociations au terme desquelles Martínez Ferraté a finalement été expulsé vers l'Espagne, après avoir été libéré «pour raisons humanitaires», illustrent de la même manière l'inconsistance de l'État de droit et la non-indépendance du pouvoir judicaire. Les termes de l'accord entre le Ministère espagnol des Affaires Etrangères et les autorités cubaines n'ont pas été dévoilés. Martínez Ferraté ne présentait pas de problème de santé particulier à son arrivée à Madrid le 17 janvier 2012.

Un étranger en quête d'indices

Dès ma première enquête de terrain en 1998, je décidai, en suivant les conseils de mon directeur de recherche, de privilégier davantage l'observation, dans un pays où les sociologues, même apprentis, n'étaient pas tout à fait les bienvenus et où les populations risquaient de prendre peur devant mes questions et de les esquiver.

À mon arrivée, me laissant porter par la dynamique de rencontres successives, je me contentai d'entrer en contact avec différents interlocuteurs, dans des cadres d'interactions précis. Pour des raisons logistiques d'abord : je devais trouver un logement et je m'étais présenté auprès de différents logeurs sur la recommandation de Cubains rencontrés en France. En rendant des services aussi, puisque des amis d'amis, apprenant que j'allais à Cuba, m'avaient confié à Paris lettres, colis et cadeaux pour que je les remette à des proches habitant La Havane. Par la suite, j'appliquai toujours ce principe : justifier ma présence, «avoir une raison d'être là», «trouver une place». Le plus souvent, lors d'un premier contact, il s'agissait de satisfaire un besoin (logement, transport, nourriture, informations, résolution d'un problème administratif, acquisition de produits divers). Dans un deuxième temps, j'établis avec certaines de ces personnes des relations de sympathie réciproque, de confiance relative, de négoce ou d'amitié.

Lorsque je revins à Cuba pour deux mois à l'été 2000, je repris contact avec les personnes que j'avais connues lors de mes précédents séjours et constatai déjà, à l'échelle de mon microcosme, que plusieurs de mes relations avaient quitté l'île. Lorsque je passai quinze mois à La Havane entre décembre 2001 et février 2003, je connus d'autres cercles d'individus, notamment des étudiants de la faculté des Lettres et des Arts où j'étais inscrit en licence de Lettres (*filología romana*) entre février 2002 et janvier 2003. Je renouai également avec les personnes que j'avais rencontrées auparavant et avec lesquelles je suis encore régulièrement en contact depuis, pour un certain nombre d'entre elles, en sus de ceux qui ont quitté l'île et que je revois souvent, aux États-Unis, en Europe ou en Amérique latine.

Je reviendrai sur les histoires de vie de différents individus, notamment sur la nature des relations qui m'unissent à ceux que je fréquente maintenant depuis près de vingt ans, dans certains cas, et qui, tout en étant devenus des amis, continuent d'être liés à mes enquêtes, dont les aléas ont suivi ceux de mon itinéraire géographique. J'aimerais pour l'instant essayer d'analyser les procédés grâce auxquels je me suis inséré dans différents milieux d'enquêtes à Cuba, en 1996, en 1998, en 2000 et entre 2001 et 2003, en les considérant comme des indices en eux-mêmes. La virginité du chercheur, face à des individus qui, du moins à cette époque, ignorent tout de l'endroit d'où il vient et interprètent les signes qu'ils perçoivent à l'aide de codes locaux, lui permet de se présenter comme il le souhaite : plus les situations dans lesquelles il se retrouve paraissent aux observateurs lui sembler familières, plus il est à sa place, *leve* (léger), en quelque sorte, par opposition à *pesado* (lourd), l'anathème absolu en toute situation à Cuba.

Très rapidement, dès le premier mois de mon séjour à La Havane en 1998, il était fréquent que mes interlocuteurs missent en doute ma parole lorsque je leur disais que je n'étais pas cubain et, plus encore, que j'étais français. Certes, j'avais acquis dès le lycée un bon niveau en espagnol, avant d'effectuer un séjour de six mois au Chili en 1995, et j'étais presque devenu bilingue. En arrivant à Cuba, je m'étais aussi efforcé de modifier mon accent et de «cubaniser» mon vocabulaire, de façon à me faire remarquer le moins possible. Pourtant, les suspicions des Cubains n'étaient pas simplement dues à la qualité de mon imitation : elles témoignaient d'une conviction répandue au sein de la société cubaine, selon laquelle chacun passe son temps à tromper les autres, sur son identité ou sur ses motivations. Non seulement mon léger accent pouvait être feint, mais il leur semblait impossible qu'un étranger pût manier l'argot havanais – perception héritée de plusieurs décennies d'isolement par rapport au monde extérieur. Comme se faire passer pour un étranger est une entourloupe classique, visant notamment à prendre les arnaqueurs à leur propre jeu ou à appâter des cibles sexuelles, ce n'était pas le fait de laisser échapper par moments des fautes de langue et des intonations non cubaines qui révélait mon identité d'étranger, mais au contraire d'employer de temps à autre des mots d'argot qui, aux yeux de beaucoup de mes interlocuteurs, trahissait mon manège. Finalement, même pour certains individus avec lesquels j'étais devenu ami, des doutes persistaient sur ma véritable identité. Il était en tout cas «étrange» que je pusse séjourner aussi longtemps à Cuba, ce qui donnait lieu à toutes sortes de spéculations. Il n'était pas rare que l'on se demandât si j'étais un espion au service d'une puissance étrangère ou, plus inquiétant, en charge d'une mission d'infiltration pour le compte de la Sûreté de l'État ou du Département Technique d'Enquête.

Mais l'important était que ces doutes n'étaient pas si gênants et que tous ou presque s'en accommodaient : j'étais loin d'être le seul à en faire l'objet et ils ne nous empêchaient pas d'entretenir des relations « normales ».

Bien entendu, une fois admis que j'étais bien un étranger, le retour de suspicions passagères ou l'émerveillement sur mon argot ou ma connaissance des entourloupes locales relevaient aussi d'un comportement calculateur. Au contact de Cubains « combinards », tout étranger un tant soit peu plongé dans la vie quotidienne de La Havane se sent de fait poussé à faire la démonstration de ses talents d'observateur, de chroniqueur, voire d'ethnographe et même de roublard. Or, si ses interlocuteurs perçoivent qu'il est sensible à la flatterie, il s'entend sans cesse répéter qu'il est « plus cubain que les Cubains », qu'il a tout compris (*te las sabes todas*), que « celui qui réussira à l'arnaquer n'est pas encore né » (*no hay quién te meta cuento*), qu'il est « inouï » (*tremendo*), etc. On peut être un excellent imitateur, savoir se faufiler dans les milieux interlopes et avoir la « bosse du commerce », mais il faut rester lucide et se rendre compte que beaucoup de Cubains habitués au contact avec les étrangers sont rompus à l'exercice de la flatterie : ils savent que l'ego d'un *yuma*, s'il est caressé dans le bon sens, peut aussi leur ouvrir son cœur et son portefeuille[40].

Autant les doutes au sujet de mon identité étaient symptomatiques de la suspicion généralisée qui affectait tout rapport à autrui au sein de la société cubaine, autant la façon dont je fus immédiatement sollicité pour prendre part à des transactions commerciales témoignait non seulement du sens de l'opportunisme et de la vision utilitariste qui régissaient les relations sociales, mais aussi de ce que les risques attachés à ces activités aux marges de la légalité socialiste faisaient partie de la routine. Les touristes figurent au premier rang d'un espace de ressources incluant tous types de transactions : transports, logement, nourriture, trafics divers, drogue ou prostitution, de manière directe ou en tant qu'intermédiaires. J'étais porté sans effort par cette dynamique, en ayant l'avantage de séjourner trois mois à La Havane, dès ma première enquête de terrain, puis de pouvoir me « fondre dans le paysage » en restant beaucoup plus longtemps. Lors de ce premier séjour – et de celui de l'été 2000 –, je m'étais présenté comme touriste et, lorsque j'étais revenu entre 2001 et 2003, j'avais justifié mon inscription à la faculté des Lettres et des Arts en expliquant que je voulais devenir professeur d'espagnol en France et que je souhaitais perfectionner ma maîtrise de la langue. Plusieurs de mes connaissances de plus longue date savaient que j'avais simplement besoin de papiers pour rester à Cuba et avaient accepté sans difficulté mes explications : j'avais mis un peu d'argent de côté et comptais m'offrir une période de vie à Cuba, où j'avais beaucoup d'amis. Ils savaient aussi que le statut de « résident temporaire » me donnait accès aux tarifs cubains, partout où existait une différence entre le prix pour les étrangers et le prix pour les « nationaux », et ils voyaient mon sens pratique d'un œil favorable. J'adoptais toujours la même conduite, en n'ayant jamais l'air surpris ou contrarié par les mœurs de mes interlocuteurs. Beaucoup de mes relations s'étaient ainsi convaincues, par un effet de miroir, que je ne rechignais pas à aller chercher l'argent là où il était possible de le gagner ; certains s'étaient même persuadés que mon but à Cuba était de dénicher des « négoces », d'autant plus que, sans bourse ni allocation de recherche, limitant au maximum mes dépenses, je donnais l'impression d'avoir peu de moyens. Très rapidement, on me priait çà et là de faciliter le contact avec des touristes, on me proposait des commissions d'intermédiation sur diverses transactions et on m'offrit même en novembre 1998 de me rendre à Moscou, contre une somme d'argent en sus du prix du billet d'avion, pour ramener à La Havane des lames de rasoir destinées à la vente au détail.

La facilité avec laquelle je me suis intégré au sein de ces cercles d'enquête témoigne de la fluidité des rapports sociaux dès lors qu'ils permettent de résoudre en commun des besoins partagés, dans le contexte de grande précarité économique et matérielle de la *période spéciale*. C'est de cette façon que dans un premier temps j'ai approfondi les contacts avec mes cercles d'enquête, avant de nouer des relations plus étroites, qui n'étaient pas toujours sans rapport avec le fait que je n'étais pas Cubain. Comme disait parfois un Havanais dont j'étais le seul ami *yuma*, la fréquentation d'un étranger ouvre «une fenêtre sur le monde extérieur». Elle satisfait une forme de curiosité, elle permet de «crâner» (*especular*) au gré des situations et, bien entendu, elle offre des avantages matériels ou financiers. De mon côté, je ne prenais aucune initiative en matière de «consommation», comme proposer d'aller au restaurant, dans des bars, de prendre un taxi, etc., de façon à ne pas fausser les habitudes de mes milieux d'enquête. Je maintenais l'équilibre entre générosité et fermeté, et je n'effectuais jamais de dépenses qui pouvaient être considérées comme du gaspillage, me montrant intraitable dès qu'il s'agissait de marchander.

Au-delà de la banalité du rapport intéressé aux *yumas*, que beaucoup aimeraient «presser comme des citrons», la façon dont j'ai rapidement été «intégré au paysage», auprès de la plupart de mes cercles d'enquête, constitue là encore un indice révélateur du sens du normal au sein de la société cubaine. Elle montre en effet que le «paysage» est instable et que les uns et les autres ont l'habitude de voir des personnages apparaître, disparaître et réapparaître. *Aplatanarse*, qui en castillan signifie «se ramollir» ou «s'abrutir», a même un sens différent à Cuba : depuis les temps de la colonie, on dit d'un étranger qu'il est *aplatanado* lorsqu'il s'est habitué à la vie locale et nombreux sont les Cubains de l'étranger qui remarquent, amusés, qu'après dix jours de vacances dans leur île natale ils sont «à nouveau complètement *aplatanados*». Des voisins ou amis d'enfance émigrent vers l'étranger, puis reviennent de temps à autre passer des vacances, qui parfois s'éternisent. Des familles s'installent dans un quartier, puis déménagent au gré des *permutations* (voir chapitre suivant) ou des visites des inspecteurs de la *Vivienda* (le cadastre, le ministère du logement) qui les en délogent. Les uns et les autres nouent des relations en fréquentant les mêmes lieux festifs, puis se perdent de vue lorsque ceux-ci sont soudainement fermés. Certains enchaînent les séjours en prison et «disparaissent» régulièrement de la circulation. Les Cubains évoquent volontiers leur «idiosyncrasie», autant que les *yumas* policés et habitués à la retenue s'inquiètent de repérer la véritable mesure derrière l'emphase qui caractérise les commentaires, le comportement et les gestes des habitants de l'île. Mais c'est aussi l'habitude de savoir que «le paysage est instable» qui facilite l'établissement de relations intenses avec les individus dont on sait en outre que, plus que les autres, ils peuvent disparaître aussi rapidement qu'ils sont apparus. L'idée que «l'on n'a pas tout le temps du monde» impose en quelque sorte des échanges qui peuvent être intenses et dévorants au terme desquels il est souhaitable d'exprimer son affection, pour qu'au moins, devant le risque de la séparation, le souvenir reste vif.

En choisissant de ne pas me présenter comme chercheur auprès de mes milieux d'enquête, j'ai été amené à prendre part très librement à plusieurs types d'activités et à réfléchir à des enjeux éthiques. Dès l'instant où j'ai commencé mes enquêtes de terrain, je me suis heurté à l'impossibilité de contrecarrer la contingence des situations par une «raison pure pratique», alors que j'avais décidé avant mon arrivée de suivre quelques maximes de conduite: «ne pas mettre mes interlocuteurs cubains en danger pour satisfaire mes objectifs de recherche», *a fortiori*, «ne pas prendre part à des trafics dangereux» et «ne pas faciliter l'exercice de la prostitution et du proxénétisme comme conséquence de mon souhait d'en observer le fonctionnement», ou encore «éviter de faire pour les besoins de mon enquête ce que mes interlocuteurs font par nécessité». Ces maximes de conduite conciliaient déjà tant bien que mal deux «référents moraux»: elles relevaient de l'acceptation d'une différenciation de principe entre une morale commune et générale intersubjective, fondée sur des règles réciproques et universelles, et une éthique professionnelle particulière, subordonnée à la recherche de la vérité. Non seulement cette différenciation était aussi une tension, ouvrant la voie à un premier ordre de dilemmes, mais je n'avais pas non plus anticipé l'existence de conduites morales «locales», car en fin de compte je n'étais pas conscient du présupposé cosmopolite qui m'animait. Aux prises avec trois sources de «règles morales», dans des situations concrètes, je n'ai eu d'autre choix que d'adopter un comportement, réagir ou penser d'une façon qui ne pouvait pas, ou du moins pas *entièrement*, être prévue ou anticipée *a priori*.

Dès lors, l'idée d'une éthique détachée de tout contexte est devenue absurde et c'est dans la rencontre de ces différentes formes morales qu'est apparu un *espace* éthique. Celui-ci, à son tour, a dû être incorporé au processus de réflexivité, afin de devenir un champ d'indices en lui-même. Le chercheur peut avoir l'impression qu'il est placé devant des «choix cornéliens», lorsqu'il ne peut éviter d'agir ou de prendre part à des situations qui heurtent inévitablement ou son «système moral», ou celui de son interlocuteur et du milieu d'enquête auquel il appartient. Mais c'est justement l'impression de se sentir placé devant des «trilemmes cornéliens» qui permet au chercheur à la fois de percevoir ses propres préjugés, de prendre la mesure de l'engagement nécessaire à la réalisation de son projet de recherche et de saisir par là même la normalité qui régit ses milieux d'enquête.

Mis en situation, j'observai rapidement que la question n'était pas simplement de savoir ce que j'étais disposé à faire ou ne pas faire pour répondre aux besoins de mon enquête, mais aussi de comprendre ce que l'on attendait de moi et comment j'étais admis au sein de mes milieux d'enquête. Il s'agissait d'accepter, contre le détachement méthodologique, d'être pris dans des relations sociales, de m'engager, au sens où l'entendait Jeanne Favret-Saada lorsqu'elle enquêtait sur la «sorcellerie dans le bocage[41]». Une telle démarche contraint à rechercher en permanence des façons satisfaisantes d'articuler un champ éthique, mais elle implique aussi des considérations pratiques, qui sont de l'ordre de la faisabilité, de l'opportunité, du coût, de l'efficacité, de la charge émotionnelle, etc. Elle permet en même temps de distinguer dans les situations ce qui relève de la faute ou de l'erreur, pour en faire des occasions de vérité.

Tout d'abord, je me suis rendu compte que personne n'était disposé à révéler en détail ses «combines», parce qu'elles n'étaient guère légales, parce qu'elles n'étaient pas toujours bien vues et parce qu'il n'était pas toujours judicieux pour un négociant de faire des émules. Un observateur à la fois distancié et curieux était inévitablement perçu comme «*pesado*» et on attendait de moi que «je mette la main à la pâte». La conviction de nombreux chercheurs, selon laquelle ils doivent se présenter en tant que tels auprès de leurs milieux d'enquête pour établir une relation de confiance et de respect mutuel, se révélait être une erreur (du point de vue de l'efficacité), voire une faute professionnelle : dans ces situations, les «intellectuels» étaient perçus non seulement comme *pesados* mais aussi «nigauds» (*come-mierda*) et «coincés» (*estirados*). J'ai donc çà et là «mis la main à la patte» de manière très prosaïque : je ramenais des habits en quantité lorsque je me déplaçais hors de Cuba, puis partageais les bénéfices de la revente à égalité avec une amie havanaise, spécialisée dans ce type d'activité, qui se chargeait de les écouler ; j'ai acheté avec deux «partenaires» (*socios de negocio*) une machine à fabriquer des rafraîchissements gazeux, que d'autres individus avaient alors mission de vendre ; j'ai investi avec un ami dans l'achat de cigares et de pièces servant à monter des boîtes «prêtes à la vente», que nous écoulions quand l'occasion se présentait ; je me procurais «comme tout le monde» un ensemble de denrées en ayant recours au marché noir et je rapportais, chaque fois que je me rendais dans les provinces, des produits que l'on trouvait plus facilement là-bas (produits de la mer, café, etc.) ; j'acceptais çà et là des commissions sur des services facturés à des personnes auxquelles j'avais facilité des contacts ; j'ai joué, gagné et perdu dans des tripots des sommes modestes pour un Français ; je me suis montré ouvert à de nombreux projets échafaudés à la va-vite, qui le plus souvent tombaient à l'eau ; et, même si dans de nombreux cas je n'étais pas disposé à «coopérer», j'essayais d'être «détendu» et laissais toujours les uns et les autres solliciter ma participation à un négoce avant de refermer la porte avec tact.

Cette approche m'a permis de mesurer le rôle majeur des aléas et de la spontanéité dans la création de «situations de négoce potentiel». Loin de la «morale cosmopolitique», c'est la capacité du chercheur à ne pas «camper sur ses positions» qui lui permet d'être accepté, dans la mesure où il démontre par là qu'il comprend le «mouvement» ou la *lucha*. L'idée selon laquelle «le chercheur ne doit pas mélanger les genres» était donc un préjugé universitaire au même titre que «gagner de l'argent dans un tel contexte n'est pas honorable» était un préjugé culturel. Comme le signale sans artifice théorique Gilles Bataillon, une enquête de longue durée change les perceptions de celui qui la mène, autant que la présence de ce dernier agit sur ses milieux d'enquête[42]. C'est l'interprétation de ces interactions qui permet justement de transformer l'espace éthique en objet d'étude rattaché à la problématique d'ensemble de l'enquête et aux conditions de viabilité du recueil des données.

En revanche, je n'ai jamais accepté de contrepartie lorsque j'ai fait des «lettres d'invitation» pour la France, formalité sans laquelle les services d'immigration ne délivraient pas de permis de sortie (*carta blanca*) aux Cubains, même s'ils avaient obtenu un visa du pays dans lequel ils comptaient se rendre. À une époque où l'achat d'une ligne de téléphone portable était réservé aux seuls étrangers, j'ai aussi accepté d'ouvrir plusieurs lignes à mon nom, sans recevoir de rétribution de la part des Cubains qui en finançaient le coût et en avaient l'usage par la suite. J'ai toujours précisé dans ces situations que je ne pouvais pas accepter de gagner de l'argent grâce à un droit dont je jouissais en tant qu'étranger. D'autres étrangers n'hésitaient pas à «facturer» ces services, mais je me risquais pour ma part à établir mes «critères»: je montrais ainsi que, dans certains cas, je préférais encore passer pour un «âne» plutôt que d'avoir l'impression de me comporter comme un «cochon». Je n'étais pas disposé à profiter des restrictions «politiques» dont souffraient les Cubains – j'en faisais en quelque sorte ma «morale du possible».

De même, lorsque des *jineteras*[43] me proposaient de me ré-tribuer si je parvenais à convaincre un étranger de rechercher auprès d'elles des faveurs sexuelles, je «bottais en touche» sous n'importe quel prétexte («il est sale, ça fait trois jours que je le vois avec les mêmes fringues», «c'est un radin, l'autre jour une fille est partie avec lui pour des prunes, il ne voulait pas payer», «je le connais, ce ne sont pas les femmes qui l'intéressent», «je te tiens au courant…», etc.). J'atteignais là le paroxysme de la tension entre sens moral personnel, déontologie professionnelle et banalisation et acceptation morale du commerce du sexe chez mes interlocuteurs. Mon critère relevait explicitement de l'«im-pératif catégorique» et du dégoût, mais il était informulable en tant que tel, car tout à la fois contre-productif eu égard au travail de recherche, incompréhensible par mes interlocuteurs et ina-mical, voire déshonorant. Il me fallait alors me contenter de res-ter secrètement écœuré par le proxénétisme et par les touristes qui profitaient d'une offre sexuelle à prix cassés, tout en faisant preuve de pragmatisme en utilisant une série de prétextes pour me tirer d'affaire.

Dans certaines situations qui excédaient mes limites phy-siques et morales, je fus néanmoins forcé non seulement de m'en tenir à des «principes» personnels mais aussi d'expliciter mes critères éthiques. Il m'est arrivé de devoir justifier mon refus de participer à des arnaques violentes en prétextant que le jeu n'en valait pas la chandelle et que, bien qu'en tant qu'étranger il eût été peu probable que je m'expose à des poursuites pénales, mes «partenaires cubains» avaient quant à eux toutes les chances de finir en prison. Tous en convenaient mais, comme s'ils ne pouvaient pas non plus s'en tenir à un pragmatisme pur, ils esti-maient que je me montrais prudent et raisonné là où l'on eût aimé malgré tout que je fisse preuve de «solidarité virile». Tous voyaient dans mon comportement la marque de ma «culture» et m'avaient finalement trouvé une excuse, une sorte d'atténuation sociologisante de l'accusation de lâcheté. Cette façon de rendre mon comportement acceptable témoignait de l'imbrication de leur sens moral et du mien dans des relations devenues à la longue normalement humaines. L'espace éthique dans lequel le chercheur se trouve projeté l'oblige à concilier en permanence éthique professionnelle, morale personnelle ou culturelle et règles de vie «locales», en subordonnant selon les cas l'une aux deux autres. Cet espace éthique, surtout lorsqu'il se transforme en trilemme infernal, constitue ainsi un champ d'indices qui orientent le déchiffrage sociologique du terrain et sont autant d'occasions de vérité.

Une démarche cumulative

Mes enquêtes de terrain n'ont pas pris fin lorsque j'ai quitté Cuba en 2003 et se sont poursuivies de plusieurs manières. C'est surtout à Miami que j'ai pu renouer le contact avec des individus et des familles que j'avais connus à La Havane, complétant ainsi mes recherches à Cuba par plusieurs séries d'entretiens espacés sur des années, sans craindre de représailles ni pour moi ni pour mes interlocuteurs, désormais informés de mon enquête. Non seulement leur façon d'évoquer des souvenirs et d'expliquer en détail toutes les combines sur lesquelles ils préféraient ne pas s'étendre tant qu'ils vivaient à Cuba m'a été très utile pour affiner mes informations, mais elle m'a aussi permis par contraste de mettre en relief leurs différents «capitaux» biographiques, en observant leur adaptation à leur nouvel univers social. Chaque fois que j'ai pu le faire, je les ai aussi interrogés sur leurs impressions lorsqu'ils revenaient d'un voyage à Cuba, ainsi que sur ce qu'ils y avaient fait, si bien que j'ai pu observer la manière dont ils affichaient leur réussite devant leurs «anciens compagnons d'infortune» – lesquels me faisaient aussi part de leurs commentaires lorsque je leur parlais au téléphone ou qu'ils réussissaient à me faire parvenir une lettre ou un courriel. Je notais aussi avec précision les informations concernant les liens «économiques» qu'ils continuaient d'entretenir avec des parents, voisins, proches ou amis restés à La Havane, autant que je récoltais en parallèle des données de même nature auprès des nombreux Cubains dont j'ai fait la connaissance dans la région de New York et du New Jersey où je réside depuis 2007.

Peu à peu, par l'intermédiaire d'amis qui se rendaient à Cuba, mais aussi de lettres, j'ai fait savoir à la plupart de mes relations dans l'île que j'avais décidé à mon retour d'écrire des textes inspirés de ce qui m'avait été raconté à La Havane, de ce que j'y avais vécu et observé. J'avais demandé à mes divers messagers de bien préciser que, chaque fois que je donnais des exemples ou que je racontais des anecdotes, je modifiais les noms et les lieux et prenais bien soin de protéger mes sources – anonymisation à laquelle ne dérogent pas les «cercles d'enquêtes» présentés dans les deuxièmes, troisièmes et quatrièmes chapitres de cet ouvrage.

Une partie de mes informateurs et, à vrai dire, ceux avec lesquels j'entretenais les liens d'amitié les plus solides (notamment Majá et Juan) avaient pris plaisir à me montrer la réalité du «système» et la *lucha* au quotidien; tous me firent savoir d'une manière ou d'une autre qu'ils éprouvaient une certaine satisfaction à savoir que j'avais entrepris de «dévoiler l'envers du décor». Ils y voyaient d'ailleurs une sorte de prolongement naturel. J'étais «éduqué», je savais écrire, j'avais déjà vécu dans des pays «différents» et j'avais vu à Cuba des choses dont peu de visiteurs avaient fait l'expérience: j'eusse manqué au «sens de la *lucha*» en n'essayant pas de monnayer mon savoir. Pour tous ces informateurs, la différence entre la sociologie, le journalisme ou la littérature n'a d'ailleurs jamais été claire. Pour les uns, j'écris des « nouvelles » ou des « chroniques sociales » tandis que, pour les autres, je fais des « reportages », mais aucun d'entre eux n'imagine que, la plupart du temps, je « rame » pendant des mois pour rédiger un article dont la publication n'est pas rémunérée.

Pour une seconde catégorie d'informateurs, qui résident maintenant aux États-Unis, je suis un « journaliste international ». À l'occasion, ils sont prêts à tous les efforts pour me fournir de la matière, à l'instar de Lorenzo (un ami d'enfance de Majá et de Juan) qui tint il y a quelques années à me montrer les règles du négoce d'essence auquel il se livre dorénavant à Miami. Pendant deux journées d'été, il m'a laissé monter à bord de son camion-remorque pour m'« offrir un reportage ». Les combines de Lorenzo sont cependant exceptionnelles par leur envergure et, en général, les négoces (ou les velléités de négoce) dont j'ai pu suivre le déroulement se limitent aux envois de produits à Cuba, aux petits trafics (timbres alimentaires, gibier, dont la vente est interdite dans l'État de New York) et aux fraudes fiscales, notamment à la sécurité sociale, à *Medicaid* et aux logements subventionnés.

Une dernière remarque : ma « nouvelle transparence » ne produit pas toujours les mêmes effets auprès de mes informateurs potentiels. Déjà, lorsque j'avais fait parvenir à des proches à La Havane un article sur les rumeurs publié en 2008 dans la revue *Encuentro de la cultura cubana*, j'avais reçu en retour des remarques moqueuses de la part de mes informateurs « de la rue » : on louait mes « capacités d'analyse et d'écriture », mais la forme rendait le sujet abordé « lointain ». Mercedes (sur laquelle je reviendrai dans le troisième chapitre), diplômée de l'université et habituée à évoluer dans des cercles lettrés, avait au contraire apprécié «[mon] regard». À Miami et à New York, j'ai souvent observé la même ambivalence : en plusieurs occasions, lorsque j'ai montré à des nouvelles connaissances, plutôt orientées vers le négoce, les revues dans lesquelles j'avais publié des textes, l'effet «éthico-méthodologique» escompté s'est rarement produit. Le fait de me présenter comme chercheur auprès de nouveaux milieux d'enquête potentiels, «documents compromettants» à l'appui, loin d'établir la transparence dans nos relations, introduit plutôt une gêne. Le fait que j'écrive des textes sur la vie des Cubains ne leur pose pas de problème, mais leur envie de décrire leur lutte est liée à la relation que nous avons tissée petit à petit, laquelle prend une tournure saugrenue si elle doit soudain se résumer au fait que je les observe en tant qu'«écrivain» (nouvelle catégorie dans laquelle certains d'entre eux m'ont rangé). Autrement dit, c'est parce que ces personnes ne me voient pas seulement comme un sociologue qu'elles acceptent de parler de thèmes sociologiques.

Ce cas de figure n'est pourtant pas systématique : il m'est arrivé plusieurs fois que des Cubains rencontrés aux États-Unis acceptent de faire le récit de leur vie, à ma demande, voire sur leur proposition, et en présence d'un dictaphone. Chaque fois, ces personnes m'ont d'abord connu dans des cadres extérieurs à la recherche, avant que je ne les informe de mes activités. Ils ont vu certaines de mes publications, mais m'ont dit que ce qui les poussait à accepter ma proposition d'entretien était le constat que j'étais autant un «professionnel» (au sens de diplômé, tel qu'on l'emploie à Cuba) qu'un «type terre-à-terre» qui a vu «comment fonctionne la rue». Bien entendu, les raisons qui les ont poussés à faire le récit de leur vie font écho aux théories avancées par les tenants de méthodes d'enquête plus orthodoxes.

Je n'affirme pas du tout que celles-ci sont ineptes, mais j'estime qu'elles ne sont pas applicables à tous les terrains. En revanche, elles fonctionnent lorsque, loin de faire feu de tout bois avec tout informateur potentiel, le chercheur sélectionne les individus avec lesquels il a des affinités électives et qui semblent désireux de porter un regard réflexif sur leur existence passée et présente. Encore faut-il qu'il en ait le loisir.

Par la force des choses, mon enquête a fini par s'inscrire dans une démarche cumulative : à mesure que ces entretiens éclairaient d'un jour nouveau mes observations de terrain à Cuba et semblaient parfois répondre à des récits que j'avais recueillis à La Havane, j'ai commencé à recevoir des courriers électroniques, qui sont devenus de plus en plus fréquents. Sans être physiquement présent à Cuba, j'ai ainsi été en mesure de « suivre » l'évolution de plusieurs de mes principaux informateurs.

Le choix d'une approche inspirée du paradigme indiciaire de Carlo Ginzburg se justifie dans la mesure où elle permet de partir de la compréhension qu'ont les individus de leur conduite, de la description qu'ils font de leur expérience quotidienne. Le paradigme indiciaire a donc fonctionné dans le cas de mon enquête à partir de l'interprétation de ma position au sein de mes différents milieux d'enquête, mais aussi à partir des indices linguistiques. L'usage fréquent des mots *lutte, lutter, lutteur* et la façon dont ils sont associés à d'autres termes, comme *résoudre* ou *inventer*, permet au chercheur de saisir la prééminence des logiques stratégiques qui traversent de part en part la société cubaine, autant que leur polysémie l'amène à comprendre les contraintes qui s'exercent sur les acteurs, notamment en ce qu'il s'agit de donner sens à l'expérience sociale. Les indices relèvent enfin de l'ordre des phénomènes : la suspicion généralisée invite le chercheur à prendre la mesure du système de répression et de ses effets dans la durée. Quant aux différentes formes de racisme dont les Afro-Cubains sont victimes, elles entretiennent aussi un rapport avec les discours sur l'ordre – c'est là que la profondeur historique est nécessaire.

En effet, à observer le racisme comme un phénomène séparé, le chercheur peut tout au plus le mettre en relation avec la façon dont le régime d'ordre rassure une société en proie au fantasme du chaos. Mais, en étudiant l'histoire de la problématique raciale à Cuba, le racisme contemporain apparaît comme une trace qui renvoie aux projets politiques modernes, tels qu'ils ont été captés dans la genèse du régime castriste. L'année que j'ai passée à Saint-Domingue, entre 2004 et 2005, m'a permis d'observer des similitudes dans les relations interraciales et entre les imaginaires politiques cubain, dominicain, portoricain et haïtien. Elle m'a également permis de comprendre combien l'ordre était l'une des matrices centrales de la culture politique de la région et, ce faisant, de relier mes observations de terrain aux approches théoriques de Daniel Pécaut ou de Gilles Bataillon. Autrement dit, tous ces indices sont aussi des symptômes et des traces de l'histoire, qu'il s'agisse des temps longs ou de l'effet durable de règles fortes mises en place dans les premières années de «la Révolution». Tôt ou tard, toute enquête de terrain portant sur la *lucha* renvoie nécessairement à une réflexion philosophique et à une interprétation historique; c'est la raison pour laquelle la perspective ethnographique à elle seule finit par présenter un point aveugle si elle n'est pas ainsi mise en tension[44].

Finalement, j'avais choisi mon terrain à Cuba en fonction de la densité et de la représentativité des activités de *lucha* que je pouvais observer au sein de différents cercles d'enquête, c'est-à-dire de groupes qui n'étaient pas seulement structurés autour d'un noyau familial, d'un voisinage ou d'un quartier, mais aussi façonnés à travers différentes formes d'interdépendance matérielle et humaine. Dans cette optique, j'ai choisi de m'intéresser en particulier à plusieurs cercles d'enquête à La Havane. Certains d'entre eux sont assez représentatifs des couches sociales qui tirent profit de l'économie officielle et de la réintroduction partielle de la logique de marché, tandis que d'autres mettent en évidence les répertoires de la *lucha* au sein d'environnements nettement plus structurés autour de l'univers de la «rue». Même si je m'attacherai à souligner les différences entre ces cercles d'enquête, j'essaierai de montrer que leur fonctionnement est sous-tendu par un système de normes communes; je privilégierai une approche phénoménologique, parfois au détriment d'une réflexion typologique qui, à mon sens, reflèterait mal l'entremêlement des registres.

Pour me prémunir du risque de généraliser mes hypothèses à partir d'études de cas, je me suis efforcé de vérifier la validité d'un modèle descriptif qui semblait se répéter dans toutes les situations que j'observais. C'est une fois constatée la saturation de ce modèle descriptif que je suis parvenu à mes conclusions, non sans avoir observé simultanément que les activités de lutte dans d'autres parties de l'île, notamment dans des zones rurales, ne s'inscrivaient pas dans des logiques différentes[45].

UNE PHÉNOMÉNOLOGIE
DE LA *LUCHA* À LA HAVANE
DANS LES ANNÉES 1990-2000

Le *solar* de Marcelo

Marcelo habite le quartier du *Vedado*, situé immédiatement à l'ouest du centre historique de La Havane et regroupant une partie des principaux bâtiments officiels, centres touristiques, cinémas, lieux culturels et rues animées de la capitale. Sous l'impulsion des forces d'occupation nord-américaines, le *Vedado* est devenu au début du XXᵉ siècle un «quartier moderne» attirant les familles bourgeoises qui fuyaient le tumulte de la Vieille Havane[46]. Aux villas cossues se sont ajoutés dans les années 1950 des immeubles de 10 à 20 étages, faisant du quartier le «lieu privilégié de la verticalisation de l'architecture havanaise[47]». Le *Vedado* conserve de beaux restes, mais compte aussi bon nombre de maisons plus ou moins délabrées et offre une configuration et une population très mixtes. On y trouve des *solares*, quoique dans une proportion moins élevée que dans les quartiers de la Vieille Havane, de *Centro Habana* ou du *Cerro*. Depuis le XVIIᵉ siècle, le terme *solar* désigne une parcelle sur laquelle ont été construits des logements où vivent des familles pauvres, mais de nombreuses demeures ont été transformées en *solares* après 1959.

Construits généralement dans des espaces réduits, les *solares* se présentent sous la forme d'un couloir ou d'un patio, de part et d'autre desquels se trouvent des portes donnant chacune accès à une chambre ou un petit appartement. En général, deux ou trois logements se partagent la même salle de bain et plus rarement la même cuisine. Dans un *solar*, les occupants jouissent d'une privauté restreinte et sont fréquemment en contact les uns avec les autres au cours des interactions de la vie quotidienne.

Le bagou d'un vieux révolutionnaire

Né en 1918, Marcelo, passé 80 ans, avait une force et une énergie hors du commun. Prêt en toute circonstance à faire la démonstration de sa ferveur révolutionnaire, c'est par la parole qu'il asseyait son autorité ou reprenait l'ascendant dans les situations mal engagées. Aux jeunes frondeurs issus des générations nées après 1959, il répétait jusqu'à en perdre le souffle qu'ils ignoraient ce que Cuba avait enduré sous Batista. «Bafoué, humilié, traîné dans la boue [...] sous le capitalisme», le «peuple» avait «réalisé ses aspirations historiques» et s'était «libéré du joug impérialiste nord-américain». Aux étrangers dubitatifs, il expliquait rouge de colère que «la Révolution» était synonyme de «dignité», d'«égalité», de «justice», de «liberté» et de «bonheur»; il ne manquait jamais non plus d'insister auprès d'eux sur «la gratuité de l'éducation et de la santé». Aux «vieux révolutionnaires» troublés par les réformes des années 1990, il répondait que la réintroduction de la logique de marché avait pour objectif de «contourner le blocus» et d'assurer coûte que coûte la «survie du socialisme». Face à un vendeur quelconque qui cherchait à justifier les prix exagérés qu'il pratiquait, il était capable de rétorquer habilement que «les *yankis* [étaient] responsables de la crise économique», tout en ajoutant sur le ton du reproche que «les générations qui [s'étaient] sacrifiées sans compter [n'avaient] pas lutté pour que les générations suivantes [tirassent] profit des difficultés matérielles de la période actuelle».

Volontiers didactique, Marcelo en appelait au civisme de ses interlocuteurs, dans un langage sans façons, adapté aux normes de la camaraderie paysanne et prolétaire qui, au début des années 1960, avait renvoyé les formules de politesse au rang de vestige de la «pseudo-république sous tutelle». Sa disposition à relayer le discours des dirigeants et à propager la culture révolutionnaire était servie par une condition physique extraordinaire : parti à la retraite à la fin des années 1970, Marcelo, à la suite d'ennuis cardiaques, avait commencé à faire du cyclisme sur les conseils de son médecin. Depuis, il arpentait chaque année toute l'île à bicyclette, transmettant à l'occasion et à son initiative les nouvelles nationales et internationales dans les endroits les plus inaccessibles de l'*Oriente*. Légalement, le fait de voyager pendant des périodes de temps indéterminées loin de son lieu de résidence aurait pu au gré des aléas en faire un individu suspect : un «vagabond», un «*diversionniste*», voire même un «trafiquant». À partir du moment, cependant, où il devint une sorte de «phénomène révolutionnaire», jusqu'à faire parler de lui à la télévision, il bénéficia lors de ses périples du gîte et du couvert dans les casernes militaires.

Marcelo n'avait pas son pareil pour commenter les faits divers sous un jour favorable à la propagande du gouvernement. S'il devait évoquer le cas des *balseros*, il prenait l'exemple de son neveu, riche propriétaire d'une marbrerie en Floride, qui selon lui avait été victime du travail de sape des *yankis* :

«Ce nigaud était parti pêcher, il y a vingt ans [dans les années 1970], et lorsqu'il était au large, un navire américain s'est approché, soi-disant pour lui porter secours... lorsqu'ils lui ont demandé s'il avait besoin d'aide, il a mal compris et répondu que oui... et voilà, il s'est retrouvé là-bas... il a été manipulé.»

Aux *guajiros* qui lui demandaient ce qui se passait en Angola, il expliquait que Jonas Savimbi était un homme diabolique et que l'UNITA était le bras armé de l'Afrique du Sud, en charge d'étendre l'Apartheid vers le nord du continent. Si on l'interrogeait encore sur la disqualification pour dopage de sportifs cubains engagés dans des compétitions internationales – notamment la suspension du champion olympique du saut en hauteur, Javier Sotomayor, contrôlé positif à la cocaïne en 1999, puis à la nandrolone en 2001 –, il s'offusquait amèrement des «calomnies» et de la «campagne de discrédit» dont ces derniers étaient victimes, parce que «citoyens d'une nation rebelle».

Le bagou de Marcelo n'a pourtant rien d'une *compétence* atypique. Il est le résultat le plus achevé du projet de conscientisation de l'*homme nouveau*, tel qu'il a été façonné par l'appareil de propagande du régime. Il est une manifestation assez commune de l'*habitude* de répéter des slogans, de participer à des réunions politiques, de suivre assidument les programmes de télévision et de radio, de lire les journaux, etc. Mais il est une compétence au sens où, parce qu'il est un réflexe qui précède inconsciemment toute forme de réflexion, il rend possible d'autres visées. Marcelo indique à travers son bagou que «*no está en nada*» («il ne trempe dans rien du tout») et peut, à l'image de nombreux Cubains gagnés par la même habitude, grignoter des marges d'action. Tout un ensemble d'initiatives ou de comportements, en effet, ne sont pas prévus par la loi: leur acceptation, voire leur caractère licite, est donc fonction de leur contexte et de l'identité de ceux qui s'y livrent.

Il serait cependant réducteur d'estimer que le bagou de Marcelo ne s'inscrit que dans le registre d'une instrumentalisation politique, dont l'habitude de l'endoctrinement a fait le lit. Il témoigne d'abord d'un aspect générationnel : ayant dépassé l'espérance de vie des hommes à Cuba, Marcelo, à l'instar d'une grande partie des Cubains du troisième âge, n'est plus capable ou n'a plus la volonté de réfléchir au sens du possible, tandis que son regard sur le passé est chargé d'une émotion qui le transcende dans le présent. Ses périples à travers l'île répètent d'ailleurs les rites centraux de la culture révolutionnaire : comme les alphabétiseurs, comme les travailleurs volontaires, Marcelo devenu citadin retourne dans le *monte*, partage les conditions de vie difficiles des *guajiros* et dit apprécier surtout « la compagnie de ces gens nobles de caractère, désintéressés, prêts à partager le peu qu'ils ont ».

Dans le bagou de Marcelo, la dimension émotionnelle, la dimension affective et les normes de langage et de comportement révolutionnaire sont inextricables. En témoigne un épisode survenu le 1er mai 2002, à l'occasion du traditionnel discours de Fidel Castro. Sur la Place de la Révolution, Marcelo avait voulu s'approcher au plus près de son héros et avait entrepris d'escalader la barrière qui séparait les « invités de marque » du « peuple ». Lorsqu'un membre du service de sécurité le repoussa, avec délicatesse et courtoisie, il hurla à pleins poumons, avant de perdre connaissance, que « ceux qui comme [lui avaient] lutté dans les montagnes pendant la tyrannie de Batista pour que des jeunes comme [le garde] pussent vivre dignement aujourd'hui [avaient] leur place de plein droit au plus près de Fidel ». Marcelo, à l'époque de la « lutte contre Batista », gérait une concession automobile et n'avait aucun contact avec les rebelles.

Renaître dans *la lutte*

Né de parents galiciens, dans un milieu paysan de la province de Camagüey [la partie occidentale de ce qui était alors la province de l'*Oriente*], Marcelo avait été éduqué dans une école tenue par les Pentecôtistes.

«Mes parents étaient pauvres... J'aurais tellement aimé pouvoir étudier mais, à l'époque, c'était réservé aux nantis! [...] Je me suis engagé dans la marine pendant la Seconde Guerre mondiale, et je suis revenu avec beaucoup d'argent. C'est comme ça que j'ai pu monter mon agence de location de voitures à Camagüey ensuite [...]. Quand la Révolution a triomphé, mes voitures ont été volées par des faux révolutionnaires... J'en ai récupéré une partie, et j'ai accepté de tout donner à la Révolution... au bout d'un certain temps, parce qu'au début, comme je t'ai dit, je ne croyais pas non plus en Fidel, j'étais trop habitué à voir tous ces gens qui faisaient de la politique pour leur propre compte et qui n'en avaient rien à foutre du peuple... Tu comprends que cette révolution, elle nous a rendus propriétaires de ce qui nous appartient! Finis les mines aux Américains, les transports aux Américains, le téléphone aux Américains, les usines aux Américains! La *United Fruit* qui exploite le peuple! Les enfants comme des rats partout dans les rues! La famine dans les campagnes! Une révolution nationaliste! Tu comprends!»

Par la suite, Marcelo était devenu chauffeur dans un ministère, époque où il avait pris l'habitude de sillonner le pays de long en large. Il fut parfois au service de hautes personnalités, dont Célia Sánchez Manduley, et vivait avec sa femme dans une ample demeure du quartier de *Miramar*:

«Il y avait une table en acajou massif, il fallait six personnes pour la soulever, tu entends, juste pour la soulever! [...] J'avais ma propre voiture aussi... [...] Quand ma femme est morte, en 1978, j'ai *permuté* [échangé mon domicile] et je me suis installé ici dans le *Vedado*... Je ne voulais plus vivre avec tous ces souvenirs à jamais perdus, et à l'âge que j'avais je ne voulais pas m'encombrer de choses inutiles. J'ai presque tout vendu.»

Depuis cette date, Marcelo vit dans un *solar* situé à quelques pâtés de maison du *Malecón* et de l'hôtel *Meliá Cohiba*. Son *solar* est un couloir d'environ vingt mètres de long, ouvert sur le trottoir et la rue d'un côté, bouché par un mur de l'autre. Étroit au début, il s'élargit ensuite jusqu'à atteindre deux mètres. Sur le mur droit, en y accédant depuis la rue, se trouvent deux portes, la première à environ trois mètres de l'entrée, la seconde cinq mètres plus loin. La première porte donne sur un appartement d'environ 30 m², et la seconde sur un logement plus spacieux de 70 m². De l'autre côté du *solar*, la maison qui fait l'angle avec la rue occupe les dix premiers mètres du mur gauche. Le long de ce mur se succèdent ensuite quatre portes, espacées de deux à trois mètres l'une de l'autre, qui donnent sur de petits logements. La taille du premier est d'environ 20 m², mais la «barbacoa» (une mezzanine basse de plafond) qui a été rajoutée double la superficie «habitable». Les trois portes suivantes sont séparées du *solar* par une grille qui ferme à clé et donnent respectivement sur un appartement d'environ 12 m², un autre de même superficie, mais à l'intérieur duquel une «*barbacoa*» forme une sorte de demi étage habitable, et enfin une petite pièce d'environ 5 m². Ces trois derniers logements appartiennent à Marcelo, qui a également construit une «*barbacoa*»-cabane d'environ 5 m² au-dessus du couloir, entre sa porte et le mur droit du *solar*. Sur la «longueur», la «*barbacoa*» repose d'un côté sur une échelle et de l'autre sur la grille, qu'il est donc impossible d'escalader. De la sorte, Marcelo a l'usage des quelques mètres carrés compris entre la grille et le mur du fond du *solar*. Il y a installé une table en bois et un lavabo en ciment. Son logement est équipé d'une armoire, d'un lit, d'une télévision, de tabourets, d'un téléphone, d'un réfrigérateur, d'une cuisinière à gaz et de quelques ustensiles de cuisine

À l'image de la grande majorité des Havanais, victimes de la pénurie de logements, Marcelo a «construit vers le haut», selon l'expression consacrée, sans s'embarrasser des autorisations théoriquement nécessaires qui doivent être obtenues auprès de la *Vivienda*. Celle-ci, en principe, «laisse faire» les habitants qui, plutôt que de reprocher son incurie à l'État, se substituent à lui tout en comptant sur la bienveillance des fonctionnaires chargés de contrôler les normes de construction et d'hygiène. Les Havanais qui se débrouillent pour agrandir ou rénover leur logement sont d'autant plus enclins à la discrétion que les matériaux de construction proviennent pour la plupart des chantiers publics alentours, soit qu'ils aient été volés et écoulés par un quidam, soit que les employés les aient détournés, puis revendus eux-mêmes. De son point de vue, Marcelo a même fait preuve, et de longue date, du sens pratique attendu d'un révolutionnaire :

«À chacun selon ses besoins... Je n'avais pas besoin d'une maison immense pour moi tout seul... Et puis, il y a la vieillesse, m'occuper de tout cet espace, sans savoir si un jour je ne serai pas limité physiquement, ça voulait dire obliger des gens à s'occuper de moi... Alors voilà, j'ai trouvé cet endroit, j'ai juste fait attention qu'il n'y ait pas besoin de réparations, et surtout j'ai fait construire une citerne, pour qu'il y ait de l'eau, beaucoup d'eau ! [...] Et puis, il fallait continuer à lutter !»

Marcelo communie là encore avec les vertus de l'«homme nouveau» : il cherche à démontrer qu'il agit de manière à ne pas se laisser affecter par les brusques changements qui interviennent nécessairement au cours d'une existence – ou plutôt qu'il sait «renaître dans la lutte». Les bouleversements qui rythment la vie des Cubains peuvent avoir pour origine des événements politiques, des drames personnels ou des choix intimes, mais par la force des choses faire face à l'adversité, ou se sentir brinquebalé de tous côtés, est devenu une dimension routinière de l'existence.

Marcelo ne s'est guère étendu sur les conditions de la «*permuta*» (échange de domiciles) qui lui a permis d'emménager dans le *solar*, mais celle-ci a dû être compliquée: jusqu'à la fin de l'année 2011, la loi interdisait d'acheter ou de vendre une propriété immobilière et le seul moyen de changer de domicile était d'effectuer une *permuta*. Les deux parties se rendaient à la *Vivienda* de leur municipe et déposaient une demande de *permuta*, après avoir présenté tous les documents requis, parmi lesquels titres de propriété, pièces d'identité, timbres fiscaux, carnets de rationnement, fiches d'état civil, lettres du Comité de défense de la révolution détaillant le nombre d'occupants pour chaque domicile et croquis de l'architecte de la communauté approuvés officiellement par l'*Institut de planification physique*. Lorsque les démarches avaient abouti, un fonctionnaire notait les nouvelles domiciliations dans les dossiers respectifs de chacun, récapitulant, le cas échéant, tous les déménagements déjà effectués.

Dans l'écrasante majorité des cas, les démarches permettant d'effectuer une *permuta* étaient pourtant bien plus compliquées. Premièrement, les informations n'étant pas répertoriées, les deux parties étaient presque toujours mises en relation par un *corredor de permutas* – un intermédiaire disposant d'adresses de personnes qui cherchaient à permuter. Deuxièmement, la plupart des individus voulaient en réalité acheter ou vendre et la *permuta* était la seule démarche légale permettant de mener à bien leur projet. Troisièmement, les échanges étaient souvent disproportionnés : une maison contre un petit appartement, une chambre contre un deux pièces ou, comme dans le cas de Marcelo, une *mansión* contre trois «chambres» dans un *solar*. Aussi les uns proposaient-ils en réalité deux ou trois appartements contre une maison, deux chambres contre un appartement de deux pièces ou une somme d'argent et un logement contre un logement plus grand. Il fallait alors que chaque propriété fût attribuée à une personne différente, de sorte que celui qui échangeait sa maison contre trois appartements devait en attribuer deux à des tierces personnes (famille ou ami). Mais la loi fixait à trois foyers le nombre maximum de parties intéressées dans la *permuta* de leurs propriétés respectives, ce qui multipliait encore les démarches et leur contournement. Pour sa part, Marcelo avait fait attribuer à sa fille l'appartement qui jouxtait le sien.

Au niveau de la *Vivienda*, la *permuta* pouvait être refusée au prétexte que l'échange était inégal et dissimulait des tractations privées. Dans la plupart des cas, il fallait donc l'intervention d'un avocat pour préparer un dossier et «démontrer» l'absence de compensation financière. Dans les faits, afin que la *permuta* fût autorisée, les deux parties convenaient avec l'avocat d'une somme d'argent à répartir entre ce dernier, les fonctionnaires de la *Vivienda* chargés du dossier et leur responsable administratif. L'approbation de la *permuta* relevant en dernier lieu des niveaux provincial et national de la *Vivienda*, il pouvait aussi être nécessaire de soudoyer un ou plusieurs fonctionnaires de ces entités. Le *corredor*, qui faisait le lien entre les individus qui allaient permuter, l'avocat, les fonctionnaires de la *Vivienda* et éventuellement l'architecte qui établissait la valeur ou le statut des logements par rapport aux législations sur le patrimoine, empochait une commission qui s'élevait à plusieurs centaines de dollars sur une vente de 5 000 à 8 000 dollars (ou son équivalent en «monnaie nationale»).

Le sens pratique de Marcelo est ainsi plus grand encore qu'il ne veut l'admettre, dans la mesure où il est certain qu'il a touché lors de cette *permuta* une somme d'argent importante, qui lui a permis de «voir venir» et même d'ouvrir un compte d'épargne, alors que dans les années 1990 sa retraite était de 85 pesos par mois (environ quatre dollars). Lorsqu'en 2003 le moteur de son réfrigérateur avait dû être remplacé, ce fut sans mal qu'il paya les 70 dollars que lui réclamait le réparateur.

Une roublardise scrupuleuse

«Esprit de lutte», sens pratique, ferveur révolutionnaire, grand âge, «à chacun selon ses besoins»; il faudrait ajouter que la *picardía* («roublardise») de Marcelo participe du même mouvement. Elle semble en tout cas ne lui poser aucun problème de conscience, à ceci près que, contrairement à d'autres sujets, il n'en parle guère et se contente d'agir.

Lorsqu'il se rend au marché, Marcelo oublie régulièrement de compter tous les fruits et légumes dont il a rempli son sac, lorsque le vendeur cherche à s'en enquérir pour calculer la somme qu'il lui doit. En grappillant une ou deux mangues, deux ou trois goyaves, quelques citrons et quelques bananes, il économise toujours 5 à 10 pesos. Très tôt le matin, il se rend sur la *Malecón* où il achète à 5 *centavos*[48], le «prix officiel», un exemplaire de *Granma* (parfois plusieurs) qu'il revend à 1 peso, le «prix de revente», après l'avoir lu. Lorsqu'il décide de voyager vers les provinces, il arrive très tôt à la gare routière des bus *Astro*, près de la Place de la Révolution, et donne 20 pesos à un guichetier avec lequel «il a une entente» (*tiene guara*) pour que celui-ci le laisse acheter plusieurs billets. Comme le nombre de candidats au voyage excède presque toujours les places disponibles, Marcelo les revend avec un bénéfice variable. Un billet à destination de Pinar del Río, l'une des destinations les plus proches de La Havane, coûte 20 pesos, alors qu'il faut débourser 65 pesos pour se rendre à Baracoa, à l'extrémité nord-est de l'île. La transaction doit être discrète et aucun revendeur ne peut se permettre de déambuler ostensiblement entre les acheteurs potentiels, surtout qu'il s'expose à la délation. Marcelo se contente donc *grosso modo* de doubler les prix.

«C'est de bonne guerre», selon Marcelo, qu'il se «débrouille» (*se desenvuelve*). «Les traficoteurs [*los merolicos*] des marchés agricoles [*mercados agropecuarios*] sont des millionnaires.» «Il est normal que celui qui se lève tôt [*el que madruga*] soit récompensé par rapport à celui qui se fiche de payer plus pour le journal.» Celui-ci étant d'ailleurs souvent utilisé comme papier toilette, il est vrai que sa valeur varie selon l'usage qu'on en fait, même si personne ne déclare en l'achetant qu'il n'a aucune intention de le lire. «Ceux qui arrivent à la gare routière sans avoir pris leurs précautions agissent ainsi parce qu'ils le peuvent, parce que l'argent n'est pas un souci pour eux.» Il arrive d'ailleurs à Marcelo de rencontrer des situations dans lesquelles il voit bien que les candidats au voyage ne sont pas de simples insouciants : par «bon cœur», il revend alors un ou plusieurs billets à leur coût de revient, lorsqu'il est convaincu par l'histoire d'une humble jeune fille qui se rend au chevet de sa mère ou celle d'un patient venu se faire opérer à La Havane qui s'efforce tant bien que mal de regagner sa lointaine province.

Marcelo, à l'instar de nombreux Havanais, est connecté au réseau électrique de la ville grâce à un circuit artisanal qui relie le *solar* à un bâtiment important du voisinage, en l'occurrence l'hôtel *Meliá Cohiba*. Lorsqu'il le révèle, il se contente de sourire malicieusement, à la manière d'un enfant qui vient de jouer un mauvais tour, tout en ajoutant que, l'hôtel ayant été construit par des «entrepreneurs espagnols» qui «facturent 160 dollars pour une chambre», «cela ne fait aucune différence pour eux»... sans parler du fait que «tout le voisinage est relié à leur générateur».

Au milieu des années 1990, Marcelo, au terme de longues démarches qui en général découragent la plupart des solliciteurs, s'est fait installer une ligne téléphonique à son nom par la compagnie *Etecsa*, en situation de monopole. Aussitôt, il a fait bénéficier une voisine d'une «extension»: reliée depuis sa maison à la ligne de Marcelo, cette dernière lui donne 60 dollars tous les six mois, le coût des communications nationales étant pratiquement nul. Cette fois, il explique qu'il «rend service» et que le «dérangement» n'est pas négligeable, puisque même s'il existe un code (les locuteurs qui cherchent à joindre sa voisine raccrochent après une sonnerie puis rappellent) il est fréquent qu'il décroche «pour rien» ou que la ligne soit occupée lorsqu'il a besoin d'utiliser le téléphone.

Au quotidien, Marcelo se déplace partout à bicyclette, quelle que soit la distance. Son vélo est en aluminium léger et, au fil des années, il a trouvé des pièces en excellent état qui en ont amélioré le fonctionnement, jusqu'à en faire un engin d'une qualité rare à Cuba. Çà et là, il achète des bicyclettes en mauvais état ou auxquelles manquent des pièces, en général des vélos tout-terrain à 30 dollars. Il rajoute une chaîne, qui coûte 100 pesos, fait régler le roulement, pour 50 pesos, et adjoint deux pneus à 200 pesos chacun. Le vélo vaut alors un peu plus de 50 dollars et il le loue occasionnellement pour 2 dollars par jour à des gens de confiance, à moins qu'il ne le vende à un acheteur qui en propose un bon prix. Les *flying pigeons* (les vélos chinois qui, pour pallier la pénurie d'essence, ont inondé l'île au début de la *période spéciale*) en bon état ne se vendant pas à plus de 20 dollars, Marcelo évite généralement de les acheter, à moins qu'on lui en propose un qu'il puisse revendre immédiatement avec un bénéfice de 1 ou 2 dollars.

Les passions et les intérêts : vieillir « entouré » en temps de crise

À l'échelle individuelle, tous les Havanais se laissent guider au quotidien par ce «sens pratique» qui oscille entre la *picardía* et la satisfaction locale et spontanée des besoins élémentaires : ce «sens pratique» échappe à une catégorisation en termes de délit et définit plutôt une forme de normalité partagée, une adaptation tacitement souhaitable de la sociabilité révolutionnaire aux difficultés matérielles de la *période spéciale*.

Marcelo, devenu veuf, ne comptait pas se contenter d'une existence solitaire, autant parce qu'elle aurait rendu précaire son existence matérielle que parce qu'elle n'aurait pas comblé ses besoins affectifs. De 1992 à 1997, l'appartement situé juste après le sien était occupé par sa fille adoptive – avec laquelle il m'avait raconté «n'avoir jamais été en très bons termes» –, infirmière gagnant 180 pesos mensuels (environ 9 dollars), ainsi que son mari, ingénieur agronome touchant une «bonne» solde de plus de 300 pesos (environ 15 dollars), et leur fille née en 1988. En 1997, le frère du mari, qui vivait au premier étage de la maison de leur mère, dans un quartier périphérique de La Havane, était décédé. La fille de Marcelo avait alors emménagé chez sa belle-mère avec sa famille, mais restait officiellement inscrite à la *Vivienda* dans le «dossier de *permuta*» de son père. Aussi avait-elle refusé de laisser Marcelo utiliser l'appartement comme il l'entendait. Finalement, le litige est resté en suspens : Marcelo conserve les clefs de l'appartement, où il est seulement autorisé à entreposer des objets encombrants, et sa fille se permet de temps à autre de le louer pour quelques mois à des connaissances venues travailler à La Havane.

Marcelo lui-même a l'habitude, depuis qu'il a emménagé dans le *solar*, de recevoir à l'occasion des parents ou amis originaires des provinces de l'est de l'île. À partir du début des années 1990, il a cependant commencé à héberger plus régulièrement des «connaissances» ou des «connaissances de connaissances», qui payent 1 à 2 dollars par jour pour la chambre du fond, le petit-déjeuner, le dîner et une douche. Il déclare leur présence en qualité d'«amis» auprès du CDR (Comité de Défense de la Révolution), lequel ne peut donner son aval si des transactions financières sont engagées. De cette façon, Marcelo se procure des revenus supplémentaires, irréguliers et aléatoires, mais qui peuvent s'élever jusqu'à 120 dollars en un mois s'il loue également la *barbacoa*.

Depuis la mort de sa femme, «le vieux», comme l'appellent ses voisins, entretient des liens d'amitié avec plusieurs jeunes hommes âgés de 20 à 25 ans. Entre 1993 et 1997, Gaetán, qui vivait dans le municipe de *Centro Habana*, l'avait accompagné lors de divers périples à bicyclette et venait lui rendre visite quasi quotidiennement. Peintre en bâtiment dans une entreprise d'État, il gagnait 120 pesos mensuels (à peine 6 dollars) mais rejoignait parfois une autre «brigade», une équipe d'ouvriers avec lesquels il travaillait sur d'autres chantiers «*por la izquierda*» (illégalement). Par le bouche-à-oreille ou grâce à des intermédiaires, le «cerveau de la brigade» entrait en contact avec des particuliers, désireux d'effectuer des travaux chez eux, voire de se faire construire une maison, et établissait un devis. Le «cerveau» se procurait les matériaux de construction au marché noir ou par l'intermédiaire d'ouvriers comme Gaetán, qui les volaient «à l'État» sur les chantiers où ils travaillaient officiellement. En 1995, il avait rencontré à La Havane une Canadienne de douze ans son aînée. Elle était devenue sa «fiancée» et revenait le voir régulièrement. À Cuba, leur relation était pénible dans la mesure où Gaetán n'était pas autorisé à pénétrer dans sa chambre d'hôtel, ni à louer officiellement une chambre avec elle lors d'escapades dans l'île. En fait, il était souvent assimilé à un *jinetero* aux yeux de la population et surtout des autorités. Aussi sa fiancée le pressait-elle de quitter Cuba pour la rejoindre à Toronto, ce qu'il fit en 1997, après s'être marié avec elle à La Havane. Il s'est ensuite rapidement séparé d'elle, «car elle était trop possessive», puis a monté une agence touristique et vit aujourd'hui dans une certaine aisance.

Ronaldo, originaire de Baracoa, avait rencontré Gaetán sur un chantier illégal. Un autre ouvrier lui avait présenté le responsable d'un refuge réservé aux sinistrés des ouragans. Ce dernier laissait Ronaldo dormir dans une pièce exigüe, pour 10 pesos par jour, en sus de l'accès aux douches et aux toilettes, toutes deux dans un état de délabrement avancé. Gaetán s'était lié d'amitié avec lui et l'avait présenté à Marcelo, chez qui il prit l'habitude de venir se doucher. Un jour, lorsqu'il revint au refuge, il ouvrit la porte de sa chambre et constata que tout ce qu'il possédait avait été volé. Marcelo et Gaetán lui donnèrent des habits et l'aidèrent comme ils le purent. Comme c'était l'adresse de sa maison natale à Baracoa qui figurait sur son carnet d'identité, Ronaldo s'exposait en outre à être renvoyé là-bas au moindre contrôle policier et Marcelo lui avait proposé d'effectuer à la *Vivienda* les démarches nécessaires pour le domicilier chez lui à La Havane. Au passage, Marcelo avait fait inscrire Ronaldo sur le carnet de rationnement du «foyer» dont il est le «chef», alors que depuis qu'il était à La Havane c'était son frère à Baracoa qui consommait en son absence les produits auxquels il avait droit.

En 1995, Marcelo a subi une opération du genou dans un hôpital de la capitale, où il partageait une chambre avec Ángelo. Né en 1977 à Holguín (*Oriente*), celui-ci avait intégré une «*microbrigade*[49]» et espérait qu'un des logements qu'il était en train de construire dans le quartier d'*Alamar* lui fût attribué, afin qu'il pût emménager dans la capitale avec sa mère. En attendant, il ne savait pas où se loger et était officiellement domicilié à l'autre bout de l'île. Marcelo l'avait alors accueilli chez lui, après avoir constaté que «c'était un jeune correct, propre et travailleur, qui ne buvait pas et ne fumait pas». Après 18 mois de «bataille», Ángelo n'avait obtenu aucune des maisons qu'il avait construites, lesquelles furent toutes attribuées à des «travailleurs» de sa «*microbrigade*» plus «méritants» que lui. Depuis, il vit dans la chambre de Marcelo, dormant parfois dans la petite pièce du fond, ou dans la *barbacoa*, ou encore chez sa fiancée, rencontrée en 1998, qui habite un quartier périphérique de La Havane.

Lorsqu'il travaillait au sein de la «*microbrigade*», Ángelo ne gagnait chaque mois qu'un peu plus de 100 pesos et dépendait de la générosité de Marcelo, lequel l'avait également «fait passer» sur son «carnet de rationnement». Élevé dans un milieu paysan, Ángelo avait arrêté l'école à 15 ans «à cause de [ses] problèmes de vue» et n'était pas armé pour «se défendre» lorsqu'il est arrivé à La Havane. Marcelo m'a raconté un jour qu'en 1996 «un ami colombien [un cycliste chevronné envoyé par son neveu de Miami] avait apporté à Ángelo une vraie paire de chaussures en cuir [...] Ángelo en a pleuré». Tous deux s'appellent respectivement «père» et «fils»; Marcelo a «arrangé les papiers pour qu'Ángelo obtienne la maison à [sa] mort». Ángelo rappelle souvent qu'il a quitté l'école «très tôt», se dit «ignorant» et, bien que «révolutionnaire, [il n'a pas] les éléments pour comprendre la politique». Cette conception lui vient peut-être de son expérience en *Oriente*, mais il est sûr qu'elle est entretenue par le «socialisme scientifique» de Marcelo, pour qui «l'éducation est la clé de la conscience» tandis que «l'ignorance empêche l'homme de comprendre la Révolution». Pendant ses premières années passées à La Havane, Ángelo était tout ouïe quand son «père» lui expliquait l'histoire officielle de Cuba. Par la suite, il se contentait simplement de ne pas le contredire.

Après que le logement qu'il attendait lui fut passé sous le nez, Ángelo se rendait plusieurs jours par semaine dans la rue *Galiano* pour vendre divers articles en compagnie de sa fiancée Linda. À la fin des années 1990 et au début des années 2000, cette rue située dans *Centro Habana* était parsemée de petits vendeurs à la sauvette qui proposaient une gamme de produits très étendue, allant des brosses à cheveux, barrettes, stylos, porte-clés, couverts et autres briquets jusqu'aux outils de jardin et aux transformateurs électriques:

«Linda ne sait pas où trouver les choses, celui qui sait, c'est moi. Il y a des choses qui sont fabriquées à Cuba, des chewing-gums qui sont rapportés par les marins, ils les vendent à un demi-peso, je les revends à un. J'achète toujours chez des particuliers. Mais je n'ai pas de licence. Une fois, ils [les policiers] nous ont embarqués, ils ont saisi la marchandise et mis une amende de 500 pesos à Linda. Une autre fois, ils ont failli nous embarquer, mais nous avons protesté et les gens nous ont aidés, ils ont protesté aussi. Tous [les vendeurs situés au croisement des rues *Zanja* et *Galiano*] là-bas sont des invalides, nous aussi, mais pour la vue, et j'ai une canne d'aveugle, pour qu'on me respecte encore plus. Les gens criaient "laissez l'aveugle, bande de sans-cœur" [*suelten al cieguito, abusadores*].»

De cette façon, Ángelo disait gagner parfois «100 pesos en une journée» et avoir réuni une fois «jusqu'à 1 500 pesos dans le mois». Pourtant, les risques qu'il encourait «[lui rendaient] la vie impossible» et il aspirait non seulement à plus de tranquillité mais aussi à «trouver sa voie». Le municipe *Plaza de la Revolución*, où se trouve le *solar* de Marcelo, organisait des cours de karaté, pour une somme de 20 pesos par mois. En 2000, Ángelo s'y inscrivit en compagnie de Linda, ce qui lui permit, grâce à un «piston» (*palanca*) de Marcelo, d'obtenir un poste au sein du CVP (*Cuerpo de Vigilancia y Protección* – Corps de surveillance et de protection) d'une entreprise d'informatique située à quelques centaines de mètres du *solar*:

«Là-bas, je gagnais 220 pesos par mois, mais on me donnait un bonus (*un estímulo*) de 25 dollars en plus, et un déjeuner (*una merienda*) tous les jours, un sandwich au jambon et au fromage et un *tukola* [le coca-cola national], que je revendais, ça dépendait, 15 pesos, 20 pesos, parfois 25 pesos, vu que j'allais déjeuner avec Marcelo [...]. Je travaillais, sans pause, parce qu'il fallait être attentif, ou bien de 6 heures du matin à 18 heures, ou bien de 18 heures à 6 heures du matin... C'était d'un ennui, en plus, si j'allais aux toilettes, je devais le noter sur un cahier, et si je m'endormais, ils me divisaient mon salaire par deux, ça m'est arrivé, ou même ils me supprimaient mon bonus, ça m'est arrivé aussi...»

Finalement, au bout d'un an, Ángelo demanda «son licenciement» (*la baja*) et décida de travailler avec Linda, laquelle entre-temps avait noué contact avec des vendeurs du marché artisanal de «C y Malecón», situé à quelques minutes de marche du *solar* de Marcelo. Ces derniers lui remettaient des *maracas* en papier-mâché et du bois pour fabriquer des cadres, qu'elle devait peindre ensuite. Elle touchait 25 cents de dollar par *maraca* et 50 cents par cadre. Chaque semaine, ils peignaient à deux une vingtaine de cadres et quelques dizaines de *maracas*. Ángelo réparait également çà et là quelques bicyclettes, appliquant le

même tarif que les *poncheros* (réparateurs de bicyclettes officiels), soit 10 pesos pour les crevaisons ou le réglage des freins.

Les habitudes du foyer

Ronaldo étant retourné à Baracoa en 1997, où il a eu un enfant
avec sa fiancée, Marcelo, Ángelo et Linda – qui elle aussi était
passée sur le carnet de rationnement de Marcelo – s'épaulaient
les uns les autres et avaient fini par former une sorte de «foyer»,
rythmé par les habitudes du «vieux». Leur dîner, toujours pris
à domicile, est invariablement constitué de riz (3 à 4 pesos au
marché noir ou à l'*agropecuario*) et de bananes (3 à 5 pesos la
livre à l'*agropecuario*), avec souvent des œufs ou parfois une fine
tranche d'*embutido*, sorte de saucisse (respectivement à 2 pesos
la pièce et 1 dollar la livre au marché noir). Dans la journée, ils
mangent aussi du riz, des bananes et, de temps à autre, des *viandas* et des crudités (choux, concombres, tomates), voire un jus
de goyave ou de mangue (ils disent d'ailleurs, lorsqu'ils le font
avec du lait, «*manger un batido*») et un café. Haricots rouges,
viande et poisson ne sont pas consommés au-delà de la quantité
rationnée. Chaque mois, Marcelo et Ángelo achètent en outre
deux savons (à 45 cents de dollar l'unité) et un paquet de lessive
de 500 grammes (70 cents de dollar), utilisés avec parcimonie.
Ils ne se déplacent qu'à vélo, en *guagua* (autobus) ou en *camello*
(camions à remorque transformés en autobus). Ángelo achète
rarement des habits et sa chaîne stéréo d'une valeur de 300 dollars est le seul luxe qu'il s'est offert. En fait, à part les sommes
consacrées à l'entretien de ses vélos, Marcelo dépense le moins
d'argent possible et veut donner l'exemple à Ángelo.

Ce sont ces habitudes de consommation qui ordonnent la
vie du foyer au quotidien, bien plus que la solidité des liens

sentimentaux. Depuis que Linda avait trompé Ángelo alors qu'il était parti travailler, un après-midi de janvier 2000, celui-ci n'était «plus certain de vouloir la garder» et s'emportait parfois violemment dès qu'elle allait au-delà de la simple courtoisie avec un homme. Marcelo y voyait la marque de la «jalousie ridicule des *Orientaux*», mais Ángelo était particulièrement amer:

«Ce mec traînait par ici, il réparait des toits, et elle, elle n'avait rien à faire... Ce pervers, qui est à moitié attardé (*aquel desgraciado medio minusválido del cerebro*), je lui avais fait des cadeaux et je l'avais même aidé à trouver du travail. Quand Linda finalement me l'a avoué – parce que j'avais des soupçons et je l'interrogeais, et elle, elle me répétait tout le temps que non, elle pleurait, elle me disait que j'étais paranoïaque –, je lui ai pété la gueule, et encore, Marcelo m'a retenu, sinon j'allais lui décrocher toutes les molaires (*le iba a zafar todas las muelas*)... Tous les habits que je lui avais offerts, les chaussures, je les ai découpés aux ciseaux. Et je l'ai quittée... j'étais déprimé, finalement nous nous sommes remis ensemble, mais je n'ai plus confiance en elle, je ne sais pas quoi faire...»

Un jour de janvier 2003 où il me faisait part de sa souffrance, Marcelo l'avait interrompu en lui disant:

«Fils, ne sois pas idiot, cette femme te satisfait sexuellement et c'est une bonne maîtresse de maison... Qui va faire la vaisselle, qui va faire la cuisine, qui va faire le ménage, qui va laver le linge et qui va repasser si tu te sépares d'elle? Je suis fatigué, ce n'est pas moi qui vais le faire, nous avons besoin d'une femme à la maison, ne sois pas idiot!»

Peu de temps après, Linda était tombée enceinte et avait donné à Marcelo «un petit fils aux cheveux blonds et à la peau blanche comme le coco», «presque un Anglais», qui faisait la fierté de ses parents au teint «de blé mûr» et aux cheveux noirs (*trigueños*). Ces derniers continuaient néanmoins de se disputer et avaient fini par se séparer : Linda était retournée dans le trois-pièces de sa mère à *Alamar*, où vivaient déjà sa sœur et ses deux frères jumeaux. En 2008, Ángelo a eu un autre fils avec sa nouvelle compagne, rencontrée peu de temps auparavant, qui avait rapidement pris la succession de Linda dans le *solar* de Marcelo.

Face aux difficultés matérielles et aux pièges du monde extérieur, la famille proche constitue pour les Havanais à la fois un filet et un périmètre de sécurité, au sein duquel certaines ressources sont mises en commun. De façon tout à fait similaire, Marcelo, veuf et en conflit avec sa fille, a trouvé la compagnie de jeunes *Orientaux*, eux-mêmes éloignés de leurs familles et particulièrement vulnérables face aux «dangers» de La Havane. Le regroupement constitue une sorte de rempart et permet à chacun de bénéficier des ressources des autres : Marcelo a quelques économies, une grande connaissance des rouages bureaucratiques locaux, des contacts et une stature politique ; Ángelo est doué de ses mains et a peu à peu appris à repérer des foyers de négoce dans la grande ville ; Linda ou l'un de ses avatars, conformément à la répartition traditionnelle des rôles, s'occupe des tâches du foyer mais *lutte* aussi. Comme les négoces et les ressources apparaissent souvent de façon inopinée, chaque nouvel arrivant, une fois «rôdé» au mode de vie havanais, est susceptible d'apporter divers produits, de trouver une solution à un problème ou de coopérer d'une quelconque manière à «l'économie du *solar*». Mais, là encore, il existe toujours un mélange des genres qui fait que l'on ne peut parler simplement de rapport d'utilité, tout bonnement parce que ces flux échappent dans une certaine mesure au contrôle des uns et des autres, et d'abord à celui de Marcelo.

De la difficulté d'avoir la main heureuse

Le «vieux» a tendu la main à beaucoup de jeunes dans le besoin. Sortant de chez lui un après-midi de 1999, il avait été «attendri» en voyant un policier qui s'apprêtait à embarquer un jeune homme pour «vagabondage». Comme à son habitude, il fit usage de son «bagou révolutionnaire» auprès du policier et l'invita à la clémence. Il s'engagea devant lui à essayer de ramener le jeune homme dans le droit chemin, avant de le conduire chez lui, où il lui donna des habits et le nourrit:

«Je lui ai demandé où il habitait puis je suis allé chez son père à San Miguel del Padrón, un endroit épouvantable, mais le père m'a dit qu'il ne voulait plus entendre parler de son vaurien de fils, que c'était un malade mental et qu'il était irrécupérable... Le père lui-même est alcoolique et patibulaire (*ambientoso*). Du coup j'étais obligé de l'héberger... Nous nous sommes occupés de lui avec Ángelo, mais au bout de quelques semaines, il m'a volé une radio et de l'argent, et Ángelo, il lui a pris des habits et des chaussures. Nous sommes partis à vélo pour le chercher, et nous l'avons trouvé devant *Coppelia* [un célèbre glacier situé à l'angle des rues 23 et L]. Ángelo lui a fait des prises de karaté et lui a mis des coups, il a récupéré ses chaussures et ses habits et il l'a laissé en caleçon. Bon... J'ai eu pitié, je l'ai ramené sur mon vélo et je lui ai donné des habits que j'avais prévu de donner à des *Orientaux* lors d'un prochain voyage. Quelque temps après, il est revenu pour me demander de l'aider à refaire ses papiers. J'ai accepté et nous sommes allés, moi sur mon vélo, lui sur une bicyclette chinoise que je lui ai prêtée, à l'endroit où ils refont les papiers dans la Vieille Havane. Au retour... C'était une scène de film... Il a franchi un passage à niveaux juste avant que les barrières ne s'abaissent, parce qu'un train arrivait. J'étais derrière, j'ai dû m'arrêter au passage à niveaux, et quand le train est passé... il n'y avait plus personne de l'autre côté, il était parti avec le vélo...»

Quant à Denis, il achetait des fromages à 7 pesos la livre à Pinar del Río, où il habitait, et les revendait à 25 pesos à La Havane, où il passait de maison en maison. Son négoce était doublement périlleux : sur le trajet, il était à la merci des contrôles de police et, en terrain inconnu dans la capitale, il s'exposait à la dénonciation et au chantage. De fait, il lui était arrivé de se faire confisquer sa marchandise, puisqu'au vu de la quantité qu'il transportait il était évident que ses fromages étaient destinés à la vente clandestine. Entre Pinar del Río et La Havane, il n'hésitait pas à solliciter la complicité des voyageurs, entre lesquels il répartissait ses fromages, afin de ne pas éveiller les soupçons des policiers en cas de contrôle :

« Je dis aux gens que si les policiers font des problèmes, qu'ils ne les laissent pas leur prendre le fromage, et qu'ils le mangent sur place, parce qu'il vaut mieux ça plutôt que ces fils de pute de policiers les gardent pour eux. »

Denis avait fait la connaissance de Marcelo en 2001, un jour où il était entré dans le *solar* pour proposer du fromage. Le vieux avait engagé la conversation, lui avait offert une assiette de riz et de haricots noirs et avait pris la mesure de ses difficultés. Comme beaucoup de jeunes de son âge, Denis n'en « pouvait plus de tourner en rond » (*machacar*) dans sa campagne et rêvait de rester à La Havane. Chaque fois qu'il y revenait, il rendait visite à Marcelo et celui-ci finit par lui proposer de l'héberger gratuitement, pour un temps, afin qu'il pût chercher le moyen de s'établir pour de bon dans la capitale. Denis fit rapidement la connaissance d'un Allemand de 30 ans son aîné, qui devint son fiancé et lui envoyait de l'argent (100 dollars) plusieurs fois par an. Il lui rendait visite à Cuba tous les quatre mois et connaissait sa famille à Pinar del Río. Denis avait également un petit ami cubain de son âge, qui habitait

La Havane et qu'il lui était arrivé de ramener chez Marcelo, en compagnie d'autres connaissances. Denis avait emprunté un appareil photo à Marcelo et l'avait perdu. Le vieux lui en gardait rancune, en sus des visites nocturnes qui lui avaient déjà causé un désagrément. Marcelo avait fini par demander à Denis de quitter le *solar*, même si par la suite ce dernier continuait de lui rendre des visites de courtoisie. Un ami havanais de Denis, Daniel, avait noué une relation d'amitié avec Marcelo et passait régulièrement pour discuter ou prendre un café. Danseur de ballet, il avait un fiancé mexicain qu'il avait rencontré après un spectacle et il avait réussi à se faire embaucher par une compagnie de danse dans le Yucatán, où il s'était établi et avait emménagé en couple avec une Mexicaine en 2001.

En 2002, Marcelo hébergeait également de temps à autre un jeune parent originaire de Guantánamo, qui avait été appelé pour effectuer son service militaire à La Havane. Âgé de 19 ans, il rêvait de devenir policier et bénéficiait des conseils de Marcelo, qui rajoutait une assiette lorsqu'il passait à l'heure du déjeuner ou du dîner et lui prêtait une bicyclette s'il en avait besoin. Il l'autorisait à se réunir chez lui avec d'autres recrues du service militaire et avait accepté de «dépenser quelques photos de sa pellicule» pour immortaliser l'instant, le jour où un ami policier l'avait laissé revêtir son uniforme. Devenu instructeur dans l'armée, il était reparti dans sa province en emportant une ceinture que Marcelo, trop confiant, lui avait prêtée.

Mais les déceptions passaient et l'espoir renaissait simultanément : en 2003, Marcelo était allé dans la province de *Granma* pour rendre visite à un «jeune ami» qu'il avait connu lors d'un précédent périple à bicyclette. À son retour quinze jours après, il ne se lassait pas de répéter qu'il avait été reçu «comme seuls les *guajiros* savent recevoir» et s'émerveillait des bananes et des citrons de couleur orangée, introuvables ailleurs dans l'île, qu'il avait ramenés avec lui. Il avait hâte de rendre la pareille à toute cette communauté en accueillant à son tour cet ami.

Avec chaque «jeune homme» qu'il avait «pris sous son aile», Marcelo commençait un nouveau cycle: de son point de vue, il leur faisait le don de son savoir, de son expérience et de son autorité et veillait au futur de ces générations. Au début, chaque «gamin de la montagne» (*niño de la montaña*) lui permettait coûte que coûte de s'accrocher à ces registres «mythiques» de l'expérience révolutionnaire: le ressourcement dans la pureté du *monte* loin du «vice de la capitale», l'échange désintéressé entre deux mondes distants. Mais tous apprenaient aussi de la roublardise du vieux, autant qu'ils avaient leurs propres vues sur l'expérience révolutionnaire. Peu à peu, les relations entre Gaetán et Marcelo s'étaient dégradées, le premier jugeant le second «aveugle» et finissant par «haïr son pays» et «haïr la vie qu'[il] y [menait]». Ángelo avait beau avoir un profond respect pour «son père», il avait pris de l'assurance et élevait de plus en plus la voix lorsqu'il n'était pas d'accord, notamment lorsque Marcelo s'évertuait à justifier tous les aspects des lois. Certains des jeunes qui passaient plus épisodiquement par le *solar* finissaient par trouver Marcelo «gâteux» et même «crétin» (*comemierda*).

De la *picardía* à l'*hijoputería*

Marcelo n'était, complètement, ni un «homme au cœur pur», ni un calculateur, ni un «crétin»; il était un «révolutionnaire sentimental» autant qu'il disposait d'un bon bagage en matière de «sens pratique» et de «*picardía*», lesquels se mutaient en «*hijoputería*» (sens du jeu – expression familière), à mesure qu'il était à la fois dépassé par les événements qu'il avait déclenchés et pris par la dynamique de la *période spéciale,* telle qu'elle se jouait à l'échelle de son *solar.*

Pendant quelques mois, au milieu de l'année 1998, la petite pièce du fond était occupée par Cecilia, une jeune fille de Camaguey, née en 1979. Elle connaissait un ami de Marcelo dans sa ville natale et c'est ainsi qu'elle était venue loger chez lui, à partir de juin 1998, moyennant 1,5 dollar par jour, somme incluant le gîte et le repas du soir. Elle avait dit à ses grands-parents, chez qui elle vivait (sa mère résidait à Las Tunas et son père était décédé un an après sa naissance), qu'elle partait «à La Havane trouver du travail». Elle avait «déjà [son] idée» et, quelques jours après son arrivée, elle avait rencontré Pablo, un Havanais de 18 ans, qui lui a montré «comment fonctionne le tourisme». «Décidée à gagner de l'argent», elle a «tenté [sa] chance un soir», et «couché avec un *yuma*» auquel elle avait demandé au préalable 50 dollars. Pendant plusieurs mois, elle «a travaillé tous les jours» devant un hôtel luxueux du *Vedado.* «Très sexuelle», d'après Marcelo, elle se trouvait un «*yuma*» environ un jour sur trois et gagnait de cette façon entre 30 et 100 dollars à chaque fois.

Dans la «profession» depuis peu de temps, elle consacrait l'essentiel de son revenu à l'achat de vêtements, de chaussures, de produits de beauté, et s'offrait régulièrement les services d'une esthéticienne privée, qui facturait 20 pesos pour une manucure ou une pédicure, 50 pesos pour un soin du visage et 100 pesos pour une épilation du maillot. Marcelo avait même pris la peine d'ouvrir un jour la porte de sa chambre pour me montrer, effaré, plusieurs paires de bottes en cuir à 150 dollars pièce. Elle donnait aussi «une partie» de ce qu'elle gagnait à son «fiancé» et envoyait de l'argent à ses grands-parents et à sa mère. En octobre, Marcelo avait prié Cecilia de partir, «parce qu'elle ne payait pas son loyer». Quelques jours après, elle fut arrêtée par la police, puis condamnée à un an de prison, peine qu'elle effectua dans un camp de «réhabilitation»[50]. Son «fiancé», lui, avait disparu.

À peu près à la même période, la *barbacoa* était occupée par Pedro, originaire du *Vedado*, où il est né en 1973. Marcelo connaissait sa mère, laquelle lui avait demandé s'il voulait bien lui louer une chambre. Le vieux «avait *résolu* son problème», en appliquant le même tarif que celui pratiqué à l'égard de Cecilia. Charpentier à son compte, Pedro payait à ce titre un impôt de 300 pesos cubains par mois. Il travaillait «avec des étrangers et pour des dollars» et était occupé pendant toute cette période à la construction de la charpente de la maison d'un Italien. Aucun étranger ne pouvant être légalement propriétaire d'une maison, le titre de propriété était au nom d'un Cubain en qui ce dernier avait placé sa confiance. En un peu plus de trois mois, Pedro avait gagné 500 dollars, dont il n'avait déclaré qu'une faible partie. S'il n'achète pas de nourriture et se déplace à vélo dans La Havane, il dépense son argent en vêtements, parfum, disques compact et cassettes qu'il se procure dans les *tiendas*. Sa télévision lui a coûté 450 dollars, sa chaîne stéréo 300 et son petit réfrigérateur de marque espagnole 200. En outre, il sort parfois dans des bars, et mange à l'occasion dans des *paladares*, lorsqu'il est accompagné d'une fille: «Ici les filles ne sortent pas avec les mecs s'ils ne peuvent pas au moins leur offrir *une assiette de nourriture*. Pour une bière c'est non, c'est même pas la peine.»

En outre, Pedro vivait avec sa fiancée, qui versait dans le *jineterismo* et exerçait devant un hôtel du *Vedado*. Elle peinait à trouver des clients, auxquels elle réclamait généralement 20 à 40 dollars, et était beaucoup moins bien habillée que Cecilia. Soudainement, un après-midi de septembre 1998, elle s'était enfuie vers sa ville natale d'*Oriente* avec la chaîne stéréo, les vêtements et d'autres affaires appartenant à Pedro. Celui-ci, qui se revendiquait «*chulo*» (maquereau) avant tout, s'était mis en tête de la retrouver chez ses parents et avait emprunté 100 dollars à Marcelo pour se payer les services d'un «*botero*» (chauffeur de taxi clandestin).

Concernant les locations, des périodes creuses succèdent à d'autres plus fastes, la rotation étant assez importante. Mais, çà et là, Marcelo reçoit aussi des touristes, qui payent davantage que les Cubains. Il m'avait par exemple cédé sa chambre lors de mon premier voyage en 1996, tout en feignant au début de m'accueillir gratuitement, mais en sachant bien que j'allais lui laisser une somme d'argent en partant. J'avais été envoyé par son neveu, avec lequel j'avais partagé le même avion au départ du Mexique. Dans mon cas, je lui avais laissé 80 dollars, pour un séjour de 15 jours. Marcelo a des amis colombiens qui sont arrivés dans le *solar* par le même biais et reviennent à La Havane de temps à autre. Il m'a aussi parlé d'un Américain, «très correct mais qui puait comme un bouc», ayant vécu six mois dans la *barbacoa* moyennant 2 dollars par jour. Il était arrivé par hasard, en demandant à un habitant de la rue de Marcelo s'il savait où trouver une chambre à louer pour un budget très réduit. De plus, lorsque les étrangers ne sont pas des «*turistas arrancados*» («touristes fauchés»), ils payent les courses en allant à l'*agropecuario* avec Marcelo et permettent d'améliorer le quotidien ou d'économiser de l'argent. Mais le vieux saisit aussi les occasions «au coup par coup»: je me trouvais chez lui lorsqu'un Français, ayant loué sa chambre pendant une semaine en 1997, vint lui demander, en lui montrant un billet de 20 dollars, s'il pouvait «faire comme la dernière fois». Il voulait disposer du même lieu le soir suivant pour «passer un bon moment» avec une conquête locale – Marcelo se montra fort compréhensif.

« S'entendre » entre voisins

Marcelo assiste activement aux réunions du CDR, et son adhésion totale et indéfectible «à la Révolution» est connue des habitants du quartier comme des autorités, avec lesquelles il bénéficie d'un entendement tacite («*tiene guara*»), notamment en vertu de sa double disposition à prêcher le catéchisme révolutionnaire et à signaler les activités suspicieuses. Chaque «scandale» dont «son» *solar* est le théâtre l'expose pourtant à des représailles légales, comme des amendes ou des «lettres d'avertissement» (*cartas de advertencia*). Marcelo tente de «normaliser» sa situation, d'abord en ne se montrant pas trop gourmand : ses tarifs sont modestes, il n'hésite pas à demander aux locataires «trop problématiques» de partir, et le manque de discrétion des touristes le pousse à la retenue, parfois à cause de leur apparence (leur «blondeur» ou «leur air hébété», dit Marcelo). Il rend surtout des services aux voisins, par exemple en les laissant utiliser son téléphone, et veille tout particulièrement à faire bénéficier Juana de ses largesses.

Cette dernière habite le petit appartement qui jouxte celui de Marcelo, avec deux petites-filles qu'elle a élevées, nées respectivement en 1983 et 1985. Elle est née à La Havane en 1933, d'un père ouvrier noir et d'une mère mulâtresse «femme au foyer». Elle a au cours de sa vie changé fréquemment d'emploi, travaillant comme ouvrière dans diverses usines. Retraitée, elle vit depuis 1960 dans le *solar* et n'est «jamais restée avec un homme plus de deux ans». Elle est «seule depuis les années 1980» et ne voit plus ses deux filles, avec lesquelles elle est «fâchée». Bien qu'elle ait «tiré des bénéfices de la Révolution» et qu'elle y ait «cru par le passé», elle a «toujours été pauvre». Elle vivait jusqu'en 2005 avec une pension de 73 pesos cubains par mois et ne dispose ni de place pour louer son appartement, ni d'aucune autre ressource matérielle dont elle pourrait tirer un revenu. Elle s'occupe des «*mandados*» pour diverses personnes : elle se rend pour eux à la «*bodega*» afin d'y récupérer les produits rationnés et empoche quelques dizaines de pesos en plus tous les mois. Il arrive aussi que des connaissances laissent chez elle des vête-ments, des bijoux sans valeur ou des ustensiles de cuisine qu'ils cherchent à vendre ; elle les propose à tout va en vue de toucher sa commission. Son quotidien s'en trouve à peine amélioré, car elle fait face à de grandes nécessités. Son appartement est déla-bré, certaines vitres sont cassées et le mobilier est réduit à une table, un canapé défoncé et deux chaises, en sus d'une armoire, de deux lits, du réfrigérateur et de la cuisinière à gaz :

«Si je demande à l'entreprise étatique du ciment ou des vitres, on me dit qu'il n'y en a plus et je ne peux pas payer ce que demandent les entreprises pri-vées [...]. C'est toujours la même chose, il n'y a rien dans ce pays, la *Vivienda* de la zone ne fait rien, quand l'eau est montée au-dessus du sol en 1992, elle a pourri le mur, je ne peux ni l'arranger, ni le faire repeindre [...]. L'assis-tante sociale m'avait indiqué un endroit où je pouvais faire réparer gratuite-ment mon réfrigérateur, qui marche mal, mais c'est à l'autre bout de la ville, et il faut y aller en voiture particulière.»

Elle n'achète jamais d'habits, sa petite fille aînée n'allant à l'école avec un sac que depuis qu'un touriste lui en a offert un en 1998. Juana ne possède que deux robes qu'elle juge encore en état d'être portées et il manque une branche à ses lunettes de-puis 1996. Tout son argent est consacré à l'alimentation et elle ne met pratiquement jamais les pieds dans les *tiendas*. Elle n'achète en marge de la *libreta* que du riz et parfois des *viandas* (tuber-cules) ou du chou (3 pesos la pièce à l'*agropecuario*), ainsi que des œufs (2 pesos l'unité) et du café.

Aussi, dès que Marcelo a des locataires, elle hérite de certaines tâches. Si ce sont des touristes dont le séjour est bref, elle prépare en général le repas du soir et Marcelo lui verse pour salaire un dollar par jour. Elle est nourrie au passage et son quotidien s'en trouve alors quelque peu amélioré. Les touristes lui laissent toujours «un billet», 10 ou 20 dollars. Lorsque Pedro habitait le *solar* (1998-1999), elle lavait son linge, et occasionnellement celui d'autres voisins, habituellement pour des sommes comprises entre 1 et 2 dollars, selon la quantité de vêtements.

Juana est insomniaque et dépendante des somnifères, dont la plaquette de 20 comprimés coûte 1 dollar au marché noir, les médicaments des pharmacies d'État étant d'autant plus souvent «indisponibles» qu'ils constituent la principale source d'approvisionnement des ventes illégales. Lorsqu'Ángelo parvient à s'en procurer «avec [ses] connaissances», il les donne à Juana. De manière générale, Marcelo lui offre de temps à autre du café ou quelques aliments.

Les deux appartements dont les portes donnent sur le mur droit du *solar* appartiennent à deux propriétaires différents qui n'en ont pas l'usage et qui les louaient dans les années 1990 à des Cubains «discrets». De 1997 à 1999, l'appartement de 70 m^2 était occupé par Sandra et son mari Carlos. La première est née à Guantanamo (*Oriente*) en 1968 d'une mère mulâtresse, dentiste de profession, et d'un père blanc médecin. Sa famille «était fortunée avant la Révolution» et a «conservé un peu d'argent». Elle-même a fait ses études à l'Université de La Havane et exerce depuis quelques années comme stomatologue dans un hôpital de la capitale: «La carrière de généraliste [lui] a été fermée parce qu'[elle n'était] pas assez révolutionnaire.» Carlos est né à La Havane en 1964 de parents blancs. Sa mère était employée administrative et son père était cuisinier. Carlos était lui-même chef de cuisine dans un grand hôtel de La Havane jusqu'en 1999. Tous deux ont une fille, Lola, née en 1995.

À la différence des autres, ils louaient pour 100 dollars par mois leur appartement, beaucoup plus spacieux et bien mieux équipé. Sandra gagnait à la fin des années 1990 un salaire de 330 pesos par mois et Carlos touchait « une bonne solde pour ici », soit 25 dollars. Mais c'est ce dernier, en « emportant » de la viande et d'autres aliments de son lieu de travail, qui permettait au foyer de subvenir à ses besoins. D'une part, ils pouvaient ainsi « manger régulièrement des protéines » et, d'autre part, une partie des produits volés étaient revendus au marché noir. Sandra me disait un jour que de cette manière ils s'en sortaient « un peu mieux » et en retiraient « 100 ou 150 dollars en plus par mois ». En 1998, ils fumaient pour 1,50 dollar de cigarettes par jour mais se déplaçaient par les transports en commun, ne sortaient jamais et n'achetaient que de temps en temps les vêtements et chaussures qui leur manquaient ; quand les siennes étaient devenues trop usées, Sandra était allée chercher une paire de sandales à 18 dollars au *marché artisanal* situé à l'angle du *Malecón* et de la rue *C*. En revanche, leur fille possédait plusieurs jouets, notamment un tricycle à 25 dollars et une poupée valant 10 dollars, achetés dans des *tiendas*. Ils étaient aussi prêts à chercher des médicaments, quels qu'en fussent les prix, quand Lola était malade ; atteinte d'une angine en octobre 1998, elle avait été soignée avec des antibiotiques que Sandra, plutôt que de chercher à se les procurer à l'hôpital, avait payés 15 dollars dans une pharmacie « pour les touristes ».

En 1999, ils trouvèrent un appartement plus spacieux, loin « du tumulte du *solar* » (« *del escándalo solariego* »), pour un loyer de 150 dollars par mois. À l'hôpital où elle travaillait, Sandra commença à recevoir des commissions versées par les agents

administratifs qui «répartissaient les *tours*» (les consultations) :
les patients qui avaient besoin d'implants ou d'appareils étaient
inscrits sur une liste d'attente, mais certains payaient jusqu'à
50 dollars (puis Cuc) pour être soignés rapidement. Auparavant,
Sandra recevait des cadeaux (5 à 10 dollars ou de la nourriture)
de la part de certains patients et demandait de temps en temps
aux agents administratifs de «donner un *tour*» à des amis ou
connaissances, à qui elle posait ensuite des implants ou des prothèses et qui la «remerciaient» comme ils le pouvaient. En 1998,
elle estimait que sa marge de manœuvre était restreinte :

«Plusieurs fois, j'ai eu des possibilités de partir, en aide médicale, mais j'ai
refusé à chaque fois. J'ai ma fille ici, mon mari, mes parents, et jusqu'à mes
grands-parents […]. Si jamais je donne une consultation privée et que je me
fais pincer, ils me retirent mon titre.»

À partir des années 2000-2001, l'arrivée d'agents administratifs plus «culotés» (*atrevidos*) dans son service hospitalier systé-
matisa quelque peu les arrangements :

«Je ne sais rien, je ne vois rien, je soigne les patients qu'on m'envoie, mais
les gens des *tours* me donnent régulièrement un billet. Discrètement, il y en
a un qui me dit "tiens!" et c'est tout, on n'en parle plus […]. Pour eux, c'est
une façon de se protéger, s'ils ne veulent pas que quelqu'un les balance, ils
doivent faire attention aux envieux, et donc, s'ils rincent tout le monde, sans
parler du fait qu'à l'hôpital, tout le monde se débrouille, pourquoi quelqu'un
voudrait perdre son billet et les balancer? […] Après, tu ne sais jamais qui
sont les nouveaux employés, il faut à nouveau établir des relations, tu dois te
méfier, et en plus ils peuvent toujours envoyer un *pesado*, un de ces communistes hypocrites qui empoisonnent la vie de tout le monde…»

Carlos pour sa part avait changé de travail et était devenu
cuisinier dans un *paladar* huppé du *Vedado,* où il touchait officiellement 1 % des gains de l'établissement. Il lui arrivait de percevoir jusqu'à 700 dollars par mois et les propriétaires du *paladar* vivaient selon lui «comme des millionnaires», «voyageaient
même à l'étranger» et «possédaient en plus d'autres *paladares*
dans l'île». Mais, à la fin de l'année 2008, le propriétaire du *paladar* et sa femme ont été arrêtés, sans que la presse officielle ne
divulgue l'information. Lors de la perquisition, la police a saisi,
entre autres choses, sept propriétés immobilières, une voiture,
une moto, l'équivalent en «pesos convertibles» et en «monnaie
nationale» de plus de 25 000 dollars, des centaines d'œuvres
d'art et plus de 20 congélateurs et réfrigérateurs. D'autres biens
d'équipements, envoyés depuis le Panama par le propriétaire du
paladar lui-même, ont aussi été saisis à l'aéroport international
de La Havane, ainsi que des contrats faisant état de sa participation au capital de plusieurs restaurants en Europe. Plus de
huit ans après les faits, aucun procès n'a eu lieu, ce qui n'est
pas étonnant compte tenu du nombre d'institutions publiques
nécessairement impliquées dans les «affaires» du *paladar,* dont
tous les papiers étaient parfaitement en règle jusqu'au jour de la
perquisition.

Carlos, «sur les nerfs», a perdu son emploi et longtemps redouté des «complications», surtout que Sandra a accouché d'un
garçon en 2003 et que la famille s'est habituée à vivre dans une
certaine aisance. Il a songé à quitter Cuba : il lui fallait pour
cela demander une «carte blanche» au service d'immigration du
Ministère de l'Intérieur afin d'être autorisé, sous réserve que lui
fût délivré un visa pour les États-Unis, à rendre visite à un oncle
de Miami[51]. Pour Sandra, la tâche était encore plus compliquée,
puisqu'en tant que médecin elle devait demander un permis de

sortie au Ministère de la Santé Publique (Minsap) et n'avait pour ainsi dire aucune chance de l'obtenir.

Après le départ de Sandra et Carlos, un Espagnol d'une cinquantaine d'années a emménagé dans l'appartement. Il faisait des allers et venues entre son pays natal et Cuba, où il passait tout au plus six mois dans l'année. À la fin des années 1990, l'appartement situé entre celui de l'«Espagnol» et la rue resta vide jusqu'à ce qu'en 2001 un Canarien et sa fiancée cubaine, étudiante à l'Institut Supérieur d'Art (ISA), s'y installent. Marcelo, qui suivait avec eux une «politique de bon voisinage» – notamment en laissant son téléphone à leur disposition ou en leur prêtant de temps à autre un vélo –, était en privé plutôt exaspéré par leur comportement.

Le «Canarien» se livrait au négoce de «lettres d'invitation», qu'il facturait 2 000 à 2 500 dollars à chaque candidat au départ. L'«Espagnol» était ouvertement homosexuel, ce qui ne choquait pas Marcelo; au contraire, il ne se lassait pas de raconter avec amusement qu'un soir «il [avait] fait rentrer chez lui trois Noirs de Sancti Spíritus». En revanche, il était envieux de la relation qu'il avait nouée avec Juana, dont les deux petites-filles avaient finalement emménagé avec leur mère dans un quartier périphérique de la capitale, à la fin de l'année 2001. Leur déménagement était la conséquence du décès de leur père, le fils de Juana, mort d'une crise d'asthme en novembre. La mère de Juana, née en 1902, qui vivait jusque-là avec son petit-fils, emménagea à son tour chez Juana, laquelle fit aussi venir chez elle un ami octogénaire. Celui-ci était aveugle et la mère de Juana, âgée de 100 ans, était impotente. Tous deux avaient droit à un «régime» (*una dieta*) et, comme ils étaient rattachés au carnet de rationnement de Juana, le nouveau foyer recevait davantage de protéines que par le passé (lait, yaourt, poulet). Juana avait fait venir le «médecin de famille» qui couvrait la zone où se trouve le *solar* pour lui faire part des nécessités de sa mère, laquelle avait besoin de davantage de nourriture et également d'un fauteuil roulant neuf. «Elle est arrivée à 100 ans... Qu'est-ce que tu veux de plus, ma vieille?»: telle fut, selon le récit de Juana, la réponse du médecin.

À La Havane, entre décembre et février, il arrive certaines nuits que le thermomètre descende à 6 ou 7 degrés Celsius; rares sont ceux qui possèdent des pulls et même des couvertures chaudes. Lorsque l'«Espagnol» avait vu que Juana couvrait sa mère avec des serviettes de bain, il lui avait acheté une couverture en laine, qu'il s'était procurée au prix de 38 dollars dans une *tienda*. Lorsque le fils de Juana était décédé, il avait immédiatement donné un billet de 100 dollars à cette dernière, pour qu'elle pût s'occuper des funérailles. Il la payait également 20 dollars par mois pour laver son appartement.

Marcelo était irrité par la façon dont Juana «était parvenue à susciter la pitié de l'Espagnol» autant que par la facilité avec laquelle celui-ci dépensait des dollars. En même temps, il se plaignait constamment du fait qu'elle était «très pauvre» et qu'il lui manquait toujours quelque chose qu'il se trouvait obligé de lui donner «par solidarité», du riz, du sucre, du café ou de l'huile. Donc l'arrivée de l'«Espagnol» le soulageait aussi, même s'il admettait dans un ricanement que Juana avait «d'autres problèmes»:

«Elle a toujours un problème, sa petite-fille, un Noir l'a baisée, et il l'a engrossée, un autre de ses petits-fils, il est en prison parce qu'il a volé quelque chose, il faut qu'elle trouve de l'argent parce qu'il y en a un autre qui doit je ne sais combien et il a laissé en gage (*empeñó*) le téléviseur... Et ils sont toute une légion! (¡*Son una tonga!*)»

Un jour où elle avait entendu Marcelo faire des commentaires de cet acabit, elle était sortie de chez elle et lui avait rétorqué:

«Oui, mais moi au moins, ils viennent me voir, ils m'aident aussi, qui c'est qui vient te voir toi? Tous ces gamins (*pepillos*) qui viennent chez toi, c'est jamais pour t'aider, et il y a toujours des choses qui disparaissent, ils te volent! Pour qui tu comptes toi, hein?»

De l'*hijoputería* à la *cabronería* (au risque de perdre les pédales)

Observant comment «le mouvement [...] prenait de la vitesse» à l'intérieur du *solar*, la fille adoptive de Marcelo n'avait pas hésité, au milieu de l'année 2002, à louer «son» appartement à un homme rustre âgé d'une cinquantaine d'années:

«Il vit comme une bête, il chie par terre, il rentre ici et il ne salue personne, et en plus il manque de me casser la gueule quand je lui fais une remarque. Mais qu'est-ce que tu veux que je fasse?»

Travaillant sur des chantiers la journée, il revenait dans un état d'ébriété avancé et laissait ses factures s'accumuler, contraignant Marcelo à les payer (quelques pesos à peine pour l'électricité) s'il ne voulait pas risquer la visite d'inspecteurs qui, en cherchant le compteur pour le couper, pouvaient aussi découvrir la fraude collective des habitants du *solar*.

De fait, Marcelo participe lui-même à la fuite en avant qui gagne le *solar*, autant qu'il reste tiraillé entre différents registres de comportement. Pour Ángelo, la coupe est pleine: il passe un savon à Marcelo lorsqu'il considère que celui-ci s'est laissé abuser, par exemple lorsqu'il paye les factures de l'«alcoolique» ou qu'un jeune homme qu'il a aidé lui dérobe quelque chose. À la fin de l'année 2002, Ángelo avait contraint Marcelo d'écrire un «manifeste», qui restait dans un tiroir à portée de main, prêt à être relu en cas de «rechute»:

«Parce que je te donne à manger et que je te prête une bicyclette, moque-toi de ma générosité et vole-moi ce qu'il te plaît;

Parce que je ne fais pas les choses par intérêt, et que j'ai une bonne âme, les gens abusent et croient que je suis un benêt;

Mais maintenant, le manège est terminé, si tu es dans la merde, c'est ton problème, et tes salades, je ne vais plus les avaler;

Je promets à Ángelo que je vais l'écouter davantage, que je vais cesser de m'occuper de l'armée de crapules qui viennent m'entourlouper jusqu'à la porte de ma maison;

Et que je vais arrêter d'être crétin à ce point[52].»

Marcelo n'avait cependant pas attendu de rédiger le manifeste avant d'«arrêter d'être crétin à ce point». Lorsqu'il avait prêté 100 dollars à Pedro en 1998, il avait récupéré sa télévision et son petit réfrigérateur:

«C'est simple, quand une banque prête de l'argent, elle demande une commission, alors moi aussi, le temps que Pedro me rembourse l'argent, il est normal qu'il me donne quelque chose en échange [...]. Pedro fait du négoce en dollars, donc moi aussi je le fais payer en dollars.»

Cinq ans plus tard, Pedro vivait ailleurs, mais Marcelo était toujours en possession de son téléviseur, ce qui porte à croire que l'objet avait été laissé en gage et que les 100 dollars n'avaient pas pu être remboursés dans les délais convenus. Au cours de ces cinq années, Marcelo était d'ailleurs devenu un prêteur sur gage («*empeñador*») au pied levé. Un soir de 2003, un jeune homme d'environ 25 ans débarqua à la hâte avec une chemise qu'il proposa en gage à Marcelo contre 35 pesos. S'il ne revenait pas dans un délai de sept jours avec 50 pesos, la chemise était à Marcelo. Ángelo inspecta la qualité du vêtement et fit un signe de tête au vieux, lequel partit chercher l'argent dans un tiroir. Le jeune homme, sans se montrer particulièrement discret, déclara à la jeune génération présente ce jour-là qu'il avait besoin de l'argent «pour aller fumer un joint [de marihuana] ou un *bazuco* [du crack]». Il se demandait malgré tout comment Marcelo pouvait en être réduit à se donner la peine de prêter sur gage 35 pesos et l'apostropha en ce sens lorsqu'il ressortit: «Qu'est devenue ta maison, ta voiture, ton argent?... Les gens disent que tu étais riche, Marcelo!».

La façon d'agir de Marcelo ne répondait pourtant pas à la logique de l'enrichissement mais plutôt à celle de la «*cabronería*» (l'audace, le cran): personne n'allait le «*coger mansito*» (le prendre au dépourvu), d'autant plus que, peu de temps auparavant, un moment d'inattention dans la rue avait suffi pour qu'on lui dérobât son vélo légendaire. Il entendait montrer au jeune homme qu'il n'allait pas se priver de gagner de l'argent s'il suffisait de le ramasser, surtout que la chemise pouvait être revendue facilement à 100 pesos.

De la même façon, il marchandait sans état d'âme lorsque des voisins qui étaient visiblement pris par l'urgence venaient lui proposer ce qu'ils avaient sous la main. Il obtint d'acheter à 5 pesos les trois œufs qu'une voisine était venue lui vendre à l'improviste (réalisant une économie de 1 peso par rapport au prix normal). Une autre voisine repartit avec seulement 10 pesos (au lieu de 15) en échange des trois livres de «riz de la *bodega*» qu'elle possédait (jugé de meilleure qualité que celui de l'*agropecuario*). Lorsque, dans la même semaine, un autre voisin se présenta avec cinq petits pageots (*pargos*), il les acheta pour 50 pesos, se montrant là encore bien peu généreux. Au milieu de tout ce «mouvement», il s'époumonait soudainement en voyant arriver un «ami» dans le besoin et lui offrait à manger en vociférant contre les «ravages de l'égoïsme». En janvier 2003, il décida un matin de se rendre à

Baracoa pour offrir à la fille de Ronaldo le téléviseur dont il n'avait plus l'usage depuis qu'il avait récupéré celui de Pedro :

« Il est arrivé surexcité, il était complètement exalté, il a embrassé la petite, il a parlé tout seul pendant une demi-heure, ensuite nous avons mangé et nous avons quand même un peu discuté, et voilà, il a dit qu'il repartait... Il a pris le bus pour rentrer [le trajet dure dix-huit heures], le chauffeur lui a demandé 10 dollars... et je ne sais pas ce qui s'est passé entre eux, Marcelo l'a balancé aux inspecteurs en arrivant à La Havane... Le problème avec Marcelo, c'est qu'il faut tout faire comme il l'entend, c'est lui le chef [...]. Lui aussi, il a des problèmes de folie, il est schizophrène, un coup il est calme, après il pique une crise de nerfs et il pousse ses cris... »

Un jour d'octobre 2002 où j'étais venu demander à Marcelo s'il pouvait louer un vélo pour une durée d'une semaine à un ami proche venu de France, le vieux m'avait proposé 5 dollars par jour, soit le tarif qu'il pratiquait avec les touristes. Ces derniers étaient le plus souvent aiguillés vers Marcelo par des intermédiaires qui prenaient une commission de 2 à 3 dollars par jour. Je faisais remarquer à Marcelo que je ne prenais pas de commission, que mon ami était un « fils d'immigrants » qui avait peu d'argent et que le tarif local me semblait donc plus justifié. Marcelo m'avait alors reproché d'être « devenu un grand fils de pute » (au sens de « dégourdi »), de « faire dorénavant du négoce à tout va à Cuba » et il me soupçonna d'appliquer moi-même le tarif de 5 dollars par jour à mon ami, pour empocher une commission plus substantielle. Je lui avais rétorqué qu'il pensait à mal et que c'était plutôt lui qui était gourmand. Il accepta de louer le vélo à mon ami contre 15 dollars pour les sept jours, sans que nos relations n'en pâtissent par la suite.

Précarité des critères de classement

La façon dont Marcelo s'était mis en colère contre moi n'était pourtant pas anodine. L'envie, la rancœur et le sentiment d'injustice sont surtout perçus à l'échelle de la *cuadra*, du monde proche, et dirigés avant tout contre les habitants du *solar*. C'est sur eux que se fixe peu à peu le ressentiment dont font l'objet des personnages lointains, comme les dirigeants ou les «nouveaux riches». En 1998, Sandra disait ainsi :

«Il n'y a que les chanteurs, les artistes, les membres du PCC et leurs enfants qui vivent bien ici. L'autre jour, Fidel parlait et il disait que oui, il savait que certains gérants s'enrichissaient, avaient des voitures. Il les a appelés les *"Cubanitos"*. Et nous, qui sommes-nous? Ces postes-là de gérants, ce sont les fils et filles de dignitaires qui en héritent. Et après, pour travailler dans les *tiendas* et tout ça, il faut payer une somme à ces gens-là [...]. Après il vocifère contre les Cubains qui volent, mais qui a fait de nous des voleurs sinon toi? L'homme nouveau, je veux bien, mais voilà, il est là.»

Dans le discours de Sandra, cette rancœur était mêlée à un sentiment de dépit et d'impuissance :

«Tu es pris par le système, et puis les Cubains ont vu que le capitalisme avait apporté la délinquance, la drogue, que là vraiment il n'y avait pas à Cuba. Alors ils ne veulent pas de ça [...]. Qu'est-ce que nous pouvons faire? Rien. Attendre que la *"barbe"* meure, après, peut-être que tout viendra des querelles de factions pour la succession.»

À l'instar de Sandra, Juana était gagnée par le sentiment d'insécurité, tel qu'il se manifestait à l'échelle du quartier. Elle était particulièrement réceptive aux rumeurs de «meurtres barbares» et d'«agressions nocturnes», perpétrés dans le sillon de «toute la délinquance que les *jineteras* et les *jineteros* traînent sur leur passage». Elle se sentait d'autant plus touchée par cette inquiétude que ses petites-filles étaient en pleine adolescence :

«La fille qui fait la *jinetera*, soyons clairs, elle le fait parce que ça lui plaît, c'est tout. Mais moi je suis obligée de temps en temps d'aller à l'école pour voir ce qui se passe et comment se comporte ma petite. Elle a 15 ans maintenant, et là-bas, à l'école, crois-moi c'est dangereux.»

Finalement, toutes ces menaces et injustices devenaient tangibles à l'intérieur même du *solar*, ce qui, selon elle, avait poussé Sandra à déménager :

«Pedro, c'est un *chulo*, il lui tapait dessus la pauvre, et en plus c'est un drogué, cocaïne. Moi avec la petite, j'ai peur. J'ai crié plusieurs fois dans le couloir, et je m'en fous que les voisins entendent [...]. Dans la rue, c'est pire, là à droite, c'est *jinetera*, fumeur de marihuana et compagnie, et l'immeuble là-bas de l'autre côté, c'est la même chose.»

Juana acquiesçait et se montrait particulièrement virulente à l'encontre de Pedro, qui s'autorisait en outre des expériences de consommation dont elle ne pouvait que rêver :

«L'autre jour, j'entendais Vincent demander à Marcelo si Pedro avait acheté lui-même ce que la *jinetera* avait emporté. Et Marcelo qui lui dit que oui et tout. Tu parles, c'est elle, il la tapait, il la forçait à *faire le tapin*, une fois elle avait un œil au beurre noir, une autre fois la lèvre en sang. Ce qu'elle a pris, c'était à elle. Je n'aime pas le vol, mais là j'applaudis.»

Juana disait vouloir «permuter pour quelque chose de plus grand, là-bas dans les *repartos*» (quartiers périphériques) :

«Là-bas, il y a plus de solidarité, les gens s'aident, *te dépannent* un peu
d'huile si tu n'en as pas, un peu de sucre, ils vendent de tout partout, une
petite bouteille d'huile à 15 pesos, de la viande tu en trouves facilement,
etc.»

Pedro avait fini par quitter le *solar* et n'avait fixé que passa-
gèrement le sentiment de peur, d'injustice et de dégoût de Juana,
de Sandra et même d'Ángelo ainsi qu'à sa manière de Marcelo,
au même titre que le «Canarien», par la suite, dont tous considéraient qu'il profitait, selon les avis, de la «détresse», des «illusions» ou de la «cupidité» des candidats au départ. Mais c'était
finalement Marcelo qui était la cible permanente de la rancœur
des habitants du *solar*, accusé de presque tout sans que les autres
ne lui souhaitassent du mal pour autant :

«Marcelo, c'est un communiste de convenance, c'est comme ça que je l'appelle. Il adule Fidel, la Révolution, tout ça, mais lui-même viole les lois de ce
pays. Il loue, il achète au marché noir, il loue à des *jineteras*, à des *chulos*, et
ça va bien pour lui. Communiste de convenance, oui.»

À ce commentaire de Juana, Sandra ajoutait de la même
façon :

«Marcelo, il a 80 ans passés, alors je le laisse, je ne veux pas discuter avec
lui, mais de toute façon, je suis plus communiste que lui.»

En définitive, les rumeurs qui revenaient le plus souvent au
sujet de Marcelo, au niveau du pâté de maisons, lui attribuaient
une faiblesse pour les jeunes hommes vigoureux. Comme il était
souvent en compagnie de jeunes *Orientaux* et que les voisins
de la *cuadra* observaient à distance les passages à l'intérieur du

solar, il eût été étonnant qu'une telle rumeur n'eût point circulé. Une voisine m'avait dit que Marcelo possédait «des photos de tous ces gamins à poil». Marcelo avait en fait une bonne cinquantaine de photos de ses amis et parents, hommes et femmes, parmi lesquelles se trouvaient des photos de tous ces «gamins» torse nu et parfois en slip. À la fin de l'année 2002, au cours d'une conversation à propos de l'homophobie à Cuba, j'avais évoqué auprès de Sandra les rumeurs dont Marcelo était l'objet et elle s'était exclamée:

«C'est le père de tous les pédés de La Havane! Je suis bien contente d'avoir déménagé, je ne supportais plus cette ambiance… Gaetán, c'était son mec, il lui mettait des coups, un jour Marcelo est sorti avec la lèvre en sang, gonflée, et le nez aussi…»

Juana, qui nous avait rejoints, ajouta:

«Ronaldo, c'était son compagnon officiel, et ensuite Ángelo, maintenant il est avec Linda, elle est à moitié demeurée, elle ne s'en rend pas compte, il est bisexuel […]. Les *Orientaux* sont spéciaux, ils sont tous bisexuels…»

Sandra avait encore précisé:

«La fois où c'en était vraiment trop, c'est quand la *jinetera* de Camaguëy [Cecilia] a été arrêtée, et que son maquereau, qui était chez Marcelo, savait que s'il mettait le pied dehors, il serait lui aussi arrêté. Marcelo en a profité pour lui faire du chantage, il l'a obligé à avoir des relations sexuelles avec lui, sinon il le virait. À 5 heures du matin, on entendait les cris de douleur du gamin, et quand Marcelo est sorti, il a fait des commentaires, le porc, il a dit "on aurait dit un enfant, il n'avait pas un poil au cul". Tous ces Orientaux qui viennent chez lui, il les a comme ça, il leur donne des vêtements, à manger, leur prête un vélo, résout des démarches administratives pour eux, pour mieux exercer un chantage ensuite.»

Et Juana avait conclu:

«Son ami, le Docteur Márquez, il l'est aussi, même s'il n'en a pas l'air. Ils s'envoient mutuellement des jeunes qu'ils trouvent comme ça.»

Interrogés sur le sujet, certains voisins qui habitent les alentours du *solar* sont capables de surenchérir dans les rumeurs: «Marcelo a perdu sa maison à *Miramar* parce que c'était un gros pédé»; «Marcelo était monté très haut, tu sais comme il est *comuñanga* [communiste, dans un sens péjoratif], mais il a été stoppé dans son ascension parce que ces gens [les dirigeants] n'allaient pas laisser un pédé s'en sortir comme ça», etc.

Marcelo est accusé de pratiquer la «double morale», selon une expression très courante à Cuba, introduite jadis par le gouvernement et reprise en chœur par différents analystes, sans que personne ne s'interroge sur son origine ou sur validité. La chronique du *solar* de Marcelo montre pourtant que celui-ci, certes, fait usage de son bagou révolutionnaire, mais qu'il est surtout tiraillé par des sentiments et des registres de comportement contradictoires, sans qu'il soit possible de dire s'il exerce sur eux en tant que sujet un «contrôle moral» propre à maintenir des cloisonnements étanches. Pire encore, tous, dans le *solar* ou dans le voisinage, éprouvent toutes les difficultés du monde à décrire leur propre comportement et, plus encore, à le justifier. Seul l'appui sur les préjugés, le recours aux accusations délirantes et la transformation de rumeurs en vérités intrinsèques permettent alors de fixer une certitude devenue souhaitable: pire qu'un «communiste de convenance»,

génétiquement *oriental* et donc forcément bisexuel ou homosexuel, Marcelo, en tant que «pédé manipulateur», est «le dernier des cochons».

Au gré des situations, Marcelo s'oriente lui aussi en fonction d'une casuistique précaire dont les critères, s'ils existent,
sont d'autant plus difficiles à démêler qu'il a lui-même le sentiment de se trouver face à des individus qui sont tous susceptibles de le «rouler dans la farine». Il est simplement capable
de dire qu'il «lutte» face à une adversité aux multiples visages,
«contraint» de résister à l'appauvrissement et à la crise économique. Son discours véhicule aussi les principes égalitaires qui
sont au fondement du régime révolutionnaire, ces «normes à
distance» qu'il se hasarde à reformuler en disant que «Pedro
le paye en dollars car il gagne en dollars» ou encore en expliquant à Sandra, farouchement irritée par le manque de reconnaissance matérielle et financière dont souffrent les médecins,
que ceux-ci sont victimes des privations à égalité avec le reste
de la population. Mais lorsque Sandra lui rétorque: «Ah oui, et
la *jabita*[53], qu'est-ce que c'est?», Marcelo n'a rien à répondre, et
soupire simplement en murmurant que «Sandra est jeune et en
colère, et [qu'elle] ne comprend pas». Il estime aussi que «les
jineteros et les *jineteras*» sont la ruine «morale» du pays, mais
ne s'exprime jamais sur le fait qu'il bénéficie aussi de leurs activités. Enfin, par rapport à sa sexualité, Marcelo n'ignore pas à
quel point l'anathème a été jeté sur l'homosexualité depuis l'arrivée au pouvoir de Fidel Castro, mais il ne semble pas ressen-
tir le besoin de s'inscrire dans une catégorie: l'activité sexuelle
n'obéit qu'au désir ou au plaisir que l'on éprouve.

La difficulté à établir des critères de justice et à affirmer ses
choix provient donc directement de l'impossibilité d'évoquer le
contenu concret des situations. Ces limites renforcent la stature

générationnelle de Marcelo, rarement contredit ou poussé à se justifier, du fait de son grand âge et de sa personnalité. Elles confèrent aussi une logique fonctionnelle au rôle de «gendarme» dont il s'acquitte à l'intérieur du *solar* auprès de la jeune génération, dans la mesure où seuls certains registres d'opinion donnent encore prise à des critères clairement établis. Lorsqu'en ma présence Pedro s'était ouvertement moqué d'Ernesto Guevara lors de la énième rediffusion de ses obsèques, Marcelo s'était mis en colère, disant qu'il n'allait pas «permettre que sous son toit on insulte ce grand homme venu donner sa vie pour les idées qu'il défendait», et avait prié Pedro «d'aller se faire foutre». Ces limites finissent donc par rendre souhaitables les grandes paraboles et enferment là encore Marcelo dans son bagou, notamment lorsqu'il répète en boucle une petite histoire qu'il aime particulièrement:

«Un jour, un homme n'a plus rien à manger, et il a beau chercher et traverser des régions entières, il ne trouve toujours rien. Alors à un moment où il se trouve dans une prairie, il se résigne à manger les herbes qui sont sur son chemin. Et il pleure, et il se dit: "Pauvre de moi, que je suis malheureux." Et à ce moment-là, il entend du bruit et se retourne. Et là, il voit derrière lui un homme qui mange les herbes que lui-même avait jetées après les avoir mâchées.»

Marcelo s'en remet finalement à ce qui reste en son pouvoir: veiller à son hygiène et maintenir sa vigueur, pour rester en mesure de *lutter*. Il se voit à l'image de Fidel Castro, qui a donné l'exemple en survivant à un accident de santé qui aurait emporté la plupart des «simples mortels». En fin de compte, se préoccuper des décisions politiques n'est pas de son ressort et son horizon personnel reste inséparable de celui de Fidel Castro:

«Quel dommage que Fidel n'ait pas un privilège de la nature, qu'il ne puisse pas vivre plus longtemps que les autres hommes [...]. La vérité, c'est que nous ne savons pas comme cela doit être difficile de diriger un pays.»

Autour des Ochoa

À rebours du principe égalitaire qui constitue le socle du discours révolutionnaire, les Cubains ordinaires décrivent spontanément l'existence de groupes privilégiés, au sens où les avantages que ceux-ci perçoivent n'entrent ni dans la logique des critères de mérite mis en exergue par le régime, ni dans celle de l'émulation socialiste. Dans l'imaginaire social, ces «privilégiés» appartiennent aux sphères dirigeantes et à l'armée, mais nombreux également sont ceux qui conservent les bénéfices de leur intégration passée au processus révolutionnaire – médecins, professeurs et cadres à la retraite. Si les Cubains prennent communément appui sur le lieu de résidence, l'occupation officielle ou la façon de s'exprimer pour établir des différences de «*niveau*» entre les personnes, on ne peut pas dire qu'ils perçoivent l'existence de véritables classes sociales, dont les critères d'appartenance se fonderaient sur la conscience d'intérêts communs. Il en est ainsi parce que la *lucha* est une dynamique de nivellement:

elle finit par lier des espaces et des groupes séparés ; elle expose aussi tous les registres d'activités aux mêmes aléas et en particulier à l'arbitraire juridique.

Les Ochoa habitent à La Havane le quartier du *Nuevo Vedado* qui, comme le *Vedado*, a été intégré lors du redécoupage administratif de La Havane au municipe *Plaza de la Revolución*. *Nuevo Vedado* comprend un ensemble relativement homogène de maisons spacieuses, construites à partir des années 1940 dans le sillon de l'inauguration du Jardin Zoologique (1939) et du traçage de *l'Avenue 26* (1947)[54]. Beaucoup de ces demeures ont été laissées vacantes par leurs occupants partis en exil au cours des années 1960. Au fil du temps, le quartier a fini par réunir en majorité des familles issues des composantes privilégiées du régime, en dehors de *la Dionisia* qui reste une zone défavorisée. Hormis les membres des classes aisées restés à Cuba après l'avènement de Castro, parmi lesquels des sympathisants du mouvement *26 de Julio*, beaucoup de « compagnons de lutte » du *Comandante* se sont vus attribuer une belle demeure, parfois directement ou à travers la réforme urbaine, d'autres fois par le biais du *sociolismo*[55].

On trouve donc dans ce quartier de nombreux dirigeants politiques, diplomates et hauts fonctionnaires, en activité ou retraités, ainsi que des médecins et des enseignants appartenant à l'élite de leurs professions. Tous ont jadis participé activement aux programmes de la Révolution ou, tout du moins, appartenaient à plusieurs organisations de masse. Même si, depuis, beaucoup se sont en grande partie désinvestis, les CDR du quartier restent actifs dans leur ensemble, notamment en maintenant les rondes de nuit. Aussi le *Nuevo Vedado* a-t-il la réputation d'être un quartier sécurisé, ce dont se prévalent souvent ses habitants. Les liens de voisinage sont par ailleurs assez relâchés, en dehors des relations d'amitié, si bien que la plupart des familles entretiennent entre elles des formes très réduites de coopération, sans que ne se produisent beaucoup de conflits ouverts.

Des apparatchiks reconvertis

Roberto Ochoa est né dans la partie ouest de l'île, à Pinar del Río, en 1944, dans une famille de paysans blancs assez aisés, dont les activités commerciales s'étendaient jusqu'à la capitale. Il a étudié l'histoire et l'économie à l'Université de La Havane, entrant à la FEU (Fédération des Étudiants de l'Université), puis dans la *Jeunesse*, avant d'être admis comme membre du parti. Par la suite, il est devenu professeur d'histoire et d'économie dans une école de cadres du parti. Toute sa vie durant, il a récolté les bénéfices de ses engagements et de sa position, sa maison lui ayant été attribuée au début des années 1970. D'après sa belle-fille, il a néanmoins «toujours été un peu *gusano* [vermine]», c'est-à-dire insatisfait du communisme et guère à cheval sur la légalité socialiste. Mais, à partir de l'extrême fin des années 1980, il a connu «la marginalisation et les carences», son travail ne lui permettant plus de «faire vivre les siens».

Sa femme Marta est née à La Havane en 1940, d'une famille très aisée (professions libérales), de souche européenne. Elle aussi a étudié à l'Université de La Havane d'où elle est sortie diplômée de philosophie et d'histoire. Elle a été engagée dans «la *lutte* contre Batista» mais, contrairement à ce qu'elle raconte (d'après sa fille), son action s'est alors limitée à récolter de l'argent et à transporter des armes. C'est surtout son époux de l'époque (dont elle est divorcée depuis le début des années 1960) qui était l'une des figures de la «guérilla urbaine»: avocat, tout comme son propre père, il était devenu un collaborateur très haut placé de Fidel Castro; il avait ensuite démissionné de son poste et s'était suicidé quelques années plus tard. Marta a également appartenu au parti. Elle était professeur de philosophie marxiste-léniniste et d'histoire dans une école de cadres. Elle a été *comunista de bomba* («de cœur»), sans trop tenir compte des avantages matériels dont jouissait son couple – elle a vécu les pénuries du début des années 1990 avec d'autant plus d'amertume et de difficulté. Elle souffre depuis d'une maladie apparue dans le même temps à Cuba, la *neuropathie*: fatigue et violentes migraines en sont les principaux symptômes mais, d'après les médecins, les carences alimentaires en sont à l'origine.

Maira Hernández est la fille de Marta et de son premier mari. Elle est née à La Havane en 1962 et se trouvait dans le même appartement que son père lorsque celui-ci s'est donné la mort en 1972:

«Mon père [...] était en désaccord avec Fidel, qui était son ami, et avec le *Che*, qui voulait que tout soit gratuit. Mon père voulait conserver les petits commerces, la petite bourgeoisie. Il a rencontré des opposants à l'étranger, la Sûreté l'a ramené, fait prisonnier quelques jours, puis libéré. Il a parlé avec Fidel, lui a dit que c'était un dictateur, et après il a démissionné avant de se suicider quelques années plus tard.»

Elle a très mal vécu de devoir emménager avec sa mère et son beau-père, qu'elle trouve «grossier, buveur et violent», tandis que celui-ci l'avait accueillie en lui disant que sa vie de «gosse de riche» allait s'en trouver changée. Mariée une première fois à l'âge de 15 ans («c'était le moyen que j'avais trouvé pour quitter la maison de Marta et Roberto»), puis une seconde fois à 25 ans, ses deux unions se sont terminées par un divorce. Après des études de biochimie et une courte carrière de laborantine, elle travaillait comme secrétaire dans une entreprise, dont la fermeture en 1991 a entraîné son licenciement. N'aimant pas la solitude, elle passe de longues périodes chez Roberto et Marta et, selon ses propres dires, «ne fait rien» et mène «une existence vide». En outre, elle est sujette à des crises de schizophrénie et n'a pas eu d'enfants «pour ne pas leur transmettre la maladie».

Enfin, les Ochoa ont un fils né en 1970, qu'ils ont réussi à placer comme serveur dans le bar d'un hôtel, où il a rencontré une Espagnole avec laquelle il s'est marié. Arrivés tous deux en Europe en 1994, ils se sont séparés deux ans plus tard. Le fils des Ochoa travaille aujourd'hui dans la restauration à Munich et revient à Cuba une fois par an pour deux à trois semaines.

Roberto et Marta vivent désormais des possibilités de location qu'offre leur maison, ainsi que des *remesas* (envois) occasionnelles de leur fils. Les avis divergent quant à l'évolution de la famille. Celui de Maira est plutôt mitigé :

«Ma mère a changé avec Roberto, vu qu'il est *gusano*... Mais bon, il n'est pas satisfait du communisme mais il ne souhaite pas non plus le retour des exilés, ni un vrai changement dans le régime.»

Le point de vue de Roberto est quelque peu différent : «Nous étions professeurs, maintenant nous travaillons pour nous, avec notre intelligence.» La maison de Marta et Roberto comprend un grand salon, une salle à manger, une cuisine et un étage où se trouvent quatre chambres équipées d'une salle de bain et de l'air conditionné. Maira dormant dans une petite pièce située derrière la cuisine, trois chambres sont libres à la location et les Ochoa vont parfois dormir quelques jours chez des amis si des clients veulent louer la totalité de la maison. Jusqu'à ce que ce genre d'activités soit autorisé, les locations devaient se faire très discrètement, par des connexions personnelles (touristes envoyés par leur fils, connaissances venues des provinces pour un bref séjour à La Havane, clients «rabattus» par des intermédiaires). Les risques étaient donc grands, les locations occasionnelles et les commissions versées aux intermédiaires d'autant plus importantes que les prix étaient très flexibles.

En 1996, les Ochoa ont acquis un permis en contrepartie duquel ils payaient un impôt de 300 dollars par mois à la fin des années 1990. Selon un fonctionnaire de l'ONAT (Oficina Nacional de Administración Tributaria, chargée du recouvrement des impôts et du contrôle des licences professionnelles), avec qui j'avais eu une discussion informelle chez un ami un soir d'août 2000, il y avait alors à La Havane près de 5 000 titulaires d'une «licence pour louer aux étrangers» et environ 500 personnes perdaient chaque année leur licence en commettant des infractions. Lorsque je lui avais demandé combien de Havanais selon lui louaient sans licence, il avait levé les yeux au ciel avant de répondre: «Tous ceux qui en ont l'opportunité et qui sont prêts à prendre le risque... fais le calcul!» Jusqu'au milieu des années 2000, le tarif d'une chambre chez les Ochoa était de 40 dollars par nuit, la marge de réduction étant d'environ 25 %, selon la durée du séjour, la capacité du client à marchander et le degré de proximité avec les propriétaires. Entre décembre et août, les Ochoa retiraient en moyenne 500 à 600 dollars hors impôts chaque mois et il leur arrivait de louer la maison entière plusieurs jours de suite pour environ 100 dollars par jour. Occasionnellement, ils servaient des repas à leurs hôtes, facturés 5 à 7 dollars (selon qu'il s'agissait de poulet, de poisson ou de langouste). Leurs revenus étaient cependant irréguliers et les mois d'automne constituaient souvent une période creuse, au point qu'ils devaient parfois demander une aide financière à leur fils pour payer leurs impôts.

En 1998, je suis entré en contact avec les Ochoa par l'intermédiaire de leur fils, dans le but de me loger. Accompagné d'un ami venu à Cuba pour un mois, nous disposions chacun d'un budget de 10 dollars par jour. Marta nous avait alors aiguillés vers le logement de Maira, qui avait hérité de l'appartement de sa grand-mère : comme elle n'y habitait pas à l'époque, elle le louait occasionnellement, sans licence et donc sans payer d'impôt. L'appartement, situé dans le quartier du *Vedado*, comprend deux chambres, un salon, une terrasse, une cuisine et une salle de bain. Nous étions convenus qu'après le départ de mon ami le loyer passerait à 10 dollars par jour pour tout l'appartement. Pour les habitants de l'immeuble, j'étais officiellement le frère de la petite amie du fils de Roberto et Marta, ce qui justifiait que Maira m'ait déclaré auprès du CDR de sa *cuadra* comme un invité ne payant pas de location. D'ailleurs, si on sonnait à la porte, je devais dire que Maira était partie faire une course. Lorsque je revins à La Havane à la fin de l'année 2001, Maira me proposa spontanément de me louer son appartement pour 100 dollars par mois. J'étais toujours officiellement, pour l'année à venir, un ami du fils de Roberto et Marta.

À l'image de la plupart des « locations de chambres chez l'habitant », le négoce familial des Ochoa obéit à une forme de rationalité particulière. Tout d'abord, Roberto et Marta préfèrent s'assurer que leurs hôtes sont « corrects » : tout délit (rémunération de services sexuels, consommation de drogue, tapage) peut avoir des répercussions sur leur négoce. Ils veillent aussi à ce que leurs clients comprennent les « bizarreries des lois » et restent discrets par rapport aux termes de l'arrangement locatif ou aux repas servis sous leur toit. Ils préfèrent donc recevoir des touristes sur recommandation d'anciens clients qui leur ont laissé un agréable souvenir. D'autres logeurs, qui ne peuvent ou ne veulent pas loger certains clients, envoient aussi des touristes chez les Ochoa. Ces derniers décident de faire affaire en fonction de la description des «étrangers» qui leur a été faite au téléphone par les «collègues» logeurs. Il est pourtant difficile d'être trop regardant sur la clientèle et il arrive que des *jineteros* qui savent que les Ochoa «louent» sonnent à l'improviste en compagnie de touristes sur lesquels ils ont «mis le grappin» (*enganchar*). Enfin, avec leur licence, Roberto et Marta ont trouvé le relais publicitaire de certaines agences de voyage étrangères (telle *Cuba autrement*, une agence tenue par des Français, située dans la Vieille Havane) et nationales (*Islazul* ou *Intur*). Les intermédiaires empochent une commission : à La Havane, les *jineteros* touchent «normalement» 3 dollars sur une chambre dont le prix est égal ou inférieur à 15 dollars et 5 dollars sur une chambre dont le prix est égal ou supérieur à 20 dollars ; les autres loueurs touchent des sommes variables, parfois 10 à 20 % du prix de la location, parfois juste «un billet». Il arrive aussi que certains loueurs se rendent la pareille et que cette forme de réciprocité n'inclue pas de contrepartie monétaire.

Derrière une vitrine parfaitement légale, Roberto et Marta accordent leurs opportunités de *negocio* à la configuration de leurs ressources. Ils gardent les bons clients qu'ils sont en mesure de satisfaire, tout en évitant de déclarer la totalité des locations. Ils aiguillent ceux qui sont moins intéressants (mon propre budget était insuffisant et ma présence aurait rendu impossible la location de la totalité de la maison) vers Maira, laquelle, vivant avec eux, s'assume ainsi financièrement et réinvestit son argent dans l'économie domestique du foyer (principalement dans la nourriture). Si ces deux critères ne sont pas satisfaits (capacité de location ayant atteint son maximum, budget insuffisant, ou trop inconséquent pour que Maira prenne le risque de louer son appartement), les Ochoa envoient eux aussi les clients chez d'autres logeurs.

Une routine de reclassement

En «travaillant pour [eux]», «avec [leur] propre intelligence», les Ochoa sont contraints malgré tout de s'orienter en permanence à l'intérieur du labyrinthe législatif qui règlemente leur négoce, d'anticiper ses aléas et de déjouer ses pièges. Paradoxalement, leurs efforts visent avant tout à leur permettre de retrouver une routine. Celle-ci passe en premier lieu par l'accès reconquis à la consommation, laquelle s'apparente à une forme de réparation, par rapport aux pénuries dont ils ont souffert au début des années 1990.

Les dépenses de Marta, Roberto et Maira sont absorbées en majorité par le budget alimentaire et ils prennent au moins un repas complet par jour : viande (2 dollars la livre de bœuf – achetée le plus souvent au marché noir et parfois dans une *tienda* –, 1,5 dollar la livre de porc à l'*agropecuario*, 1 dollar la livre de poulet au marché noir), *viandas* («tubercules» dont le prix de la livre varie entre 3 et 6 pesos cubains à l'*agropecuario*), haricots noirs (entre 15 et 20 pesos la livre à l'*agropecuario*), riz (en dehors de la quantité obtenue par la *libreta*, la livre de riz coûte 5 pesos à l'*agropecuario*), fruits et légumes (entre 8 et 10 pesos la livre de mangue, entre 4 et 6 pesos la livre de concombres à l'*agropecuario*). Il leur arrive aussi de manger du poisson ou de la langouste (entre 1 et 2 dollars la livre au marché noir). Ils cuisinent avec de l'huile (2,40 dollars le litre puis, à partir de 2000, 1,90 dollar le litre, dans les *tiendas*), des épices et des aromates (ail à 2-4 pesos la gousse, oignons à 8-10 pesos la botte, cumin à 2-5 pesos le sachet, purée de tomate à 10 ou 12 pesos la bouteille) et boivent aussi beaucoup de café (10 pesos l'once à l'*agropecuario*). Enfin, Roberto apprécie le rhum, sans que Maira ne soit en reste (3 dollars dans les *tiendas*), et la bière (entre 0,6 et 1 dollar la canette). De temps en temps, ils déjeunent ou dînent dans un *paladar*, pour 2 à 4 dollars par personne.

Ensuite, ils achètent sans rechigner à la dépense des savons (0,5 dollar pièce), du shampooing (entre 2 et 5 dollars la bouteille, selon la qualité), des produits de beauté (chers en général) et se procurent, quand ils le peuvent, des médicaments disponibles dans les pharmacies en dollars. En revanche, ils ne dépensent pratiquement pas d'argent en vêtements, dont un certain nombre leur est apporté par leur fils lorsqu'il vient passer des vacances à Cuba. En outre, Roberto et Maira fument respectivement pour 1 et 2 dollars de cigarettes par jour. Ne disposant pas de moyen de transport propre, ils ne se déplacent qu'en voiture particulière (payant 2 dollars au voisin qui les conduit) ou en taxi officiel (taxis en monnaie nationale, à peine plus chers, ou taxis en dollar – *panataxis* ou *turistaxis*, nettement plus coûteux). Enfin, il leur arrive (rarement) de sortir dans des cabarets, où les cocktails valent entre 2 et 3 dollars, ou d'aller à la plage à Varadero (en bus pour touristes, pour 16 dollars aller-retour).

À la fin des années 1990 et au début des années 2000, la consommation des Ochoa s'écartait donc largement des pénuries qui frappaient la société cubaine et, bien que je n'aie guère eu d'indications à ce sujet, ils ne semblaient pas avoir accumulé un volume d'épargne conséquent. D'un côté, la stabilisation de cet accès à la consommation prévalait sur tout projet économique de moyen ou long terme, dont la réalisation était à leurs yeux trop périlleusement soumise aux aléas. Les Ochoa éprouvaient le sentiment de contrôler au moins le peu qui restait en leur pouvoir : prendre soin de leur santé, selon des critères «médicaux», au sens où, à la différence de tous les autres repères sociaux, ils ne prêtaient pas à discussion. Maintenir ce niveau de consommation routinier leur permettait d'autre part de retrouver leur statut de «privilégiés» du système, à l'instar de nombreux médecins et professeurs qui ont su s'adapter aux réformes économiques du début des années 1990. Sans devenir ostentatoire, ce niveau de consommation est tout de même devenu un mode d'ajustement, par rapport au niveau de vie observé chez d'«anciens égaux».

Le retour d'une routine passe donc également par la recherche d'une normalité partagée, même si elle n'est éprouvée qu'à l'échelle restreinte du cercle des «anciens privilégiés reclassés». Les Ochoa partagent l'expérience des autres loueurs, apprennent de leurs déboires comme de leurs réussites. Ces «collègues» constituent ainsi des points d'ancrage, à travers lesquels ils se rassurent par rapport aux risques qu'ils prennent et guettent, sans se faire d'illusions, les signes susceptibles d'indiquer qu'un groupe est en train de se former autour d'intérêts communs.

Patricia, la belle-sœur de Roberto, habite par exemple une maison cossue du quartier de *Miramar*. Divorcée du frère de Roberto, elle garde de temps en temps ses petits-enfants, mais il y a longtemps que sa fille et son fils ont fondé leur propre foyer, si bien qu'elle dispose de trois chambres pour elle toute seule. Patricia est membre du *parti* mais regrette son «apathie» grandissante depuis qu'elle a pris sa retraite au milieu des années 1990. Lorsqu'elle était infirmière dans un hôpital de la capitale, elle était «de tous les combats» et avait notamment effectué une mission au Nicaragua au début des années 1980. Aujourd'hui, elle continue de «lutter avec les gens du CDR» de sa *cuadra* et elle est responsable du «front de la santé publique». Elle rend régulièrement visite à ses voisins pour tenter de «maintenir les activités», c'est-à-dire les encourager à faire des dons de sang ou à être présents pour ouvrir leur porte aux fumigateurs chargés d'éradiquer les foyers de moustiques *aedes aegypti*, transmetteurs de la dengue.

Elle n'a pas perdu le contact avec certains des amis qu'elle avait rencontrés au Nicaragua et, lorsque l'un d'entre eux est venu se faire opérer à La Havane au milieu des années 1990, elle lui avait loué une chambre pour 20 dollars par jour. Il lui avait ensuite envoyé plusieurs amis, venus également se faire soigner à Cuba, et elle avait commencé à accueillir plus réguliè-rement des hôtes, aiguillés notamment par son beau-frère, qui ne lui prenait pas de commission. Patricia avait fini par trans-former l'une des chambres de sa maison en studio indépendant équipé d'un W.-C. et d'une douche (de fabrication brésilienne et achetée 80 dollars au maçon-plombier qui a réalisé les travaux pour 150 dollars hors coût des matériaux). Elle n'avait pas de licence et ne comptait pas en faire la demande avant d'être sûre que son négoce pourrait s'en trouver plus rentable. En attendant, comme elle ne payait pas d'impôts, elle acceptait parfois de louer à des touristes une chambre ou le studio à des prix très bas (5 ou 10 dollars par jour). Si un malade du Nicaragua faisait son appa-rition et payait un prix plus élevé, elle n'hésitait pas à demander aux locataires du studio de déménager vers la chambre. En 2002, elle avait même expliqué à un couple de touristes qui louait le studio pour 15 dollars la nuit que, pendant leur absence, elle avait reçu la visite d'un inspecteur qui lui avait dit qu'ils de-vaient partir si elle ne voulait pas recevoir une forte amende – en réalité, Roberto l'avait appelée en lui annonçant que deux couples venaient d'arriver chez lui et qu'ils étaient prêts à payer 125 dollars chacun pour louer la chambre et le studio de Patricia durant les cinq nuits à venir.

Patricia, *communiste de cœur*, reconnaissait qu'elle voulait «ga-gner de l'argent» mais n'était pas rôdée aux règles du négoce: une fois tombée d'accord sur un prix de location, elle menait souvent une espèce de guerre psychologique auprès des «étrangers», leur demandant chaque jour avec le sourire «combien [ils] allaient [lui] laisser en plus en partant». Preuve supplémentaire du fait qu'elle n'intégrait pas tout à fait le concept de son négoce, les locataires n'étaient pas en possession des clés de la maison et devaient sonner à la porte pour rentrer, à n'importe quelle heure du jour ou de la nuit. Patricia s'assurait ainsi que ses étrangers, s'ils ne revenaient pas seuls, étaient «au moins» en bonne compagnie et ne «[lui ramenaient] pas une négrillonne, ou pire, un Noir».

Sûre de la bienveillance du CDR, elle comptait sur le bouche-à-oreille pour «faire rentrer plus d'argent»: dès qu'un touriste qui louait le studio apparaissait en compagnie d'autres étrangers, elle leur proposait de venir chez elle, le jour même ou au retour de leur périple dans les provinces, et n'hésitait pas à leur demander si elle pouvait les joindre par téléphone, ce dont alors elle ne se privait pas, même si le numéro était celui de leur logeur du moment à La Havane.

La façon de faire de Patricia s'expliquait à la fois par son inexpérience en matière de commerce et par son interprétation très libre du concept de contrat, mais elle témoignait aussi d'un sentiment de toute-puissance. Sûre de son capital politique et des passe-droits dont elle jouissait tacitement au nom des «services rendus à la Patrie», elle se sentait pleinement autorisée à donner libre-cours à son «esprit de lutte».

Mercedes: intégration par le travail et négoce

Mercedes a deux fils, nés en 1978 et en 1980. L'aîné, Alberto, a étudié l'anglais à l'université et a commencé à travailler à l'Instituto Cubano del Arte e Industria Cinematográficos au terme de ses deux années de service social. En 2001, il avait fait la connaissance sur son lieu de travail d'un Anglais qui logeait chez Roberto et Marta pendant ses vacances à La Havane. Alberto et l'Anglais nouèrent des relations d'amitié et celui-ci l'invita un soir à manger de la langouste chez ses logeurs. Alberto fit ainsi la connaissance des Ochoa et leur raconta que sa mère avait également une licence grâce à laquelle elle pouvait louer une chambre de leur appartement, situé à quelques encablures du *Malecón*, dans le quartier de La Vieille Havane. Il ajouta que sa mère était souvent à la peine et qu'elle n'était pas «efficacement» intégrée à un réseau de loueurs. Roberto avait pris son numéro de téléphone et lui avait expliqué discrètement que «[ses] commissions [étaient] fixes : 20 % du prix de location».

Divorcée, Mercedes était entièrement dévouée au bien-être de ses deux fils, qu'elle voyait grandir avec anxiété dans le contexte de *lucha* de la *période spéciale* :

«Mon mari m'a quittée au moment où nos fils étaient tout justes des adolescents... Il a un bon travail, à l'Institut Cubain de Radio et de Télévision (ICRT), il voyage, il sort avec ses amis, il se bourre la gueule. Je ne peux pas compter sur lui [...]. L'aîné est plutôt responsable et il a toujours été sérieux dans ses études [il a effectué ses études pré-universitaires à *La Lenin*, le lycée d'élite situé au Sud de l'agglomération havanaise] et dans son travail... Je me fais toujours un sang d'encre quand il ne rentre pas la nuit ou quand il disparaît deux jours durant... Quand il revient, je lui dis : "T'as bien baisé ? T'es content ? Qu'est-ce que ça te coûte de m'appeler juste pour me dire que tu ne rentres pas, histoire de m'éviter de passer une nuit blanche ?" [...] L'autre est très immature, il fait de tout petits progrès, mais il est impulsif, il ne réfléchit pas, il est capable de faire n'importe quoi... Et puis dans ce quartier, il est au contact de tous ces délinquants, il se met à parler comme eux [...]. Et si un jour il y un changement ici ? Qu'est-ce qu'il fera ? Il doit avoir une formation, c'est pour cela que je l'ai encouragé à faire l'école des travailleurs sociaux, mais il faut que je sois constamment derrière lui parce que les études, ça ne l'intéresse pas trop... Je meurs d'impatience d'avoir le diplôme en main...»

Après des études de Lettres (*filología*) à l'Université de La Havane, elle avait occupé des postes administratifs au sein de différents ministères avant de devenir, à la fin des années 1970, secrétaire dans un Institut de recherche. Lorsqu'en 1994 son mari l'a quittée pour «une femme très forte, qui maîtrise la sorcellerie haïtienne», son salaire était de 280 pesos par mois. Elle a demandé et obtenu une licence pour louer une chambre de son appartement à des étrangers, moyennant un impôt mensuel de 200 dollars. À 42 ans, à la différence d'un Roberto ou d'une Patricia, elle s'engageait à tâtons dans un négoce dont elle peinait à prévoir les méandres:

«Je ne suis pas faite pour ce négoce (*No sirvo para este negocio*), qu'est-ce que tu veux, je n'ai jamais fait ça de ma vie, il faut être très dur en affaires, et moi, je ne sais pas faire ça, j'ai toujours été écrasée par les gens autour de moi.

Mon père, c'était un révolutionnaire de la première heure, ici, à La Havane, un homme très intelligent, qui était dans la lutte urbaine. Un jour, un colonel de Batista l'avait prévenu et lui avait dit qu'il allait être arrêté. C'est comme ça qu'il avait pu fuir vers Santa Clara. Quand il est revenu, il était proche du sommet, Fidel prenait des cigares de la poche de sa chemise, c'est te dire. Et puis au bout de six mois, il a tourné le dos à tout ça, en disant "ce truc, c'est le communisme" [...]. Il est mort en 1968, j'avais 16 ans... Comme tout le monde, j'allais au travail volontaire, j'étais intégrée, comme le reste de ma famille, mais mon grand-père, son père, qui était espagnol et qui était retourné en Espagne après la Révolution, nous a obtenu un visa pour l'Espagne, et a envoyé de l'argent pour que nous puissions partir du pays [...]. Nous avons obtenu la *salida* [le permis de quitter le pays] mais ma mère ne voulait pas partir, mes sœurs étaient plus jeunes, et j'étais la seule qui était majeure... Elle m'a contrainte à renoncer à la *salida*... Nous sommes restées [...].

Ma mère, c'est une paysanne crétine de Santa Clara (*una guajira muy bruta de Santa Clara*), mon père ne l'a jamais aimée, elle devait être très malheureuse, alors quand nous étions petites, elle passait son temps à nous faire laver, elle venait, elle inspectait, s'il y avait un grain de poussière dans un coin, il fallait tout relaver, et si elle voyait une tache sur un vêtement que nous venions de laver, elle décrochait le fil à linge, faisait tout tomber par terre, et nous devions tout relaver... Nous lui demandions la permission de sortir, elle nous la donnait, puis le moment venu, changeait d'avis, et c'était comme ça, nous n'avions plus le droit de sortir [...].

Mes deux sœurs sont comme elle, Natalia est très forte, très autoritaire, elle aime décider et elle aime que tout soit comme elle le désire. L'autre s'est mariée avec un Cubain-américain, et vit à Miami depuis 1994, avant elle vivait comme une morte de faim ici au coin de la rue... Son fils vit toujours ici, avec son père... C'est mon neveu, un imbécile, un petit trafiquant, qui n'a aucune éducation, il raconte n'importe quoi, il est vulgaire (*chabacán*), il boit beaucoup mais il ne tient pas l'alcool (*no sabe tomar*).»

Mercedes a pris peu d'initiatives au cours de sa vie : elle a toujours eu la sensation de vivre sous la coupe de personnes autoritaires autant qu'elle s'est laissée «porter par le système». Contrainte de faire face aux changements qui ont affectés sa vie, elle est déterminée à «rester décente» et à «imposer la décence» à ses fils. L'Institut de recherche où elle travaille accueille chaque début de semestre quelques dizaines d'étrangers, qui effectuent des séjours de trois à six mois. Lorsqu'ils se présentent à elle à leur arrivée, la plupart d'entre eux cherchent un logement et elle les informe timidement qu'elle loue une chambre pour 400 dollars par mois, somme incluant aussi le petit-déjeuner et le dîner. Par rapport à la plupart de ses concurrents, elle a un avantage incomparable : elle dispose à domicile d'un ordinateur de bureau en état de fonctionnement et d'une connexion Intranet illimitée, qu'elle a obtenue dans le cadre de son travail – récompense qui témoigne aussi d'un comportement politique irréprochable.

Pendant l'année, la chambre est ainsi occupée de la mi-janvier à la mi-juin, puis de la mi-août à la mi-décembre, par des étrangers venus travailler ou étudier à Cuba. Mercedes ne paie pas de commission, mais il n'est pas rare qu'au bout de deux voire trois mois, son locataire, *aplatanado* (adapté à la vie locale), décide d'emménager dans un appartement « sans licence ». Nombreux sont les propriétaires d'un appartement qu'ils n'occupent pas à pouvoir proposer un loyer de 100 à 200 dollars par mois à un étranger. Mercedes veille également à ce que ses fils comprennent qu'ils ne sont plus complètement « chez eux » et respectent l'intimité de l'étranger. À son grand désarroi, un étudiant anglais avait décidé de se loger ailleurs au milieu du deuxième semestre de l'année 2003, après avoir constaté qu'une somme d'argent qu'il gardait dans un tiroir avait disparu. Mercedes en avait pleuré et avait immédiatement accusé son benjamin, qui avait nié être l'auteur du vol, lequel n'était peut-être qu'un prétexte, compte-tenu du fait que, bizarrement, l'étudiant anglais avait trouvé dès le lendemain un logement d'exception.

Mercedes vit dans la crainte constante que son locataire ne lui « échappe ». Elle se rassure lorsqu'elle parvient à louer en plus – illégalement, donc – sa propre chambre, même si elle doit alors dormir dans la mezzanine insalubre qui se trouve au-dessus de la cuisine. Mais elle gagne presque toujours l'affection de ses locataires étrangers, qui sont témoins de sa *lucha*. Souvent âgés d'une vingtaine ou d'une trentaine d'années, ils reçoivent ses conseils de mère et elle tente de leur épargner les mésaventures havanaises, en commençant par leur expliquer que l'amitié ou l'amour spontanés qui leur sont témoignés dans la rue cachent en général d'autres visées. Souvent, ses locataires se transforment eux-mêmes en «*jineteros* de circonstances» et proposent aux étrangers qu'ils rencontrent de venir jeter un coup d'œil à la chambre qu'elle loue. Comme en outre ses locataires fréquentent d'autres étrangers qui font un séjour d'étude ou de recherche à l'Institut et que tous reçoivent régulièrement la visite d'amis ou de parents, Mercedes est sollicitée de temps à autre pour louer une chambre.

Enfin, il lui arrive de se risquer un peu plus, en acceptant des sommes d'argent pour des locations fictives. Afin de recevoir leur titre de séjour, les étrangers doivent joindre à leur dossier une photocopie de la licence de leur logeur, mais beaucoup d'entre eux louent illégalement dès leur arrivée. Mercedes leur propose discrètement de les inscrire pour une semaine, «la durée minimale, au tarif de 10 dollars par jour», sur son «registre de location». Plusieurs étrangers peuvent alors se trouver légalement domiciliés au même moment chez Mercedes, mais elle sait que, les dossiers n'étant pas informatisés, elle peut compter sur la torpeur bureaucratique pour ne pas avoir de problèmes.

«S'en sortir» face à la concurrence

Natalia, la sœur de Mercedes, vit dans un appartement de deux pièces et parvient à peine à joindre les deux bouts. Elle travaille comme secrétaire dans un ministère et gagnait 220 pesos par mois au début des années 2000. En ouvrant «les yeux et les oreilles», il lui arrive de localiser des personnes qui ont des besoins et d'autres qui sont en mesure de les satisfaire. Alina, la voisine de son ex-mari, profite de ce qu'elle vit chez son compagnon pour louer sans licence son appartement de deux pièces, situé dans un immeuble d'une douzaine de logements du quartier du *Cerro*. Elle est laborantine, gagne 285 pesos par mois et est responsable du front de la santé publique de son CDR. La «chargée de vigilance» du CDR de la *cuadra* vit dans l'immeuble et entretient avec elle des relations d'amitié. Elle s'entend bien avec les voisins mais veille à donner régulièrement des petites sommes d'argent à l'inspecteur de la *Vivienda* qui couvre sa zone, lequel «[la] protège et [la] prévient en cas de problème». En outre, elle «assiste à toutes les réunions [du CDR ou du syndicat, sur son lieu de travail] pour qu'ils [lui] foutent la paix». Elle se permet de louer son appartement à des couples ou à des *guajiros* de passage, pour 2 dollars par jour ou 60 dollars par mois, mais craint de «dépasser les limites» si elle loue à un étranger. Lorsque Natalia rencontre par l'intermédiaire de Mercedes des étrangers discrets, du point de vue de leur physique comme de leur comportement, elle les met en contact avec Alina, à qui il est arrivé d'accepter une location pour 100 à 150 dollars par mois. La commission de Natalia est de 20 %, mais celle-ci n'en informe jamais les étrangers qu'elle a «aidés». De son côté, Alina est «sur tous les fronts»: elle empoche toutes les semaines quelques dollars supplémentaires (cinq en moyenne) lorsqu'elle vient faire le ménage et laver le linge pour les étrangers.

Natalia a une autre amie, Niurka, qui habite le *Vedado* avec son fils né en 1996, dans un appartement qui comprend deux pièces et un salon. Elle ne travaille pas et n'a pas de licence, mais elle est fiancée à un policier originaire de l'est de l'île, qui a été affecté au commissariat situé à quelques rues de son domicile. Elle est spécialisée dans un type particulier de location:

des couples havanais, en général assez jeunes, payent un dollar pour disposer pendant une ou plusieurs heures de la chambre de son fils. La plupart des familles havanaises vivent entassées dans des appartements exigus et, même si les couples trouvent parfois un moment d'intimité sur le toit d'un immeuble, dans un parc ou dans la mer (à quelques mètres de la plage), ce genre de location est venu pallier la disparition des *posadas* (hôtels gérés par l'État, loués à l'heure) au début des années 1990. La combine de Niurka est peu risquée, puisque les couples n'emportent pas d'affaires personnelles avec eux et qu'il est aisé de prétendre qu'elle a reçu des amis qui font la sieste après le déjeuner, le café, le dîner, etc. Niurka ne rechigne pas non plus à louer la chambre de son fils à des Cubains ou à des étrangers de passage et Natalia lui envoie aussi des clients si elle en a l'opportunité, commission de 20 % à la clef sur le prix de la location.

Mercedes estime qu'elle «ramasse les miettes» et observe avec ressentiment la façon dont d'autres logeurs qui habitent les rues adjacentes – et dont certains visent la même clientèle qu'elle –, grâce à des contacts au sein de l'institut ou tout simplement parce qu'ils font de la publicité «tous azimuts», se taillent la part du lion :

«Alina, c'est quelqu'un de très correct, et son mari aussi... Ma sœur est sans pitié (*es tremenda abusadora*) [...]. L'autre négrillonne [Niurka], elle n'a pas de vergogne, mais bon, elle est avec un policier, alors elle ne perd pas le nord (*no es boba*) [...].

María, qui loue à la petite canadienne qui est arrivée ce semestre à l'institut, elle est faite d'un autre bois... Cette femme, c'est un fauve (*una fiera*) ! Elle contrôle tout ! Tous les *jineteros* du quartier la connaissent et lui amènent des étrangers, et elle leur paye une commission sur-le-champ. Dès qu'elle voit un étranger, elle lui donne sa carte, dès qu'un étranger passe le pas de sa porte, elle lui dit qu'elle va lui donner une commission s'il lui amène un touriste... Elle est du monde de la rue, elle a toujours une combine [...]. Moi je ne sais pas faire ça, me lancer à fond, comme eux, frénétiquement, dans le négoce... Même Roberto, quand il est venu lui-même m'amener une Anglaise qui voulait rester une semaine et qu'il m'a dit dans l'escalier "bon, 25 dollars la nuit, sur sept nuits, ça fait 35 dollars, vous voulez que je repasse plus tard?", j'étais gênée peut-être encore plus pour lui que pour moi...»

María, qui possède aussi une licence, s'est surtout trouvée un «créneau»: sa maison n'est ni spacieuse, ni particulièrement bien équipée, mais elle est ouverte en permanence aux amis de ses locataires – et elle est très permissive lorsque ceux-ci «enchaînent» les partenaires sexuels d'un soir. La «rencontre des peuples [l]'enthousiasme» mais, «certains matins, [la vue] d'un grand Noir (*un negrón*) attablé au petit-déjeuner à côté d'une de ces petites Blanches [lui] coupe l'appétit». Lorsqu'en revanche un jeune Afro-Cubain arrive en compagnie d'une ou plusieurs étrangères rencontrées lors d'un concert au *Callejón de Hamel*, à la *Casa de la Música* de *Centro Habana* ou de *Miramar*, à la *UNEAC*, aux *Jardines del Mella* etc., María joue parfaitement le jeu du «folklore», selon sa propre expression.

Mercedes fait pâle figure à côté de María qui, en 2008, a envoyé 3 000 dollars à sa fille à Miami pour l'aider à financer la pose de prothèses mammaires. Pourtant, Mercedes «s'en sort», paye ses impôts et fait quelques économies quand elle le peut, en prévision de mois creux ou pour investir dans la rénovation de sa mezzanine. Elle s'offre pour 35 pesos par mois les services d'une *mensajera* titulaire d'une licence (qui coûtait 50 pesos par mois en 2003): celle-ci est chargée d'aller chercher pour son compte les produits fournis par la *libreta* (carnet de rationnement) à la *bodega* (épicerie). D'après la loi, les *mensajeros* ne peuvent gérer plus de dix *libretas*, mais la sienne en a quarante. En dehors des produits rationnés, elle mange régulièrement du poulet et de la viande de bœuf «de première qualité», qu'elle achète respectivement à 1 et à 2 dollars la livre à un intermédiaire qui la lui amène à domicile. Le dîner est toujours composé de protéines, de riz et de légumes. Elle ne manque pas non plus de savon, de shampoing ou de papier toilette (dont le prix, dans les *tiendas*, entre 1998 et 2008, est passé d'environ 1 à environ 1,50 dollar pour quatre rouleaux), les étrangers rechignant à utiliser du papier journal, et elle n'achète pas les articles de premier prix. Elle possède dans son salon un canapé en bon état, une table et des chaises de style Art déco, ainsi qu'un téléviseur et un magnétoscope de marque chinoise.

Au quotidien, Mercedes vit en retenant son souffle, mais lorsqu'elle regarde plusieurs années en arrière, elle parvient à dominer quelque peu son anxiété en prenant acte de la sécurité matérielle, toute relative, dont jouit aujourd'hui son foyer. Au-delà de sa *lucha* quotidienne, son anxiété se fixe sur des problèmes dont la résolution demande de l'anticipation et de la patience. C'est de cette façon qu'elle parvient à se projeter dans le moyen terme et à éprouver le sentiment de vivre une vie normale dans la durée. Souffrant d'arthrose, elle est toujours en quête de médicaments efficaces : savoir que plusieurs personnes sont affairées à les lui trouver lui donne l'impression de retrouver une capacité d'action.

Lorsqu'elle a dû subir une opération du dos en 2003, elle avait préparé longtemps à l'avance les draps, les serviettes et les produits de nettoyage qu'elle avait prévu d'emporter avec elle. Elle avait demandé à ses fils de veiller à être disponibles pendant son séjour à l'hôpital, au cas où il aurait fallu venir nettoyer sa chambre, et elle leur avait expliqué que, durant sa convalescence, ils devraient s'occuper eux-mêmes du ménage, de la cuisine et du locataire du moment. Là encore, la maîtrise de bout en bout de tout le processus l'a rassurée sur la capacité d'autonomie de ses fils et lui a redonné le sentiment de mener une vie normale. De la même façon, lorsque sa mère a subi une opération du col du fémur l'année suivante, elle est allée la chercher à Santa Clara et l'a «gardée avec [elle]» pendant toute la durée de sa convalescence, avant de la raccompagner. Mercedes avait été profondément énervée par un Allemand d'une vingtaine d'années, né à l'Est dans les années 1980, qui lui avait dit que «les Cubains, à cause du communisme, [n'avaient] pas le sens de la famille»: même si elle ne s'entend pas à merveille avec ses fils, ses sœurs et sa mère, elle leur voue une immense affection et chacun d'entre eux lui permet d'ancrer concrètement les activités de son existence autour des cycles de l'âge.

Crise de sens

Depuis des années, Mercedes voyait les chercheurs de son Institut se rendre à l'étranger pour participer à des rencontres universitaires et savait que, en tant que secrétaire, elle n'avait aucune chance d'être un jour du voyage. Lorsqu'elle s'en plaignit un jour sur le ton de la plaisanterie auprès de son directeur, celui-ci s'engagea à lui «inventer un voyage» et l'envoya effectivement pour un mois dans le nord de la Floride, où elle devait officiellement coordonner un programme d'échange mis en place avec un Institut de recherche américain. Je me trouvais au même moment à Chicago, au printemps 2004, et nous pûmes converser longuement par téléphone plusieurs jours de suite. Mercedes était particulièrement angoissée par les incertitudes qui pesaient sur son négoce et sur la *lucha* en général :

« La répression augmente jour après jour, ils s'attaquent aux négoces privés, sous le prétexte des drogues […]. Les locations illégales, avant, la première fois qu'ils t'attrapaient, ils te donnaient un avertissement, la seconde fois une amende et la troisième fois ils confisquaient ton logement. Maintenant, ils te le confisquent directement. On m'a dit que plusieurs personnes avaient déjà perdu leurs logements, des maisons immenses et en bon état, et qu'ils avaient été relogés dans une chambre ou un *solar* de la Vieille Havane […]. Politiquement, ils ne peuvent pas se permettre de fermer tous les négoces comme ça, mais ils en prennent le chemin […]. Maintenant en ce qui me concerne, les locations avec licence, ce que je connais moi, ils ont sorti une nouvelle loi, allons bon, pour pousser les gens à renoncer à leur licence, ils sont vraiment en train de serrer la vis : ils vont augmenter les impôts, ils vont prélever un impôt pour les parties communes, ils vont prélever un impôt pour les repas, que tu les serves ou que tu ne les serves pas, et maintenant il va falloir renouveler la licence tous les ans, et ça, ça veut dire des timbres fiscaux à chaque fois, et autre chose encore […].

Ils enchaînent les opérations les unes derrières les autres, ils ont fait "l'opération Windows" et tous ceux qui avaient un accès illégal à internet ont mordu la poussière (*se escacharon*), ils ont fait l'"opération HK" [H et K sont les deux premières lettres qui figurent sur les plaques d'immatriculation des voitures des étrangers], pour en finir avec le système qui consistait à ce que les étrangers achètent des voitures et les vendent ensuite à des Cubains, et les étudiants de l'ELAM [l'École Latino-Américaine de Médecine] ne sont plus autorisés à acheter des voitures.

Enfin bon, les gens continuent d'acheter [au marché noir] de la viande, du lait, du café, des langoustes… mais les choses vont bien mal, les gens en ont marre (*la gente está obstinada*), la vie est très chère, plus angoissante […]. Le type [Fidel Castro] est de plus en plus fou, il enchaîne les programmes […]. Les gens se plaignent devant n'importe qui, mais tout le monde va à la Tribune [les Tribunes ouvertes], aux réunions… Il ne se passe rien et il ne va rien se passer, les gens craignent le changement, ça va être le chaos (*la cagazón*)... De toute façon, c'est notre sort, voilà tout (*Es la reali-dad que nos toca vivir*). »

Pendant son séjour, Mercedes n'avait en réalité pas grand-chose à faire et elle rendit visite à sa sœur à Miami. À près de 55 ans, elle découvrit l'hyperconsommation étasunienne, observa la vie recomposée des Cubains-Américains et lut les livres de Norberto Fuentes. Guère sensible aux «chiffons» – c'est ainsi qu'elle qualifiait l'offre variée de vêtements –, elle fut néanmoins choquée par le niveau de vie des voisins du nord et plus ébranlée encore par les récits des anciens proches de Fidel Castro. Comme à l'accoutumée, nombreux furent les Cubains-Américains qui l'incitèrent à «rester», lui expliquant qu'elle pourrait ensuite faire venir ses fils. Mais Mercedes était convaincue que, si elle restait, elle était condamnée à un emploi mal rémunéré et sans intérêt. Elle voyait aussi avec inquiétude l'ennui dans lequel vivait sa sœur, «assise devant la télévision la plupart du temps», dans un quartier pavillonnaire de Hialeah. De toute façon, il était hors de question pour elle de laisser ses fils «livrés à eux-mêmes»: elle reprit l'avion pour La Havane.

S'ensuivit une longue dépression, au cours de laquelle elle se sentit cette fois complètement accablée par l'impression de vivre dans un pays partant à vau-l'eau. Alors que jadis elle était surtout consternée par les décisions, les lubies et l'attitude générale de Fidel Castro, dont l'omniprésence sur toutes les chaînes de télévision la rendait furieuse, elle avait désormais l'impression que sa vie n'avait jamais eu de sens. Lorsque je l'appelais au téléphone depuis l'étranger, elle craignait les écoutes téléphoniques mais essayait d'exprimer ce qu'elle ressentait à l'aide de messages codés, comme ce jour de septembre 2004:

«Le premier tour, c'est passé, mais je me repends de l'avoir laissé passer...
Tu me comprends? Tu comprends? S'il y a un deuxième tour, je ne le laisse-
rai pas passer.»

La dépression dura jusqu'en 2005 lorsque, un an après son
retour des États-Unis, Mercedes parvint à reprendre le dessus,
en constatant que les années passaient et qu'«elle était toujours
là». Elle avait même entrepris, avec l'épargne qu'elle détenait
grâce aux locations, de rénover la mezzanine pour en faire une
deuxième chambre aménagée pour accueillir des étrangers. Elle
se dirigea d'abord vers l'architecte de la communauté, à la *Vivienda*, pour qu'il réalisât les plans d'extension de la maison.
Elle lui avait donné 100 Cuc en pensant, au vu des documents
qu'il lui avait remis, que ses travaux étaient à peu près légaux,
surtout que contrairement à d'autres elle pouvait justifier ses
revenus, s'il venait un jour à l'idée d'inspecteurs de tout acabit
d'effectuer une visite de contrôle. Elle fit construire une douche
et un W.-C., refaire les murs et poser un carrelage, et acheta un
sommier, un matelas et une armoire, pour une somme totale de
800 Cuc. Mais voici ce qu'elle me raconta lors d'une conversation
en tête-à-tête à Miami en janvier 2009:

«Un jour, peu de temps après la fin des travaux, un inspecteur de la *Vivienda*
est venu, et en fait je ne savais pas, mais en juillet 2001, ils avaient fait une
nouvelle loi selon laquelle je n'avais pas le droit de rénover la mezzanine.
Les loueurs n'ont pas le droit d'avoir de mezzanine, point, et ils m'ont donné
15 jours pour la démolir. Je n'ai pas dormi pendant deux mois... Il aurait
fallu que j'obtienne le permis de *l'architecture* et l'avocat de la *Vivienda* disait
ne pas être au courant des travaux effectués, et que donc les travaux étaient
illégaux [...]. Quand j'ai été voir l'avocat de la *Vivienda*, je tremblais, je me
suis mise à sangloter, et l'inspecteur a dit "je ne peux pas parler à quelqu'un

qui se met dans cet état-là, non non non", et il a fallu que j'insiste, que j'insiste, à lui parler pendant deux heures, et bon, à la fin, il a dit "je ne prendrai jamais de sanction contre quelqu'un qui prend des risques". Mais bon, lui aussi a besoin de vivre, et tu sais ce que ça veut dire : de l'argent. Il a fallu refaire tous les papiers pour y faire figurer que j'avais fait les travaux en 2000, faire les mêmes démarches avec *l'architecture* et avec le *service notarial*, et avec le *service notarial*, tu ne parles qu'avec la secrétaire. Elle m'a dit "ne vous inquiétez pas, c'est un cas fréquent, je vais tout régler", mais tu sais ce que ça veut dire à nouveau : de l'argent. Pour catégoriser la mezzanine comme étage intermédiaire, c'est l'avocat qui s'en est occupé. Dans ma chambre, le maçon a construit un placard, à l'intérieur une échelle pour monter dans la mezzanine, bref, on se croirait dans un film ! [...] J'ai dû payer en tout 500 Cuc à tous ces gens pour légaliser les travaux...»

Lorsqu'en 2007 le gouvernement de José Luis Rodríguez Zapatero fit promulguer la «loi des petits-enfants» (*Ley de nietos*) en vertu de laquelle les petits-enfants de citoyens espagnols pouvaient demander la nationalité espagnole, Mercedes saisit l'opportunité de ménager ses options. Elle a obtenu un passeport espagnol en 2008 et n'exclut pas la possibilité d'en faire bénéficier ses enfants en cas de besoin. Son objectif n'est pas de rompre avec «la Révolution», mais tout simplement de jouir en tant que citoyenne espagnole des droits qui n'entrent pas en conflit avec ses devoirs de citoyenne cubaine. Elle savait, dès le moment où elle avait déposé son dossier à l'ambassade d'Espagne, qu'un passeport espagnol lui permettrait de voyager librement, sans avoir besoin de demander une *tarjeta blanca* (permis de sortie).

Pour le reste, elle découvre petit à petit les avantages dont elle jouit dorénavant : elle imagine qu'elle peut trouver l'assistance de l'ambassade en cas de gros problèmes et elle a reçu

avec amusement les informations concernant les élections légis-
latives de 2011, même si elle a eu «peur d'aller voter». Alors
qu'elle imaginait sauter sur l'occasion si jamais elle avait de
nouveau la possibilité de rester aux États-Unis, elle s'est offert
en 2009 un séjour touristique chez sa sœur à Miami : munie de
son passeport espagnol, elle a pris un avion pour le Mexique
– seuls les citoyens cubains ou américains peuvent effectuer
des vols directs vers les États-Unis – avant de rejoindre Miami.
Son second séjour ressemblait davantage à celui des Cubains
«qui rentrent et qui sortent» : elle s'est surtout inquiétée du
poids des valises au retour et du montant des impôts en monnaie nationale à l'aéroport de La Havane. Dans le même temps,
elle voit sa sœur revenir régulièrement à Cuba depuis 2007 : un
Cubain résidant à Miami lui paie un billet d'avion aller-retour
et lui donne 100 Cuc par voyage pour amener à Cuba plusieurs
valises remplies de «pacotille» (des vêtements à bas-prix, des
éponges, parfois des aliments, etc.). Nombreux sont les Cubains
qui, faute d'avoir «réussi» (*triunfar*) à Miami, se consolent ainsi
en faisant la mule. Les «trafiquants», de leur côté, soudoient le
personnel des aéroports de Cancún, Mexico, La Havane, Varadero ou Santiago.

À son second retour, Mercedes n'a pas fait de dépression,
comme elle l'avait craint. Elle partage finalement le verdict rendu
d'après elle par tous les Cubains : «Tout leur est égal.» Au-delà
de la retenue, ses courriers électroniques témoignent toujours de
la même lassitude : «Il faut prendre la vie comme elle vient.» Elle
évoque dorénavant l'éventualité d'un futur voyage hors de Cuba
comme une escapade, un oubli passager.

Lorsque je l'ai vue à Miami en 2009, néanmoins, elle ne pouvait pas s'empêcher de s'appesantir sur «la plèbe» (*la chusma*)
de son quartier et la dégradation sociale, dont le goût pour le

reggaeton était le symptôme le plus récent. Elle rêvait parfois à une *permuta*, mais savait elle-même en le disant qu'elle ne pouvait pas renoncer d'un seul coup au gagne-pain pour lequel elle avait tant lutté. Un nouveau problème était apparu, cependant, lorsque le plus jeune de ses fils s'était amouraché d'une locataire européenne venue effectuer un séjour d'études de six mois, ainsi qu'elle m'en fit part en juin 2011 par courrier électronique :

«J'ai toujours été très vigilante là-dessus, parce que je ne veux pas qu'un de mes fils se fasse des illusions, qu'il reste sur le carreau pendant que l'étrangère, comme il faut s'y attendre, continue sa vie tout simplement [...]. J'ai peur qu'il ne veuille s'en aller maintenant, qu'il ne la suive pour se retrouver je ne sais où à faire je ne sais quoi...»

Mercedes fait face entre, d'un côté, les nécessités matérielles et, de l'autre, la protection de ses «capitaux» et le soin prodigué à ses fils, dont l'autonomie, souhaitable il y a quelques années, est devenue source d'inquiétude. Citoyenne espagnole, spectatrice passive de la «catastrophe» sociale cubaine, elle se meut dans l'attente : «J'avance à pas de crabe.»

À la recherche d'une normalisation

Les Ochoa ne disposaient pas (ou plus) des «capitaux» de Mercedes et ne partageaient ni son accoutumance à la peur, ni son souci de respecter scrupuleusement les normes légales. Ils n'éprouvaient pas non plus le sentiment de puissance de Patricia et étaient convaincus, au contraire, qu'ils étaient condamnés à vivre sous la menace de voisins enclins à la délation, même si nombreux étaient ceux qui, à l'échelle du quartier, se livraient au même négoce qu'eux. Marta parlait toujours à voix basse et était persuadée que la maison qui était séparée de la sienne par un petit jardin abritait un centre d'écoutes téléphoniques du Ministère de l'Intérieur. Perpétuellement inquiets à l'idée de ne pas avoir normalisé leurs activités à l'échelle locale, ils essayaient aussi de trouver des points d'ancrage dans leur entourage proche.

À la fin des années 1990, les époux Ochoa employaient cinq à dix heures par jour un homme chargé de faire le ménage, de laver et de repasser les vêtements et, régulièrement, de préparer les repas et de faire les courses. Benny était né en 1945, à La Havane, de parents mulâtres, et n'était pas marié. C'était encore un «déçu du Parti»: il avait appartenu à la cellule du parti communiste de l'usine agro-alimentaire où il travaillait jusqu'en 1991 et avait «cru en la Révolution», avant de «déchirer sa carte du parti» après que «tous ses sacrifices n'ont même pas incité le gouvernement à [lui] retrouver un emploi». Les Ochoa lui donnaient 30 dollars par mois, mais il percevait un dollar supplémentaire par jour lorsqu'une ou plusieurs chambres étaient louées et que s'accroissait sa charge de travail. Il vivait à *San Miguel del Padrón*, un quartier périphérique de La Havane, et rentrait chez lui chaque soir par la *guagua* ou le *camello*. Il lui arrivait aussi d'accomplir des petits travaux de jardinage ou d'entretien chez des voisins, rémunérés 1 voire 2 dollars. Il prenait un repas par jour chez ses employeurs mais chez lui il mangeait rarement autre chose que du riz, des *viandas* et quelques fruits et légumes. Il était vêtu d'habits usés et ne sortait jamais, sauf pour aller de temps à autre au cinéma (2 pesos l'entrée). Vivant seul et n'ayant pas d'enfants, il disait malgré tout «s'en sortir à peu près» (*alcanzar* ou *alcanzarse*) et évitait grâce aux Ochoa le «contact de la rue». Il répétait à tout bout de champ qu'il ne voulait plus «entendre parler de la Révolution», qu'il ne «[lisait] plus les journaux», qu'il «[éteignait sa] télévision dès qu'ils [mettaient] la *barbe*» et qu'il «n'[espérait] rien».

Yaskra, née en 1936 à la Dominique, qu'elle a quittée avec sa famille à l'âge de quatre ans, travaille de temps à autre pour le compte des Ochoa. Mariée à un bibliothécaire blanc à la retraite, elle a eu un fils, aujourd'hui instituteur, d'un Mulâtre qui est parti aux États-Unis en 1960 et avec lequel elle n'a plus aucun contact. Lorsqu'exceptionnellement Benny était occupé ailleurs, elle apportait une aide d'appoint en assurant les mêmes tâches d'entretien. Mais c'est surtout lorsque Maira loue son appartement qu'elle vient une ou deux fois par semaine faire le ménage et laver le linge : Maira la paye 2 dollars à chaque fois. Yaskra travaille pour l'État en tant que «femme de ménage» dans une *bodega* située à quelques pas de la maison des Ochoa. Elle y gagne un salaire de 117 pesos par mois (qui a plus que doublé depuis 2005) mais s'absente du travail plus ou moins à sa guise. Yaskra a une trajectoire révolutionnaire au-dessus de tout reproche et a notamment travaillé en tant que femme de ménage chez des étrangers. Militante de la «base», elle dit «aimer la Révolution» qui «a fait beaucoup pour les Noirs» et fait remarquer que «voir son fils éduqué, diplômé de l'université, sans rien payer» était tout simplement «impossible pour une Noire de [sa] condition avant que n'arrivât Fidel». Dans le même temps, elle insuffle «l'esprit de lutte» dans son entourage, dont elle combat systématiquement le «défaitisme». Dans les années 1990 et au début des années 2000, à l'époque où les coupures de courant duraient parfois plus longtemps que les «*alumbrones*» (les «heures d'éclairage»), elle soulignait à l'envi que «ce qu'il y a de bien avec les coupures d'électricité [*apagones*], c'est qu'on sait qu'on va être content quand la lumière reviendra». Elle reconnaît que beaucoup de Cubains font face à l'indigence, mais elle donne le ton en répétant sans relâche que «ça vaut la peine de lutter». Elle passe même sur «les abus» (*los abusos*) de ses collègues et supérieurs autour des activités de la *bodega*, autant qu'elle bénéficie en retour de leur bienveillance :

«Il y a toutes sortes de vols à la *bodega* : le vol institutionnel, quand de toute façon ce qui doit normalement être livré à la *bodega* disparaît en chemin, parce qu'ils l'ont volé ailleurs ; le vol signé, quand l'administrateur signe comme quoi il a reçu telle quantité d'un produit, alors qu'il en a reçu beaucoup plus ; et le vol particulier, quand les employés font main basse sur ce qu'ils peuvent.»

Au fil des années, Yaskra a eu tout le temps d'observer le fonctionnement des réseaux d'acheminement et de distribution des biens rationnés. Sa conclusion, maintes fois répétée : «Le système est bon, mais il y a trop de fils de putes.»

«Il y a le ministère du commerce intérieur, qui gère le *réseau de la gastronomie*, même si ce sont deux entités distinctes, et ensuite les entreprises, pour chaque municipe. Le ministère donne des factures et des papiers aux entreprises, qui les répartissent entre les différents entrepôts. Chaque entreprise a son directeur, son sous-directeur, et aussi son service économique, chargé de l'audit, son service juridique, où travaille un avocat pour décider des sanctions contre les administrateurs ou les travailleurs – et ce fils de pute, s'il le veut (*si le sale de los cojones*), il peut te niquer (*joder*) seulement pour ne pas avoir assisté à une réunion ! –, [...] et son service d'inspection. Ensuite, il y a l'entrepôt, avec son administrateur, son chef d'entrepôt, ses travailleurs, les chauffeurs, etc. Les entrepôts doivent fournir les boulangeries, les *bodegas*, les boucheries, etc. Le chef de zone [des CDR de la zone] qui est responsable de plusieurs *bodegas* et d'autres entreprises du Pouvoir Populaire reçoit les plaintes et vérifie que les normes de distribution sont respectées. Enfin, en gros, c'est le mouchard (*el chismoso o el chivatón*). Et l'entreprise envoie des inspecteurs qui vérifient tout. Maintenant, ils se préviennent tous entre eux de l'arrivée d'un inspecteur, mais de toute façon, eux aussi ils les payent, ils les arrosent (*se salvan*) et eux-mêmes se débrouillent toujours pour trouver encore d'autres gains (*se buscan algo*). Mais bon, attention quand même, il y en a qui sont des super-communistes (*comunistones*) qui ne veulent rien savoir. Tout le monde arrose tout le monde, le chef d'entrepôt doit donner quelque chose à l'administrateur, qui doit donner quelque chose au chef de zone, et tous les deux doivent donner quelque chose au chef de l'entreprise, qui ensuite s'arrange (*cuadra*) avec les gens du ministère.»

Le système de vols et de détournements a beau être bien huilé, le partage du «gâteau» est inégal et fait des envieux:

«Celui qui prend le plus de risques, c'est l'administrateur, parce que c'est toujours sur lui que la responsabilité retombe. Mais bon, de toute façon ils sont virés par en haut (*explotan por arriba*), dans 90% des cas ils trouvent un meilleur poste, ce sont des salopards (*descarados*). Et tout ça, c'est de la survie, parce qu'entre eux, c'est "pousse-toi de là que je m'y mette" (*quítate tú de aquí que me meto yo*), si le chef d'entrepôt arrive et qu'il ne reste rien pour lui, "Quoi?", "Comment?", pareil avec l'administrateur et après à toi ils ne te donnent rien et ils peuvent même te niquer. Dans le bureau du directeur de l'entreprise [celle qui répartit les factures], il y a de tout, de la viande de porc, de l'huile, du riz, des haricots noirs, entre eux ils se donnent de tout. Ce sont des salopards! Et les maîtresses! Le directeur avait une maitresse qui l'a essoré comme un torchon (*acabó con él*), une mulâtresse orientale avec un bon gros cul, qui voulait de tout, pour elle et pour toute sa famille. Même le chauffeur a ce qu'il veut et ce qu'il demande [...].

Le *bodeguero*, comme tous les *bodegueros*, il t'arnaque (*te jode*), il te pique une once par-ci, un quart de livre de poulet par-là, la viande hachée de soja (*picadillo de soya*), il y ajoute de l'eau, le soja l'absorbe, ensuite il congèle ça et après, il te vend de la viande hachée de soja à l'eau, et des milliers de combines (*mecánicas*) du genre...»

Yaskra est témoin depuis des années de ces pratiques et accepte régulièrement les cadeaux de l'administrateur de la *bodega*, qui lui vend toujours à des tarifs préférentiels les produits détournés des circuits du rationnement; quant à lui, il ferme également les yeux sur le fait qu'elle récupère les produits rationnés pour le compte d'une dizaine de clients, à qui elle les apporte ensuite à domicile (*hace los mandados*), alors que cette activité, qui remonte à l'époque espagnole de l'île, est légalement du ressort des *mensajeros*. Yaskra en profite surtout pour travailler ailleurs et saisit toutes les occasions de gagner des sommes supplémentaires, en faisant çà et là des heures de ménage et de repassage. À la fin des années 1990 et au début des années 2000, elle vivait avec 25 à 50 dollars par mois, ajoutés à la solde de son retraité de mari, s'élevant à 100 pesos. Mais elle-même donnait de l'argent à sa mère handicapée et «luttait» pour lui acheter un fauteuil roulant. Elle y est parvenue en 2000, ce dont elle s'enorgueillit encore, même si sa mère s'est éteinte à peine deux ans plus tard.

Le régime spécial dont bénéficie dorénavant son mari, souffrant de diabète, ne suffit pas à lui apporter la quantité de protéines dont il a besoin. Son fils travaille dans une école rurale, manque particulièrement d'habits et de chaussures et rêve, à 50 ans passés, d'aller vivre aux États-Unis. Yaskra, même si elle ne s'en plaint guère, parvient à peine à «s'en tirer» (*desenvolverse*) et «lutte» pour que son mari puisse manger du poulet au moins un jour sur deux et pour que son fils possède une paire de chaussures élégante. Elle-même consomme très peu de protéines et consacre tout son budget à l'achat du strict nécessaire: nourriture (*viandas*, riz, café) et produits d'entretien (savon, détergent). Elle reçoit parfois de ses employeurs des habits qu'ils n'utilisent plus, en même temps qu'elle emporte parfois chez elle des restes en le leur signalant avec malice, les mettant devant le fait accompli. Lorsque je l'ai connue, elle acceptait avec réticence les cadeaux (vêtements) que je voulais lui donner et craignait, du fait qu'elle est noire, d'être associée à tout un ensemble de stigmates. La première fois que je l'ai vue, en 1998, je rentrais chez Maira alors qu'elle venait de laver et de plier mon linge, et elle m'avait dit: «Vous pouvez vérifier, tout y est, je suis noire mais je ne suis pas voleuse.»

Plus sa situation matérielle se dégrade, plus elle se sent tiraillée entre ce complexe racial, son refus viscéral d'abdiquer son égalité (conférée par le fait qu'elle *lutte*, lequel, à ses yeux, n'implique pas de solliciter avec insistance, voire de quémander) et l'obligation de subvenir, quel qu'en soit le coût, aux besoins de son mari et de son fils. Aussi s'est-elle convaincue, du moins verbalement, que «pour les étrangers» ou «pour les millionnaires» de Cuba (une expression qui désigne les «riches») donner une aide financière ponctuelle n'est pas un «sacrifice». Elle a fini par s'attirer le courroux des Ochoa qui, «lassés de se faire essorer à la moindre occasion», font plus rarement appel à ses services[56]. Le rapport que Yaskra entretient avec ses employeurs n'est pourtant pas seulement de nature économique: elle éprouve fierté et satisfaction à les épater par ses talents culinaires et plus encore à «éliminer la crasse» (*el churre*) d'un carrelage ou d'une chemise blanche. Elle travaillait déjà pour le père de Maira, qu'elle connaît depuis qu'elle est enfant, et reste attachée à la famille, perpétuant d'une certaine façon la geste des domestiques d'un autre temps, à moins qu'il ne s'agisse simplement d'un phénomène inhérent à la relation de service.

Il y a chez Yaskra un sentiment ambivalent d'élévation sociale, attaché au fait de travailler pour des Blancs appartenant à l'élite intellectuelle du pays, qui se mêle à de l'autodénigrement.

Elle pratique à l'occasion certains rites des religions afro-cubaines, mais ne prend vraiment au sérieux que le « spiritisme scientifique » (en insistant sur le dernier mot). La culture litté-raire de son mari, absolument extraordinaire, fait sa fierté mais l'enferme aussi dans une position de défaut : lorsqu'elle l'entend parler de la vie de Guillaume Apollinaire ou se rappeler que Vic-tor Hugo appelait Jules Barbey d'Aurevilly « Barbey d'or vieilli », elle précise souvent auprès des gens présents qu'elle a « épousé un Blanc parce qu['elle sait] comment sont les Noirs ». Un jour où elle était chez moi, elle avait tiré d'une pile de livres un ou-vrage de Jacques Bouveresse en me lançant avec aplomb : « Très bonne romancière ! »

Pour les Ochoa, donner du travail à Yaskra est une façon d'in-tégrer une « révolutionnaire » de plus au cercle de leur négoce. Ils sont sûrs qu'elle n'essaiera pas de « faire un mauvais coup » à l'un de leurs hôtes, autant qu'ils s'assurent de sa bienveillance en la mêlant à leurs activités. Marta a même eu vent de rumeurs dans le voisinage selon lesquelles Yaskra assure à la *bodega* où elle travaille une fonction d'« informatrice » (*informante*) pour la Sûreté de l'État. Aussi, même s'ils se méfient d'elle, la fluidité avec laquelle elle mène dans le quartier ses propres activités de *lucha* leur sert-elle de baromètre de la normalité, d'autant que Yaskra rapporte toujours des anecdotes sur les voisins chez qui elle travaille.

À l'occasion, les Ochoa font appel aux services d'autres per-sonnes, une cousine de Las Tunas (*Oriente*) venue travailler à La Havane ou un « employé de maison » du quartier. Certains touristes ne disposant pas de moyen de transport privé, il arrive que les Ochoa proposent aussi à deux voisins possédant cha-cun une voiture d'effectuer des petites courses – à l'intérieur de La Havane, celles-ci sont payées entre 2 et 4 dollars. Ainsi, non seulement toute une économie tourne autour de la maison des Ochoa mais, de nombreuses personnes en retirant un bénéfice personnel, les activités de Roberto et Marta qui se situent en marge de la loi ne sont pas dénoncées auprès des autorités. Ces arrangements sont d'autant plus maintenus sous silence que de nombreux voisins vivent aussi de la location de leur maison, avec tout le cortège d'activités que cela implique.

La mise à distance du monde social

La recherche d'une nouvelle routine s'accompagne chez les Ochoa d'une volonté de mettre à distance le monde social, résultat d'une dynamique qui s'autoalimente inévitablement: plus ils ont l'impression que le monde extérieur les menace, plus ils tentent de sécuriser leur négoce et se replient sur leur foyer; plus ils se referment sur leur sphère privée, plus ils se sentent coupés de la société.

Roberto et Marta parlent peu d'eux-mêmes, sauf pour dire «qu'ils travaillent pour eux», mais, comme ils partagent à cet égard la condition de beaucoup de Cubains, ils veillent à se distinguer d'un certain nombre de personnages qui interpellent la société de la *période spéciale*. La première fois que nous étions arrivés chez les Ochoa pour régler l'affaire de la location, Marta nous avait demandé, à mon ami et à moi-même, si nous comptions «trouver la compagnie de femmes». Nous lui avions expliqué que nous avions chacun une copine en France, mais elle avait jugé bon de nous conseiller, à toutes fins utiles, de préférer «une fille correcte, de l'université», aux «*jineteras*» qui «amènent toujours des problèmes, [volent], [et] viennent avec des *jineteros* qui volent et qui frappent». Dans leurs discours, les Ochoa se démarquent systématiquement des «gens de la rue» et jettent l'anathème sur les «*jineteras*», les «*jineteros*» et les «voleurs». Cette volonté de se distinguer était encore plus nette lorsqu'ils me mettaient en garde contre «les quartiers de *Centro Havana* et de la Vieille Havane où règne la loi des délinquants, où les gens des CDR sont eux-mêmes des délinquants».

Roberto et Marta tiennent un discours très semblable et parlent souvent d'une même voix. Tous deux se veulent «d'un *niveau* culturel élevé», cherchent à tenir des propos érudits, ne reçoivent selon eux «que des personnes intéressantes» et ne conversent qu'avec «des gens qui le peuvent, et pas avec ces gens-là, là» (Roberto indiquant, derrière les murs, la direction de la rue). Ils prolongent cette attitude en se posant comme des observateurs détachés, enclins à la théorie, et finissent par se retrancher plus encore du monde social. Roberto m'expliquait ainsi en décembre 1998 :

«Le meilleur endroit pour étudier ce qui se passe actuellement à Cuba, ce sont les parcs. Là, on trouve des gens d'un certain âge, qui se retrouvent complètement marginalisés, et ils représentent le Cuba d'aujourd'hui, cette marginalisation qui frappe tout le monde. Attention, ce n'est pas la même chose que l'auto-marginalisation, qui a toujours existé et qui vient d'ailleurs, de personnes qui n'ont pas voulu travailler, qui n'ont pas eu d'éducation stable, de stabilité familiale [...]. La jeunesse cubaine est la plus saine du monde, la prostitution qui a explosé dans les années 1990 découle directement des problèmes économiques, elle n'est pas un goût pour la marginalité [...]. La jeunesse ici, et comme nulle part ailleurs dans le monde, utilise des signes comme marques de protestation. Dans les années 1970, il y avait les *hippies* dans le monde. Ici, les gens qui avaient les cheveux longs, ne se rasaient pas, étaient sales, mangeaient avec les mains... [...] Ceux-là n'étaient pas *hippies* mais exprimaient de cette façon leur protestation.»

Roberto, assurant lors de cette même conversation que «l'on ne peut pas faire de *négoce* à Cuba», s'aventurait alors dans une réflexion historique et philosophique :

«En Union Soviétique, les étrangers investissaient en roubles, et payaient leurs impôts en roubles, donc certains convertissaient petit à petit leurs roubles en dollars, et ils ont fait fortune. Ici, c'est impossible, nous payons les impôts en dollars, et nous achetons presque tout en dollars [...]. Le communisme, avec tout le monde à égalité, ce n'est pas possible [...]. C'est Napoléon qui a mis à terre le féodalisme, et qui a permis l'émergence du commerce, de la petite entreprise [...]. Martí aussi était pour cette société de petits marchands.»

Marta et Roberto se lancent souvent dans des monologues qui s'apparentent à de véritables cours, ponctués de références philosophiques, économiques et historiques, comme lorsque Marta, à la même époque, tirait le bilan de l'expérience révolutionnaire :

«Cuba a perdu 40 ans. Tout ce qui existait comme petits commerces, conserveries, etc., n'existe plus ici. Voltaire et Rousseau avaient montré que la prospérité et le développement d'une société reposaient sur les petits propriétaires, alors pourquoi revenir en arrière et étouffer cela alors que le bateau n'en finit pas de couler ? [...] C'est ce qu'avait compris Mitterrand [...].

On dit que le système d'éducation et de santé est un succès mais les hôpitaux sont délabrés, les écoles ne disposent plus du matériel nécessaire, et pire encore, tous les *professionnels* se reconvertissent maintenant dans le tourisme. Et qu'est-ce qui va advenir du système mis en place ? Maintenant les professeurs qu'ils recrutent ont un niveau de plus en plus bas parce que les professionnels partent vers le tourisme. L'alimentation, c'est le pire de tout, trouver à manger justifie tout et en plus avec l'obligation de ne pas exprimer ça publiquement, en ayant le devoir de toujours dire que le système est le meilleur du monde, en se conformant à la vérité, à la pensée d'un seul homme. Des médecins sont anémiques, des professeurs, des infirmières se prostituent, n'ont rien. Nous avons lutté, volontairement, pour ce système, mais c'est un échec. Le développement social, moral et intellectuel est venu beaucoup plus vite que le développement économique. Le système a donné à tout le monde l'opportunité de faire des études [...] mais d'ailleurs, ce niveau intellectuel, cette conscience qui vient du fait que Cuba a toujours connu une mainmise, un esclavage, une colonisation, viennent d'avant la Révolution.»

Et Roberto d'ajouter:

«L'échec de la Révolution, c'est la lutte pour une pensée unique, pour la folie d'un homme, et on ne peut pas empêcher les gens d'avoir leurs propres pensées et opinions.»

Tous ces discours sont tenus à l'intérieur de la maison et jamais devant Yaskra. Ils parlent librement devant les deux couples d'amis que j'ai vus chez eux à quelques occasions (d'anciens professeurs ainsi qu'un médecin et une infirmière), mais un jour de 1998 où j'étais arrivé chez les Ochoa alors qu'ils conversaient devant leur porte avec un voisin évoquant «l'amélioration des conditions de vie de la population ces dernières années», Roberto avait conclu le dialogue en disant: «Nous sommes dans un processus de lutte.»

À partir de 2002, Roberto et Marta ont commencé à avoir de plus en plus de mal à louer des chambres et se sont vus contraints à de nombreuses reprises de solliciter l'aide de leur fils pour payer leurs impôts. À force de restreindre au minimum leurs contacts avec le monde extérieur, les Ochoa étaient «à la traîne» (*atrás del palo*), selon l'expression de Yaskra, et n'avaient plus la vivacité nécessaire pour déjouer les embûches ou réagir. En octobre 2002, deux inspecteurs de la *Vivienda* avaient fini par venir chez Maira, où j'habitais, pour me signaler que ma présence dans son appartement était illégale. J'avais soutenu que je ne payais pas de loyer, car j'étais le frère de la fiancée du frère de Maira, tout en suggérant que nous discutions en présence de Maira pour «voir comment résoudre la situation». Les inspecteurs avaient accepté de revenir le lendemain et m'avaient dit qu'ils prendraient une décision à ce moment-là. Ce délai représentait déjà une entorse aux procédures et laissait entrapercevoir la possibilité d'un arrangement. Maira était paniquée et, persuadée que les inspecteurs avaient été envoyés par la présidente du CDR de la *cuadra*, elle jurait que si elle «perdait la maison» elle «trainerait cette Noire par les cheveux sur toute la rue». Yaskra, mise au courant par Maira, insistait auprès de nous pour que nous la laissions parler aux inspecteurs, afin de parer au maximum à leurs exigences financières. Marta ne voulait pas de la présence de Yaskra et se préparait à «faire front», seule.

Le lendemain, elle prit la parole et tenta d'impressionner les inspecteurs en revenant sur ses faits d'armes «au service de la Révolution». Elle déclara d'emblée: «La personne qui se trouve devant vous a transporté des armes dans la *Sierra* au péril de sa vie, a vu des camarades torturés et assassinés par les sbires de Batista», ce à quoi les inspecteurs rétorquèrent: «Bien, nous sommes donc entre révolutionnaires, nous sommes de la *Jeunesse*», avant de sortir leur carte de membre de leur poche de chemise. Marta surenchérit en précisant que «[son] mari qui est décédé aujourd'hui était commandant de la Révolution», ce qui n'impressionna guère les inspecteurs, dont l'un fit remarquer que, «le titre de commandant [ayant] été attribué à tellement de gens, cela ne [voulait] rien dire aujourd'hui». Marta s'époumona tant qu'elle put, mais elle se trompait de registre. S'ils se trouvaient effectivement sous la surveillance de la présidente du CDR, qui était par ailleurs membre du Ministère de l'Intérieur, il n'est pas certain que les inspecteurs eussent proposé un arrangement financier, mais la langue de bois (*teke*) de Marta a dû leur faire craindre qu'elle ne les dénonce ensuite s'ils l'acceptaient, en même temps qu'elle a fermé la porte à des questions «innocentes». Il eût par exemple été possible de demander s'il existait un moyen de «légaliser la situation».

Lorsqu'il était déjà trop tard, je pris la parole et affirmai aux inspecteurs que nous étions de bonne foi, que, même si cela semblait un mensonge, je ne payais pas de loyer et que nous croyions tous qu'en tant que membre de la famille par alliance j'étais en droit de loger dans cet appartement. Les inspecteurs rétorquèrent qu'il y avait déjà eu une dénonciation en 2000 – époque où une étudiante colombienne vivait dans l'appartement avec son bébé et Maira. Celle-ci leur répondit qu'il s'agissait sûrement d'un acte de malveillance des voisins du dessous, puisqu'une fuite au niveau de sa tuyauterie occasionnait régulièrement chez eux un dégât des eaux, que la *Vivienda*, malgré ses requêtes, n'avait rien fait pour la réparer et qu'elle-même n'avait pas les moyens de financer les travaux. Je leur expliquai alors que, comme le leur avait dit Marta, Maira était fragile, souffrait d'une maladie mentale, ne touchait aucune pension à ce titre, ne possédait rien d'autre que cet appartement, que je leur saurais gré de leur clémence et que je m'engageais à quitter les lieux sur-le-champ. Les inspecteurs acceptèrent de ne pas prendre de sanction, mais je déménageai dès le lendemain.

Marta s'en remettait en général au sens des affaires de Roberto et observait avec de plus en plus d'angoisse «l'état de catastrophe du pays». Un après-midi du début de l'année 2003, fixant du regard les paquets que Yaskra lui avait ramenés de la *bodega*, elle avait fait le commentaire suivant : « Le sel ne sale plus... et le sucre n'adoucit plus. » Elle refusait systématiquement aux fumigateurs l'accès à sa maison, car le composant chimique qui agit contre les moustiques *aedes aegypti*, le DDT-2, est selon elle hautement toxique pour les humains. Lorsque je l'ai vue pour la dernière fois, en février 2003, elle m'a solennellement demandé de diffuser son témoignage à l'étranger : elle affirmait que son premier mari ne s'était pas suicidé comme le prétendait la version officielle, mais qu'il avait été assassiné. Elle avait ajouté qu'elle était « prête à faire face à toutes les conséquences », car elle se devait d'« assumer son devoir de martienne [disciple de Martí] ».

Lorsqu'il recevait des touristes, Roberto n'hésitait plus à leur expliquer que les cigares vendus dans la rue étaient toujours des contrefaçons et qu'il connaissait quelqu'un qui travaillait « à la fabrique » si jamais ils en cherchaient. Il achetait à 20 dollars des boîtes de *Cohiba Espléndidos* à un *jinetero* qui lui avait rabattu des touristes en plusieurs occasions et les revendait à 50 dollars en moyenne. Il « chassait » aussi les commissions lorsque ses hôtes se rendaient ensuite à Varadero, à Cienfuegos, à Trinidad ou à Viñales, où il avait établi le contact avec des loueurs depuis plusieurs années. Finalement, en 2005, les Ochoa décidèrent de rendre leur licence et de se risquer à louer illégalement puisque, selon les mots de Roberto, « tout appartient à *Papa*, quoi que nous fassions ». Depuis plusieurs années, ils parviennent à maintenir leur niveau de vie et se sont même rendus en Europe pendant six mois en 2008, aux frais de leur fils. Leur « négoce indépendant » était une réponse à la « marginalisation » et à l'« absurdité du système », mais un repli serein sur leur foyer était tout simplement impossible, d'autant que la cohabitation avec Maira a fini par devenir intenable. Celle-ci a emménagé chez elle à plein-temps à la fin de l'année 2006 et s'est distanciée de sa mère et de son beau-père, qu'elle ne voit plus que très rarement.

La spirale de la maladie et l'immobilité du temps

Déjà, en 1998, j'avais assisté à une dispute entre Maira, qui disait que, «de toute façon, [elle ne faisait] rien de ses journées», et Marta, qui lui avait rétorqué: «Heureusement pour toi que tu as des gens qui luttent (*gente luchadora*) autour de toi.» À cette époque, Maira passait le plus clair de son temps à dormir ou à regarder les *telenovelas* qui rythmaient les programmes de la télévision cubaine. Elle trouvait sa vie «triste et vide» et revenait souvent sur les malheurs de son existence – le suicide de son père, sa maladie, l'ablation de l'utérus qu'elle avait dû subir, ses «échecs» sentimentaux, sa mésentente avec sa mère et son beau-père – comme sur son poids qui était devenu un complexe (mesurant 1,60 m, elle pesait 90 kg en 1998, avait perdu une vingtaine de kilos entre 2005 et 2006, mais en a regagné plus de 30 par la suite). Maira se disait également «apolitique», ce à quoi Roberto répondait que «personne n'est apolitique à Cuba». Malgré tout, elle répétait que «la seule chose qui [lui importait] était de pouvoir bien manger et de pouvoir fumer autant qu'[elle le désirait]».

J'ai bien connu Maira lorsque j'habitais chez elle et nous avons régulièrement correspondu par courrier électronique grâce à son amie d'enfance, dont la mère possède une adresse de messagerie du Ministère de la Culture (cubarte.cult.cu)[57]. Elle m'a souvent écrit que j'étais «son meilleur ami de sexe masculin», c'est-à-dire le seul avec qui elle n'ait jamais eu de «relations amoureuses ou sexuelles». Elle m'a souvent expliqué aussi qu'il y a plus de doigts qu'il n'en faut dans une seule main pour compter le nombre de ses amis. Je reçois la plupart du temps des courriers électroniques directs de Maira, mais il arrive aussi que son amie ou, beaucoup plus rarement, la sœur de celle-ci m'écrivent pour me transmettre des messages téléphoniques ou me donner des nouvelles. À ces messages et commérages croisés s'ajoutent les quelques lettres de Yaskra et les commentaires et ragots d'autres amis havanais ayant reçu, par l'intermédiaire d'un visiteur, de l'argent ou une lettre à remettre de ma part à Maira. Cet ensemble offre une idée saisissante de la dérive de Maira, dont les attaches sociales et affectives s'effritent et se recomposent au gré des cycles de crise, de dépression et d'espoir qui se succèdent. Hormis le vieillissement physique, Maira ne semble pas percevoir le déroulement de sa vie de façon chronologique : plusieurs structures temporelles se chevauchent et se confondent en permanence.

En juillet 2007, en réponse à un courrier électronique dans lequel je lui disais, sans donner de détails, qu'un ami de son demi-frère m'avait donné de ses nouvelles, il semble qu'elle ait intuitivement compris que celui-ci m'avait rapporté qu'«elle [était] toujours aussi folle» :

«Tu ne connais rien de mon passé : à une époque, quand ma grand-mère paternelle était encore vivante, j'étais une fille qui allait bien, très intelligente, et qui faisait beaucoup de choses très bien, ce qu'on me reconnaissait d'ailleurs, mais tout a changé quand elle est morte [peu de temps avant que son propre père ne se suicide]. Marta, Roberto et ce système m'ont détruite. Un détail : grâce aux résultats que j'avais obtenus dans mes expériences de laboratoire de biochimie, j'ai obtenu à une époque un poste dans le laboratoire pharmaceutique le plus avancé du pays, et j'avais d'autres activités grâce auxquelles, économiquement, j'étais à l'aise. J'ai toujours donné la priorité à la nourriture que je veillais à apporter chez Marta, et j'ai toujours pris soin de mon demi-frère. Quand j'ai craqué (*solté los hígados*), et que je n'avais plus la possibilité de gagner de l'argent, ils ont commencé à s'acharner contre moi.»

Dans une lettre ramenée en novembre 2005 – au moment où avait été décrétée la hausse des tarifs de l'électricité – par une amie qui s'était rendue à La Havane, Maira écrivait :

«Quand ils s'acharnent vraiment contre moi, je vais chez une amie... Imagine-toi qu'ils sont allés jusqu'à me couper la lumière du salon parce que je m'y asseyais pour lire, mais bon, ce sont les bœufs avec lesquels je dois labourer, il semble que je sois destinée à vivre dans la violence, puisque même quand j'allais vivre seule chez moi, et que je ne la [Marta] dérangeais pas le moins du monde, elle venait avec la police et ils m'enfermaient[58] dans le pire des hôpitaux psychiatriques, Mazorra, c'est ce qui venait de se passer la dernière fois au moment où tu es arrivé [décembre 2001, mais en réalité elle avait été internée d'août 2000 à février 2001], quand ma maman m'avait fait retenir pendant six mois à Mazorra, et que je me sentais totalement écrasée, enfin voilà Vincent, elle s'accomplit en ruinant ma joie de vivre, tout ce qu'ils voient qui me fait plaisir, ils me l'enlèvent, le téléviseur, la musique, tout.

Bon Vincent excuse-moi si aujourd'hui j'évacue beaucoup sur toi, mais je vis un de ces jours tristes et j'ai besoin au moins d'écrire cela.»

J'ai connu par hasard à Paris un Cubain qui avait obtenu l'asile politique en France en 1983 et qui se trouvait être le voisin de la grand-mère paternelle de Maira dans les années 1950-1960 :

«Quand le papa de Maira s'est suicidé à son domicile en février 1972 [...], Maira était effectivement dans la maison. Il était marié et sa femme avait mis au monde une petite fille quelques semaines auparavant. Leur mariage était en sérieuse difficulté [...]. Cela, logiquement, le poussa encore davantage au suicide [...]. Mais apparemment, tous les Hernández sont un peu fous. Déséquilibrés [...]. C'est très probable que la schizophrénie de Maira vienne du "gène Hernández".»

Yaskra aussi m'avait dit plusieurs fois à Cuba que «le papa de Maira était complètement détraqué», mais que Marta l'était aussi, au même titre que Roberto et leur fils, capables «soudainement [...] de piquer des colères terrifiantes». Selon Yaskra, c'est néanmoins lorsque Maira s'isole chez elle qu'elle est le plus exposée à «des crises», car «elle n'a rien à manger» et «la faim finit par l'obséder». Le manque de nourriture, à partir de 1990, autant que les longues périodes d'internement durant lesquelles les repas étaient réduits à des portions infimes, parce que le personnel de l'hôpital faisait main basse sur la nourriture, ont profondément marqué Maira, si bien que l'obsession du prochain repas est permanente chez elle.

Maira a été internée à de nombreuses reprises à Mazorra durant les 25 dernières années. En 2000, les électrochocs qu'elle a subis ont provoqué des fêlures sur toutes ses dents. En 2003, elle a fait une tentative de suicide aux médicaments et a passé plusieurs jours dans le coma. En 2008 et en 2009, elle a de nouveau été internée, sur injonction de sa mère. Malgré tout, le médicament (Xipresa) qui lui est prescrit depuis une dizaine d'années «maintient [ses] nerfs sous contrôle», d'après ses propres dires. Dans un courrier électronique envoyé le 29 décembre 2007, une de ses amies d'enfance m'écrivait que sa propre cousine ramenait du Xipresa des États-Unis, où elle se rendait régulièrement, permettant ainsi à Maira de ne presque jamais en manquer, car son psychiatre-consultant n'était pas toujours approvisionné. Cette même amie considérait que le Xipresa «maintient [Maira] sous contrôle [et lui permet d'être] active et utile». Malgré tout, elle rechute de façon cyclique lorsque des chocs affectifs et économiques ou des désagréments avec son entourage s'ajoutent à ce que le psychiatre qui la suit appelle «son terrain dépressif et schizoïde».

À l'été 2000, j'étais arrivé à l'improviste à La Havane et j'avais sonné chez Maira. Elle avait ouvert la lucarne de sa porte et m'avait dit: «Qu'est-ce que tu veux?» Surpris, je lui avais répondu: «C'est moi, c'est Vincent», et elle avait donné des coups de poing sur sa porte en hurlant: «Je sais qui est Vincent, tu n'es pas Vincent! Tu n'es pas Vincent!» J'avais dû partir et j'avais appris ensuite par Patricia, la belle-sœur de Roberto, que Maira avait été internée à Mazorra. Lorsque j'avais revu Maira à la fin de l'année 2001, elle m'avait dit ne pas se rappeler de cet épisode mais avait ajouté que je devais comprendre qu'à l'époque «il y avait un type à peu près de [mon] âge qui venait [l']emmerder et sonnait chez [elle] à toute heure du jour et de la nuit». Le thème des individus qui viennent la tourmenter en sonnant à sa porte réapparaît périodiquement dans les récits de Maira et se mêle aux disputes avec Yaskra ou sa mère et à sa désorientation au sein de la société.

En janvier 2002, je m'étais rendu avec elle au service de l'immigration, situé à l'époque dans le quartier de *Miramar*, pour acheter des timbres fiscaux en vue d'obtenir un visa de type «visite familiale», grâce auquel j'aurais pu résider légalement dans son appartement. Marta s'était renseignée et avait convaincu sa fille que c'était le seul moyen de régulariser notre situation. Dans la rue, un militaire nous avait demandé depuis sa guérite quelle était notre requête. Alors que nous nous apprêtions à nous diriger vers le bureau qui s'occupait de ces questions, il avait discrètement sorti une chemise contenant des timbres fiscaux et m'avait demandé ce dont j'avais besoin. Il me fallait un timbre d'une valeur de 100 dollars, et le militaire me dit: «Bon, donne-moi les 100 dollars.» Je lui répondis poliment que je pouvais lui donner 50 dollars. Maira me prit à l'écart et me dit à voix basse: «Mais tu es fou! C'est un militaire, en vert-olive, tu ne peux pas marchander le prix avec un militaire!» Cinq minutes plus tard, délestés de 50 dollars mais en possession d'un timbre fiscal qui en valait 100, nous entrâmes dans un bureau où un fonctionnaire nous écouta lui expliquer que j'étais le frère de la fiancée du frère de Maira et que nous venions nous enquérir de la possibilité d'obtenir un visa de «visite familiale», ce à quoi il répondit que c'était impossible, parce que le degré de parenté n'était pas assez proche. Là encore, Maira n'avait pas le savoir-faire pour suggérer la possibilité d'un arrangement à un fonctionnaire sur le qui-vive, alors qu'à l'inverse elle ne s'était pas rendu compte que le militaire assis dans la guérite se livrait ostensiblement à un négoce dont l'État n'était pas le bénéficiaire.

Marta a bataillé pendant des années «avec les bureaucrates» pour que sa fille obtienne une pension d'invalidité et a même écrit à Raúl Castro en personne après que le «service d'attention au peuple» a opposé une fin de non-recevoir à sa requête. En 2006, Marta a fini par obtenir pour sa fille une pension de 190 pesos versée chaque mois par l'Assistance Sociale.

Défiance et préjugés

La candeur et l'apathie de Maira se mêlaient cependant à une forme de défiance: non seulement elle ne participait à aucune activité révolutionnaire, mais elle ne payait même pas sa «cotisation au CDR», somme dérisoire (25 centimes de peso cubain par mois) dont s'acquitte la quasi-totalité de la population afin de «donner le change» politiquement (au nombre des cotisations s'ajoutent celle de 4,95 pesos à l'année pour la *Milicia de Tropas*

Territoriales et, pour les affiliés, celle de 12 pesos à l'année pour la Confédération des Travailleurs de Cuba). Yaskra insistait souvent auprès d'elle pour qu'elle le fît, lui expliquant que selon l'expression consacrée « il [fallait] bien se laver », mais Maira lui répondait invariablement « qu'[elle ne voyait] pas en quoi [elle devait] se sentir redevable envers la Révolution ». « Que Fidel meure, maintenant! », avait-elle ajouté un jour, ce qui avait provoqué une réaction de panique chez Yaskra : « Non, surtout pas, ceux qui viennent derrière lui sont des fils de pute! »

Fidel Castro, « sur proposition » de l'Assemblée Nationale du Pouvoir Populaire, avait organisé en juin 2002 une réforme de la constitution proclamant le « caractère socialiste irrévocable » de l'État. Elle fut adoptée à l'unanimité par les députés au cours d'un vote oral individuel, et par près de 9 millions de citoyens appelés à apposer leurs noms, prénoms et numéros de carnet d'identité sur le registre du CDR auquel ils appartenaient. Maira ne s'était pas déplacée alors que, plusieurs jours durant, la présidente du CDR de sa *cuadra* était assise à une table au coin de la rue et faisait le compte des signatures qui manquaient. En septembre de la même année, pour l'élection des délégués du pouvoir populaire aux niveaux municipal et provincial, Maira ne s'était pas déplacée non plus et la visite des inspecteurs de la *Vivienda*, à la suite de laquelle je fus délogé et qui lui fit perdre son revenu, fut de toute évidence la conséquence de sa « mauvaise volonté ».

En sus de son « tempérament impulsif » et de son manque d'aptitude à « lutter », Maira a elle aussi l'impression que le tissu social est en lambeaux. Elle est particulièrement sensible aux ragots qui circulent à propos de ses voisins et, plus encore, aux rumeurs qui font état de crimes atroces et font écho à ses hallucinations. En 1998, elle m'avait rapporté avec effroi une rumeur qui circulait à La Havane :

«À Marianao [quartier de mauvaise réputation selon la plupart des gens qui n'y habitent pas], l'autre soir, il y a un homme et une femme qui sortaient de chez eux pour aller au cinéma, quand la femme, qui était enceinte, s'est aperçue qu'elle avait oublié quelque chose dans la maison. Elle a dit à son mari de l'attendre, mais quand elle est rentrée chez elle, il y avait des gens à l'intérieur qui étaient en train de cambrioler. Vincent, ils l'ont battue, après, ils lui ont ouvert le ventre avec un couteau et ils lui ont sorti l'utérus! Après, ils lui ont découpé le nez, et puis ils l'ont violée. Il parait que c'étaient des drogués, des fumeurs de crack.»

À la même époque, elle m'avait raconté une histoire dont elle était elle-même la victime:

«Une fois, je marchais le soir près du *Malecón* [front de mer] et un passant m'a demandé du feu. Quand je lui ai tendu le briquet, il m'a donné un coup de poing dans le nez, comme ça, sans raison, et il est parti.»

Elle donne à l'insécurité le visage des «*jineteras* et *jineteros*», des «voleurs», de «*Centro Havana*», de «la Vieille Havane» et surtout des «Noirs». En 1998, elle m'avait dit: «Délinquant, voleur, Noir, c'est le même mot.» Yaskra fait aussi l'objet de son racisme mais en fixe un autre registre, le déni d'égalité. Maira fume beaucoup et crache la fumée au visage des gens sans s'en rendre compte. Yaskra, qui ne fume pas, s'en irrite régulièrement en haussant la voix et Maira lui dit: «Dis-donc *Negra*, tu as perdu le sens du respect, tu ne faisais pas ça avant.» Dans une lettre de novembre 2005, Maira m'écrivait qu'elle et Yaskra «s'étaient éloignées»:

«La dernière fois je l'ai invitée au García Lorca [un théâtre] avec son mari et elle m'a rendu l'argent avec les billets d'entrée. Qu'est-ce que tu veux, Vincent, les Noirs sont très complexés, et "s'ils ne te jouent pas un mauvais tour

179

à l'entrée, ils te le jouent à la sortie" (*si no lo hacen a la entrada, lo hacen a la salida* [dicton cubain]).»

Dans un courrier électronique de septembre 2006, Maira m'écrivait encore :

«J'ai rompu radicalement avec Yaskra, parce qu'elle voulait me caser avec un Noir, un *bodeguero* ami à elle, et quand je lui ai dit qu'elle m'ennuyait avec ça, elle est allée jusqu'à m'appeler chez ma mère pour me menacer.»

Les reproches ou considérations racistes de Maira à l'encontre de Yaskra sont différents des litiges qui éclatent entre elles lorsque j'envoie de l'argent par un intermédiaire, et que le destinataire tarde à répartir les sommes revenant à chacun[59]. Fin 2007, Majá avait reçu de l'argent et je l'avais chargé d'en remettre une partie à Yaskra, qui devait ensuite donner sa part à Maira. Celle-ci m'écrit quelques jours plus tard :

«Yaskra dit que Majá lui a donné l'ordre de ne pas me remettre l'argent et elle me dit qu'elle ne va rien me donner. J'ai besoin que tu t'occupes de ça.»

Quelques jours après, c'était l'amie d'enfance de Maira, dont la mère était titulaire du compte de messagerie, qui me transmettait le même message, puis m'écrivait à nouveau, après que je lui eus répondu que je ne pouvais pas régler les problèmes à distance et que j'avais confiance en Majá quoi qu'il en fût. L'amie de Maira m'avait alors envoyé un très long courrier électronique dans lequel elle m'expliquait qu'elle ne connaissait ni Yaskra ni Majá, mais que Maira avait même appelé chez ce dernier et était tombée sur sa mère, qui lui avait assuré que son fils n'avait pas tenu les propos qui lui étaient prêtés. L'amie de Maira concluait ainsi :

«Yaskra ne lui a rien remis, au contraire, elle la tourmente à chaque instant en lui envoyant des types mal famés frapper à sa porte à toute heure de la nuit pour lui demander si elle loue son appartement. Maira n'en peut plus de cette situation et heureusement ses voisins ont pris son parti, du fait qu'elle est une femme seule et malade.»

Les crises et la grâce

Lorsque Maira porte de telles accusations ou qu'elle évoque les visites nocturnes, elle est généralement prise dans une spirale psychotique qui conduit sa mère à la faire interner à brève échéance. Dans les mois précédents, l'espoir qu'elle avait toujours nourri, sans trop se faire d'illusions, de parvenir à quitter le pays, était devenu une obsession. En juillet 2007, apprenant que j'habitais dorénavant aux États-Unis, elle m'avait écrit depuis une adresse électronique du service de messagerie octroyé aux médecins (infomed.sld.cu), à laquelle la petite sœur de son amie d'enfance avait temporairement accès[60]. Elle me demandait de mettre en ligne sur un site de rencontres américain, une petite annonce qui disait à peu près:

«Femmes cubaines de la race blanche, une de 45 ans, sans enfants, l'autre de 36 ans avec un enfant de trois ans, sensibles, cultivées, qui aiment le théâtre, le cinéma, la musique, savent cuisiner et faire le ménage, recherchent chacune un homme étranger, hors de Cuba, pour entretenir une relation, s'écrire et se rencontrer, voyager hors de Cuba. Hommes de la race blanche seulement, nous ne voulons pas de Noirs. Pas de Mulâtres non plus. Blancs seulement[61].»

En septembre 2007, Maira me demandait cette fois de l'aider à s'inscrire, avec la même amie, à la loterie de visas organisée par le Département d'État américain dans le cadre du *Special Cuban Migration Program*. Ouvert aux citoyens cubains âgés de 18 à

55 ans, ce programme, appelé dans l'île «*el bombo*» (la loterie),
a été mis en place dans le cadre des accords migratoires de septembre 1994 entre les gouvernements cubain et américain.

«J'aimerais émigrer aux États-Unis et donc je te supplie que tu trouves la
loterie internationale [...] et que tu m'y inscrives. Et aussi que tu m'envoies
toute l'information à ce sujet. J'ai une grande amie à Cuba, qui est seule
comme moi, mais qui a en plus un fils, son nom est ***, la propriétaire de
cette adresse électronique jusqu'à aujourd'hui, parce que son compte va être
fermé, et elle n'y aura plus accès parce qu'elle ne peut plus le payer. S'il
te plaît, toi qui as toujours été si humanitaire, je te supplie de nous aider
toutes les deux dans notre objectif d'émigrer définitivement là-bas. Envoie-
moi quelqu'un qui me remette toute l'information nécessaire [...] et s'il est
possible de remplir le dossier depuis là-bas, voici tous les renseignements
nécessaires [elle indiquait les noms, prénoms, adresses, numéros de documents d'identité, etc., des trois candidats].»

Peu après l'épisode du litige avec Yaskra, Maira a été internée à Mazorra pour une durée de deux mois, puis est brièvement revenue chez elle avant d'être de nouveau internée pendant une période plus longue. Dans un courrier électronique du
23 mars 2009, elle me disait:

«Un ouragan m'est passé dessus, j'ai été très mal, à tel point qu'ils m'ont
internée, mais je suis à nouveau dans la bataille.»

En réalité, elle a été de nouveau internée peu de temps après,
ce dont m'informait son amie dans un courrier électronique du
26 août 2009:

«La santé de Maira s'est grandement détériorée et sa mère l'a fait interner à

Mazorra. À sa sortie de l'hôpital, elle était un peu absente, à cause des médicaments qu'ils lui administraient, mais heureusement, il y a quelques jours, elle est retournée voir le médecin et il lui a prescrit à nouveau du Xipresa, qui la maintient sereine, cohérente, éveillée et motivée.»

Au terme de chaque période d'internement, Maira reprend sa vie normale, en essayant de ne pas sombrer dans la dépression et l'apathie totale, et reçoit le soutien des quelques «amis» qui «n'ont pas pris peur». Yaskra est d'ailleurs un repère stable de son existence et elle se «rabiboche» toujours avec elle lorsqu'elle sort d'un épisode psychotique. L'une comme l'autre s'aident mutuellement lorsqu'elles ont une entrée d'argent. Son demi-frère, depuis 2008, veille également à lui envoyer quelques dizaines de Cuc plusieurs fois dans l'année.

Un an après sa tentative de suicide en 2003, Maira a commencé malgré tout à trouver réconfort et espoir dans la lecture des Évangiles et s'est même peu à peu impliquée dans quelques activités «communautaires» de l'Église catholique, ce dont elle m'informait dans une série de messages électroniques envoyés en 2006:

«Je vais bien, grâce à Dieu, laisse-moi te raconter que je suis en train de lire la Bible, et que j'ai trouvé en elle une paix et un espoir que je n'avais jamais connus, je te le dis sincèrement, je suis une nouvelle personne, avec une nouvelle conception de la vie, ma vie est en train de prendre une tournure totalement différente.»

«Je suis devenue une catholique consacrée et je me prépare même à faire ma communion, c'est-à-dire que je vais à la catéchèse. Cela m'a appris à tout pardonner et à me pardonner moi-même et cela m'a donné une paix et une tolérance que je n'avais jamais eues, et en outre j'ai retrouvé l'espoir en l'être humain. Je me suis portée volontaire pour aller aider dans un foyer d'enfants paraplégiques et sans amour filial (*sin amparo filial*), dont s'occupent les religieuses, bien qu'il soit de l'État. J'attends qu'on m'emmène là-bas, vu que, comme tu sais, j'ai eu des problèmes nerveux et que je ne veux pas m'y rendre seule. Je pense que cette activité va beaucoup me récompenser.»

«J'apporte maintenant gratuitement de l'aide dans un foyer pour paraplégiques, c'est-à-dire des handicapés physiques, et j'ai trouvé beaucoup d'amour là-bas, et je continue aussi à l'Église catholique, et j'ai aussi trouvé beaucoup d'aide là-bas, c'est-à-dire que je crois que ma vie a commencé à s'améliorer spirituellement[62].»

Pendant toute cette période, elle précisait également qu'elle s'habillait dorénavant «à la mode» et prenait «soin de son look»; les photos qu'elle m'envoyait en témoignaient. Dans un courrier électronique du 24 mai 2007, elle me racontait qu'elle participait à l'Église aux réunions d'un «groupe de névrosés anonymes» (*neuróticos anónimos*) ainsi qu'à d'autres discussions «pour améliorer la philosophie de vivre» et que «pour le reste tout est pareil, ici rien ne change et, si ça change, c'est vers le pire». En juin, elle m'informait qu'elle déjeunait dorénavant tous les jours dans une «cantine communautaire» gérée par l'Église catholique et fréquentée surtout par des vieillards. C'est à partir de l'été qu'elle est entrée dans une spirale dépressive, qui s'est terminée par deux périodes d'internement successives. Entre les deux, elle m'a écrit le 31 mars 2008 un courrier électronique dans lequel elle revenait à nouveau sur la paix intérieure qu'elle avait trouvée au contact des fidèles de l'Église:

«Je valorise tout ce que j'ai, depuis la brise fraîche, l'eau, une personne généreuse, mon petit chat, bref, tout ce qui m'entoure.»

À son retour chez elle, Maira m'informait qu'elle vivait dorénavant «avec une négrillonne qui cherchait un logement et
qui en échange [lui donnait] un repas par jour et s'occup[ait]
des travaux de la maison». Quelque temps après, elle précisait
qu'elle y avait été contrainte car elle n'arrivait pas «à survivre
économiquement». En réponse à un courrier électronique dans
lequel, à la suite d'un autre litige autour d'un envoi d'argent, je
lui disais qu'elle n'avait pas confiance en Majá «par principe,
parce qu'il [était] noir», elle m'écrivait que «mes remontrances à
propos des Noirs» n'avaient pas lieu d'être puisque «maintenant
[elle vivait] avec une négrillonne avec laquelle [elle s'entendait]
plutôt bien». Mais, en avril 2011, la situation avait changé:

«Maintenant mon appartement est dans une situation trouble (*enmarañado*),
parce que j'avais ramené une négrillonnè qui me donnait un repas par jour,
mais je n'y trouvais pas mon compte, et depuis l'année dernière je lui dis
qu'il faut qu'elle s'en aille. La première fois que je le lui ai annoncé, la *negra*
s'est roulée par terre, et même si dorénavant elle ne dort plus ici, elle occupe
encore la chambre, qui est pleine de diableries et avec toutes ses affaires; je
suis en train de lui intenter un procès, avec une avocate, mais comme tout le
reste dans ce pays, ça n'avance pas.»

Maira a réussi par la suite à récupérer la totalité de son appartement et continue de «batailler». Après l'annonce à la fin de l'année 2010 d'une relance du «*cuentapropismo*» (les micro-activités
privées), elle a nourri l'espoir d'obtenir une licence l'autorisant à
louer une des chambres de son appartement, mais celle-ci lui a
été refusée du fait qu'elle perçoit une pension de l'assistance sociale. Elle continue de déjeuner, me dit-elle dans un courrier du
2 août 2011, à la «cantine communautaire»: «Beaucoup de croquettes, d'hamburgers de farine et, de temps en temps, un tout

petit bout de poulet ou des tout petits morceaux de viande de porc.» Elle restreint au maximum ses dépenses lorsqu'elle reçoit de l'argent. Sa santé reste précaire : elle est atteinte de bronchite chronique, souffre d'incontinence urinaire et «aucun des médicaments disponibles dans les pharmacies ne font effet». Elle a passé des semaines d'angoisse en attendant le résultat (négatif) d'un dépistage HIV que lui a prescrit le médecin. Dans un courrier électronique de janvier 2012, elle m'écrivait qu'un nouveau psychiatre lui avait «donné gratuitement un médicament homéopathique (Deprexil – une donation de l'Espagne)» et qu'elle dormait dorénavant sans somnifères, tout en continuant de prendre du Xipresa. En mars 2012, elle me disait au téléphone qu'elle «se cramponnait» et allait presque tous les jours à l'Église :

«Je suis malade, tout le monde est malade. J'ai dû arrêter il y a cinq ans de m'occuper des paraplégiques. Marta et Roberto aussi sont malades. Je ne pouvais pas suivre le catéchisme, j'étais malade, alors j'ai demandé au Père de me donner l'absolution, je suis en train de communier maintenant. Ma relation avec ma mère est très bonne maintenant, même si Roberto s'énerve toujours quand je lui rends visite ou que je l'appelle. J'aide une vieillarde du quartier, qui est atteinte d'un cancer... [...] Voilà Vincent, je suis comme le crabe, j'avance chaque fois davantage en arrière.»

Maira a succombé à une rupture d'anévrisme en septembre 2012.

Centro Habana

Avant la Révolution, le quartier de *Colón*, situé dans le municipe *Centro Habana*, était un des hauts lieux de la prostitution et sa réputation de quartier dangereux, à forte population noire, est demeurée la même au fil des années révolutionnaires – c'est un quartier dit «à problèmes» (*barrio problemático*)[63]. À l'intérieur des immeubles vétustes, de style baroque, néoclassique ou plus récent, des familles élargies s'entassent dans des d'appartements exigus. Les édifices se dégradent constamment depuis près de 60 ans et chaque ouragan majeur laisse son compte d'effondrements (*derrumbes*). *Centro Habana* et *Habana Vieja* souffrent plus que les autres quartiers des coupures de courant (*apagones*), dont la durée est indéterminée. Les ordures s'y amassent sur les trottoirs plus que dans les quartiers privilégiés du *Vedado* ou de *Miramar*.

Centro Habana abrite peu de «choyés du régime»: *pinchos* (membres des couches dirigeantes gravitant autour du parti

communiste), *mayimbes* (officiers des Forces Armées Révolutionnaires de rang intermédiaire ou supérieur), membres du
haut fonctionnariat, médecins et professeurs. Les habitants sont
plutôt des employés, des ouvriers, des petits commerçants (depuis qu'environ 200 « petits métiers » ont été légalisés au milieu
des années 1990) et, pour une grande part, des gens qui ne travaillent pas (sans emploi dans le secteur économique d'État).
La plupart des individus *luttent* au quotidien pour subvenir aux
besoins vitaux de leur famille, évoluant dans l'achat-vente de
produits au marché noir, s'engageant dans la conduite d'activités professionnelles sans licence, *inventant* trafics et intermédiations en tout genre. Dans le municipe de *Centro Habana*, et
plus particulièrement dans le quartier de *Colón*, les individus
ne s'engagent presque plus dans les activités révolutionnaires :
travail volontaire, assistance aux réunions du CDR, vigilance du
quartier. Plus qu'ailleurs, la légalité socialiste est systématiquement violée.

Juan et la « rue »

Les pratiques de « délinquant » de Juan, apprises d'une part à
travers sa culture familiale, et d'autre part à travers le groupe de
cohabitation avec lequel il a partagé son adolescence, le placent
dans une position avantageuse au sein de la société appauvrie
de la *période spéciale*. Né à Pinar del Rio en 1970, Juan Diaz a
un frère (né en 1966) et une sœur aînée (née en 1969), ainsi que
deux frères cadets, nés respectivement en 1972 et 1973. Il n'a pas
poursuivi sa scolarité au-delà du *noveno grado* (la troisième),
considérant « à 14 ans [que] les études qui [lui] étaient proposées
["technicien"] ne [le] mèneraient à rien, même si [ses] résultats
étaient excellents » :

«J'ai été élevé dans *la rue*, c'est là que se trouve la vie, et je me débrouille seul depuis l'âge de 14 ans, sans être un poids pour ma famille [...]. Je ne suis pas éduqué, mais contrairement à beaucoup de gens éduqués, j'ai du *tact*.»

Ses proches mettent unanimement en avant son intelligence et établissent volontiers un rapport entre cette caractéristique et ses problèmes nerveux. L'un de ses amis disait ainsi: «Quand il commence à analyser quelque chose, il s'obsède et devient fou.» Pour sa part, Juan s'est longtemps reconnu dans le diagnostic informel d'un psychologue: «Individu agressif, incapable de contrôler ses nerfs.»

Arrivés de Galice et des îles Canaries à la fin du XIXᵉ siècle, les ancêtres de Juan se sont établis dans l'ouest de Cuba, les uns travaillant comme ouvriers agricoles, les autres réussissant à ouvrir de petits commerces au fil des générations. Avant la Révolution, beaucoup étaient impliqués dans les jeux clandestins et les petits trafics; rares étaient ceux qui avaient poursuivi des études au-delà de l'école primaire. Dès les premières années de la Révolution, un de ses oncles, ingénieur, avait émigré à Miami. Le reste de la famille demeurait dans l'ouest de l'île et subsistait grâce à un petit commerce, dont la fermeture, conséquence de l'«offensive révolutionnaire» de 1968, réorienta les activités de son père et de ses oncles vers le trafic de produits agricoles et les jeux clandestins. La mère (née en 1951), à qui il arrive aussi de faire des ménages ou les commissions pour des personnes âgées, se consacre à l'éducation de ses enfants – dont aucun n'a étudié au-delà de la troisième, terme de la période de scolarisation obligatoire. Les hommes de la famille ont donc assuré la survie matérielle du foyer lorsque le père a été condamné à trois ans de prison pour vente d'essence au marché noir. Lorsqu'il a été libéré en 1978, il a décidé d'établir les siens à La Havane, considérant que les activités illicites y étaient moins risquées. En 1980, grâce à une *permuta* convenue avec une famille désireuse de quitter la capitale, les Diaz ont échangé leur appartement de cinq pièces à Pinar del Río contre une somme d'argent et un deux-pièces dans le quartier havanais de *Colón* :

«Imagine-toi les *guajiritos* [paysans] arrivant dans le quartier avec notre accent et nos faces de *guachos* [Blancs]. C'était bagarres et embrouilles (*broncas*) à chaque instant. Mes petits frères se battaient tout le temps [...]. Rapidement, on s'est fait notre place, rapidement on a noué amitié avec les gamins (*chamaquitos*) du quartier, dont certains avaient du *statut* : on les respectait parce qu'ils savaient se battre et parce qu'ils étaient balaises (*mostruo*) pour trouver de l'argent. Entre nous, il y avait du *respect*, de la rectitude, personne n'arnaquait personne : *business* de viande, de fringues, de quoi que ce soit, des trucs qu'on avait dépouillé ensemble à des mecs [...]. Dans l'ensemble, c'étaient les règles de l'*ambiente*[64] qui faisaient marcher les choses, avec le *tact* les problèmes étaient évités, mais attention, ça veut pas dire que tu pouvais faire confiance aux gens du quartier : si tu leur tournes le dos, ils te niquent (*te clavan*).»

La famille de Juan, composée d'une vingtaine de personnes réparties dans La Havane, est plutôt atypique dans la mesure où tous sont en désaccord profond avec le «système». En revanche, à l'instar de la quasi-totalité des familles cubaines, elle comprend des membres partis aux États-Unis ou des cousines à l'étranger – mariées avec des touristes rencontrés *au feu* (en se prostituant) sans que le «futur mari» en soit tout à fait conscient. La famille rapprochée de Juan (père et mère, frères cadets, nièces et neveux) partage le deux-pièces de *Colón*. Les deux aînés et leurs enfants vivent dans les quartiers périphériques [*los repartos*]. La famille fonctionne comme un cercle de solidarité, chacun apportant sa contribution à l'économie domestique.

Le père, né en 1928, joue quotidiennement aux cartes (rapportant çà et là 50 à 200 pesos cubains), recharge les briquets avec du gaz de cuisine à raison d'1 peso par opération et sert d'intermédiaire entre *guajiros* et citadins en revendant des produits de la campagne : du fromage, acheté à 12 pesos la livre, est revendu à 20 ; du lait en poudre, acheté à 15 pesos la livre, est revendu à 25... La sœur travaille dans une usine de conserveries et vole chaque jour quelques boîtes qu'elle revend au marché noir 10 à 12 pesos l'unité, en sus de son salaire, qui s'élevait avant 2005 à 180 pesos par mois. Son mari est barman dans un hôtel : outre les « amendes » (*multas*) infligées aux clients distraits[65], sa spécialité est la technique du « remplacement ». Celle-ci consiste à empocher l'argent payé par ses clients pour les boissons ou les cigarettes consommées ou achetées au bar et à remplacer discrètement tout ce qu'il a prélevé des stocks de l'hôtel par les bouteilles et les paquets de cigarettes qu'il amène lui-même et qu'il s'est procurés à un prix bien inférieur, dans une *tienda* ou au marché noir. Il est toujours volontaire lorsqu'aucun de ses collègues ne veut travailler, notamment les jours de tempêtes, et peut alors gagner jusqu'à 200 dollars en une journée.

Les frères ne travaillent pas et subsistent grâce à tous les trafics de produits comestibles, de matériaux de construction, de cigares ou de drogues[66]. Ils trafiquent autant avec les Cubains qu'avec les touristes. Le frère aîné, Ricardo, passé par la prison pour vol de camion, a connu un train de vie très soutenu en 1995-1996, époque durant laquelle sa compagne se prostituait dans l'un des plus grands cabarets de La Havane. Avant d'être arrêtée et placée en camp de rééducation au début de l'année 1996, elle ramenait en moyenne près de 1 500 dollars par mois. Ricardo se livre comme ses frères à tout type de trafic. Jusqu'au début des années 2000, il recevait en outre chaque trimestre 100 à 300 dollars de la mère de ses enfants, partie en 1993 épouser un quinquagénaire catalan rencontré à La Havane. Les deux frères cadets vont régulièrement *au feu*, prompts à proposer aux touristes qu'ils *pêchent* dans les rues l'arsenal de services sur lesquels ils touchent une commission (maisons particulières, *paladares*, taxis clandestins, drogue ou prostituée).

La *lucha* de Juan éclaire à bien des égards les processus sociaux et les logiques d'action qui sous-tendent l'expérience révolutionnaire de la *période spéciale*. Les pénuries ont installé la population dans une paupérisation généralisée, alors que la réautorisation partielle d'activités économiques privées, la dépénalisation de la possession de dollars et l'explosion du tourisme ont paradoxalement redéfini la *période spéciale* comme espace de ressources. Avant 1990, l'irrationalité de l'allocation des ressources et les pénuries récurrentes, conjuguées à des besoins et désirs de consommation différenciés, induisaient des domaines de coopération entre individus, familles et groupes sociaux. Ils incluaient des échanges de biens, de services et d'informations relatives à l'offre présente au sein des divers canaux de consommation. Mais ils pouvaient s'accommoder d'un ensemble de transgressions contenues dans une obtention mutuelle de bénéfices. Les vols et détournements de biens appartenant à l'État et les activités liées au marché noir restent le fait d'individus et de groupes aptes à capter des ressources au sein d'un espace économique cloisonné et impersonnel. C'est cette capacité d'intermédiation, cette connaissance des « arrangements » institutionnalisés et le contact avec les agents actifs de la « seconde économie », qui font de cette « culture de la rue », dont Juan est

emblématique, un capital biographique essentiel dans les stratégies économiques prévalant sous la *période spéciale.*

« Penser atomique », ou s'ingénier sans stratégie

Dans sa sociologie spontanée de la *période spéciale*, Juan se plaisait particulièrement à comparer les combines des *lutteurs* de
son quartier :

« Trouver un Cubain qui sait faire du *commerce*, c'est comme chercher de l'eau
dans le désert [...]. Plutôt que de maintenir un *business*, le Cubain va chercher
à faire un coup (*meterte una jugada*) et ce qu'il fait en réalité c'est jouer au
con (*comer mierda*). Il voit un *billet vert*, ça le rend fou, et il oublie qu'il vaut
mieux maintenir un *business* régulier et gagner plus à terme, que de faire un
seul bon coup. En plus, le défaut du Cubain, c'est qu'il croit qu'il a tout compris et qu'il est toujours plus intelligent. Regarde tous ces connards (*singados*)
qui viennent frimer (*especular*) en te racontant qu'ils ont arnaqué un type en
lui vendant des cigares pourris, alors que le type se cherche un fournisseur
fiable pour ensuite faire un gros *business* (*hacer tremendo negocio*) parce qu'il
a une tonne de clients (*una tonga de puntos*). [...] Ces gars-là sont à côté de la
plaque (*Estos chamacos están mareados*), surtout quand tu vois ce qu'ils font
de la tune (*guano*), tous ces *cochons* de fumeurs de crack (*camboleros*), ils font
plein de *business* de drogue, ils arnaquent les touristes, ils leur font *el cuchillo*
ou *la paladar* et parfois ils *font* 500, 1 000 ou 2 000 dollars. Et qu'est-ce qu'ils
font avec ? Ils s'achètent des *chaînes en or*, vont dépenser 30 dollars au *Floridita*
[un bar-restaurant onéreux de la Vieille Havane]... »

Le *chuchillo* et la *paladar* sont deux avatars des nombreuses
« arnaques sur le change » qui ont cours à Cuba. Jusqu'en novembre 2004, il existait trois monnaies en circulation : le dollar américain, le peso convertible (dit *chavito*), utilisable seulement à Cuba et qui valait un dollar américain, et le peso cubain.

Certains *jineteros*, remarquant que les «naïfs» (*puntos*) qu'ils ont abordés dans la rue viennent juste de poser le pied à Cuba, se lancent dans une grande explication politique, sociologique et économique de la dernière décennie révolutionnaire. Soulignant les disparités sociales, la dollarisation de la consommation et l'espoir de quitter le pays (nourri par l'essentiel de la population), ils expliquent que les *guajiros* autorisés à vendre leurs produits dans les marchés dit *agropecuarios* accumulent des sommes d'argent considérables. Étalant les palabres sur plusieurs heures, tout en guidant les touristes à travers La Havane, ils attendent le moment opportun pour préciser que ces *guajiros* cherchent à quitter le pays illégalement et que, comme le gouvernement change leurs pesos cubains en pesos convertibles et non en dollars, ces mêmes *guajiros* ont besoin de dollars et changent leurs pesos convertibles au taux de deux pour un dollar. Si le touriste est «accroché» (*enganchado*), les *jineteros* l'emmènent chez l'un de ces supposés *guajiros* (un complice) qui effectue le change avec des pesos cubains. Les dollars sont ensuite répartis entre les différents protagonistes.

Les escrocs les plus subtils attendent que les touristes proposent de boire un verre, que ces derniers se feront un honneur de payer, tout naturellement avec des dollars américains. Les *jineteros* sortiront alors en catastrophe un billet en pesos convertibles qu'ils tendront d'un éclair au serveur (parfois complice) tout en récupérant le billet vert qu'ils rendront au touriste. Ils lui demanderont en plaisantant s'il est le fils de Berlusconi (s'il s'agit d'un Italien), s'il est le fils de Rothschild (s'il s'agit d'un Français), s'il est le fils de Bill Gates (s'il s'agit d'un Américain), pour insinuer qu'il dépense inutilement de l'argent. Brouillant les repères géographiques des «pigeons» (*gil*) en intervertissant le nom des quartiers et des rues, ils les emmènent parfois dans des magasins flambant neuf et interpellent un employé (leur complice, impeccablement habillé) en lui demandant si son père (le supposé *guajiro*) «se trouve par ici». Le complice les emmène alors chez son «père» et les *gil*, n'ayant pas eu le temps de voir le billet avec lequel ont été payés les verres, ne se rendent pas compte que ce sont cette fois des pesos cubains qu'on leur donne.

Les *jineteros* disent souvent en plaisantant que «Fidel [les] aide», puisqu'il existe les anciens billets, sur lesquels on peut lire «convertible au taux fixé par le cours de l'or», et les nouveaux billets sur lesquels cette mention a été supprimée. Un touriste pris de doute sera souvent convaincu lorsqu'on lui montrera la différence entre les «pesos cubains» (les nouveaux billets) et les «pesos convertibles» (les anciens). Incapables dans la plupart des cas de se souvenir de l'endroit où ils ont été emmenés, les *yumas* n'auront de toute façon pas gain de cause puisque la Police Nationale Révolutionnaire ne considère pas cette pratique comme une *arnaque* ou un acte répréhensible par la loi : les deux parties ont procédé à un échange sur lequel elles se sont mises d'accord au préalable. Le délit n'est pas juridique mais moral. Les modalités du *cuchillo* ont nécessairement évolué une fois le dollar retiré de la circulation mais les *jineteros* ont rapidement trouvé une parade pour s'adapter à la nouvelle situation.

Quant à la *paladar*, elle consiste en ceci que des *jineteros*, ramenant des touristes dans des bars et cafétérias d'État où les boissons sont facturées en pesos cubains, conviennent avec les serveurs et gérants que ceux-ci fixent oralement à 3, 4 ou 5 dollars le prix d'un cocktail à base de rhum qui coûte 6 à 10 pesos cubains. Les gains sont ensuite répartis entre les protagonistes de la combine (*jugada*).

Juan observe au sein même de sa famille la tendance naturelle à laisser filer les «vraies» opportunités de négoce :

«Mon frère, avec les premiers *billets* que rapportait sa gonzesse (*jeva*), il voulait élever des porcs. Pff! Déjà, il a fallu que ce soit moi qui lui dise que ses petits *business* c'était de la merde, et qu'il devait se concentrer sur sa force: où qu'il aille, mon frère se trouve toujours une gonzesse. Alors il a convaincu sa gonzesse d'aller *au feu* et là, il est vraiment devenu un maquereau (*un chulo*) de *classe A*. Tous les jours, il l'attendait au café en face de la discothèque, il lui donnait 15 dollars pour soudoyer le portier [les Cubaines non accompagnées d'un étranger ne pouvaient pas entrer], 5 dollars pour s'acheter une bière et des règles à suivre: pas de relations homosexuelles ou à plusieurs, pas de drogués ou de mecs bourrés, une fois pas plus ou c'est 150 dollars, et elle doit être de retour avant 3 heures du matin. Si elle n'arrive pas à accrocher le *yuma*, qu'elle essaie de lui mettre une amende (*multa*).»

Le principe de la *multa* est simple: les *jineteras* demandent à l'homme de leur payer un verre, font mine d'aller l'acheter au bar avec l'argent qu'il a bien voulu leur remettre et disparaissent en réalité cinq minutes aux toilettes, empochant au passage les quelques billets. Cette pratique concerne tous les «standings» de prostitution, une «*jinetera* en tongs» (*jinetera chancletera*) pouvant tenter sa chance en demandant une boisson gazeuse en canette (*un refresco*) «pour [son] fils d'un an». La *multa* s'applique à des cas on ne peut plus divers: celui qui obtient de l'argent d'une personne à qui il a fait croire, par exemple, qu'il avait besoin d'acheter de l'insuline pour sa tante; celui qui demande et obtient une cigarette alors qu'il a un paquet dans sa poche; la caissière d'une *tienda* qui facture un article au-delà de son prix, etc.

«J'avais donc dit à mon frère d'oublier ses réflexes de *guajiro* avec les porcs et d'investir dans son *statut* et son *business*: des habits pour la gonzesse et pour lui, que les autres *chulos* le respectent plus [...]. Tout ça marchait bien, mais ils ont resserré le jeu et il a paumé la gonzesse (*apretaron la jugada* et *se perdió la jeva*). [...] *"Sème, et tu récolteras ensuite"*, c'est mon idée et je t'assure qu'ici il faut *penser atomique* [penser en grand] pour s'en sortir (*desenvolverse*).»

Déjà, à l'adolescence, Juan était engagé dans diverses intermédiations au sein des espaces économiques cloisonnés du secteur étatique. Il connaissait des administrateurs de *bodega* (au sens large, tous les points de vente des biens distribués par le carnet de rationnement), des employés qui volaient des biens sur leur lieu de travail et des trafiquants en tout genre. Avec la *période spéciale*, il entre dans tous les «*business* (*negocios*) et inventions (*inventos*) dont [il] juge les risques acceptables».

Il sait capter des ressources au sein des circuits économiques officiels. Quel que soit le bien produit par une usine ou récolté par un agriculteur et destiné aux *bodegas*, le gérant de l'usine ou de l'entreprise chargée de distribuer les denrées agricoles donne au livreur un surplus, qui est vendu à l'administrateur de la *bodega*. Le bénéfice de la vente est ensuite partagé entre le gérant de l'usine, le livreur et d'autres employés[67]. Ensuite, l'administrateur de la *bodega* vend son surplus au marché noir à un prix plus élevé que celui pratiqué officiellement (*a sobreprecio*) :

«Avec l'administrateur de la *bodega*, on *coupait* (*bautizar*) le lait avec de l'eau, et on faisait 5 pesos par litre de lait vendu [...]. Sinon, quand ça vaut la peine, je lui achète ses surplus de fruits de mer, de riz, de haricots noirs, et je revends ça avec quelques pesos de bénéfices à mes clients (*puntos*)[68]. [...]

Je connais tout un tas de gens qui travaillent dans des usines et volent des choses : de la peinture, du carrelage, du bois... La peinture par exemple, le type me vend le pot à 10 dollars et je le revends à 14 [...]. Les tapissiers cherchent tout le temps du tissu, au funérarium, les employés récupèrent le tissu dans lequel ils ont enveloppé les morts et le revendent : 1, 2, 3 dollars, ça dépend, surtout quand ils n'hésitent pas à t'en proposer un qui a des taches de sang [...]. J'achète du café en grain si un *guajiro* pointe son nez, une fois j'ai acheté 20 livres à 300 pesos, j'ai rajouté 10 livres de pois (*chícharos*) quand je l'ai torréfié, et après j'ai revendu la livre à 25 pesos [...]. La viande de bœuf, c'est très risqué, parce que s'ils t'attrapent avec ça, ça craint (*es candela*). Tu vas en prison pour plusieurs années, sauf si tu as la chance de pouvoir corrompre tout de suite la police.»

Exploitant ses talents manuels et sa facilité à se procurer du bois (au prix très variable), Juan fabrique aussi de temps à autre des étagères. Cette activité lui permet de «prendre l'air», c'est-à-dire de se tenir à l'écart du péril de «la rue». Entre 1997 et 2002, il en a vendu une quinzaine, gagnant 40 à 70 dollars par unité, pour environ quatre jours de travail. Il n'est pourtant guère évident de trouver une «niche», non seulement car elles font l'objet d'une âpre compétition mais aussi parce qu'il est presque impossible de les conserver à moyen terme :

«Un des meilleurs *business* de ma vie, c'est quand j'étais vendeur (*dependiente*) dans une entreprise de construction. C'était un copain qui travaillait là-bas qui m'avait dit qu'ils cherchaient quelqu'un. J'ai vu le gérant et je lui ai donné 100 dollars pour qu'il me choisisse [...]. C'est lui qui m'avait dit que "si ça ne tenait qu'à lui, il me donnait le poste, mais le chef...", alors je lui ai dit que si j'avais le travail, je lui serais très reconnaissant et que je lui ferais un cadeau, donc là il a dit "combien tu peux payer?" et on est tombés d'accord sur 100 [...]. Avec le livreur, on livrait les sacs de plâtre que nous donnait le gérant, on en livrait un pour l'État, on en vendait un pour nous, à 20 dollars à des particuliers. On était censés en livrer par exemple 120 comme c'était écrit, mais le gérant nous en vendait 100 en plus. Je donnais 20 dollars de temps en temps au gérant, pour conserver l'amitié, et je me montrais généreux avec les gens qui cherchaient des problèmes [...]. Celui qui surveillait l'usine, il a commencé à dire qu'il y avait des activités illicites (*negocio por la izquierda*). Avec mon ami, on l'a invité un soir à sortir, avec la voiture que j'avais pu m'acheter grâce au plâtre, une *Lada* à 2 000 dollars. On lui a payé des coups, on lui a trouvé une pute. En deux secondes, j'étais son ami, il me prenait par l'épaule et il ne m'a jamais fait d'ennui [...]. De temps en temps, on avait des réunions de travail, c'était le théâtre, à qui en ferait le plus "et il faut améliorer la productivité, et la tâche que la révolution nous a confiée"... Il y en avait qui vraiment en faisaient trop, et le gérant était vraiment un cochon et un lâche (*un penco*). Il a commencé à avoir peur, même si de toute façon, l'inspecteur fermait les yeux sur les sacs de plâtre manquants [*faltantes* – une rubrique de la comptabilité interne des entreprises] et sur les *inventions* du gérant. Il prenait ses dollars et sûrement quelques sacs en plus aussi [...]. Le gérant a commencé à me faire des problèmes parce qu'il avait peur pour lui, et j'ai dû demander à quitter mon emploi (*pedir la baja*). [...] J'ai fait presque 3 000 dollars d'économie en un an là-bas, en 1994.»

Juan sert aussi d'intermédiaire dans des trafics plus dangereux. Parce qu'il connaît les meilleurs dealers (*jíbaros*), il achète souvent des *paquets* de marihuana, à 5 et 10 dollars, parfois une once, dont le prix est passé, du fait de la «sécheresse» (*la sequía* – le tarissement de l'offre), de 25-30 dollars en 1998 à plus de 100 dollars dans les années 2000. Il revend ensuite chaque cigarette entre 1 et 2 dollars, souvent à de jeunes gens qui n'osent pas s'aventurer dans les endroits où la marihuana est la moins chère, où bien à des étrangers rabattus par des *jineteros*. Plus rarement, il achète de la cocaïne (23 à 70 dollars le gramme selon l'état de l'offre) pour fabriquer le crack local (*cambolo*) vendu par *caillou* (*piedra*) de 2 ou 5 dollars. Cependant, quand les *camboleros* sont en manque, il leur arrive de céder des habits, des chaînes en or ou tout autre bien pour obtenir les cailloux.

Si Juan ne va pas *au feu*, à l'instar de ses frères cadets, il participe au trafic de cigares, particulièrement recherchés par les étrangers de passage. Au début des années 2000, une boîte de cigares *Cohiba Espléndidos* valait par exemple 383 dollars dans une boutique officielle. Divers employés des fabriques volent les cigares (revendus 25 cents à l'unité), les boîtes (4-5 dollars), les timbres de garantie (40 à 70 cents), les autocollants *Cohiba* («*el huevo*» – 40 à 70 cents), les volants qui présentent les cigares à l'intérieur des boîtes («*cuatro idiomas*» – 50 cents les 10) et les 500 bagues (1 à 3 dollars). Les *Julietas* – nom donné aux *Cohiba Espléndidos, Romeo y Julieta Churchills, H. Upmann Sir Winston*, etc., pour leur calibre – fabriqués dans les fabriques clandestines (*chinchales*) coûtent en général 5 à 10 cents de moins, même s'ils peuvent être roulés par un rouleur (*torcedor*) professionnel et fabriqués avec le tabac approprié. Quoi qu'il en soit, une boîte formée à partir des «pièces détachées» coûte entre 12 et 14 dollars, est revendue 18 à 20 dollars aux *jineteros* et rachetée par les *yumas* à 25, 30, 50, 100 dollars, «à la tête du client». Dès que l'occasion se présente, Juan «monte» (*arma*) ses caisses et les garde en réserve pour être prêt à répondre immédiatement à la demande. Ce sont quelques centaines de dollars qu'il récolte ainsi certaines années, notamment grâce aux ventes effectuées à l'étranger par son beau-frère et le parrain de son fils.

Enfin, dans *Colón* abondent les jeux clandestins : la *bolita* (loterie très populaire), le *tripar* (jeu de cartes), les dominos ou les échecs avec enjeu, les paris sur le baseball ou encore, pour les enfants, les combats de poissons *peleadores* ou les paris sur les plaques d'immatriculation des voitures et des motos. Joueur invétéré (*boliche*), Juan est très doué en la matière et gagne parfois plusieurs centaines de pesos, mais il connaît tout aussi bien des périodes de malchance (*saladera*). À travers les jeux clandestins, on touche à un étiquetage pratiqué par les différents groupes sociaux (y compris *la gente de Colón*) selon lequel le quartier est *ambientoso* (au sens de «conflictuel»). Des bagarres éclatent fréquemment dans les tripots (*burles*), en général après que l'un des joueurs a accusé un autre de tricher. Braquages, «arrachage de chaine» (*arrebato de cadena*) et arnaques ont lieu de temps à autre, surtout quand approchent des fêtes onéreuses (Noël et jour de l'An) ou si des pigeons (*gil*) constituent des proies trop tentantes.

La *lucha* dans laquelle Juan est engagé est devenue la dimension centrale de l'expérience sociale. Chacun est réduit à chercher le moyen de subsister. On *lutte*, on *invente*, on *s'arrange*, on *s'en sort*. Fluide et chaotique, cette *lucha* «au coup par coup» requiert du temps libre et repose sur les capacités d'intermédiation. Dans l'idéal, les individus cherchent à s'orienter vers des activités privées sans perdre tout contact avec les emplois du secteur économique d'État – synonymes d'avantages sociaux, aussi maigres soient-ils. L'engouement stratégique se porte donc avant tout sur les emplois des secteurs «dollarisés» de l'économie, au premier rang desquels se trouve le tourisme. D'une part, les salaires y sont plus élevés, payés pour partie en dollars, et les employés obtiennent souvent des avantages en nature et des pourboires. D'autre part, ce secteur offre à ses employés la possibilité de parvenir à des arrangements internes à but lucratif, autant qu'il leur permet de jouer un rôle d'intermédiation entre les touristes et les agents de l'économie illégale. Plus encore, les touristes eux-mêmes participent de ces imbrications en ce qu'ils sont susceptibles de délivrer une *lettre d'invitation*. Avant son remplacement par une «simple» demande de passeport, en 2013, cette formalité administrative conditionnait l'objectif ultime de Juan et de l'écrasante majorité des Havanais : la sortie du territoire.

Juan dit lui aussi concentrer ses recherches sur un emploi dans le secteur « dollarisé » de l'économie :

« Ici, ces emplois, tu les obtiens au mérite révolutionnaire, ou, et surtout, au piston (*con palanca*). [...] Je cherche des contacts dans les hôtels et tout, mais c'est tout sauf facile (*no es fácil*[69]). »

Un tel emploi néanmoins n'est rien de plus qu'un horizon possible, un idéal linéaire qui ne reflète pas la façon dont Juan saisit « au coup par coup » les opportunités qui se situent à sa portée et dont il sait qu'elles sont soudaines, volatiles et, la plupart du temps, qu'elles ne sont pas appelées à se répéter. La « pensée atomique » dont Juan se réclame mêle ainsi opportunisme et inventivité, mais elle est davantage une disposition qu'une stratégie. Avoir le sens de la *lucha*, selon Juan, c'est avant tout savoir prendre les risques qui s'imposent, en fonction de ses possibilités et de la situation dans laquelle on se trouve à un moment donné. Il est en ce sens un « *luchador* éclairé », à la fois par opposition aux *mareados* (les idiots, ceux qui sont « à la masse » ou « à côté de la plaque ») et autres *jamadores de soga* (ceux qui sont « à la peine », ceux qui ne savent que « boire la tasse ») et parce que les « pêcheurs » (*pescadores*) et les « inventeurs hors pair » (*inventores escapa'os*) se situent dans des registres relativement délimités. Distinguer chez Juan un « ordre des stratégies dans la *lucha* » relèverait davantage d'une construction de l'anthropologue que des catégories intrinsèques à l'aide desquelles il s'oriente et agit.

Rafael ou la naissance d'un *jinetero*

À Ithaca, dans l'État de New York, j'ai fait la connaissance en 2007 de Rafael, un Afro-Cubain de l'âge de Juan qui habitait dans le quartier de *Cayo Hueso*, à la limite de *Colón*, jusqu'à son départ de Cuba en 1999. Rafael croyait se rappeler vaguement certains des amis de Juan, sans avoir jamais eu aucune relation avec ce dernier. J'ai réalisé avec lui une série d'entretiens en septembre-octobre 2008 ainsi qu'en janvier et mai 2009. Rafael jette un regard rétrospectif sur son expérience de la *lucha* à La Havane, mais il ne décrit jamais son départ de Cuba comme l'aboutissement d'une stratégie, *a fortiori* d'une stratégie «atomique». De la même façon que Juan, il se démarque néanmoins de «la *lucha* sotte» (*la lucha boba*); il souligne comme lui l'apprentissage des combines au contact de son groupe de sociabilité et des aînés, l'habitude de guetter les opportunités au coup par coup et, surtout, le rôle majeur des aléas, jusque dans la forme narrative à travers laquelle il revient sur sa «trajectoire».

Après le divorce de ses parents, lorsqu'il avait huit ans, Rafael, fils unique, a été élevé dans la maison de ses tantes, catholiques dévotes de Santa Bárbara, parce que sa mère, fonctionnaire du Ministère des Relations Extérieures, était «trop fragile des nerfs»:

«À 13 ans, j'ai commencé à traîner avec des gens qui n'étaient pas corrects, à manquer de respect à ma mère, et donc elle m'emmenait à *Guanabacoa* [un quartier périphérique de La Havane] pour voir Arcadio, le célèbre Arcadio... À cette époque, celui qui était de *Guanabacoa* et qui ne connaissait pas Arcadio n'était pas de *Guanabacoa*. [Arcadio était] un *babalao*, [il était] aussi *palero* [...]. Il est mort il y a 25 ans, et trois jours après, son cerveau a été volé [son cercueil a été ouvert et sa tête a été dérobée] au vieux cimetière de *Guanabacoa* [...]. [Parmi les organes avec lesquels on pratique certains des rites de la *santería* et du *palo monte*], le cerveau est celui qui vaut le plus, avec ça on fait les pendentifs (*prendas*) et les *ngangas* pour s'emparer du pouvoir du *babalao*... le fémur aussi, on le râpe et on prépare des poudres avec, qu'on te souffle dessus[70].

Je n'oublierai jamais. Arcadio m'a lu les cauris (*los caracoles*) et m'a dit : "Bien, je vais te dire quelque chose, à partir de *ta lettre*, tu as une vie merveilleuse, tu as tout... mais si pour les gens, il est facile d'obtenir ne serait-ce qu'un bouton de chemise, pour toi cela va être très difficile de l'avoir ce bouton, et c'est quand tu arrêteras de le poursuivre que tu l'auras, c'est quand tu abandonneras que tu l'obtiendras, *ta lettre* est celle-là, je te le dis en tant que père et en tant qu'ami." J'ai pleuré, je n'oublierai jamais... et il en a été ainsi pendant toute ma vie.»

Rafael fait remonter les contacts avec les étrangers à sa prime adolescence :

«Ce que tu ne sais pas, c'est que les gens, quand j'étais tout gamin, vivaient sainement [...]. Je me rappelle que mes tantes avaient de la famille ici [aux États-Unis] et qu'un jour, un cousin est venu là-bas [à Cuba, en 1978] et m'a offert un jeans [...] et moi, enfant, je n'avais jamais rien vu de tel [...]. C'est la nécessité, à Cuba, qui a obligé les gens à ouvrir les yeux [...].

Les premiers étrangers que j'ai connus, c'était l'époque de l'Allemagne Démocratique [...]. J'ai connu des Allemands dans le *Vedado*, j'ai passé un moment à discuter avec eux, [du fait que] je ne pouvais pas entrer dans les boutiques pour les touristes et les diplomates du *Habana Libre* [un des principaux hôtels du *Vedado*], [...] je leur ai donné l'adresse où j'habitais, et ils m'ont amené des choses, des cadeaux, et moi, des idées me sont venues en voyant cette possibilité d'obtenir de cette façon des chaussures, des habits, etc.»

Mais c'est à partir de deux événements fondateurs que Rafael estime avoir fait ses premiers pas dans l'univers du «*jineteo*» :

«Le premier *yuma* que j'ai accroché, j'avais 15 ans, c'était à la plage, un Allemand de la République Démocratique, je lui ai demandé qu'il me ramène une bouteille de rhum *Terry Maya Dorado* de la boutique pour les étrangers... Vu que j'étais bourré, j'avais complètement oublié, et figure-toi que le jour suivant, alors que j'étais toujours dans ce camp de vacances (*campismo*[71]) qui était super (*volao*) sur les plages de l'Est [de La Havane], il est arrivé avec la bouteille. J'en suis resté bouche bée (*me quedé ¡coñooo!*) et le type m'a aussi donné 15 dollars, ce qui à l'époque était une sacrée somme, et j'ai dû les cacher parce qu'à l'époque si on t'attrapait avec des dollars, t'étais niqué [...].

Une autre fois, un pote m'a amené à un endroit, à *La Víbora* [quartier excentré de La Havane], où il y avait des *yumas* qui changeaient des pesos en dollars à 1 pour 1 [le taux de change officiel pour les touristes], imagine, alors qu'à l'époque le taux de change était à 8 ou 10 pesos pour un dollar [le taux de change du marché noir]. Je suis revenu avec 150 dollars, une fortune à l'époque [...] et de là, j'ai commencé à *jinetear.* »

Rafael explique bien que le contact avec les touristes en vue de gagner de l'argent avait déjà un nom dès le milieu des années 1980 : le « *jineteo* ». Selon lui, les premiers *jineteros* étaient de son quartier et avaient déjà 30 ans lorsqu'il en avait 15. Il ajoute qu'ils étaient mal vus. Même s'il met l'accent sur un seul registre, Rafael semble indiquer au fil de son récit que le *jineteo* était une catégorie poreuse dès l'époque de son adolescence :

« Le premier négoce que je les [les *jineteros*] ai vus faire, c'était avec les Russes qui vivaient à Cuba, les Russes ramenaient du parfum de Russie, et il y avait aussi les boutiques spécialisées où se fournissaient [...] les gens du bloc socialiste, et donc, beaucoup de gens faisaient du troc avec eux [les gens du bloc socialiste], ou leur achetaient du parfum, des habits, parce que c'était notre source d'approvisionnement à nous aussi. »

Le contact avec les « gens du bloc socialiste » permettait aux Cubains de se procurer – parfois sous forme de cadeau ou bien au prix coûtant et, la plupart du temps, moyennant commission –, ce qu'ils ne pouvaient pas acheter directement. Rafael précise pourtant que, dans les années 1980, les Cubains étaient habitués à une certaine monotonie et guère tournés vers l'esprit de lucre. Ils se contentaient de dépenser l'argent dont ils disposaient dans les restaurants, bars et cabarets, à l'époque encore bon marché et accessibles aux ressortissants nationaux :

« Au *Habana Libre*, au bar avec piscine qu'il y avait là-bas, *Las Cañitas*, tu y allais à 3 heures de l'après-midi, il y avait *une matinée* [un concert], la bière bien froide valait 5 pesos cubains, et tu la buvais. Les gens n'imaginent pas que cela a existé. Et dans les hôtels, tu payais en pesos cubains [...]. Ces restaurants qui sont des restaurants de luxe aujourd'hui, *Las Bulerías*, face au *Habana Libre*, le *Floridita*, le *Mandarín chino*, tu payais en pesos cubains dans tous ces endroits, avec 50 ou 60 pesos cubains, trois personnes pouvaient dîner sans problème. C'était ça la fête (*el vacilón*), parce qu'il n'y avait rien d'autre à faire [...]. Acheter tes habits pour sortir, et voilà, faire la fête un peu, et voilà.

Dans les années 1980, en face du *Parque Central*, il y avait la *Sears* [un supermarché], et il y en avait même un autre ailleurs, je ne me rappelle plus où, ensuite ils l'ont remplacé par un magasin de produits électroniques. Il y avait de tout là-bas... Une boucherie en bas, tout le poisson que tu voulais, j'achetais des papillons chinois [*maripositas*, sorte de beignets] de langouste, à 5 pesos. C'était cher, mais avec 100 pesos, tu sortais avec deux grands sacs en papier bien remplis, c'était la frime de l'époque (*la especulación de aquel entonces*). Ils étaient bien achalandés ces supermarchés. »

Malgré cette relative satisfaction matérielle, Rafael faisait aussi du négoce avec le personnel de la marine marchande, car les marins ramenaient, en particulier depuis l'Espagne, des produits de meilleure qualité que ceux disponibles dans les magasins d'État :

«Les marins revendaient aux gens les produits qu'ils achetaient, et les gens achetaient en gros pour revendre ensuite, parce que le marin n'était pas le type de personne qui allait... Regarde, avant, il y a 15 ou 20 ans, c'était une fierté d'être marin, c'est-à-dire que c'était comme avoir de la famille à l'étranger aujourd'hui... [...] Être marin à Cuba, c'était être une sorte de dieu de la possibilité, [...] tu disais "putain, je vis heureux, je suis content" [...] principalement les épouses des marins, qui s'en tiraient bien, par rapport au niveau de vie de l'époque.»

Rafael estime que les marins ne revendaient pas au détail la marchandise ramenée d'outre-mer, parce qu'ils vivaient confortablement et parce qu'il en allait de leur prestige. De toute façon, étant donnés les risques encourus, il était plus prudent pour eux de «se débarrasser» des produits d'un seul coup, c'est-à-dire de se maintenir à l'écart des circuits de la revente au détail. La demande était d'autant plus tangible que les pénuries étaient beaucoup plus importantes dans les campagnes:

«Nous avions des gens qui venaient des autres provinces [...] parce qu'en dehors de la capitale, les besoins sont bien plus grands, qu'il s'agisse de savon, d'habits, de chaussures [...]. Et donc ils venaient jusque chez nous, et nous leur faisions des prix de gros.»

Rafael se rappelle également de l'effet provoqué par l'arrivée des étudiants africains sur la dynamique du négoce:

«À l'époque [fin des années 1980-tout début des années 1990], tu pouvais prendre de un à trois ans de prison si on t'attrapait en possession de dollars. Et donc ces Africains se sont rendu compte qu'ils avaient une possibilité que nous Cubains n'avions pas, premièrement. Ensuite, ils avaient eux-mêmes besoin d'argent, parce que beaucoup d'entre eux venaient de pays pauvres [...]. Ils se mettaient d'accord avec nous les Cubains, nous leur donnions l'argent, [...] la liste des choses que nous voulions qu'ils nous ramènent, [...] et pour chaque dollar dépensé, nous leur donnions deux pesos [...] c'est-à-dire que s'ils dépensaient 100 dollars – 100 dollars que nous leur avions remis nous-mêmes – nous leur donnions 200 pesos une fois qu'ils apportaient la marchandise.»

Comme Juan, Rafael précise qu'il ne pouvait pas se livrer à ce négoce avec «le premier venu»:

«[Parfois, il y avait des Africains] qui venaient nous chercher, recommandés par un tel, parce qu'ils savaient bien quels étaient nos besoins [...]. Beaucoup d'entre eux venaient d'Éthiopie, il fallait faire très attention avec eux, parce qu'ils se barraient avec ton argent (*te tumbaban*). Louis, je ne me rappelle plus de quel pays africain il était, un ingénieur, qui faisait ses études avec mon ami, il était fidèle, parce qu'il a entraperçu avec nous un négoce durable, de grandes dimensions, "je ne vais pas essayer de détrousser ces gens de 100 dollars, si je peux gagner beaucoup plus" [...].

Nous n'avons pas eu de mauvaise expérience, parce que nous étions très prudents, nous ne le faisions pas avec n'importe qui. Il y avait un Africain qui s'appelait Osú, celui-là, c'était le meilleur de tous, il conduisait une *Lada* avec une plaque diplomatique de l'ambassade... Lui, ce qui l'intéressait c'était le *business* [...]. Il disait "donne-moi la tune", et en deux temps trois mouvements, il revenait en voiture, il remettait ses achats à chacun, touchait son argent, et il disparaissait [...].

Les habits qui venaient de Panamá, par exemple, leur prix était raisonnable, tu voyais un prix de 3 dollars sur l'étiquette, et quand tu faisais le calcul, avec un taux de change de 5 à 6 pesos pour 1 dollar, le produit te revenait à 18 ou 20 pesos cubains, et tu pouvais vendre ça à 60, à 70, à 80, à 100 pesos, en fonction de l'état de la demande [...].

En 1988, le dollar était à 10 ou 11 pesos. Fais le calcul, un jean qui coutait

9 dollars dans la boutique, ça faisait donc 90 pesos, plus la commission de l'Africain, il te revenait plus ou moins à 100 pesos. Donc tu te disais, bon, je le revends à 150 pesos, en gros, et tu gagnais 50 pesos par jean, mais nous exigions que [les gens des provinces] nous paient en dollars. C'était donc un négoce plutôt risqué, parce que rappelle-toi bien que le dollar était interdit.»

En évoquant ses «premiers pas», Rafael décrit bien l'entremêlement des registres d'activité (*merolicos, jineteros, luchadores*) et l'influence de différents facteurs à l'intérieur de sa propre trajectoire de *luchador*: l'effet d'imitation et d'entraînement, le «sens du *business*» et, de plus en plus à partir de la fin des années 1980, le manque et les pénuries. Sa priorité était de maintenir sa principale source de revenu et de chercher à en améliorer les rouages. En 1992, un ami qui travaillait sur le chantier naval de Casablanca l'a informé qu'il pouvait lui obtenir une carte de marin par l'intermédiaire d'un employé du bureau de la marine marchande. Muni de cette carte et vêtu de l'uniforme des marins (qu'il s'était procuré par le même circuit), Rafael a pu ainsi accéder aux magasins qui leur étaient réservés et acheter lui-même sans intermédiaire une partie des produits qu'il revendait ensuite:

«Ça a fonctionné, mais pendant une courte période. Je me rappelle que juste avant la dépénalisation du dollar, je me suis fait attraper en rentrant dans le magasin du *Seaman Club*, à l'angle de *Neptuno* et *San Nicolás*, avec 90 dollars en poche [...]. Celui qui m'a attrapé, c'était un policier que je connaissais, le fameux ***, l'agent qui opérait aux alentours du *Seaman Club* [...]. Ils m'ont emmené [à la station de police] de *Zanja* et *Dragones*, ils m'ont gardé, mais comme le jour d'après le dollar était dépénalisé, ils m'ont mis une amende de 250 pesos [...]. J'ai eu de la chance, mais c'est aussi parce que j'étais quelqu'un qui faisait les choses tout seul.»

L'immédiat, le caduc et le *kairos*

La chance peut faire basculer une situation très mal engagée, comme le plus timoré des *luchadores* peut être victime d'une malchance incroyable. La mésaventure du *Seaman Club* reflète l'impossibilité de suivre une stratégie dans le moyen terme, ainsi que la difficulté d'évaluer et d'anticiper les risques. L'adjectif «caduc» revient souvent dans le récit de Rafael et il a plusieurs sens. Il dit d'un négoce qu'il est «caduc» lorsqu'il n'a plus d'intérêt – ce fut le cas du troc ou du versement d'une commission aux «gens du bloc de l'Est» dès lors que les Africains les avaient supplantés. Il tient encore une combine pour «caduque» quand elle n'est plus rentable ou que la police a découvert le pot aux roses : plusieurs Cubains m'ont raconté qu'ils avaient réussi à «mettre la main» sur une carte de marin, au début des années 1990, et Rafael a sûrement été victime d'un resserrement localisé de la surveillance.

Il évoque aussi la vision des «premiers *jineteros*» de son quartier pour qui le critère de l'immédiateté était primordial : le «véritable» négoce devient alors la pure improvisation ou «invention», même si elle est appelée par la suite à se transformer en combine «classique». En ce sens, seul le gain instantané, en vue d'une satisfaction immédiate et obtenu grâce à une opportunité saisie au vol, voire, idéalement, à travers la mise en œuvre d'une nouvelle idée, n'est pas «caduc». Par extension, le temps souhaitable dans lequel vivent les *jineteros* se réduit à un perpétuel *kairos*, c'est-à-dire, littéralement, la répétition à l'infini du moment où l'archer laisse partir la flèche :

«Le *jinetero* vit au jour le jour, gagne 100 dollars aujourd'hui et n'a pas un centime demain [...] parce qu'il dépense tout en une nuit, ça c'est [un écueil] que très peu de *jineteros* arrivent à surmonter [...]. [Les premiers *jineteros* de *Cayo Hueso*] viennent du *feu* depuis des années et des années.»

Rafael explique qu'il allait «constamment de soulagement en soulagement» (*tenía un desahogo, constantemente*), expression qui indique tout à la fois qu'il ne pouvait pas compter sur un négoce permanent aux rouages bien huilés, qu'il se retrouvait inévitablement fauché (*pasmado*) sitôt après avoir récolté les fruits de sa *lucha* et que, lorsqu'il était pris à la gorge, il était lui aussi contraint d'«aller au feu» (*ir al fuego*) :

«Un des premiers *business* des *jineteros* [en 1989], ça a été le change des pesos *"Felipe Pazos"* – le *Felipe Pazos* [les billets qui portaient la signature du premier président de la Banque Centrale de Cuba sous le gouvernement révolutionnaire] est une série de billets qui ont été retirés de la circulation [...] mais comme il y avait écrit "République de Cuba" dessus, et que les touristes ne connaissaient pas les pesos cubains [...] les *jineteros* mettaient le *Felipe Pazos* à l'intérieur d'un journal [...] et se rendaient dans le *Vedado* [...]. Si la police te tombait dessus, tu avais toujours le temps de jeter le journal [...]. Tu essayais d'engager la conversation avec le touriste et de le convaincre de t'échanger des dollars contre des *Felipe Pazos*, en lui disant qu'il aurait accès à davantage [...] et tu leur changeais leurs dollars à 2 *Felipe Pazos* pour un dollar, à 3 *Felipe Pazos* pour 1 dollar [...].

Mais je vais te dire une chose, les *Felipe Pazos*, c'est devenu ensuite un vieux *business*, caduc. Et donc les *jineteros* ont changé de tactique, ils ont arrêté de changer en *Felipe Pazos*, pour changer en pesos réels [...]. Mais les étrangers se sont rendu compte là aussi au bout d'un moment qu'ils ne pouvaient rien acheter avec les pesos cubains, parce que, à la fin, c'est vrai, c'était aussi une arnaque ! [...] Et donc les *jineteros* ont commencé à faire des billets "travaillés" (*curralados*) en collant des zéros [...]. Par exemple, ils sacrifiaient un billet de 10 dollars [...]. Sur un côté d'un billet de 5 dollars ou de 10 dollars, ils collaient un zéro dans chaque coin, à côté du 5 ou du 10 [...] et donc il y avait un touriste qui venait, ils lui disaient : "S'il vous plaît, j'ai besoin que vous m'échangiez ce billet de 50 dollars contre des billets de

20 dollars et de 10 dollars, ou bien ce billet de 100 dollars contre des billets de 20 dollars." Il y avait aussi la possibilité de faire des photocopies en couleurs, il y avait un bureau administratif pas loin de chez nous où il y avait une de ces photocopieuses, et un pote qui travaillait là-bas nous prenait 20 pesos par photocopie [...]. C'était une question de psychologie. Il s'agit d'engager la conversation avec le touriste, et quand tu tiens le touriste, que tu es en train de discuter, il ne va jamais, mais alors jamais s'imaginer ça. Rappelle-toi bien qu'à l'époque, la police interdisait aux Cubains de nouer des relations avec les touristes. Donc à ce moment-là, tu lui disais : "S'il vous plaît, j'ai besoin que l'échange se fasse le plus rapidement possible parce que si des policiers me voient, ils vont m'arrêter." Et donc le touriste, dans sa bonne foi, *coopérait* [...]. Je vais te dire quelque chose, moi-même, étant ici aujourd'hui, vivant dans ce pays [les États-Unis], jamais je ne vais imaginer que quelqu'un vienne me refiler un billet avec deux zéros collés ou une photocopie...

Ça, c'était le pur *jineteo*, c'est comme ça que le pur *jineteo* a commencé [...].

Maintenant, quand je te parle de « *jinetera* », je me rappelle que quand un touriste voulait une fille pour sortir le soir, il fallait aller jusque chez la fille, parler avec elle, et le soir, aller la chercher en taxi, l'amener en taxi là où... le touriste... là où... l'étranger... là où le *yuma* t'attendait [...]. Je me rappelle, il n'y avait pas de femmes, enfin si, les femmes cubaines normales, dans la rue, mais des *jineteras* qui sortaient lutter dans la rue, qui cherchaient, ça n'e-xi-stait pas. Ça n'existait pas. »

Les explications de Rafael à propos des « billets *curralados* » jettent un éclairage intéressant sur la genèse du « *cuchillo* » (l'échange de devises contre des pesos cubains de la série émise la moins récemment, en faisant croire aux étrangers que ce sont des Cuc), auquel se livrent les frères de Juan et les *jineteros* de *Colón*. Elle témoigne surtout de l'« extension du domaine de la lutte » et du fait que lutter est davantage une disposition qu'une recette à suivre: «pris à la gorge» (*en tremenda sofocadera*), «chacun s'en sort selon ses possibilités et parce qu'il le faut». Dans ces situations, Rafael réfléchissait tout d'abord à ce qui était «faisable» et «marronner l'État» était un registre évident de la *lucha*:

«Je me suis marié avec la sœur de mon épouse [sa compagne], [...] par convenance, et ma femme s'est mariée avec Raulito, qui était homosexuel, mais qui n'avait pas d'argent, et donc ma femme me dit: "Écoute, pourquoi ne faisons-nous pas la chose suivante, tu te maries avec ma sœur et je me marie avec Raulito?" L'objectif, c'était que, quand tu te maries à Cuba, tu obtiens une priorité, on te donne cinq caisses de bières, plus un gâteau et un séjour à la plage pour la lune de miel [...]. La lutte, c'est que les caisses de bière se revendaient, mais pas au prix de gros, tu t'organisais, tu mettais la bière au frais chez toi et tu disais aux gens du quartier que tu avais de la bière bien froide chez toi, à 8, à 9 ou à 10 pesos, selon le prix de la bière. Il y avait 24 bières par caisse. Et donc, analyse la situation, les gens venaient chez toi, tu leur mettais de la musique, et tu vendais la bière. Le gâteau de mariage, qu'est-ce que tu crois, que je le mangeais, un gâteau énorme pour 50 personnes? On le coupait en petits morceaux... je te parle de l'année 1992, en pleine *période spéciale* [...]. Il n'y avait rien dans la rue. Ma femme et ma belle-sœur vivaient dans un endroit central de La Havane, près du *Malecón*. Et donc, je connaissais beaucoup de gens! La réservation d'hôtel, comme ma femme s'était mariée avec un type qui... homosexuel, c'était un accord mutuel, en réalité il n'y avait aucune relation, nous avons vendu aussi la réservation d'hôtel [...].

Pour te marier, tu allais à l'état civil (*registro civil*), il y avait un bureau à quelques pâtés de maisons de chez moi. Et donc, tu allais là-bas, tu disais que tu voulais faire les procédures pour te marier, ils te donnaient un formulaire que tu remplissais, en deux temps trois mouvements, ensuite tu allais te marier, apposer une signature, trouver deux témoins [...]. À Cuba, tout était gratuit. La seule chose que tu devais payer, c'étaient les timbres fiscaux qui coûtaient 5 pesos... 5 pesos! Un *business* en or (*redondo*), tu n'avais pratiquement pas d'argent à investir [...]. [Avec les bières], tu gagnais 1 200 à 1 300 pesos [...]. [Avec le gâteau], 100 pesos supplémentaires, et la réservation d'hôtel, 500 à 600 pesos.»

À travers le «*business* du mariage», Rafael a été amené à disséquer les rouages bureaucratiques et, placé face à une opportunité de plus grande envergure, il n'a pas hésité à jouer «plus gros»:

«J'avais un ami qui travaillait dans un bureau de l'état civil de *Centro Habana*. Un jour, cet ami me dit: "Putain, Rafael, j'ai un bon *business* pour toi" [...] et il me montre un carnet de bons, et je lui dis: "Qu'est-ce que tu fabriques avec ça?", et il me dit: "Nan, nan, mon frère, c'est un gros gros *business*" – "Mais qu'est-ce que c'est?!"... Et il me dit: "C'est un carnet de bons pour les gens pour qu'ils aillent chercher leur bière à la bodega" [...]. Dans sa lutte, au bureau de l'état civil où il travaillait, mon pote a vu ce carnet de bons mal rangé, et il l'a embarqué [...]. Il y avait 50 bons dans chaque carnet, il les a vendus à 300 pesos chacun, et il s'est fait 15 000 pesos...»

Rafael se réfère plus exactement au bon délivré par le bureau de l'état civil une fois le mariage effectué. Chaque personne ayant acheté un bon vierge a donc dû trouver un habitant du quartier, de sexe opposé, disposé à devenir son époux ou son épouse «sur le papier», en échange d'une somme d'argent. Ce bon doit ensuite être rempli et visé par le bureau de l'OFICODA (*Oficinas de Control y Distribución de Alimentos*) rattaché au lieu de résidence des mariés:

«Tout était arrangé dans le quartier. À l'OFICODA, ils savaient de quoi il retournait, vu qu'ils étaient du quartier. Tu amenais ton carnet de rationnement, ton carnet d'identité, ils te remplissaient le formulaire avec le nom de la personne avec qui soi-disant tu t'étais marié, et voilà [...]. Pour jouer le jeu, la fille qui remplissait le formulaire gagnait aussi un *billet*, 50 ou 60 pesos, jusqu'à 100 pesos [...].

Toutes les *bodegas* n'avaient pas la possibilité de vendre ou de fournir la bière aux personnes qui se mariaient. Dans mon quartier, il n'y avait qu'une seule *bodega* qui en était chargée [...]. Le *jabao*, qui contrôlait cette *bodega* spécialisée dans les produits distribués pour les fêtes [...] savait très bien de quoi il retournait, lui aussi il était du quartier, il connaissait les gens du quartier, et il voyait bien que ce n'était pas possible que tous ces gens se marient d'un coup, surtout des vieilles de 70 ans avec des gamins de 20 ans [...].

Le *jabao*, tu lui donnais une caisse de bières pour lui, ou 50 à 60 pesos, ça dépendait [...]. Chaque bon incluait aussi le gâteau et la réservation d'hôtel [...]. Pour le gâteau, il fallait aller rue *Galiano*, face au parc *Curita*, à la pâtisserie *El brazo fuerte*, ou à la boulangerie *La Candeal*, rue *San Lázaro*, entre les rues *Aramburu* et *Hospital*. Là-bas [on ne donnait rien aux employés], ils n'étaient pas au courant de la combine (*la jugada estaba limpia*). [...]

La réservation d'hôtel [qui n'était pas valide au-delà de *Guanabo*, la plage située à 20 kilomètres à l'est de La Havane] tu devais te rendre en personne là-bas, parce que c'était ton nom qui figurait sur la réservation [...]. Les gens t'attendaient [...] tu leur donnais ensuite les clés et les papiers, et voilà, la chambre était à eux. Le réceptionniste s'en fout de savoir qui est dans la chambre, ce n'est pas son problème.»

Dans le même registre, Rafael revendait également de temps à autre les bons de réservation pour les restaurants :

«[En 1996 ou en 1997], pour aller au restaurant [*i.e.* pour manger dans un restaurant onéreux sans payer], il fallait être un "travailleur d'exception" (*trabajador destacado*). [...] Dans ma lutte, j'ai connu un professeur de ma-thé-ma-tiques! [...] Il venait jusque chez nous et il nous disait: "J'ai une réservation pour le *Baturro*, j'ai une réservation pour le *Monseñor*, pour le *Mandarín chino*, etc." [...] Il avait un bon contact, avec quelqu'un qui était chargé de distribuer les réservations aux différents centres de travail. Et donc, regarde, qui va savoir que ton centre a droit à cinq réservations? Peut-être que tu as droit à cinq réservations, mais je ne t'en donne que trois, et j'en garde deux pour ma lutte. Tu comprends? Et je lui en retire à lui, et à tel autre, et à tout le monde. Et au restaurant, ils ne vont pas vérifier qui tu es. Il faut juste qu'il y ait ton nom sur le document, et voilà [...]. Le type qui s'occupait des réservations attribuées aux "travailleurs d'exception" donnait les réservations en toute confiance au professeur de mathématiques, lequel nous les vendait, et ensuite ils se répartissaient l'argent entre eux.»

Rester alerte et aller au feu

Rafael, à la différence de Juan et de ses frères, était peu au fait du trafic de matériaux de construction, mais il était disposé par vivacité (*chispa*) à saisir n'importe quelle opportunité aux risques «acceptables»:

«Je me rappelle qu'une fois [à la fin des années 1990] il y avait des ouvriers qui venaient d'une campagne lointaine, de Santiago de Cuba, de Guantá-namo, quelque chose comme ça, qui réparaient un cinéma [...]. Il y a un de mes potes qui vient et qui me dit: "Eh, il y a un tour à jouer (*una vuelta*), ces *guajiros* vendent de la peinture blanche de bonne qualité, à 10 dollars le gallon, et ce gallon, on peut le revendre à 35 dollars sans problème", et j'ai dit: "Bon, on va voir, que ce ne soit pas de l'eau ou de la *laiteuse* (*lechada*)", parce que la *laiteuse* c'est du plâtre avec de l'eau mélangée à une autre pein-ture... les gens sont comme ça. Et effectivement, c'était de la bonne peinture, un pot de cinq galons de peinture toute neuve. Et donc tu sais comment ils volaient la peinture? Il fallait se rendre sur le chantier tôt le matin, parler à ces types et ensuite ils mettaient la peinture dans le bus des travailleurs, et le chauffeur faisait alors semblant d'aller chercher des gens ou d'apporter quelque chose, et il te disait : "Bon, où tu veux que je dépose la peinture?". [...] Le type a embarqué la peinture, m'a amené les quatre pots de peinture là où je l'attendais, je lui ai donné 40 dollars, et en deux temps trois mouvements, je l'ai revendue, mais je ne me suis pas montré trop ambitieux, je l'ai revendue à 30 dollars le pot, bref, je me suis fait 20 dollars par pot et je me suis dit : "Putain, qu'est-ce que c'est bon, sans aucun problème!" Il s'agit de profiter de la couverture, de toujours profiter de la couverture, c'est ça la lutte à Cuba.»

Il n'est pourtant pas toujours possible de se contenter de «profiter de la couverture», et Rafael a aussi été obligé de s'exposer plus directement «au feu», notamment lorsqu'il était dans une situation économique inextricable, c'est-à-dire sans argent et sans «*business*» en vue. Il lui est arrivé, au cours de la première moitié des années 1990, de se rendre avec sa compagne dans la province de Pinar del Río pour amener des produits achetés par l'intermédiaire d'Africains, en particulier des savons et des chaussettes. Ils ramenaient à leur tour du lait en poudre, des œufs et même de la viande de bœuf, ce qui représentait un risque majeur. Comme il vivait dans un quartier central de La Havane, Rafael s'était également habitué à «tenter sa chance» avec les touristes qu'il rencontrait sur son passage : les escroqueries sur le change n'étaient qu'un objectif parmi d'autres et il percevait plus régulièrement des commissions de propriétaires de *paladares*, de maisons d'hôtes ou de chauffeurs clandestins, autant qu'il vendait çà et là des boîtes de cigares ou était de mèche avec des *jineteras*. Ce faisant, il s'était habitué au contact des étrangers et avait même fini par nouer amitié avec certains d'entre eux.

Paradoxalement, c'est «en allant au feu» que Rafael a finalement trouvé dans une niche du *jineteo* une certaine stabilité et davantage de tranquillité, même s'il ne pouvait toujours pas se contenter de cette seule activité pour subvenir à ses besoins:

«[Vers 1996-1997] j'ai décidé de m'éloigner du *jineteo* cru de la rue [...]. Certains ont commencé à me parler d'internet, je ne savais pas ce que c'était [...]. C'était il y a plus de dix ans, et donc ils m'ont expliqué comment me connecter, pour pouvoir garder le contact [...] et j'ai eu l'idée d'essayer de me faire envoyer des touristes. J'avais un ami qui grâce à son travail avait internet chez lui, et donc c'est lui qui recevait les courriers électroniques [...].

J'ai envoyé beaucoup d'étrangers, souvent, aux mêmes endroits, et une fois, j'ai eu la chance de connaître une femme de Trinidad [petite ville très touristique du centre de l'île] qui avait créé une petite société, en quelque sorte, un guide touristique, avec toutes les maisons particulières qui appartenaient à leur groupe, depuis la partie occidentale de l'île jusqu'à la partie orientale. Et donc j'étais en train de me transformer en une espèce de guide touristique, mais sans me trouver directement dans la rue. Ils [les touristes] me disaient "je serai à tel ou tel endroit", je leur disais les prix [...] les maisons particulières me versaient mes commissions [...]. Chaque touriste valait cinq dollars par nuit [...]. Mais je connaissais aussi des gens qui s'occupaient de conduire les touristes vers les provinces, et là aussi je touchais une commission, et donc j'étais en train d'avancer [...].

Il y avait un règlement, le prix ne pouvait pas être supérieur à 25 dollars la nuit. Ils se protégeaient, ils faisaient attention à eux [...] et c'est une des choses fondamentales qu'ils m'ont dites: "Rafael, nous ne voulons pas perdre le client."

Tu te dis, cinq dollars par nuit, ce n'est pas grand-chose, mais une fois, douze Espagnols sont arrivés, j'ai dû les répartir entre plusieurs maisons, des jeunes qui voulaient voyager jusqu'à Santiago de Cuba... Fais la somme... Mais ce n'est pas seulement ça, nom de Dieu, c'est surtout que tu t'évites la pression de la rue. À Cuba, quelqu'un qui gagne 150 dollars par mois, si ça se trouve, il vit mieux que nous, parce que là-bas tu ne paies ni pour te loger, ni l'éducation, ni la santé... Là-bas, tu te fais 150 à 200 dollars dans le mois, et tu vis mieux que le président.»

Rafael fait ainsi la part belle au hasard, aux aléas et à la façon dont ils sont à la source d'un processus d'apprentissage : même s'il ne pouvait pas toujours s'offrir le luxe de *lutter* comme il le voulait, il a peu à peu cherché à minimiser ses prises de risque et à préférer certaines activités ciblées à la «*lucha* tous azimuts». À partir du début de la *période spéciale*, il n'a cessé de vouloir émigrer, mais il était conscient que la tâche était difficile et se voyait réduit à espérer que deux de ses amis qui avaient réussi à émigrer, le premier en Suisse et le second en Hollande, lui «donnent un coup de main». Le récit des circonstances qui l'ont conduit à quitter Cuba fait écho à la prophétie d'Arcadio – les aléas y tiennent un rôle majeur et sa volonté ne semble avoir aucune prise sur les événements :

«Ma belle-sœur [...] nous dit que le Consul de la Section des Intérêts Nord-Américains [SINA] sort tous les matins avec une mallette pour aller chercher les enveloppes des gens qui veulent s'en aller du pays à travers le tirage au sort de l'immigration. Elle a amené plusieurs formulaires à la maison, elle en a remis un à ma femme, et elles ont commencé à le remplir [...]. Moi j'ai dit : "Naaan, tout ça c'est du baratin, c'est juste pour mettre les gens en prison ensuite"... et elles ont mis mon nom. [Ma belle-sœur] a rempli le formulaire de ma femme, ma femme l'a rempli pour moi, à l'époque [en 1997] je n'avais pas ma fille, et elle a aussi rempli le formulaire pour Carlos, un autre Cubain qui est ici aussi avec sa femme. Et ensuite elle est allée là-bas, tôt le matin, et c'est vrai que le Consul sortait tôt le matin avec un grand sac pour ramasser les enveloppes. Bon... moi, jamais de la vie je n'aurais pensé... et un beau jour, un an et demi après environ, le facteur sonne à la porte, mais comme je recevais beaucoup de lettres d'étrangers, etc. Il me dit : "Putain, félicitations !" Je dis : "Félicitations pour quoi ?" [...] Il me dit : "Tu as gagné le tirage au sort de la loterie pour émigrer aux États-Unis." J'étais seul à la maison, j'en ai presque fait un infarctus. J'en pleurais. J'ai ouvert le tiroir, et j'ai offert un billet de 20 dollars au facteur [...]. J'ai ouvert l'enveloppe, et quand effectivement j'ai lu "United States eh... eh...", je ne me rappelle plus de ce qu'il y avait d'écrit, waaa... j'ai commencé à pleurer, à pleurer, à pleurer et quand ma femme est arrivée au bout d'un moment, elle me dit : "Qu'est-ce qui t'arrive ? Qu'est-ce qui t'arrive ?", je l'ai serrée dans mes bras et quand je lui ai montré ça... waaa... Nous avons pleuré de joie [...]. La lettre de ma belle-sœur n'était toujours pas arrivée, alors que c'était elle qui avait fait toutes les démarches [...].

Je me suis dit : "Putain, comment je vais sortir ce fric ?", parce que l'examen médical et tout, il y en avait pour plus de 1 000 dollars [...]. Je ne me souviens plus très bien, mais l'examen médical coutait 300 dollars, le billet d'avion 300 dollars aussi... Il fallait nettoyer ton dossier pénal, grâce à Dieu, je n'avais pas d'antécédents criminels, mais il fallait que j'en sois sûr... C'était 800 à 1 000 dollars par personne [...]. Nous luttions, et je commence à appeler mes amis de l'étranger, qui commencent à m'envoyer de l'argent peu à peu [...]. Mais en même temps, je ne voulais plus qu'ils m'envoient des gens par internet parce que je me disais qu'il fallait être tranquille, que si des étrangers venaient, ils pouvaient tout foutre en l'air [...]. J'étais vraiment sans un sou, tout en accumulant peu à peu pour partir [...].

Et un jour, je marchais sur la rue *23* [une artère centrale], et une voiture sort du parking d'une maison, une femme en sort... Je dis "attention avec la voiture", quelque chose comme ça [...] et quand je regarde bien, c'était une étrangère [d'au moins 15 ans son aînée]. Il se trouve qu'elle parlait espagnol, et elle me dit "ah merci" ou quelque chose du genre. Apparemment, elle m'a trouvé sympa, nous avons commencé à bavarder, et bon, pour résumer, nous sommes sortis le soir même, nous avons commencé à avoir une relation [...].

Sincèrement, quand j'étais dans la lutte et le *jineteo*, je ne m'intéressais pas aux femmes, j'étais juste là pour gagner de l'argent, mais des fois, les choses arrivent, non pas quand tu le veux, mais quand elles te tombent dessus. Quand j'ai connu cette femme, que nous avons commencé à avoir une relation, à faire la fête sans arrêt, pendant presque deux semaines, je me suis dit : "Putain, que Dieu me pardonne, j'ai ma femme, mais j'ai besoin de résoudre mon problème." [...] Nous étions dans notre relation avec cette Suissesse, nous avions nos projets [...] elle m'a envoyé 2 000 dollars, peu à peu, elle m'appelait tous les dimanches... et c'est comme ça que je suis arrivé dans ce pays.

[...]Elle pensait que j'allais la rejoindre en Suisse, et moi, j'avais déjà mon visa pour les États-Unis... Bien sûr, elle ne savait pas que j'avais une femme... Avant de partir, j'ai dit à un ami de lui dire, quand elle appellerait, que j'avais été arrêté, et que j'allais être en prison pour longtemps, qu'elle m'oublie [...].

Je paye pour ce que j'ai fait... Je me rappelle que peu de temps après être arrivé aux États-Unis, j'ai fait un rêve, la Suissesse était dans le rêve, et à un moment, une voix s'est penchée vers moi et m'a dit : "Tu vas expier pendant dix ans."»

« Jouer en accord avec la marée »

Les critères qui permettent de dire de quelqu'un qui lutte qu'il « est affilé » (*está cuchilla*) sont hétérogènes et parfois antagoniques, si bien qu'il n'est pas si simple que ne le suggèrent Juan ou Rafael d'établir une distinction admise par tous entre « la *lucha* sotte » et « la *lucha* atomique ». Ils ont eux-mêmes tendance à en juger au regard du « résultat », c'est-à-dire *a posteriori*, sans guère parvenir à inclure d'autres critères d'évaluation. Juan estime que quelqu'un qui lutte est « affilé » en raison de sa disposition à chercher le gain dans tous les registres du possible, de sa capacité à ne jamais reculer devant « les risques acceptables », de la «justesse» de son attitude selon les situations et de la façon dont il dépense ses revenus. Ses amis reconnaissent qu'il accomplit souvent des «exploits» mais ajoutent sur un ton moqueur qu'«il se prend pour Al Capone». Juan dit de son beau-frère, qui vit en Italie depuis la fin des années 1990 et gagne un salaire inférieur à 1 200 euros, qu'il est «un ouvrier de naissance» – à sa place, il imagine qu'il ne vivrait pas d'un salaire, mais des «combines à la sicilienne»:

«Ce crétin n'a vraiment pas l'esprit commerçant, les boîtes de cigares *Cohiba Espléndidos* il les vend à 50 euros [...]. Avec son argent, il s'achète des costumes de marque ou des conneries du genre, et un billet d'avion par an pour venir ici [...]. C'est vraiment *un beauf*, la même chose que ce que tu m'as expliqué là, ce que vous dites en français, *un cuñado*.»

Rafael estime quant à lui que le négoce de la drogue, les braquages et l'usage de la violence en général relèvent d'un comportement «mauvais» (*fula*). Néanmoins, il s'est longtemps livré au trafic de viande de bœuf, alors que Juan juge que les risques liés à cette activité sont trop importants et se contente d'en acheter au marché noir pour sa propre consommation. Pour le frère cadet de Juan, un «*jinetero* moderne» vise le «*cuchillo*» (l'arnaque sur le change) dans sa «pêche au *yuma*» et se préoccupe avant tout de toucher des marges et commissions importantes, sur la vente de drogue par exemple. Au début des années 2000, sa position était sans équivoque:

«Proposer des *paladares*, des chambres chez l'habitant, faire le guide, tout ça ce sont des trucs dépassés... Il y a des fois où les touristes, ils t'humilient, ils te donnent un dollar de rétribution après que tu as marché toute la journée avec eux à travers la moitié de La Havane. Ils viennent dépenser leur fric, s'amuser, qu'ils niquent leur mère, je suis désolé, mais moi ça ne me fait pas mal au cœur [de les arnaquer sur le change], c'est par nécessité que j'y suis poussé, et puis, voilà, ils rentrent chez eux, ils reprennent le travail, et ils ont de l'argent, ce n'est rien pour eux...»

Dans le récit de Rafael, une expression revient fréquemment pour définir la principale règle à partir de laquelle il est possible d'ajuster «sa» *lucha*: «jouer avec la marée» ou «jouer en accord avec la marée». Là encore, cette règle renvoie à plusieurs ordres de réalité. «Avoir l'esprit de lutte», «en accord avec la marée», veut dire tout d'abord qu'à la singularité des personnalités – Juan est sûrement davantage patibulaire (*ambientoso*) que Rafael – s'ajoute la situation particulière des personnes et l'environnement dans lequel elles luttent. C'est un attachement forcené au principe de réalité.

Lorenzo, l'inventeur hors-pair

Lorenzo, avec qui j'ai réalisé des entretiens à Miami en août 2003, décembre 2005, décembre 2009 et juillet 2011, a grandi à deux rues du domicile de Juan et jouit comme lui d'une réputation avantageuse auprès de ses amis. À Miami, où il vit depuis l'été 2002, il a d'abord vécu en touchant des commissions sur la revente de voitures, est ensuite devenu bagagiste à l'aéroport, où il était payé jusqu'à 1 000 dollars par semaine, puis s'est lancé dans le commerce de carburant. Il gagne aujourd'hui très confortablement sa vie, aux marges du légal. Tous, y compris Juan, lui reconnaissent des qualités de «commerçant» et surtout d'«inventeur hors pair». Comme à eux, il lui est arrivé de se retrouver sans un sou ou de devoir solliciter leur aide, mais les «mauvaises passes» ont presque toujours été la conséquence des circonstances ou de la malchance, plutôt que d'une «erreur».

À la différence de Rafael, Lorenzo a recherché activement le moyen de se procurer un carnet de marin lorsqu'il s'est rendu compte que «la combine n'était pas compliquée»:

«Je vivais dans un quartier de Noirs, et c'était un avantage d'être blanc... Il y a beaucoup de marins qui sont noirs, mais je t'assure qu'en te voyant entrer d'un air assuré, un Blanc, la police ou les gens du magasin ne faisaient pas attention à toi. Et puis tu te renseignais un peu, je ne sais pas, sur le nom de certains bateaux, des histoires de marins, au cas où tu devais faire la causette.»

Au lieu d'essayer d'acheter des quantités importantes de produits pour les revendre ensuite, il se contentait d'accumuler les commandes pour, le moment venu, se rendre dans les magasins spécialisés et toucher ensuite des commissions groupées. Dès qu'il a eu vent de l'arrestation de «faux marins», il a décidé de «se faire oublier» (*refrescar*) et, à partir du moment où la possession de dollars a été dépénalisée et les boutiques en devises ouvertes à tous, la combine est devenue «caduque».

La réputation d'«inventeur hors pair» de Lorenzo lui vient surtout de sa capacité à conserver une longueur d'avance sur les autorités, lesquelles ne découvrent jamais immédiatement l'apparition d'une nouvelle combine et doivent pendant un certain temps se contenter de réagir. Les permutations multiples de domiciles, lorsqu'elles visent à dissimuler une vente, constituent sûrement l'un des «mouvements» les plus complexes à l'intérieur du labyrinthe légal et administratif. La plupart des combinards renoncent à s'engager dans un tel «*business*», parce qu'ils n'y comprennent rien et n'en ont pas la patience:

«Le *business* des *permutations multiples* de domiciles, dans les années 1990, c'était un sacré mouvement... Je connaissais tout un tas de *corredores* [agents immobiliers clandestins], et donc il y avait des moments où je connaissais des tas de gens qui cherchaient et des tas de gens qui vendaient, et donc je passais mon temps à acheter une maison pour ensuite la revendre et parfois même la racheter ensuite... À l'époque, à la *Vivienda*, ce n'était pas compliqué, ils voyaient que tu passais ton temps à permuter, mais ils ne s'étaient pas encore mis à examiner la combine (*todavía no se habían puesto pa' la cosa*). [...] Pour simplifier, regarde, tu avais un type qui voulait 5000 dollars et une chambre contre son appartement de deux pièces, et quelqu'un d'autre qui cherchait quelque chose comme ça, mais en plus celui-là il était prêt à mettre 6000 dollars, donc celui-là, je lui disais: "Viens, je vais te trouver ce qu'il te faut, mais on va d'abord permuter toi et moi", ensuite, moi, je permutais avec le type qui avait un deux-pièces et je lui donnais ses 5000 dollars, et après je permutais à nouveau avec l'autre, donc je récupérais ma maison, sauf que lui il me donnait 6000 dollars pour le deux-pièces [...]. Bien sûr, c'était plus compliqué, tu donnais des commissions à tout le monde, et tu vas me dire: "Mais pourquoi tu ne les mettais pas directement en contact, et tu touchais ta commission?" Bon, tu pouvais faire ça aussi, ça dépendait, mais souvent, les gens n'avaient aucune idée des démarches à faire... Et quand il y avait un pigeon (*un punto*) qui était prêt à lâcher gros, il valait mieux te compliquer la vie tout seul [...]. Il fallait rincer tout le monde à la *Vivienda*, et l'avocat aussi, mais à l'époque à la *Vivienda* ils n'avaient pas l'œil sur la taille des domiciles échangés et c'était beaucoup plus simple, enfin, en gros, l'idée, c'était ça, mais en réalité, l'embrouille (*el curral*) était encore plus dingue, des fois tu échangeais deux domiciles contre un seul, avec plusieurs changements d'adresses...»

Le «*business* des permutations» était à ce point complexe que chacun des services de la *Vivienda*, les avocats, les *corredores de permuta*, les permutants, les acheteurs et les vendeurs étaient tenus de coopérer. Un contrôle inopiné les exposait tous à des sanctions et il fallait veiller à ne jamais en offrir le motif. Cela impliquait non seulement de ne léser personne, mais aussi d'éviter par la suite de commettre des illégalités de nature à faire intervenir des agents administratifs ou des représentants des forces de l'ordre extérieurs à la combine. À certains égards, le «*business* des permutations» était une niche. Ceux qui s'y livraient formaient par la force des choses une sorte de «clan» et les autorités ne pouvaient pas se permettre de donner un coup de pied dans la fourmilière, si elles ne voulaient pas ouvrir la boîte de Pandore qui aurait mis à nu un système de corruption tentaculaire au cœur du système administratif cubain.

À la même époque, Lorenzo «trempait» aussi dans «le *business* des voitures», et c'était par son intermédiaire que Juan s'était procuré une *Lada* en 1994. Selon la loi, l'achat et la vente de véhicules à moteur entre particuliers étaient limités aux modèles commercialisés dans l'île avant 1959. Les véhicules à moteur de fabrication soviétique, tchèque ou est-allemande, introduits dans les années 1970-1980, avaient été principalement attribués aux élites politiques, aux «travailleurs d'exception», aux médecins et aux professeurs d'université mais, jusqu'à la promulgation de la réforme de septembre 2011, ceux-ci ne pouvaient pas les vendre :

«Le *business* des voitures, tu as intérêt à t'y connaître en mécanique, parce qu'il y a tout un tas d'arnaqueurs, les types te maquillent la voiture, ils te mettent un coup de peinture, si t'es à côté de la plaque, tu vas mordre la poussière (*no hay vida pa'los mareados, ahí te escachas*). Pour l'achat-vente, il faut passer par le Ministère des Transports, et bien sûr il faut rincer tout le monde pour accélérer le processus. Si le prix de vente d'une voiture américaine (*un almendrón*) est de 5 000 dollars, l'intermédiaire peut se faire une bonne commission, 500 dollars environ [...]. Pour les *Lada* et les *Moscovich* [tous les véhicules à moteur de l'ancien bloc de l'Est], tu ne peux pas faire de transfert de propriété, donc en fait tu peux la louer au propriétaire, tu te mets d'accord avec lui, je ne sais pas, tu lui donnes 50 ou 60 dollars par mois, mais en général les gens qui font ça, c'est plutôt pour faire le taxi clandestin (*botear*), donc les propriétaires, ils ne sont pas idiots, ils peuvent te fixer un tarif journalier, cinq dollars, quelque chose comme ça [...]. Tu peux aussi acheter la voiture, mais il n'y a pas de transfert de propriété. Dans tous les cas, il te faut un certificat de prêt du propriétaire pour les apparences (*hacer el paripé*) mais le problème, c'est de se mettre d'accord. Le propriétaire assume les contraventions par exemple, mais pas les trafics qui craignent, si par exemple tu te fais pincer avec de la viande de bœuf ou de la drogue, là, le propriétaire, il abandonne carrément la voiture, il vaut mieux pour lui la déclarer volée ou quelque chose comme ça. Donc si tu achètes une *Lada*, tu prends des risques, et le propriétaire aussi, parce que tu n'es jamais à l'abri d'un mouchardage, et si la personne qui t'achète la voiture en plus abuse... [...] Il peut aussi y avoir des problèmes si le propriétaire décède, que ses héritiers s'en foutent de l'accord que tu as passé avec le défunt, ou pire, s'il quitte Cuba et qu'il ne te le dit pas, parce que tu ne crois quand même pas qu'il va te le dire, pour te rendre une partie de l'argent et ensuite que l'État lui confisque sa voiture quand il part et la donne ensuite à un communiste (*un comecandela*)... Regarde, moi j'ai gagné beaucoup d'argent en faisant l'intermédiaire, parce que je faisais les choses avec *tact*, je savais trouver les bonnes personnes pour qu'il n'y ait pas de problèmes ensuite... Enfin, jusqu'à un certain point.»

«Inventeur hors pair», Lorenzo l'est encore dans la manière dont, plus qu'il ne saisit les opportunités, il les crée:

«Une fois, j'avais trouvé des *guajiros* qui voulaient vendre un camion Ford, et ils me l'avaient laissé en toute confiance parce que j'avais un client. C'était le week-end, c'était l'été, et je me suis dit "putain, il faut que je fasse quelque chose avec ce camion", et donc, les *guajiros* m'avaient laissé un certificat de prêt, et en même temps, je connaissais un type dans le quartier qui vendait plus de bière que n'importe qui, il avait son fournisseur qui la lui amenait de l'usine. Donc je lui ai dit "trouve moi toute la bière que tu peux"… Mon pote, il avait des caisses et des caisses, et donc on est allé à la plage avec le camion, moi et tout un tas de *négros* du quartier, avec la bière, histoire de faire croire que la bière c'était pour nous si la police nous emmerdait, mais même pas… Tu sais comment les gens se jettent sur la bière bien fraîche en été à la plage? Quel *business* en or! Par la suite, on l'a refait plusieurs fois dès que je trouvais un camion les jours d'été.»

Diverses et variées, les «inventions» de Lorenzo sont souvent le fruit de son observation:

«Si tu veux vraiment t'en sortir à Cuba, il faut que tu fasses travailler les gens à ta place, par exemple à un moment j'avais ma propre *brigade de construction*. Je ne connais pas la plomberie, la charpenterie, la menuiserie, la maçonnerie, tout ça, mais qu'est-ce que tu crois, que les gens qui trouvent les chantiers chez les particuliers sont eux-mêmes menuisiers ou maçons? C'est à toi de trouver les chantiers et les ouvriers, et ensuite de voir comment tu peux gagner de l'argent, en payant les ouvriers et en achetant les matériaux de construction, mais attention, il faut être là et contrôler, sinon les travailleurs de ta propre brigade vont te voler ton ciment, ta peinture, tes tuyaux […] et ils vont essayer de retarder les travaux pour te réclamer plus d'argent […].

Pour les voitures aussi, je connaissais un type qui était fraiseur, un monstre [*mostro*, excellent], avec n'importe quel bout de métal, il te faisait une pièce, et sur le petit terrain à côté de chez moi, il y avait la place pour mettre une voiture, à l'abri des regards, et le type je le payais pour transformer la voiture en princesse, et là aussi, je donnais au propriétaire le prix qu'il voulait pour sa voiture, et avec les améliorations, je me faisais une belle somme, et l'autre [le fraiseur] ça ne le concernait pas, je lui avais dit d'avance ce que j'allais lui donner, même si je lui donnais toujours quelque chose en plus… Il faut toujours avoir du *tact*.»

Lorenzo avait également déployé tous ses talents d'inventeur hors-pair pour parvenir à quitter l'île. Comme Rafael, il avait gagné en 2000 un visa d'entrée pour les États-Unis, valide également pour sa femme et leur fille, grâce au *bombo*, la loterie organisée dans le cadre du *Special Cuban Migration Program*. À la différence de Rafael, sa propre mère – il n'a pas vu son père depuis la fin des années 1970 – avait déjà réussi à émigrer aux États-Unis en 1991. À l'époque, elle avait obtenu un permis de sortie d'un mois du gouvernement cubain pour rendre visite à sa sœur en Floride, aux frais de cette dernière, et en avait profité pour rester, dans le cadre prévu par le *Cuban Adjustment Act* de 1966. Aussi Lorenzo avait-il essayé de mettre toutes les chances de son côté, avant même de participer au *bombo*: sa mère avait effectué des démarches dès qu'elle avait obtenu la résidence légale aux États-Unis pour essayer de faire venir son fils et sa belle-fille en vertu du programme dit de «regroupement familial».

Comme elle avait également été atteinte d'un cancer (sans gravité) en 1998, Lorenzo s'était renseigné auprès de la Croix Rouge et avait mis en œuvre toutes les démarches visant à lui faire obtenir un visa de type «humanitaire», délivré dans la mesure où le sollicitant peut prouver que la personne malade n'a pas de soutien familial dans le pays où elle se trouve. Alors que la mère de Lorenzo pouvait compter sur sa sœur, ainsi que plusieurs cousines et parents éloignés, elle avait fait parvenir une lettre à son fils dans laquelle elle décrivait l'absence de liens avec ces derniers et sa grande vulnérabilité. Mais un visa de type humanitaire aurait imposé à Lorenzo de revenir à Cuba une fois sa mère guérie et ne lui aurait pas permis de partir avec sa femme et leur fille (née en 1996).

S'il n'avait eu que cette option, il aurait malgré tout saisi sa chance de demander l'asile politique une fois aux États-Unis, pour essayer ensuite de faire venir sa femme et sa fille en vertu du programme de «regroupement familial». Quelque temps après avoir «gagné» le *bombo*, non seulement avait-il reçu une réponse positive de la Croix Rouge, mais les démarches de sa mère en vue du regroupement familial avaient également abouti. Lorenzo voyait loin: c'est sur ses conseils qu'un de ses amis du quartier avait rejoint une église évangéliste à La Havane, avant d'obtenir un visa pour les États-Unis par l'intermédiaire de cette association religieuse, dont le siège se trouve en Californie.

À la «pêche» chez les *guajiros*

Lorenzo «jouait avec la marée» au moyen d'une intelligence peu commune, en fonction de l'environnement en pleine mutation au sein duquel il savait repérer les espaces de ressources, pour éphémères qu'ils fussent. «Jouer avec la marée» signifiait également tirer profit de sa situation avantageuse, par rapport à la plupart de ses voisins et amis. Beaucoup d'entre eux sont noirs et donc bien plus susceptibles d'être victimes d'un contrôle de police au hasard. D'autres sont limités par leurs antécédents judiciaires et risquent d'aller ou de retourner en prison au moindre délit. Comme Juan, Lorenzo évoque sans cesse le «tact», c'est-à-dire, plus encore que le fait de «jouer avec la marée», le sens de la mesure dans une situation qui est aussi définie par les handicaps de celui qui lutte.

L'amoureux de la nature, un Afro-Cubain qui vivait dans le *solar* jouxtant l'immeuble de Juan, se trouvait dans une situation telle que le sens de la mesure lui imposait de se concentrer sur «la pêche». Condamné à dix ans de prison dans les années 1970 pour trafic de marihuana, il vivait dans un appartement de deux pièces avec son fils, né en 1988. À 40 ans passés, il avait peu de chances de se voir appliquer la *loi de dangerosité post-délic-tueuse* mais, dans la mesure où il ne travaillait pas, il ne pouvait pas risquer d'être pris dans un *business* « trop ambitieux »[72]. Sans économies et alors que son appartement était dans un état de délabrement avancé, il ne lui était pas non plus possible d'investir, même à petite échelle. Il possédait une bicyclette de marque chinoise dont il avait renforcé le porte-bagages et son surnom, *l'amoureux de la nature*, venait du registre de « la pêche » dans lequel il s'était spécialisé.

Tous les matins ou presque, avant l'aube, il se rendait à vélo à la gare ferroviaire de la Vieille Havane, pour prendre un train à destination de la province de Matanzas, ou bien dans le quartier de Marianao, au départ des camions à destination de la province de Pinar del Río. Il pouvait alors parcourir encore près de 100 kilomètres aller-retour à la recherche de « quelque chose » et effectuer le trajet du retour avec un cerf attaché à son porte-bagages. Parfois, il partait avec une commande : pour faire un « travail », un *babalao* ou un *palero* lui avait demandé une *jutía* (une espèce endémique de rat géant des arbres, dont un spécimen adulte se vend 200 à 300 pesos), un serpent *majá* (le boa local), une chèvre ou même un cerf (dont la viande se vend par ailleurs 50 pesos la livre). La plupart du temps, il ramenait ce qu'il trouvait : un ou deux poulets (revendus 20 ou 25 pesos la livre), des œufs, du poisson (10 à 20 pesos la livre), des langoustes (40 à 50 pesos la livre), des pommes de terre (2 à 3 pesos la livre), mais aussi du kérosène (*luz brillante*, revendu 25 à 30 pesos le litre) ou du gaz de cuisine (revendu par recharges de 20 pesos) et, malgré tout, si l'occasion était trop belle, de petites quantités de marihuana « créole ».

« Il faut bien connaître la mentalité des *guajiros*, plus ils sont nobles d'âme, plus ce sont des crétins (*lo más noble, lo más bobo*). Les *guajiros*, tu dois acquérir leur confiance, donc par exemple, tu vois une poule dans le maquis (*en el monte*), et ensuite tu croises un *guajiro*, tu lui dis "regarde, par là-bas dans le *monte* il y a une poule", ensuite tu l'emmènes en vélo pour qu'il la récupère, et le jour où il y a un vol, tout le monde me connaît et va dire que ce n'est pas moi, que "non, ce Noir n'est pas un voleur" […].

À la campagne, les *guajiros* ont leur système aussi, il ne faut pas croire… […] Certains d'entre eux n'ont jamais remis leur terre à l'État : il y a des petits lopins qui n'existent nulle part, même pas sur les cadastres, ils se sont arrangés avec les gens de l'INRA [Institut National de la Réforme Agraire, créé en 1959] et du Parti, à qui les *guajiros* donnent leur part […].

Sur le nombre de bêtes qu'ils élèvent et qui naissent, ils n'en déclarent qu'une partie, et les inspecteurs sont de mèche, soit le *guajiro* leur donne une bête, soit il leur donne des produits ou ce qu'ils veulent, et ensuite les inspecteurs ils s'arrangent avec leurs chefs, et ça remonte jusqu'en haut […]. Il faut bien que des gens leur achètent leurs bêtes sous le manteau (*por la izquierda*), et c'est là que j'ai mon créneau (*mi clave*). […] Même avec les vaches, les *guajiros* ont leurs combines, par exemple, une vache qui met bas et c'est une génisse, ils mettent sur les papiers que c'est un veau, et voilà, ils sortent une reproductrice du circuit, quand elle est prête, le taureau lui passe dessus, et ensuite ils inventent, ils gèrent leur stock, ils sacrifient une vache pour eux, ou bien le veau réapparait, il y a plein de combinaisons possibles… […] Ces *guajiros* jouent avec le feu, et il faut vraiment se méfier, parce que s'ils ont un problème avec la police, la meilleure solution pour eux pour se blanchir (*limpiarse*), c'est de balancer quelqu'un qui n'est pas de là-bas, donc ils te balancent sans sourciller. C'est pour ça que je ne joue pas avec la viande de bœuf, parce qu'en plus sur le retour il y a souvent des contrôles […].

C'est tout sauf facile, je me fais souvent contrôler par la police, je leur dis que ce que je transporte est destiné à ma consommation personnelle, ou bien que c'est pour faire un travail de *santería*… Parfois, ils ne veulent rien savoir, ils me confisquent ma marchandise, parfois j'arrive à les émouvoir au baratin… Parfois, ils me voient arriver, un Noir en vélo avec un mouton attaché au porte-bagages, ils ne peuvent pas s'empêcher de rire, et puis ils voient bien que je lutte, alors ils me laissent continuer.»

Un jour de 2004, l'*amoureux de la nature* a soudainement ressenti une vive douleur dans la poitrine. Devant l'insistance de ses voisins, il a fini par accepter de se rendre à l'hôpital. Sur place, les médecins lui ont immédiatement fait des examens mais il est ensuite reparti chez lui, contre leur avis et malgré leur mise en garde. Le lendemain, il a succombé à une crise cardiaque, laissant derrière lui son fils de 16 ans, lequel n'avait guère de relation avec sa mère. À l'âge de 18 ans, alors qu'il n'était plus à l'école et n'étudiait pas, ce dernier a été envoyé en prison pour un an en vertu de la loi de la *dangerosité pré-délictueuse*. En prison, une altercation avec un autre jeune Afro-Cubain a dégénéré en bagarre. Muni d'un poignard artisanal en prévision d'une attaque surprise de représailles, survenue peu de temps après, il a fini par poignarder et tuer son agresseur. Condamné à 20 ans de prison, il se trouve dans un établissement pénitencier de l'est de l'île, à plusieurs centaines de kilomètres de ses proches.

Au même titre que l'*amoureux de la nature*, Ricardo, le frère aîné de Juan, est limité par ses antécédents. Non seulement il a effectué une peine de prison à la fin des années 1980, mais il n'est passé entre les mailles du filet que par miracle lorsque sa fiancée a été arrêtée en 1996. À l'époque, il menait grand train lorsqu'elle se prostituait exclusivement auprès «des *yumas* du haut du panier» (*de puntería*). Ces dernières années, il part à «la pêche» à intervalles plus ou moins réguliers et ramène de la province de Pinar del Río des coqs de combat, du bois et du tabac, principalement. Contrôlé en possession d'un à deux coqs de combat, il n'encourt guère de sanction et explique tout juste, le cas échéant, qu'il a reçu un cadeau. Les combats de coqs ont beau être interdits, il n'est guère compliqué, lorsque commence la saison à la fin du mois de novembre, de trouver les enclos où se rassemblent propriétaires et parieurs dans les zones rurales de la province de Pinar del Río ou dans l'île de la Jeunesse. Ricardo a l'œil pour trouver des coqs qu'il revend ensuite à des «entraîneurs», lesquels organisent des combats dans les quartiers périphériques de La Havane, où il vit depuis une dizaine d'années. Il revend le bois directement à des chefs de brigade de construction et le tabac à des fabriques clandestines (*chinchales*).

Les « déchets » et les « hébétés »

Chacun «joue avec la marée» en fonction de sa situation, de ses atouts et des «boulets» qu'il traîne. Les individus qui se trouvent tout en bas de l'échelle et se livrent à des combines jugées dégradantes, même s'ils ne peuvent prétendre à autre chose, sont rejetés par les voisins du côté des «déchets» (*la lacra*).

Un jeune vendeur de marihuana du quartier, qui écoule tout au plus une dizaine de cigarettes par jour, laisse sa marchandise en dépôt chez sa mère, qui habite à 100 mètres de chez lui. Celle-ci «joue» avec sa couverture : elle est âgée de 70 ans et il est naturel que les jeunes du quartier viennent la saluer avec respect et affection. Ceux-ci ne portent pas de jugement sur la façon dont elle «soutient» son fils, dans la mesure où «elle n'invente pas autre chose».

Tel n'est pas le cas de «la vieille», une voisine âgée qui vit seule et sans ressources, à une rue de chez Juan, et est assimilée par son «gagne-pain» aux «déchets» à qui elle soutire çà et là quelques pesos. Dans le quartier surpeuplé de *Colón*, elle gagne chaque jour quelques pesos en laissant les usagers de la marihuana ou du crack venir fumer dans son logement d'une pièce, contre quelques pièces de monnaie ou un petit billet. Elle prélève ce qu'elle peut, il lui arrive de «tirer une latte» sans guère prêter attention à la nature du produit qui «tourne» et, très arrangeante, de permettre à des couples ou à une *jinetera* «en savates» (*chancletera*) d'avoir des rapports sexuels chez elle pour 10 pesos.

Pour tous les gens qui vivent dans les environs, l'oncle de Lorenzo, né au début des années 1930, appartient aussi à «*la lacra*», en sa qualité de «*chispero*», c'est-à-dire d'alcoolique qui boit du rhum frelaté, appelé notamment «vapeur de locomotive» (*chispa de tren*). Édenté, la voix éraillée, la peau sur les os, il s'alimente une fois par jour auprès d'une cantine pour retraités, dans la Vieille Havane, et passe le reste de ses journées à arpenter les rues dans le but de réunir les cinq pesos nécessaires à l'achat d'un litre de *chispa*. Il laisse sa bouteille dans une cachette et ne garde sur lui qu'une flasque de 33 centilitres, qu'il remplit sitôt vide. Il s'imbibe aussi avec ses amis *chisperos*. Une fois le litre de *chispa* consommé, il repart en quête de cinq pesos.

Tant qu'il habitait à *Colón*, Lorenzo veillait personnellement sur son oncle. Depuis qu'il vit à Miami, il envoie quelques dizaines de dollars tous les mois à un ami du quartier pour que ce dernier le laisse dormir chez lui et s'assure qu'il se lave, s'alimente et ne se met pas trop en danger. L'oncle de Lorenzo est en effet «un vieil arnaqueur» qui a toujours vécu dans la rue. Capable de subtiliser à n'importe qui une chemise, une serviette de bain ou une casserole pour les revendre et obtenir cinq pesos, il n'est pas en possession des clefs du logement de l'ami de Lorenzo. Dès qu'il demande à quelqu'un s'il cherche un produit, un bien ou un aliment en particulier, il tente de le convaincre qu'il sait où le trouver et, si l'imprudent lui remet de l'argent, il disparaît dans la nature. Son comportement est notoire et il a été plusieurs fois menacé de mort, mais l'image de « déchet » que les voisins ont de lui, autant que son lien de parenté avec Lorenzo, finissent toujours par lui « sauver la peau ».

Quelques années après que sa sœur eut émigré aux États-Unis, il a annoncé aux habitants du quartier qu'il avait obtenu un visa et leur a fait ses adieux. Certains d'entre eux, en pleurs, l'ont même accompagné à l'aéroport et d'autres lui ont remis une somme d'argent pour que, une fois à Miami, il leur envoie un appareil, un médicament ou tout autre produit introuvable à Cuba. Il s'agissait en fait d'une mise en scène et il en avait profité pour se mettre au vert pendant quelques mois chez une autre sœur, vivant à Matanzas. Il va et vient de la sorte entre *Colón*, *La Víbora* (où vit un de ses cousins) et Matanzas. Il a même fini par se rendre deux fois à Miami, pour six mois en 2002 et pour dix mois en 2006, aux frais de sa sœur et de Lorenzo. À chaque fois, il a voulu retrouver « la rue » à Cuba et a refusé de rester aux États-Unis.

En comparaison – aux yeux de Juan, de ses frères, de Lorenzo ou de l'*amoureux de la nature* –, ceux qui se trouvent dans une situation qui les autorise à prendre plus de risques, mais restent prisonniers de la « torpeur », ceux qui confondent tact et couardise, ceux qui manquent de hauteur de vue et d'efficacité, sont des *jamadores de soga* ou des *mareados* (à côté de la plaque, hébété, inattentif, qui a la tête ailleurs). Majá, avec lequel Juan et Lorenzo ont grandi, est considéré comme un *jamador de soga* par la plupart de ses amis, qui ne se privent pas de le taquiner (*darle cuero*). Son surnom vient du serpent boa local, en sa qualité de reptile réputé lent et paresseux. Durant son enfance et son adolescence, il se rappelle qu'il était *pandillero*, c'est-à-dire qu'il se laissait guider par la dynamique du groupe d'amis avec lesquels il « traînait », sans faire la différence entre galopiner et meurtrir :

«Quand j'avais 12-13 ans, on faisait toutes les conneries possibles et imaginables avec les autres gamins de *Colón*… Je me rappelle qu'il y avait des camions et des tracteurs neufs qui venaient des pays de l'Est, qui étaient stockés pas loin d'ici, on allait jouer là-bas, on les abîmait […]. Sinon on montait dans des bus au hasard, sans idée d'où on allait, une fois même on est rentré dans *Río Cristal* [lieu de villégiature et de divertissement situé au sud de La Havane] et les travailleurs ne nous ont pas traités correctement… Si on ne nous traitait pas correctement, c'était direct… on a balancé des pierres à tout le monde… Les flics sont arrivés, ils nous ont embarqués, ils rigolaient à moitié tout en nous menaçant, puis on a donné des faux noms, ils ont dit qu'ils viendraient nous voir chez nous… On est retourné au *Río Cristal*, on a à nouveau balancé des pierres à tout le monde, les flics sont revenus, on s'est sauvé, en montant *in extremis* dans un camion, comme on avait l'habitude de le faire… […]

Des fois, l'un de nous allait vers *San Rafael* et *Galiano*, pour racoler un pédé, puis ensuite il le ramenait vers un *solar* où on attendait avec toute la *pandilla* (bande), et là on balançait des pierres au pédé et on le dépouillait.»

Majá se rappelle qu'à la même époque il partait avec plusieurs amis à la recherche de bouteilles en plastique ou en verre, qui étaient revendues bien lavées entre 50 *centavos* (pour les petites bouteilles de bière) et 2 pesos (pour les grandes bouteilles de soda) :

«Mes amis connaissaient des gens qui vendaient de la bière, des boissons gazeuses faites à la maison, parfois du shampoing ou du savon liquide qu'ils emportaient dans des seaux depuis leur lieu de travail… […] J'ai été à l'école de *Colón*, j'ai fait tous types de négoces dans ma vie, et celui qui m'a tout appris, c'est Lorenzo, lui il a vraiment inventé des trucs de fou.»

Majá se veut en permanence attentif aux opportunités qui se présentent à lui, mais sait qu'«en tant que Noir, il faut être plus prudent que les autres». Pendant plusieurs années, entre 2000 et 2003, il achetait pour 80 pesos à une employée de l'usine *Coppelia* quatre bouteilles de plastique d'un litre et demi remplies de crème glacée. Avec chaque bouteille, il remplissait neuf verres de glace, qu'il revendait aux habitants du quartier à 6 pesos l'unité. Comme le soulignent Juan, Rafael ou Lorenzo dans leurs récits, la plupart des employés qui volent des produits sur leur lieu de travail ne se risquent pas à en faire eux-mêmes le commerce au détail depuis leur domicile. Ainsi, Majá allait lui-même chercher la glace à une vingtaine de minutes à pied de chez lui, chez l'employée de *Coppelia*. Particulièrement précautionneuse, celle-ci ne lui en vendait qu'un jour sur deux : elle n'avait pas «mis tous ses œufs dans le même panier» et Majá avait un *alter ego* dans un autre quartier qui venait comme lui un jour sur deux chercher sa part. Majá revendait la glace *illico* et gagnait tous les deux jours près de 120 pesos (il mangeait ou offrait toujours quelques verres). C'est typiquement ce genre de négoce, jugé trop prudent, qui vaut à Majá sa réputation de *jamador de soga*. Lorenzo, depuis Miami, juge que son ami est «un endormi» (*está en su dormidera*) et qu'«il n'arrivera à rien» :

«Il se lance dans les *permutas* de voitures et dans le négoce de *corredor de permutas de casa* mais c'est trop tard, ce négoce-là, c'est il y a des années qu'il te permettait de gagner de l'argent, maintenant c'est terminé.»

Quelques années plus tard, Lorenzo constatait amusé que Majá était selon ses propres dires à la tête d'une *brigada de construcción* :

«Ça fait deux ans qu'il me répète ça, quand je lui demande où en sont ses chantiers, il me dit "ça avance, ça avance", mais la vérité, que j'ai réussi à lui faire avouer, c'est que ça fait deux ans qu'il est sur le même chantier, le seul qu'il a en vrai, et que le chantier n'est toujours pas fini!»

Pour ma part, j'avais connu en 2002 à La Havane un Français qui voulait prendre des cours de percussion, pour lesquels il était prêt à payer 10 dollars de l'heure. J'en avais informé Majá, qui connaissait beaucoup de musiciens, pour qu'il trouve un professeur et négocie sa commission. Le Français avait pris en tout vingt heures de cours et Majá n'avait reçu que 20 dollars de commission. Juan l'avait copieusement taquiné, estimant que, parce que le tarif normal était de 1 dollar de l'heure et que la concurrence entre professeurs de percussions plaçait Majá dans une position de force, il eût été «normal» de réclamer la moitié des gains, soit 100 dollars.

En 2004, j'ai fait la connaissance, cette fois à Paris, d'un Français qui partait étudier les percussions à La Havane et je lui avais donné le numéro de téléphone de Majá. Comme le Français vivait dans un quartier où les habitants ne toléraient pas le bruit des *congas*, il avait proposé à Majá de lui donner quelques dollars pour le laisser répéter avec son groupe de percussionnistes dans le salon de l'appartement de sa mère. Depuis, un cortège d'étudiants, envoyés au fil des années par ce Français, viennent répéter chez la mère de Majá, à tel point que Juan me disait avec amusement au téléphone: «Ce *Negro* est devenu un véritable *jinetero.*»

Depuis quelques années, Majá observe également l'engouement autour de la *bolita* et est devenu un temps *recogedor* (ramasseur, courtier), ce qui lui a assuré des rentrées d'argent régulières et lui a permis d'acquérir un téléphone portable. En voyant les banquiers «ramasser le pactole», son objectif est devenu d'accumuler lui-même les fonds nécessaires pour «ouvrir sa banque». Cette fois, la plupart de ses amis sont tombés d'accord sur le fait que les potentialités d'un tel négoce sont énormes et Majá a fini par réussir à emprunter 1 000 Cuc à un *garrotero* (usurier) du quartier dont l'intérêt est de 50 %. Mais, dès le premier tirage, Majá a accepté plus de paris que de raison : dans le cas très peu probable où un numéro sur lequel plusieurs joueurs avaient misé était tiré, ses fonds étaient insuffisants pour payer tous les gagnants. C'est pourtant ce qui s'est passé : Majá s'est retrouvé à devoir payer 76 000 pesos, soit près de 3 200 Cuc. Ne possédant pas une telle somme et n'étant pas non plus en mesure de payer le *garrotero*, il a été, selon ses propres termes, « dans de très très sales draps » (*enredadisisisisísimo*) mais « [a remué] ciel et terre » pour payer ses débiteurs, lesquels, n'ayant guère d'autre choix, ont apparemment décidé de se montrer patients – et de rester menaçants. Ce dernier épisode est plutôt un coup du sort et relève moins de l'inconséquence que de la malchance ; les amis de Majá y voient cependant une nouvelle illustration de son amateurisme ; il n'a pas fini d'être raillé.

Quand la marge devient la norme

« Jouer avec la marée » revient donc avant tout à prendre la mesure de l'acceptation unanime du principe de la *lucha* et de l'impossibilité de respecter la légalité socialiste. Selon l'expression cubaine, tous les Cubains qui luttent sont « marqués », c'est-à-dire « repérables », ne serait-ce que parce que, dans la grande majorité des cas, le fait qu'ils continuent à se nourrir et à se laver, une fois consommés les produits rationnés, montre qu'ils ne vivent pas seulement de leur salaire – 175 pesos par mois en moyenne en 2005, 500 à 750 pesos pour un médecin ou un enseignant, plus de 800 pesos pour un policier de la rue (*un azulero*) et 100 dollars pour certains employés des *corporations*[73].

Juan, par exemple, jouit même d'un niveau de vie bien plus aisé que la majorité des Cubains. Dans sa famille, on mange de la viande plusieurs fois par semaine (achetée au marché noir 35 pesos la livre, alors qu'elle vaut plus du double dans les *tiendas*) et régulièrement des fruits de mer et du poisson (25 pesos la livre de crevettes, 10 pesos la livre de calamars, 15-20 pesos la livre de mérou, achetés à l'employé de la poissonnerie ou au *bodeguero*). On consomme également beaucoup de fruits et légumes, achetés dans les *agropecuarios* : tomates, concombres (3 à 5 pesos la livre), choux à 2-3 pesos la pièce, oignons à 8-10 pesos la botte, goyaves à 4-6 pesos la livre... On ne manque jamais de café, de rhum (60 pesos la bouteille), de savon (45 cents dans les *tiendas*, 8-10 pesos au marché noir).

Juan s'achète des vêtements de qualité, parfois des imitations de «grandes» marques (*Nike, Adidas*), qui *apparaissent* de temps à autre chez les revendeurs particuliers ou dans la rue, volés dans les *tiendas* ou bradés pour des sommes dérisoires par des individus pris par l'urgence ou des *camboleros* en manque. Juan va souvent au cinéma (2 pesos l'entrée) et mange régulièrement dans les cafétérias (5-7 pesos la pizza, 3 pesos le *batido* de fruits, 1 peso le café). Il se déplace habituellement en *guagua* (bus – 40 *centavos* de peso) ou en *camello* (camion remorque transformé en moyen de transport pouvant contenir jusqu'à 400 personnes – 20 *centavos* de peso), mais n'hésite jamais à monter dans un taxi collectif (*un carro de diez pesos*). Il s'autorise parfois des sorties dans des discothèques bon marché (2-3 dollars l'entrée) ainsi que la compagnie d'une prostituée (4 à 5 dollars dans différents endroits, pour un Cubain) et fumait pour environ 40 dollars de marihuana par mois, avant d'accepter d'arrêter «complètement» en 2004 sur l'insistance de son psychiatre.

Or, à tous les égards, Juan est fortement «marqué»: il ne travaille pas, ne participe pas aux programmes révolutionnaires, *s'affiche* avec des délinquants, achète et vend des produits au marché noir (notamment aux habitants du quartier) et présente des signes extérieurs de richesse largement incompatibles avec son statut social. Mais la plupart des transgressions sont inscrites dans une obtention mutuelle de bénéfices – si le poulet disparaissait du marché noir, il faudrait l'acheter deux fois plus cher à la *tienda*, tout comme le café (6 dollars la livre), le fromage (8 dollars la livre), etc. La *lucha* des uns facilite celle des autres.

«Fidel a fait une génération de voleurs [...]. Est-ce que tu crois qu'un homme qui vit les mêmes nécessités que toi et les mêmes souffrances que toi voit d'un mauvais œil que tu nourrisses ta famille? Est-ce que tu crois qu'il pense que tu mérites huit ans de prison parce que tu vends de la viande? Est-ce que tu crois qu'il va croire qu'il faut dénoncer tout ça alors que nos dirigeants sont les plus grands voleurs du pays? Frappe chez un membre du parti communiste à l'heure du dîner. Tu vas attendre le temps qu'ils cachent dans l'armoire le poulet qu'ils sont en train de manger en famille...»

Les Havanais ont la réputation d'être les moins révolutionnaires de toute l'île, les plus enclins à se plaindre, alors que les conditions de vie à La Havane sont moins difficiles qu'à la campagne (la *libreta* offre davantage dans la capitale, par exemple). Dans *Colón*, la prolifération des trafics et la prégnance des codes d'honneur, d'«*ambiente*», expliquent pour partie la bienveillance des voisins à l'égard d'individus à qui le système économique et social n'a laissé d'autre alternative que la *lucha*. Juan est très bien informé des activités des gens du quartier et souvent, lorsqu'il demande à l'un d'eux où il peut se procurer un produit quelconque, on l'envoie à une adresse où il se présente comme un ami de *fulano* (celui qui l'a envoyé).

«Tu sais, dans le quartier, je ne connais personne qui n'ait pas ses *business*. *La grosse*, à côté, elle vend du café et des fruits qu'on lui amène de la campagne. *El pelón*, on vient même de San Miguel lui acheter la peinture qu'il vole à Eusebio Leal[74]. *La chinoise*, de la terrasse, elle loue sa chambre à des *guajiros* de passage. Carlitos, en bas, il a un alambic chez lui, même s'il vend plus d'eau que de rhum [...]. Les deux petites au coin, elles sont *jineteras* et les deux gros *camboleros* d'en face, ils les maquent (*son los chulos*). [...] Robertico, il a trois *extensions* de téléphone et ses fils, c'est les pires *jineteros* du quartier [...]. Comme tu sais, Osvaldo, il vend des boissons rafraîchissantes (*refrescos*) et des glaces, Cuqui des sandwichs dégueulasses [...]. Regi, toutes les nuits il fait le taxi clandestin (*sale a botear*) avec sa *Lada* [...]. Yuri, il a chez lui deux télés, deux magnétoscopes, une chaine stéréo super (*empingada*), l'air conditionné et pourtant, quand tu es dans la marine marchande, c'est pour l'État que tu commerces, pas pour toi [...].

Même les *jineteras*, les gens ne les voient plus d'un mauvais œil.

— Qu'est-ce que tu fais?

— Moi? je suis *jinetera*.

— Ah, O.K.

Et voilà, c'est comme ça. Par contre, y'a des choses dont il faut vraiment se méfier, c'est la drogue, ça, Fidel ne te le pardonne pas, et même si les gens du quartier se doutent, les *fumeurs* et les *camboleros* se défoncent (*se arrebatan*) discrètement.»

Dans son récit, Rafael explique, presque dans les mêmes termes, que la réorientation des comportements économiques, inscrite dans la marginalité, en est venue à constituer la norme, acceptée bon gré mal gré par tous :

«[Quand j'avais 14 ans, en 1984, je me rappelle que *jinetear*] était un vilain mot, mais au fur et à mesure que le système cubain s'écoulait, à mesure que l'on arrivait aux années 1990 et puis que, à partir de 1991, Cuba est tombé dans une crise économique, le mot a commencé à sonner joliment, il a perdu sa connotation mauvaise [...].

Les gens ont vu toutes ces *jineteras* qui, quand elles vivaient encore à Cuba, remuaient ciel et terre (*dando rueda parriba y pabajo*) et qui revenaient [de l'étranger] complètement transformées. Et donc les gens se disaient : "Putain regarde machine, comme sa vie a changé, etc. Tu ne te rappelles pas?"»

Rafael ajoute cependant qu'au tout début des années 1990 les formes d'acceptation étaient étroitement conditionnées à «l'éducation» et à «l'apparence», plus encore pour les Afro-Cubains :

«Avant, les gens vivaient de leur salaire. Et donc ils voyaient un *jinetero*, que tu étais *jinetero*, [et pour eux tu étais] un délinquant [...]. [À un moment, je vendais des bracelets], je m'habillais soigneusement et j'allais dans les bureaux, où il y avait des femmes qui travaillaient en tant que secrétaires, et je vendais mes bracelets. À cette époque, il fallait bien s'habiller, faire preuve d'une bonne éducation, arriver avec correction, parce que les gens avaient une mauvaise impression des gens qui se livraient au commerce. Ils les appelaient «*merolicos*», c'était une offense [...].

C'est pour ça que j'ai toujours vécu en accord avec la marée, avec la société. Tu ne peux pas aller à l'encontre de la société, tu dois aller dans le sens de la société, tant que ça te convient et que ça ne t'affecte pas...»

En parlant de la «société», de l'«éducation», des «apparences», Rafael indique un autre facteur de réussite dans la *lucha* : il n'évoque plus simplement des combines et des «inventions», imaginées à partir de ressources disponibles et estimées «jouables» par rapport à l'attitude des autorités, mais bel et bien la façon dont les «bonnes mœurs» peuvent parfois sanctionner des comportements vus comme déviants et renforcer l'ordre social et l'application des lois.

En fin de compte, Rafael utilise une autre formule éloquente, par rapport à la nature changeante de la «marée»: «Ce que tu ne peux pas te permettre, c'est de tomber dans le groupe de la malchance.» Comme la «marée», la «malchance» renvoie à différents ordres de réalité.

Le « groupe de la malchance »

Si, de façon contingente, les uns et les autres «jouent avec la marée» et prennent des risques en fonction de leurs capacités, de leur situation et de leurs antécédents, le «groupe de la malchance» est pour partie «structurel». Comme le souligne notamment Lorenzo en parlant des avantages de sa condition de Blanc, les Afro-Cubains doivent faire la preuve de leur comportement civilisé et, *a fortiori*, tous les habitants du quartier engrangent le bénéfice du comportement violent ou exagérément marginal de certains «Noirs».

El ñato, l'un des amis d'enfance de Juan, Lorenzo et Majá, a effectué de nombreux séjours en prison dans les années 1990, pour des délits économiques divers, et vendait de petites quantités de marihuana et de cocaïne après sa dernière sortie, en 2000. Un soir où il avait organisé une fête chez lui, l'ancien petit ami de sa compagne du moment, afro-cubain comme lui, était venu le provoquer. *El ñato* l'avait repoussé, mais ce dernier était revenu quelques heures plus tard, ivre et armé d'un couteau. D'après certains de ses amis présents à la fête, *el ñato* s'était défendu en sortant son propre couteau, venu se planter dans le foie de son agresseur, décédé presque sur le coup. *El ñato* a été condamné à une peine de 20 ans de prison, qu'il purge encore actuellement : non seulement ses antécédents ont joué en sa défaveur, mais son registre d'activité et son comportement violent rendent de fait beaucoup moins grave «la *lucha* des honnêtes gens».

De la même façon, la seule présence dans le quartier de «Luisito le poissard» (*Luisito el sala'o*) fait que certains *luchadores* se sentent moins exposés au danger. Luisito, un Blanc né à la fin des années 1960, a passé près de vingt ans en prison entre la fin des années 1980 et le début des années 2010. Les peines auxquelles il est condamné n'excèdent jamais deux ans mais, comme il le raconte en riant, chaque fois qu'il est libéré et fait ses adieux aux autres prisonniers, ceux-ci le quittent en lui disant : «Ne tarde pas trop quand même.» Majá dit de lui qu'«il a tout fait» et qu'il est «le plus grand voleur de Cuba» : pour éviter de retourner en prison, il s'est spécialisé dans le vol en groupe à la plage. La technique consiste à approcher un plagiste en groupe et à subtiliser un objet (appareil photo, portefeuille, lunettes de soleil) pour ensuite le faire circuler très rapidement à l'intérieur de la chaîne humaine formée par les voleurs. Le plagiste, désorienté, perd de vue son bien et accuse le groupe qui l'entoure, alors que la personne qui est en possession de l'objet dérobé a déjà réussi à s'éloigner. La police, faute de pouvoir mettre la main sur l'objet volé, se contente de distribuer des «lettres d'avertissement» (*cartas de advertencia*).

Alors que, selon la loi, une sanction est prise à partir de la troisième de ces lettres, Luisito en totalise plus de quarante. En 2003, il a été condamné à une peine de six ans de prison domiciliaire et vit avec l'épée de Damoclès au-dessus de la tête. Il se contente d'exercer ses talents de *pickpocket* sur les passants distraits, voire d'accepter certaines commandes passées par des *babalaos* : il se rend la nuit dans des cimetières pour ramener un «cerveau» (un crâne) ou un os particulier. Il ne peut malgré tout éviter de temps à autre de «faire des coups», autant qu'il lui arrive de s'absenter de chez lui. Comme dit Majá: «Si ça leur chante de resserrer le jeu, ils [la police] n'ont même pas besoin de prétexte pour l'arrêter.» De fait, la prison domiciliaire de Luisito a été transformée en 2005 en prison ferme. Il a réussi à se cacher pendant un certain temps avant d'être arrêté et de voir sa peine alourdie.

À la fin des années 1990 et au début des années 2000, Juan appartenait également à cette catégorie de citoyens susceptibles d'être les premiers à faire les frais d'une «battue policière» ou d'un «resserrement du jeu». Lorsque j'ai connu Juan, en 1996, l'un de ses voisins me disait qu'il s'était évadé de prison, après avoir été condamné à une peine de cinq ans de réclusion pour avoir été surpris par la police en flagrant délit de vente de cocaïne:

«Un soir, j'avais un flingue que m'avait prêté Cachao, je l'ai pointé sur une caissière dans une *tienda* en lui demandant de me donner l'argent qu'il y avait dans la caisse [...]. La voiture des policiers (*la fiana*) est arrivée, ils m'ont arrêté et ils m'ont emmené dans un centre d'interrogatoire du *DTI* [«*100 y Aldabó*», le siège du Département Technique d'Enquête]. Au bout de 24 heures, ils m'ont transféré à la prison de *Valle Grande* [...]. Avec l'argent de côté que j'avais, j'ai payé 800 dollars à l'avocat, qui après, je sais pas comment, s'est arrangé avec le juge et j'ai eu seulement six ans [...]. Une fois à *Valle Grande*, je suis resté cinq mois, le temps d'arranger quelque chose avec deux gardiens. Pour 800 dollars, ils ont organisé mon évasion, j'imagine en s'arrangeant aussi avec leur supérieur. Un jour, ils sont venus me chercher et m'ont mis à l'infirmerie pour quelques jours, et de là, ils m'ont déguisé, mis dans une voiture et voilà [...]. Après, grâce à un contact, j'ai pu repayer 600 dollars pour qu'un fonctionnaire du système informatique central efface mes antécédents pénaux et me refasse une carte d'identité[75].»

Juan est resté sans papiers pendant deux mois entre mai et juillet 1996 mais, dès qu'il a obtenu sa nouvelle carte d'identité, les contrôles de police ne posaient plus de problème. Il montrait toujours son titre d'employé de l'usine de plâtre, ce qui ne faisait pas de lui un «tire-au-flanc» (*vago*) et, ajouté au fait qu'il soit blanc et «présentait bien», dissuadait les policiers de demander par *talkie-walkie* un contrôle informatique :

«Un jour, vers mai 1997, ils ont demandé un contrôle informatique par *talkie-walkie* (*me tiraron por la planta*) et là putain, un avis d'évasion de *Valle Grande* est sorti. Ces enculés (*singados*) m'ont dénoncé après m'avoir fait évader. Je me suis retrouvé dans un commissariat (*unidad*) au fin fond de *Marianao*, ma sœur est venue apporter l'*ordre de libération* que j'avais obtenu avec le mec du fichier central, mais il était antérieur à l'*avis d'évasion* [...]. Ça, c'était un vendredi, et le bus pour *Valle Grande* venait de partir, et y'en avait pas avant le lundi matin [...]. C'est un autre flic qui a *pris son tour* le lundi matin, et comme par miracle, la première chose qu'il a vue, c'est l'*ordre de libération*. Il a pas cherché plus loin, et je me suis barré. Il a pas vu l'*avis d'évasion* !»

Pendant les années qui ont suivi, Juan a vécu dans l'angoisse des contrôles et s'est déplacé avec la carte d'identité de son frère cadet qui, par chance, lui ressemble énormément. Pourtant, comme ce dernier est souvent *au feu*, il a grand besoin de ses papiers d'identité et Juan se déplace souvent sans aucun document (*indocumentado*) :

«Heureusement que je suis blanc et que ces *pédés* de *palestiniens* [*palestinos*, Cubains originaires des provinces orientales de l'île] contrôlent surtout les Noirs [...].

Personne pratiquement dans le quartier ne sait pour mon problème de la prison, ni même que je me suis évadé [...]. Je paierais n'importe quelle somme pour que ce problème soit réglé. Tu ne peux pas savoir combien je suis stressé à cause de ça : six ans plus deux ans pour l'évasion, imagine-toi. »

En outre, entre mai 1996 et janvier 1999, Juan a été interné deux fois, pour des durées de deux et six mois. Comme me l'a expliqué sa sœur aînée :

« Il a fallu l'emmener à l'hôpital, il devenait trop nerveux, agressif, il se battait dans la rue avec n'importe qui. La marihuana lui fait beaucoup de mal, surtout quand il commence à ne plus se reposer du tout, à être entre mille choses chaque jour, en sortant en plus toute la nuit [...]. Ça a vraiment été un cauchemar pour nous (*la pasamos negra negra*). »

Juan ajoute :

« Par chance, j'ai jamais été à *Mazorra* parce que là-bas ils vérifient tes antécédents pénaux et ça aurait été la merde (*candela*). [...] La deuxième fois, c'était pire que tout : ils me donnaient des pastilles qui me rendaient mongolien (*mongo*). J'étais dans les nuages toute la journée. Et les médecins ne parlent pas avec toi, quand tu commences à parler un peu, au bout de cinq minutes, ils te disent "d'accord", et ils continuent à te donner encore plus de pilules. De toute façon, ils gagnent un salaire de merde, ils viennent de l'autre bout de La Havane en *camello* pour travailler, et ils ont d'abord leurs problèmes [...]. Tu sais, le jour où je suis tombé du balcon du deuxième étage, dans l'hôpital, je ne suis pas tombé... J'en pouvais plus. C'est un miracle que je sois en vie et que je n'aie pas perdu mon bras [...]. Dans ce pays, les traitements humains ou plus avancés n'existent pas. S'ils pouvaient, je ne sais pas moi, par exemple nous traiter par la psychanalyse... »

Être prisonnier de la composante structurelle du « groupe de la malchance » ne relève pourtant pas de la fatalité : c'est le résultat d'une accumulation de sanctions année après année et, si certains finissent par être emportés dans la spirale de la stigmatisation légale, sociale et culturelle, d'autres parviennent à l'enrayer. En d'autres termes, «ne pas tomber dans le groupe de la malchance» implique de veiller à s'en extraire perpétuellement.

Majá, le *jamador de soga*, s'y applique en conservant un emploi dans le secteur d'État, lequel témoigne de son intégration et de sa qualité morale. Son travail consiste à se rendre un jour sur deux à quelques rues de son domicile pour contrôler l'entrée et la sortie des «poubelles sur roulettes», qui sont regroupées dans un enclos dont les clefs lui ont été remises. À 19 heures, les «travailleurs» ramènent les «poubelles sur roulette» avec lesquelles ils ont assuré le nettoyage des rues du quartier. À 4 heures du matin, d'autres «travailleurs» viennent chercher ces mêmes «poubelles» et sortent effectuer leurs tâches, récupérant au passage divers objets qu'ils revendent ensuite pour leur propre compte. Le travail de Majá consiste à ouvrir l'enclos, d'abord à 19 heures, puis à 4 heures du matin, et à compter les «poubelles sur roulettes» pour vérifier qu'aucune d'entre elles n'a été volée. Il passe à chaque fois environ une demi-heure à attendre l'arrivée des travailleurs et à compter les poubelles, dont le nombre total ne dépasse pas 40, et touchait pour cela un salaire de 100 pesos par mois au début des années 2000, qui a été réévalué à 180 pesos en 2005. Son supérieur est un habitant du quartier, qui touche un salaire légèrement plus élevé, mais vit essentiellement de divers trafics de produits alimentaires et de rhum.

Majá et son supérieur encaissent leur salaire sans guère en tenir compte: le fait de «travailler pour l'État» n'est qu'une précaution prise au cas où l'une de leurs nombreuses activités illégales serait découverte par la police, laquelle, constatant que les infracteurs sont «propres» par ailleurs, pourrait alors décider de ne pas engager de poursuites. Selon l'expression consacrée, Majá «se lave» grâce à cet emploi mal rémunéré mais peu contraignant. Dans cette optique, il avait pris soin à l'âge de 18 ans d'effectuer son service militaire, d'une durée de deux ans, et il assiste, même distraitement, à quelques-unes des réunions du CDR de son pâté de maison.

Lorenzo quant à lui a été arrêté par deux fois, en 1996 et en 1997, en vertu de la *loi de dangerosité pré-délictueuse* : «Mon avocate était balaise, et il ne m'est rien arrivé du tout.» En 1998, des individus à qui il devait de l'argent ont menacé de s'en prendre à sa fille, à l'époque âgée de deux ans, et Lorenzo a alors emprunté un revolver à un ami. Quelque temps après, les individus en question sont venus jusque chez lui et Lorenzo est sorti dans la rue, revolver à la main. Comme il ne sait pas se servir d'une arme, il a été projeté en arrière lorsqu'il a appuyé sur la gâchette : il a ainsi tiré en l'air, ce qui a tout de même suffi à faire fuir ses «ennemis». Cette fois, il a été arrêté, mais là encore son avocate a réussi à limiter la peine à un an de prison domiciliaire, avec obligation de se rendre toutes les semaines au tribunal pour montrer une preuve d'emploi :

«J'avais un pote qui était chef d'une brigade de construction, il me faisait les papiers et en échange je lui donnais mon salaire, et 10 dollars en plus de temps en temps, je lui payais des sorties aussi.»

Parmi les dépenses engagées pour se rendre aux États-Unis, Lorenzo énumère, à la suite des frais consulaires et médicaux, la somme à payer «au juge» pour «nettoyer le casier judiciaire», à l'instar d'autres émigrants de sa «catégorie». Dans son cas, il a fait remettre 200 dollars à «une juge» pour effacer le délit dont il s'était rendu coupable en faisant usage d'une arme à feu.

Rafael se rappelle pour sa part de «la période pendant laquelle *venait le danger*», ou autrement dit, des années 1996-1997 où la loi de dangerosité était appliquée par vagues successives:

«Quand j'ai vu que ça devenait chaud, je me suis inscrit à un cours de technicien des métiers du son [...]. C'était un cours organisé par le gouvernement [par le municipe de la Vieille Havane, dans le local *Rosalina de Castro*], tu payais... 50 ou 60 pesos, je ne me rappelle plus bien [...]. C'est un pote qui m'avait mis au courant [...] et quand j'ai terminé, un autre pote qui travaillait comme ingénieur du son pour un groupe musical m'a dit: "Eh, on cherche quelqu'un pour porter les instruments et le matériel du son." [...] Et donc ils m'ont mis dans l'équipe, j'étais payé chaque semaine [...]. J'ai ouvert un compte en banque et j'y ai mis mon argent... Tu te rends compte de ce que j'ai dû faire pour justifier mon argent [...]. Les gens me voyaient en train de charger et de décharger les instruments du camion, parce que le groupe en question répétait à côté de chez moi, et donc les gens disaient "ahh... Tu travailles?" et je disais "oui, je travaille" [...]. Ce qui me convenait, c'était que les gens me voient en train de faire quelque chose... je n'allais pas me laisser envoyer en prison par négligence.»

Rafael explique qu'alors qu'il était «rentré là-dedans» pour «se défaire du *danger*» (le risque d'être envoyé en prison en vertu de la *loi de la dangerosité*) il avait «fini par se faire de l'argent». En effet, il cachait une bouteille de rhum *Havana Club* dans un instrument lorsqu'il entrait dans les clubs ou cabarets où son groupe allait jouer (le *Palacio de la salsa*, le *Café cantante*, etc.) et il la revendait à l'intérieur. Une fois devenu un habitué des lieux, il obtenait même deux entrées supplémentaires en tant que membre de l'équipe technique du groupe et les revendait à l'entrée:

«Le *yuma* qui venait avec la *jinetera*, j'appelais la *jinetera* et je lui disais : "Regarde gamine, j'ai une bonne entrée pour toi, le *yuma* va payer 15 et 15, ça fait 30 dollars pour les deux, tu me donnes 20 dollars, et c'est sans problèmes." […] Et ensuite je lui disais : "Regarde, il y a une bouteille ici, pour 30 dollars", ou 27, bref, et on jouait notre combine à l'intérieur du club, en faisant gaffe aux gens du bar, parce que le mec du bar, cette combine, ça l'arrange pas… […] Quand nous jouions au Palacio de la Salsa, j'ai noué amitié avec des gens qui travaillaient là-bas […] et après j'y allais sans même que mon groupe ne joue là-bas, parce que les gens que je connaissais me donnaient mes entrées […]. Je les vendais et je leur donnais leur part […]. Par la suite, j'ai même connu deux-trois types qui étaient producteurs de la EGREM [*Empresa de Grabaciones y Ediciones Musicales*], et ces mecs se mettent des billets plein les poches, j'allais suivre le cours de production […] parce que je voulais continuer à laver mon image, et là-dedans, il y avait vraiment de l'argent à se faire…»

Bénéficier du laisser-faire des autorités

Pour ceux qui veillent à «rester propres» ou à «laver leur image», s'extraire du «groupe de la malchance» signifie avant tout bénéficier du laisser-faire des autorités. Juan et ses frères, par exemple, n'assistent jamais aux réunions du CDR, à la différence de leur mère, de Majá (qui est rattaché à un autre CDR) ou, jusqu'à son décès, de *l'amoureux de la nature* – ces derniers considèrent l'exercice si peu contraignant qu'ils disent ne pas comprendre pourquoi les premiers ne font pas l'effort de se déplacer. À l'image de nombreux CDR de *cuadra* des quartiers de *Centro Habana*, de la Vieille Havane, du *Cerro*, de *San Miguel*, de *Marianao*, etc., celui auquel ils appartiennent se réunit à peine une fois par mois et pour une durée de quelques minutes tout au plus.

La présidente du CDR de Juan, une employée administrative née à la fin des années 1940 de parents galiciens, a été de toutes les «batailles», depuis la «campagne d'alphabétisation» jusqu'à la «campagne pour la restitution de l'enfant Elián» (voir chapitre 6). De l'avis général des habitants de la *cuadra*, elle est «quelqu'un de bien» (*una buena persona*). Lorsque des policiers ou des enquêteurs du DTI se présentent à elle pour lui demander des informations au sujet d'un individu appartenant à son CDR, elle cherche toujours à le protéger dans la mesure du possible, répondant par exemple que la personne en question «ne fait rien de mal» (*no está en nada*). Elle sait que beaucoup de jeunes du quartier fument de la marihuana mais assure en privé, avec un certain dépit, qu'«ils n'ont rien d'autre à faire». Elle les connaît pour la plupart depuis qu'ils sont nés et les liens affectifs prévalent sur le rôle d'informatrice qui incombe à sa fonction. Bien consciente que tous se livrent à des activités illégales, elle se disait au début des années 2000 décidée à «louer» la chambre que son fils n'occupait plus depuis qu'il avait fondé son propre foyer, mais ne s'est finalement guère résolue à se lancer dans cette activité.

Sous sa houlette, une réunion du CDR se déroule de la façon suivante : les gens réunis chantent *La Bayamesa*, l'hymne national de Cuba, puis reviennent sur la vie des héros et martyrs dont on commémore la naissance ou le décès, avant d'appeler brièvement à la vigilance face au «terrorisme» et de finir par récapituler brièvement les directives du moment, en particulier en matière de santé publique. Personne n'est disposé à faire part de ses doléances, non parce qu'elles n'existent pas mais parce que tous estiment qu'il est inutile de perdre davantage de temps et qu'ils craignent d'avoir la main trop lourde et de payer un jour le prix de critiques imprudentes.

Aussi, même s'il ne veille pas particulièrement à «se laver», Juan s'abstient-il néanmoins de franchir la «ligne rouge»:

«Qui va oser critiquer Fidel devant tout le monde? Tu peux bien te plaindre comme tout le monde dans la *guagua* ou en faisant la queue, mais dire "À bas Fidel!" pour qu'on te mette en prison et que tes enfants soient livrés à eux-mêmes et que ce porc continue de toute façon à nous gouverner, à quoi ça sert? Moi je vais pas aux *marches*, aux *réunions du comité* ou autre connerie, mais qu'est-ce que tu veux faire de plus? Tu ne peux pas faire moins que de faire mine d'appuyer Fidel quand on te le demande.»

Les réunions du CDR de la *cuadra* de Majá sont la plupart du temps encore plus brèves et durent parfois à peine deux minutes: après avoir chanté *la Bayamesa*, la présidente de son CDR demande si quelqu'un a quelque chose à dire et attend quelques secondes avant de «libérer l'assemblée». Lorsqu'elle lit un «rapport», relaye une directive ou annonce les requêtes qu'elle va transmettre au délégué du Pouvoir Populaire du municipe, elle demande aux gens réunis si tout le monde est d'accord et tous lèvent la main, puis se dispersent à leur tour. La présidente de son CDR est une femme noire née au début des années 1940. Mariée à un *babalao* qui a de nombreux «filleuls», elle jouit du respect de ses voisins, qui bénéficient de sa bienveillance. La «responsable de vigilance» du CDR de Majá ne se contente pas de fermer les yeux sur les délits de ses voisins: elle vend de la bière en grande quantité avec son fiancé et l'appartement qu'ils occupent est équipé d'un téléviseur et d'une chaîne hi-fi dernier cri, de l'air conditionné et de deux réfrigérateurs modernes (où sont stockées les bières).

Pour «avoir la paix au maximum», certains jeunes de l'âge de Majá font mêmes leurs rondes nocturnes aux côtés d'autres «gens du CDR». Aucun d'entre eux n'a réellement l'intention de réagir s'il est témoin d'une illégalité, mais tous veillent à la sécurité physique des habitants du quartier. Car le droit à la sûreté, même chez les individus comme Juan – qui sont par ailleurs les plus indifférents «au baratin communiste» –, reste l'une des demandes majeures adressées au «système»:

«Finalement, si je dois trouver une caractéristique à ce pays de merde (*este singado país*), c'est la tranquillité, ici, entre parenthèses, tu peux te promener n'importe où à n'importe quelle heure, sauf évidemment si tu as dix chaînes autour du cou et des billets qui dépassent de partout [...]. Il n'y a pas de mauvais vraiment mauvais, juste des *pícaros* [...]. Au moins je peux laisser mon fils sans surveillance pendant quelques instants sans craindre qu'on lui fasse du mal.»

Rafael décrit pour sa part la «ligne de travail» ou le mode opérationnel de la police, en insistant sur le laisser-faire tacite dont jouissaient les habitants de son quartier:

«Le chef de secteur faisait souvent des tours dans le quartier, mais il n'était pas à nos trousses[76] [...]. Dans notre quartier, la police n'en avait pas après nous, parce qu'ils savaient bien ce que les gens faisaient. Tant qu'il n'y a pas un problème de vol avec violence, de braquage, un sac arraché à un touriste, une bagarre à l'arme blanche ou au revolver, la police ne se déplace pas pour rien.»

Rafael explique qu'il existait des limites à ne pas franchir, mais que les conséquences d'un «gros problème» retombaient sur tout le quartier si jamais la police ne parvenait pas à arrêter les auteurs du délit:

« Nous vivions dans une zone où passaient beaucoup de touristes, il y avait des gens qui venaient de *Colón* en vélo, et ça ne faisait pas du tout notre affaire qu'ils volent des sacs à l'arrachée dans notre zone, parce que ça devenait chaud, la police commençait à tourner pour voir si elle attrapait quelqu'un [...]. Quand il y avait une grosse bagarre, ça devenait très chaud aussi : je me rappelle, une fois, il y a deux fous – je veux dire, pas des malades mentaux atteints de folie, mais des gens qui ne réfléchissent pas avant d'agir – qui se sont échangés des tirs dans le quartier, pour un problème d'argent... Ils ont lâché la brigade spéciale, [...] les mecs avec les bérets noirs, qui sont tous des *guajiros*, tous des montagnes, bref, ils sont descendus des camions, à la recherche de pistolets et de balles, c'était chaud, pendant une semaine ils ont fait des perquisitions, les gens qui te vendaient du rhum ont perdu leur rhum, parce que le chef de secteur n'aime pas qu'un échange de coups de feu se produise dans le quartier qui est sous sa supervision, parce que ses chefs[77] lui demandent des informations, s'il a attrapé quelqu'un, et s'il n'attrape personne, il se dit "bon, comme je n'ai attrapé personne, je vais me mettre chez machin qui vend des cigarettes, chez bidule qui vend de l'alcool, chez un autre qui vend de l'essence", tout le monde disparaît [...]. C'est-à-dire que la majorité des gens n'allaient pas en prison, mais tout était confisqué et ils recevaient une amende importante, 5 000 ou 6 000 pesos, et aussi une lettre d'avertissement... »

Les *luchadores* du quartier restaient donc à la merci de la police, qui n'avait aucun mal à trouver les informations qu'elle recherchait, pour peu qu'elle s'en donnât la peine :

« La police savait très bien quelle était la spécialité des uns et des autres. S'il y a un vol, va voir Machin, parce qu'ils soupçonnaient plus ou moins de quoi il s'agissait. Par exemple, un vol de voiture, va chercher Machin. Ce n'était peut-être pas lui, mais ils allaient le chercher, et ils lui disaient : "Mon frère, dis-moi ce qui s'est passé, parce que c'est obligé que tu le saches, ça, c'est ta ligne, tu es un voleur de voitures." Et Machin répond : "Non, ce coup-ci, c'était pas moi, mais non, etc.", et ils lui disent : "Bon, ce n'était pas toi, mais c'était peut-être bien ton ami, tu dois nous le dire !" C'est la façon d'agir de la police à Cuba.»

Aussi précautionneux soient-ils, les inventeurs et combinards de tout acabit ne peuvent échapper à l'arbitraire des autorités. Si elles décident de sanctionner un crime, elles n'ont plus qu'à piocher dans la loi ou à instrumentaliser la figure légale de leur choix. Rafael en a fait l'expérience lorsque son ami qui travaillait à l'état civil s'était risqué pour la seconde fois à subtiliser un carnet de bons :

«Avec les bons des mariages, il s'était fait environ 15 000 pesos [...] mais il s'est retrouvé vite fauché parce qu'il n'a pas essayé d'investir son argent dans un *business*, comme je le lui avais conseillé. Et bon un jour, il me dit "j'ai pas un rond", et je sais pas quoi, et bon j'ai dû lui prêter 600 pesos, parce que c'était un bon pote, un pote d'enfance... Et voilà qu'il a une nouvelle attaque (*se volvió a atacar*), et il embarque à nouveau un carnet de bons... Aïe, mon frère ! Et quand il est venu me dire "eh, regarde ce que j'ai là", oh ! Je lui ai dit : "Mon frère, mais ça va pas ?! Là tu joues trop avec le feu (*estás jugando con mucha candela*)." Et il me dit : "Mais non, mon frère, je vais les vendre à nouveau, la dernière fois on s'en est bien sortis, non ?" Et donc il me dit : "Je vais te donner trois bons..." et je lui dis : "Non, non, non ! Donne-moi les 600 pesos que je t'ai donnés, je ne veux pas des bons." Mais lui, il a fait un caprice, parce qu'il ne voulait pas me lâcher la tune en liquide, etc., je sais pas quoi, et bref, il était tellement radin que j'ai pris les bons [...]. Un jour, il me dit : "Merde mon frère, il y a un problème mon frère, je crois que je suis dans la merde [...] la police est en train d'enquêter avec mon superviseur, je crois que j'ai fait une erreur." [...]

La police a fini par convoquer plus de 50 personnes du quartier, et finalement tout le monde s'est retrouvé devant le tribunal [...]. Au procès, il y avait presque tout le quartier... Des vieilles de 70 ans mariées avec des jeunes de 20 ans et quelques.»

Rafael indique dans son récit que les autorités ne savaient pas très bien comment instruire le dossier, tant la magnitude des faits reprochés était déconcertante, et hésitaient finalement entre plusieurs types de sanctions et de procédures :

«Il y avait une dame, très drôle, une Noire de 70 ans, qui était mariée avec un gamin de 20 ans, et quand le juge lui a demandé : "Madame, ce jeune homme est votre époux ?" et qu'elle a répondu : "Oui, c'est mon époux", le juge a dit : "Mais... Vous croyez que... enfin... Mais si vous...?", et elle lui a répondu : "Ah bon ? Vous doutez de mes possibilités parce que je suis plus âgée que lui ?" [...] Ce procès a duré quatre jours, mais le deuxième jour, il y a eu un problème, parce que la police avait commis une erreur. Les noms qui figuraient sur la liste de la police ne correspondaient pas aux noms des gens qui étaient présents. Je te dis qu'il y avait une grande confusion. Finalement, ne sont restés sur cette liste [de "responsables" au 1er degré] que douze noms, dont le mien, celui du pote qui avait volé le carnet, et celui d'un autre pote [...]. Notre avocat a lutté pour que les charges qui étaient retenues contre moi et [contre ce dernier] pote soient modifiées, et finalement, nous devenons "récepteurs". Je me dis : "Putain, c'est beaucoup mieux, 'récepteur', c'est beaucoup moins chaud", mais bon le jour suivant l'autre juge n'a pas bien compris, et finalement ils nous ont remis dans l'autre groupe, et ils ont dit que les deux étions "complices" aussi [...]. Ce dernier pote, qui est ici au *Yuma* avec moi était nerveux parce qu'il avait obtenu le permis de sortie, vu qu'il avait gagné le *bombo*, et il me disait : "Tu vas voir que je vais rester coincé ici, que je ne vais pas pouvoir partir." Je lui ai dit "ne te fatigue pas pour rien" (*no cojas lucha*). Ils nous ont mis une amende de 1 000 pesos, et à l'autre pote qui avait mis en place toute cette combine, ils lui ont mis cinq mois de prison domiciliaire. Et donc finalement, au final, tout s'est pas mal éclairci, on s'en est plutôt bien sortis...»

Autant qu'ils peuvent en être victimes, les prévenus peuvent bénéficier de façon inattendue de l'arbitraire des lois, du juge et des responsables politiques locaux. Outre l'habileté de l'avocat de Rafael, il semble que le juge, soucieux de la procédure, n'était pas disposé à «mettre tout le monde dans le même sac» et que, dans le doute, il a préféré limiter les sanctions. Le nombre des individus impliqués dans la combine a sûrement incité les responsables politiques (les élus locaux du Parti) à minimiser les faits reprochés, en vue d'éviter de pâtir eux-mêmes de la divulgation des réseaux de corruption auxquels ils sont liés.

«À l'époque, il y avait un programme télévisé qui s'appelait "Jour et Nuit" (*Día y Noche*), qui montrait la police aux trousses des gens qui faisaient toute sorte de choses, et une rumeur a couru comme quoi ils allaient filmer le procès pour le passer dans *Día y Noche*, parce que... Un quartier entier! La bière, Truc et Machin mariés, une débauche de dingue! Les gens qui pleuraient au procès et tous ces trucs-là. Mais bon, grâce à Dieu, tout s'est passé de la meilleure façon possible.»

Il est probable que les autorités locales elles-mêmes cherchaient à «manœuvrer la situation» de la «meilleure façon possible»: rappeler les citoyens à la loi, prendre des sanctions, démontrer à tous que «rien ne leur échappe» et «amortir le choc» pour protéger leur pouvoir. En bref, «trouver la bonne mesure»: même s'il s'agissait d'une rumeur, un programme télévisé était peut-être le choix optimal pour la meilleure mise en scène possible.

Tout autre est le cas du frère benjamin de Juan, qui a été dénoncé par un touriste après lui avoir vendu avec un autre *jinetero* du quartier un quart de gramme de cocaïne. Trouvé en possession de la drogue par deux policiers qui, face à son comportement suspect, l'avaient fouillé, ce touriste n'avait pas été poursuivi, mais le frère de Juan et son complice avaient été immédiatement arrêtés. Interrogés au commissariat de *Zanja y Dragones*, ils avaient nié les faits. Les policiers n'avaient trouvé aucune trace de cocaïne sur leurs habits ou à leur domicile – ils avaient eux-mêmes acheté la drogue, hermétiquement emballée dans du plastique –, pas plus que leurs tests sanguins ne s'étaient révélés positifs. Au bout de quelques jours, ils avaient été libérés.

Mais, quelques semaines plus tard, dans le sillon de la «guerre à la drogue» annoncée en janvier 2003 dans le quotidien *Granma* et lancée sur toute l'île, ils furent de nouveau arrêtés. Leur procès se tint dans la foulée, et ils furent condamnés chacun à six ans de prison, cette fois sur la base de «convictions morales»: il n'existait toujours aucune preuve permettant de les relier au quart de gramme de cocaïne trouvé dans les poches du touriste retourné depuis dans son pays mais, après enquête de voisinage auprès de «personnes morales» restées anonymes, il était ressorti que le frère de Juan et son complice «ne travaillaient pas», «n'étudiaient pas», «se réunissaient avec des éléments antisociaux», «se droguaient» et qu'il était donc probable qu'ils étaient coupables des faits incriminés.

« Faire attention » aux autres

«Jouer avec la marée» pour «ne pas tomber dans le groupe de la malchance» implique *a fortiori* de se méfier aussi des gens que l'on côtoie au quotidien. S'abriter derrière la *lucha* des autres, profiter du fait que d'autres sont dans une situation qui les expose davantage aux sanctions et saisir les opportunités de «se laver» n'autorise personne à «baisser la garde», même face aux amis proches. Rafael explique qu'il faut «faire attention» aux voisins et amis, au sens où il faut à la fois «être prudent» avec eux et «prendre soin» d'eux:

«Il y a toujours du respect et de la confiance entre les gens du quartier, pas de la confiance, mais de l'attention entre les personnes. Je vais te dire une chose: à Cuba, tu ne peux faire confiance à personne. À Cuba, il y a une loi: "tu-ne-peux-fai-re-con-fian-ce-à-per-son-ne". Parce qu'aujourd'hui, tu es mon ami, et nous pouvons faire ce *business* ensemble, mais demain, nous avons une dispute, et nous sommes ennemis, ou nous ne nous parlons plus, et tu me balances. C'est comme ça [...].

Quand je parle d'attention, je veux dire que si je suis dans une combine, je ne vais pas te le dire, tu imagines bien ce que je fais, mais je ne vais pas te le dire. Parce que parfois, les gens ont confiance en d'autres gens et disent "je suis dans cette combine, mon frère, je suis dans ce mouvement", et ce n'est pas bien. Tu ne peux pas dire ce que tu fais, ta lutte, bon, si tu es *jinetero*, ça n'a rien à voir, parce que les gens te voient bien dans la rue, mais il y a un autre type de lutte, de vente d'alcool, d'autre chose... Regarde, il y a [...] des gens dont le *business* est de louer des films (*banco de películas*). À Cuba, beaucoup de films américains ou étrangers ne rentrent pas. Ce sont les gens d'ici [les États-Unis] qui les envoient, et donc certains les accumulent, et par le bouche-à-oreille, les gens viennent les louer. Et donc pourquoi les "banques de films" explosent? Parce que tout le monde sait qu'elles existent!»

Les nuisances provoquées par les actes de délation nourrissent la suspicion généralisée. Elles suscitent aussi une série d'interprétations, à partir de la situation et des indices de comportement des voisins et amis. Près de dix ans après avoir quitté

Cuba, Rafael insiste sur le fait que, si le CDR «informe», ce sont surtout «les gros mouchards» (*los chivatones*) qui «font le travail»:

> «Tu sais qui sont les types les plus dangereux? Ceux qui sortent de prison. Qui ont passé plus de dix ans en prison. Beaucoup d'entre eux ont été en prison pendant un paquet d'années et ne veulent pas y retourner. Et donc ils coopèrent avec la police. La police les laisse maintenir leur image d'homme fort, d'homme qui a passé je ne sais combien d'années en prison, qui est respecté dans tout le quartier... mais c'est un informateur de la police. J'ai toujours fait très attention aux personnes qui ont été en prison pendant longtemps [...] parce que ce sont des gens qui te disent "je ne retournerai jamais en prison". Et donc s'ils doivent balancer, ils balancent n'importe qui. C'est comme ça.»

Autant que le «*luchador*», le «*jinetero*» ou le «mouchard», le «prisonnier» (*el presidiario*) est un archétype de l'imaginaire social des quartiers comme *Colón, Cayo Hueso, Los Sitios, Belén* ou *Jesús María*. Le prisonnier, dit-on, garde de son expérience de la prison le réflexe inné de la combine et de l'«intrigue». Majá se méfie particulièrement de «Luisito le poissard», dont on lui a dit qu'en prison «il devient femme, et moucharde». Lorsqu'en 2002 le frère benjamin de Juan et son complice ont été relâchés quelques jours après avoir été arrêtés, tout leur groupe de sociabilité était persuadé qu'ils avaient «donné la langue». Les interprétations vont bon train: Majá et d'autres sont convaincus qu'un de leurs voisins est un «gros mouchard» sous prétexte qu'il «sait toujours avant tout le monde les mesures policières qui viennent par la suite». Comme ce voisin n'hésite pas à critiquer Fidel Castro en pleine rue sans se préoccuper des gens qui l'entourent et qu'il est un *luchador* audacieux, les soupçons qui pèsent sur lui viennent aussi donner une explication à son comportement.

L'attention aux détails permet d'échafauder des théories toujours plus sophistiquées, mais chacun continue de choisir les risques qu'il prend en accord avec sa personnalité. Juan explique de la même manière que Rafael qu'«il faut se méfier de tout le monde», mais m'avait dit un jour avec sérénité que «Majá [était] vraiment un ami, son meilleur ami», et avait ajouté solennellement, pour me donner une idée: «J'ai confiance en lui à 90 %, c'est pour te dire.»

«Tu peux pas tout dire, même à certains amis [...]. Tu sais, Alicia, quand je lui ai dit que je *coupais* le lait avec le *bodeguero*, elle s'est fâchée en me disant qu'après c'était sa fille qui allait le boire [...]. Alors finalement comment les gens *inventent*, d'où ils sortent l'argent, est-ce qu'ils sont protégés, tu le sais seulement jusqu'à un certain point, vu que toi-même tu ne peux dire les choses que jusqu'à un certain point [...].

Dans le quartier, on sait à peu près qui est de la Sûreté de l'État (*seguroso*), qui est du DTI, qui est une balance (*chiva*), mais en réalité tu ne sais jamais, il faut se méfier. L'autre jour, la présidente du CDR est venue me voir pour me dire que je devais arrêter de faire mes étagères. Qui m'a balancé? J'en sais rien [...]. En même temps, tous ces gens qui te disent que la Sûreté de l'État sait tout, à quelle heure ta gonzesse te suce et le rythme de tes pulsations cardiaques, si c'était comme ça, je serais à *Valle Grande*.»

Juan est pourtant persuadé qu'hormis sa famille Majá est le seul à être au courant de son «problème par rapport à la prison», alors que plusieurs de ses amis m'en avaient parlé lorsque j'étais à La Havane et que, à Miami, Lorenzo m'avait raconté toute l'histoire dans les moindres détails.

Lorenzo, à l'opposé de Juan, est si attaché à la discrétion qu'il n'avait dit à personne qu'il avait «gagné le *bombo*». Par la suite, il en avait informé Majá et Felipe, un autre ami du quartier, qu'il connaît depuis qu'il est né. Au cours des deux années pendant lesquelles il s'est rendu à la Section des Intérêts Nord-Américains, effectuant toutes les démarches préalables à son départ, il a pris soin de ne laisser transparaître aucun signe d'activité «anormale». Ce n'est qu'au début de l'année 2002 qu'il a annoncé aux gens de son quartier qu'il avait obtenu un visa et s'apprêtait à quitter Cuba au début de l'année suivante.

Un jour de mai 2002 où je me suis présenté chez lui, son oncle m'a ouvert la porte et m'a dit abruptement que «Lorenzo [était] parti pour le *Yuma*». Discrètement, Majá m'avait alors expliqué que Lorenzo allait bel et bien s'envoler prochainement pour Miami avec sa femme et sa fille mais que pour l'instant il avait simplement «levé le camp». En attendant le départ, prévu un mois et demi après, il vivait dans une maison qu'il avait louée dans un quartier situé à l'autre extrémité de La Havane. Comme il devait en tout 5 000 dollars à diverses personnes, il avait jugé préférable de faire profil bas, tout en transmettant à Majá un message pour ses créanciers: il s'engageait à envoyer l'argent depuis les États-Unis – il remboursa d'ailleurs sa dette à peine un an après son départ.

Cette anecdote montre que la méfiance vis-à-vis des voisins et «partenaires de combines», autant qu'elle conduit à «garder ses distances», est aussi une incitation à «prendre soin d'eux». Juan l'exprime de la façon suivante:

«Ici, il vaut mieux toujours éviter les problèmes, toujours s'entendre, trouver un arrangement, sinon t'auras des problèmes, n'importe qui a les moyens de te faire une cochonnerie (*cochinada*). [...] Et de toute façon, l'envie, l'envie des gens c'est ce qui te menace tout le temps, les gens te balancent (*te echan*

265

pa'lante) par envie, parce que ce sont des cochons (*cochinos*). [...] Ici, tu es dans un bois, Fidel nous a mis dans un bois en serrant le jeu (*apretando la jugada*) : tu es obligé de sortir de ta cachette, c'est dangereux et les gens cachés te menacent, mais si tu ne bondis pas sur les proies, tu ne t'en sortiras jamais.»

Juan évoque l'intérêt bien compris à éviter les conflits : assouvir une rancœur peut déclencher une réaction en chaîne ou provoquer l'intervention de la police et finir par porter préjudice à tout le quartier. Le souhait d'engager des représailles ne saurait trop affleurer, et ce sont parfois les individus extérieurs au quartier qui viennent servir d'exutoire. Comme le raconte Juan, arnaquer des *guajiros* venus imprudemment s'aventurer en territoire inconnu est de ce point de vue sans danger :

«Une fois, des *guajiros* sont venus à La Havane pour changer 50 000 pesos en dollars. Un cousin me les avait présentés. Je les ai rabattus à mes amis de *Colón*, qui à cinq les ont braqués au couteau [*sacaron unas gafas* – littéralement, «ils ont sorti les lunettes»]. Les *guajiros* se sont enfuis.»

Cet exemple met en exergue une forme de solidarité autour d'un territoire, dès lors que ce sont des individus extérieurs au quartier, en particulier des *guajiros*, qui en font les frais. Rafael décrit lui aussi la façon dont un «intrus» peut servir à élargir le cercle d'une combine et favoriser à son insu une forme d'apaisement, même passagère, entre des individus qui ont éventuellement accumulé du ressentiment les uns envers les autres :

«Il y a des fois où je n'avais pas envie de sortir dans la rue faire le *jinetero*, et donc j'attendais devant chez moi que les *jineteros* viennent, parce qu'ils nous vendaient des dollars [...]. Un jour, au début des années 1990, il y a un *guajiro* qui est venu, parce que ces *guajiros* venaient chargés de billets, et celui-là il avait 20 000 pesos sur lui [...]. À ce moment-là, nous payions 50 pesos pour 1 dollar[78]... [Quand un *jinetero* est arrivé pour changer des dollars] c'est ce type qui lui a mis la main dessus, parce qu'il a payé 52 pesos pour 1 dollar. Il payait 2 pesos de plus pour que tous les *jineteros* qui passaient par là aillent le voir lui... Et donc mon pote me dit : "Rafael, qu'est-ce que tu crois ? Ce type est en train de nous foutre en l'air notre *business* !" »

Dans le monde de la rue, en effet, si un revendeur propose un taux de change supérieur à celui des autres, c'est celui-là qui devient le « taux de change officieux de la rue ». Pour éviter ce revers, Rafael et son ami ne tardent pas à élaborer un plan :

« Et donc mon pote me dit : "J'ai un billet travaillé (*un billete curralado*) de 20 dollars, si le mec avale ça, on fait la fête." Et donc on est allé trouver un pote qu'on appelait "le boiteux", un mec qui tournait en rond (*obstinado*), et on lui a dit : "Écoute boiteux, [le *guajiro* est assis dans un escalier, à côté de chez moi], toi tu viens vers nous avec l'argent et tu nous dis 'eh, à combien ? à combien ? ah, ah bon... à 50 ?', et donc lui tu vas voir il va te faire un signe comme quoi il paye à 2 de plus, et tu lui donnes le billet." [...] Le boiteux est venu en courant [...] et le type, désespéré, lui a fait un signe de la main [...] ils se sont fourrés dans l'escalier... et le boiteux a fait passer le billet[79]. Quand mon pote a vu le boiteux sortir avec l'argent, il a dit : "Putain... il a mordu à l'hameçon." [...] Nous, on est allé voir un pote qui avait des "billets travaillés", on les lui a achetés, un billet de 100, un billet de 50, et même des photocopies, on lui a acheté chaque billet à 5 dollars[80] [...]. Tous les potes du *solar*, qui tournaient en rond, on disait à chacun d'entre eux "vas voir par là-bas [avec ce billet]" et nous, on restait assis dans la rue. Et ils lui refourguaient le billet de 50, et ils lui refourguaient le billet de 100... Quand ce type s'est rendu compte le soir que tout ce qu'il avait, c'étaient des faux billets, il en a même pleuré et il est sorti machette en main... [...] Le tout en un seul jour, parce que celui qui est à la masse, il faut en profiter sans attendre le jour suivant (*el que está mareado, tienes que aprovechar la mareadera, tú no puedes estar esperando al otro día*). On a fait une grande fête, on a acheté des bières [...] à mes potes qui ont assuré le mouvement, on leur a donné une somme à chacun, et il n'y a pas eu de problème.»

Rafael justifie alors cette entourloupe à l'égard de l'intrus :

«Après, j'ai eu pitié du *guajiro* parce que le *guajiro* était sorti machette en main, à la recherche des mecs qui lui avaient refourgué les billets, et ces gens-là, ils se sont cachés pendant une semaine, ils ne sortaient pas dans la rue, parce que le *guajiro* était furieux (*cabrón*). Mais bon, il a voulu, comment dire, défier un territoire étranger (*probar terreno ajeno*), et il ne peut pas faire ça... Il devait se maintenir à 50 pesos et bon, il a voulu passer en force, et il s'est fait baiser, parce que c'est comme ça, quand tu ne connais pas un *business*, tu ne peux pas, alors que tu es un débutant, vouloir imposer tes prix.»

Rafael précise qu'il est allé lui-même en compagnie de son «complice» acheter les photocopies pour un montant (5 dollars) supérieur au prix pratiqué habituellement dans le quartier (20 pesos) et qu'il a payé la même somme pour chaque «billet arrangé». Même s'il est impossible de le vérifier, il semble néanmoins que cette différence était le fruit d'un calcul qui tenait compte de l'«aubaine» offerte par le *guajiro* tout autant que de l'«urgence» de l'arnaquer tant qu'il était encore «à la masse». Dans une telle situation, Rafael et son ami prenaient le risque de perdre la totalité de leur investissement, alors que la personne à qui ils achetaient les billets «travaillés» et les photocopies ne prenait aucun risque et touchait une somme plus de dix fois supérieure à «la normale».

Rafael ne se rappelle plus de la somme qu'ils avaient remise avec son complice aux «potes» qui étaient allés eux-mêmes changer les billets «travaillés», mais il ajoute que tous se sont réunis ensemble le soir «pour faire la fête» et que la bière était aussi à ses frais. Les «potes qui tournaient en rond» avaient pris un risque minime en se présentant devant le *guajiro* avec un faux billet, puisque, si l'artifice avait été découvert, il eût été facile de prétendre qu'ils étaient eux-mêmes des victimes et ne s'étaient pas rendu compte qu'il s'étaient faits «refourguer un faux billet». Ils n'avaient pas eu l'idée eux-mêmes d'échafauder l'arnaque et n'auraient pu s'y livrer eux-mêmes, faute qu'ils fussent alors en possession de «billets travaillés». Il serait peut-être exagéré de parler d'un accord sur la justesse du partage, mais cet exemple témoigne du «tact» avec lequel Rafael et son complice ont pris soin de répartir les gains.

La nature élusive des litiges

Dans d'autres situations, les critères qui permettent de juger du «tact» ou du soin pris à ne pas paraître injuste sont plus évidents. C'est le cas lorsque quelqu'un rembourse en pesos une dette contractée en dollars: le taux de change dans la rue étant inférieur d'un peso au taux de change pratiqué dans les établissements bancaires, il est aisé de soigner sa réputation, voire de montrer sa gratitude, en appliquant le taux de change officiel. Néanmoins, ces exemples sont rares et, dans la plupart des situations, il n'est pas facile de trouver une juste mesure, ne serait-ce que lorsqu'il s'agit de couper un poisson en deux: un jour où Majá avait acheté un poisson (*daurado*) qui pesait dix livres et avait demandé à un voisin s'il en voulait la moitié «au prix de revient sans gagner le moindre argent sur [son] dos», ce dernier s'était débrouillé pour garder la partie où se trouve la queue. Majá s'était estimé lésé, dans la mesure où «les arêtes pèsent plus lourd vers la tête du poisson, qui contient aussi moins de chair que la queue». Il n'avait protesté qu'après coup et devant une autre voisine, qui avait jugé au contraire qu'«il y a plus d'arêtes vers la queue» et que Majá pouvait faire une soupe avec la tête et ainsi «tirer un repas de plus du poisson». Par la suite, Majá n'avait pas véritablement gardé rancune à ce voisin, mais il l'avait «rangé dans la catégorie des *sans-tact* pour toujours». Majá attendait davantage de «décence» de ce voisin, qui n'avait pas eu besoin de faire le moindre effort pour se procurer le poisson. Il eût été normal qu'il fût «attentif au détail» (*detallista*), c'est-à-dire qu'il cède la plus grosse partie du poisson en signe de reconnaissance.

S'il n'est guère aisé de se mettre d'accord sur le partage d'un poisson, il est facile d'imaginer les litiges qui peuvent surgir dans des situations plus complexes. Malgré l'intérêt bien compris à faire usage de tact et à prendre soin de ses voisins, «partenaires de business» et amis, les conflits sont parfois inévitables et se prolongent souvent dans la haine silencieuse ou l'attente d'une «revanche». Le braquage des *guajiros* venus acheter des dollars a provoqué une vive dispute entre Juan et le reste de ses amis. L'un d'entre eux, Sergio, a même fini par être mis à l'écart du groupe :

«Dans le groupe de mes amis, il y en avait un avec qui on est plus du tout amis maintenant, qui est un *fils de pute*. Les autres ont mis plus de temps à comprendre (*se cayeron de la mata*), mais à moi, sur ce coup (*jugada*), il [Sergio] m'a donné 1 500 pesos ! Et c'est moi qui avais rabattu les *guajiros* !»

L'amertume de Juan par rapport à tous ses «partenaires de combine» témoigne cependant de la difficulté à définir une juste répartition des gains dans une telle situation. D'une part, Sergio, l'individu que Juan qualifie de « fils de pute », est le cousin de la femme de Lorenzo et vit dans l'appartement qui jouxte celui de Felipe (sur lequel je reviendrai plus loin). Il était donc préférable pour les autres « partenaires de combine » (Felipe et Lorenzo) d'adopter une position de retrait et de laisser le litige se polariser entre Juan et Sergio. D'autre part, comme il n'était guère aisé de définir en commun une juste répartition des gains par rapport aux risques pris par chacun et à l'importance du rôle du rabatteur, le litige, pour « faire sens », a presque nécessairement changé de nature. Il s'est reformulé autour de critères plus tranchés : 20 ans après les faits, les relations entre les deux individus sont devenues exécrables, et Juan a ajouté au fil du temps, avec une haine grandissante, que Sergio est aussi « le plus gros mouchard du quartier » (*la mamá de la rata*), « un homme sans honneur » et « indifférent au sort de sa propre famille ».

Juan est sûrement plus « conflictuel » (*conflictivo*) que le reste de ses amis, ce qui n'est pas sans rapport avec sa maladie. Lorsqu'il affirme que « les gens sont envieux » et que chacun est « menacé par l'envie des autres », il pointe du doigt cependant un symptôme qui témoigne de l'inhibition des conflits, du choix contraint de ne pas essayer de les résoudre et du sentiment d'injustice qui en découle : l'envie est l'expression d'un sentiment d'iniquité, dans la mesure où les uns et les autres convoitent quelque chose qui, selon eux, devrait leur revenir. Ils peuvent estimer qu'ils en ont été personnellement dépossédés par un usurpateur, que celui-ci est moins légitimement en droit que d'autres d'en être le possesseur ou, tout simplement, que les avantages dont il dispose dans son existence quotidienne ne sont pas « mérités ».

Conflictivo et *envidioso* sont des mots grandement polysémiques et passe-partout, qui font partie du lexique cubain contemporain. Par leur polysémie, ils renvoient à cet ordre de litiges dont la verbalisation élusive, pervertie par les non-dits, empêche la discussion. Enfin, plus encore qu'à un sentiment d'injustice lié à des situations précises, l'envie témoigne, à un degré plus profond, de la «passion égalitaire» qui continue d'imprégner la société cubaine contemporaine et pousse cette dernière à préférer par dépit l'égalisation par le bas à la disparité des revenus. Certes, Juan est jugé «conflictuel» parce qu'il est plus enclin à donner libre cours à sa colère plutôt qu'à guetter, envieux, la chute d'individus qui «[le] dégoûtent» par leur «esprit cochon». Mais, dans certaines situations, les conflits sont inévitables, malgré tout le soin pris à les éviter.

Un jour de juin 2002, Raynelis, un ami du groupe de Juan, est arrivé essoufflé et dans un état de grande excitation chez Majá, où je me trouvais également, pour nous annoncer que «les *camboleros* [étaient] à nouveau en train de chercher à vendre une machine à fabriquer des rafraîchissements gazeux». Plusieurs mois auparavant, il nous avait effectivement dit qu'un groupe de jeunes fumeurs de crack du quartier étaient en contact avec quelqu'un qui détournait de temps à autre l'une de ces machines avant qu'elles n'arrivent à l'usine. Les *camboleros* avaient déjà écoulé quelques machines au cours des années précédentes et, comme ils avaient en permanence besoin d'argent pour se droguer, le prix qu'ils demandaient, 1 700 pesos (environ 65 dollars), était extrêmement modique. Raynelis guettait depuis longtemps une telle opportunité: en achetant le sucre par sacs de 100 livres, à 2 ou 3 pesos la livre, la bouteille de sirop de 1,5 litre à 20 pesos, et en récupérant dans les poubelles et dans la rue les bouteilles en plastique ou en verre, il s'agissait d'«un *business* en or». Sur chaque bouteille revendue 10 pesos, le bénéfice était de 4 à 5 pesos et il était possible d'écouler 20 à 50 bouteilles par jour. La personne chargée de vendre les bouteilles à l'unité vivait à une dizaine de pâtés de maisons de l'appartement de Raynelis. Elle achèterait elle-même chaque bouteille à 7 pesos. La machine serait entreposée chez Raynelis, qui avait insisté sur une «règle de base»: il ne faut jamais vendre un produit depuis l'endroit où on le stocke. Pour plus de précaution, il allait falloir travailler en discontinuité, tantôt 15 jours de suite, tantôt après une interruption d'un mois.

Raynelis n'avait que 25 dollars et il venait donc nous demander si nous voulions investir 20 dollars chacun. Majá avait sauté sur l'occasion et j'avais dit à mon tour que je n'allais pas me priver de gagner de l'argent. La machine avait été acquise dans la foulée. Raynelis avait décidé de s'occuper de produire le *refresco* et, comme l'engin ne m'inspirait aucune confiance, j'étais satisfait de la tâche qui m'était impartie avec Majá : trouver les bouteilles, acheter le sirop et le sucre, assurer le transport. Nerveux, Raynelis répétait qu'il s'agissait d'un «combat de tous les instants», qu'il fallait «se remuer», et finissait par parler comme un manager de *fast-food*. Quelques jours après, il revint nous voir pour nous dire qu'il avait déjà commencé à faire quelques bouteilles et qu'il ne comprenait pas pourquoi nous ne nous étions pas présentés à son domicile les jours précédents. Puis il regarda Majá d'un air dubitatif et l'apostropha en lui disant : «Dis-donc, tu sais qu'on m'a dit que tu étais à la masse (*que eras jamador de soga*)?» Majá se défendit diligemment en ajoutant qu'il faisait «du *business*» depuis qu'il était enfant. Raynelis rétorqua qu'il ne nous voyait pas vraiment «assurer» (*ponerse en talla*) et nous «mettre en action» et se demanda finalement si cela valait vraiment la peine de «se mettre à trois dans ce *business*» et s'il ne valait pas mieux qu'il nous rembourse à chacun nos 20 dollars.

Une fois Raynelis parti, Majá «[voyait] arriver l'entourloupe (*la mecánica*)». Il disserta longuement sur le «manque de clarté» et de « fiabilité » de Raynelis et se rappela que *l'amoureux de la nature* lui avait dit un jour à son sujet qu'il « n'avait aucune confiance en ce petit Blanc » (*en el blanquito ese*). Quelques heures plus tard, nous croisâmes Juan qui, en apprenant les faits, se déclara « écœuré par ce cochon ». Le soir même, il se rendit chez Raynelis et le traita de « traître », de « menteur », de « cochon » et d'« enculé » (*singado*). Je fus mis au courant de l'altercation le lendemain et Juan m'expliqua que Raynelis était un « ingrat » qui aurait dû se souvenir de « toutes les fois où [lui] ou Majá lui [avaient] donné un coup de main ». Rapidement, Raynelis remboursa Majá. Il nous expliqua que, d'un côté, il nous avait simplement demandé de lui avancer de l'argent, sans jamais insinuer qu'il voulait « faire le *business* à trois », et que, de l'autre, il était finalement trop voyant de faire entrer constamment chez lui deux personnes avec des bouteilles : le risque de se faire repérer était trop grand. Chaque fois que je le croisais dans la rue, Raynelis enfonçait le clou : il me répétait que c'était un « *business* » qui ne pouvait être fait que par une seule personne et, à la longue, il me soutint même que c'était « un *business* qui ne rapporte pas grand-chose », puis qu'il cherchait même à revendre la machine. Il me doit toujours 20 dollars.

Majá, fidèle à sa ligne, ne s'est pas brouillé avec Raynelis mais a pris ses distances avec lui. Juan, en revanche, ne lui adresse plus la parole (alors qu'ils vivent à une rue l'un de l'autre) et m'a écrit récemment que « par bonté » il lui avait « donné une seconde chance », mais qu'il avait « fini encore plus dégoûté ». Juan affirme généralement qu'il ne fait que réagir au « manque de droiture » des « cochons » et c'est la plupart du temps sur ce motif qu'il rompt avec quelqu'un, ou décide de « prendre des mesures ».

Un jour de septembre 2002, il avait acheté à un voisin de son âge 5 livres de viande de bœuf qui lui semblaient bien légères.

Ce dernier avait balayé ses soupçons et lui avait assuré que «le poids y [était bien]». Juan avait constaté, ulcéré, après avoir demandé au *bodeguero* s'il pouvait utiliser sa balance, qu'il manquait bel et bien une livre. Comme ce n'était pas la première fois qu'il était victime de l'«esprit cochon» de ce voisin, il décida de «se venger». Juan avait réalisé quelque temps auparavant un mauvais investissement: il avait acheté 10 cartouches de cigarettes *Marlboro* et ne parvenait pas à les vendre. Du fait qu'elles étaient tachées, elles ne lui avaient coûté que 30 dollars, mais personne n'en voulait, même à 3 dollars chacune. Il alla donc trouver le «cochon», comme si de rien n'était, et lui dit qu'il avait un «*business*» dont il souhaitait lui parler. Juan voulait se débarrasser de ses cartouches et ne réclamait que 8 dollars pour chacune d'entre elles: le «cochon», s'il trouvait des acquéreurs, pouvait empocher le reste, le prix normal d'un paquet de *Marlboro* dans une *tienda* se situant à l'époque au-delà de deux dollars. Il lui donna rendez-vous dans la rue, pour lui montrer une cartouche, mais le «cochon» était dubitatif: il voyait mal comment il allait pouvoir les vendre à un prix supérieur à huit dollars. Tout en marchant, Juan s'arrêta devant un magasin et fit mine de se rappeler qu'il devait acheter une bouteille d'huile pour sa mère. Comme le magasin vendait aussi des cigarettes, il demanda au «cochon» de bien vouloir l'attendre dehors et de garder la cartouche, pour ne pas induire les vigiles en erreur et risquer d'être accusé de vol.

Auparavant, Juan avait échafaudé un stratagème: le cousin de Majá, qui habitait dans un autre quartier, devait passer par hasard en vélo pendant que Juan était à l'intérieur du magasin. Il devait apostropher le «cochon», qu'il ne connaissait pas, en lui demandant: «Dis-donc, qu'est-ce que tu fais avec cette cartouche, tu la vends?» Juan était sûr que le «cochon» allait bondir sur l'occasion et il ne s'était pas trompé. Le cousin de Majá lança alors au «cochon»: «Écoute, je te donne 15 dollars tout de suite pour cette cartouche, ma copine travaille dans une *tienda* et, aujourd'hui, elle commence dans deux heures et elle en a besoin pour son *business*, tu comprends? D'ailleurs, en ce moment, nous n'arrivons pas à trouver des cartouches, si tu en as d'autres, même 30 ou 40, laisse-moi ton numéro de téléphone, je te les achète au même prix, mais vite, elle ne travaille pas ni demain, ni après-demain, mais j'en ai besoin pour dans trois jours[81].» Le «cochon» vendit la cartouche au cousin de Majá, lui laissa son numéro de téléphone et le pria de l'appeler le surlendemain. Juan sortit du magasin et le «cochon» inventa une histoire: un policier venait de passer, avait vu la cartouche et l'avait confisquée. Juan, certain que «l'esprit cochon du type» allait le pousser à agir de la sorte, était également convaincu que les 15 dollars perdus n'avaient pas été investis à perte.

Le surlendemain, en effet, le «cochon», que la possibilité de revendre les cigarettes tachées laissait jusqu'alors perplexe, se présenta au domicile de Juan en le priant de lui vendre les neuf cartouches qui étaient en sa possession. Il lui expliqua qu'il n'était sûr de rien mais que, finalement, il préférait les acheter toutes et attendre patiemment que la pénurie fût telle qu'elles se vendissent comme des petits pains (*como pan caliente*). Juan fit mine d'hésiter et même de se raviser, puis accepta. Le lendemain, le surlendemain et les jours qui suivirent, le «cochon» attendit en vain le coup de téléphone du cousin de Majá, pour le plus grand plaisir de Juan. Un individu qui évoluait dans l'entourage du «cochon» le tenait d'ailleurs informé du désespoir de ce dernier, qui grandissait au fil des jours. À peine un mois plus tard, le «cochon» était toutefois allé trouver Juan pour lui dire qu'«on [lui avait] raconté que le plan des cigarettes était un coup-monté depuis le début avec le Noir sur le vélo». Juan avait joué l'innocent, mais ne cachait guère son bonheur : le scénario rocambolesque qu'il avait imaginé était digne d'un film et, par sa haute intelligence, il avait tourné en bourrique la «psychologie cochonne», quelle qu'en fût l'incarnation du moment. Juan «[savait] aussi qu'[il s'était] trouvé un ennemi» et s'attendait à son tour à faire l'objet d'une «vengeance».

Beaucoup de Havanais disent des «gens de *Colón*» (ou de quartiers populaires comme *Cayo Hueso, Belén, Los Sitios, Jesús María, Atarés, Cerro, San Miguel del Padrón*, etc.) qu'ils appartiennent au «bas monde» et que le fait de «manquer de loyauté les uns envers les autres» est une question de «*niveau*» ou de «*culture*». Il semble plutôt que le fait de se sentir recroquevillé à l'intérieur de la «temporalité du *kairos*», tout en se sentant dans l'obligation de «jouer les bandits» (*hacerse el cabrón*) pour que personne ne les prenne au dépourvu (*para que no te cojan mansito*), tend surtout à ôter de leur pensée pratique l'idée même de conséquence : les dés sont jetés et il s'agit d'être le plus hardi possible. Rafael, dix ans après avoir quitté Cuba, évoquait à sa manière cette perception de la réalité :

«Dans une guerre, il ne peut pas y avoir de tension, parce que les gens sont adaptés pour survivre aux balles. Tu fais attention à toi, mais quelle tension peut-il y avoir si la tension elle est dans la vie quotidienne, de tous les jours, que c'est tout le temps la même chose ? [...]

C'est la même vie que celle qui se vivait dans mon quartier. Tu fais attention à toi, mais c'est tout, tu ne peux pas faire autre chose. Tu ne peux pas vivre en ayant peur, parce que tu dois affronter la vie. Tu dois sortir dans la rue, c'est comme ça.»

L'art du persiflage

Dans le contexte cubain, persifler (*chismear* et *dar cuero*) consiste à la fois à commérer et à critiquer en se moquant. Les persiflages, en l'absence des individus qui en font l'objet, sont des actes de langage par lesquels Juan, Majá, Raynelis, Lorenzo et d'autres tentent à la fois d'évaluer la conduite de leurs amis, de justifier la leur et de libérer leurs rancœurs sous une forme acceptable.

Les amis de Juan ne se privent pas de dire de lui qu'il a beau jeu de reprocher aux autres leur manque de droiture, alors qu'il lui arrive aussi de « se retourner contre eux ». Sa « ligne à la Al Capone » ne le rend pas seulement enclin à « jouer les bandits », mais aussi à faire siens les discours sur « l'honneur », dont il s'est imprégné en regardant des films sur la mafia, comme *Le Parrain*, ou en écoutant les histoires louant la droiture de « bandits » (*cabrones*) d'hier et d'aujourd'hui, comme Alberto Yarini, le mythique proxénète havanais (mort en 1910). Selon Lorenzo, c'est à force d'« alcaponer » que Juan a perdu son emploi dans l'usine de plâtre : « Il s'est battu avec d'autres employés parce qu'il voulait jouer les *boss*. » Pour Lorenzo, Majá ou Felipe, « la marihuana a été fatale à Juan », qui « ne peut pas lutter non plus contre ses gènes ». Raynelis, malgré l'épisode de la « machine à fabriquer des rafraîchissements gazeux », lui reste d'ailleurs attaché : il se résigne à penser que, Juan étant « victime de ses gènes », il en est lui-même « victime » par incidence.

Mais Raynelis ajoute malgré tout que Juan est aussi « quelqu'un qui abuse » (*un abusador*). Il se rappelle qu'un jour où il assistait à un concert avec Juan celui-ci s'était mis à « donner des coups de poings à des *rockers* », parce qu'il n'aimait pas leur attirail vestimentaire et la philosophie de vie à laquelle il l'avait associé. Raynelis avait alors entrepris de le ramener de force chez lui et avait lui-même reçu au passage quelques coups de poings sur le trajet du retour. À l'époque, la mère de Juan lui en avait été reconnaissante, mais Juan n'avait guère jugé opportun de s'excuser ou même de revenir sur les événements. De manière générale, Raynelis estime que «Juan se sert de sa schizophrénie pour jouer des tours aux autres, en sachant qu'ils mettront cela sur le compte de sa maladie». Juan a peut-être pris acte de l'acceptation sociale des «troubles du comportement» à La Havane : la facilité avec laquelle proches ou amis disent de quelqu'un qu'il ou elle est «schizophrène» a rarement pour origine un diagnostic médical formel (lequel, bien entendu, évolue aussi en fonction des zigzags des psychiatres). Cette présentation des autres fait office d'excuse «médicalisante», alors qu'à l'inverse les cas de dépression clinique sont souvent disqualifiés et réinterprétés comme des formes de «mollesse» ou de «défaut d'esprit du lutte».

Jusqu'à ce que Lorenzo quitte Cuba, Juan fustigeait de temps à autre sa «dureté» de «commerçant» (*negociante*) et constatait, impuissant, le lien privilégié qu'il entretenait avec Felipe. En d'autres occasions, il appréciait sa droiture (laquelle faisait partie de son «tact») et justifiait ses impairs par l'emprise de l'«esprit mesquin» de sa femme, de l'«esprit cochon» de la famille de cette dernière et des «intrigues» de *Colón*. Depuis 2007, Lorenzo retourne à Cuba plusieurs fois par an et Juan me fait part de ses impressions par lettre ou par courrier électronique[82]. Il insiste sur le fait que Lorenzo est désormais «victime d'un tas d'intrigues», en tant que riche «Cubain-Américain». Il s'estime «heureux» s'il a la «chance» de le voir lorsqu'il est en visite dans l'île. Il constate avec amertume que Lorenzo semble avoir d'autres priorités et qu'il «abuse» en croyant pouvoir lui renouveler son amitié en lui glissant simplement un billet de 50 dollars dans la poche. Il observe aussi combien il s'est rapproché de Felipe, jusqu'à ne plus «faire qu'un» avec lui: «Felipe est le plus grand des sorciers: il a transformé Lorenzo en distributeur de billets.»

Felipe, d'après Juan, est fait de la même étoffe que Lorenzo: c'est un «commerçant», pour qui l'«amitié» n'a pas sa place dans le «*business*». Il a par exemple prélevé une commission de cinq dollars pour le mettre en contact avec un employé de la fabrique *Partagás* qui n'a pas son pareil pour se procurer les cigares de meilleure qualité et dans les délais les plus brefs. Juan lui reproche à l'inverse d'«abuser» à l'égard de Majá, vis-à-vis duquel il est incapable de «faire un geste» lorsque celui-ci le fait «participer à des *business*».

Dire de quelqu'un qu'il abuse au détour d'un commérage fugace permet ainsi de porter une accusation grave de façon anodine. Cette accusation reste souple: elle peut être rattrapée successivement par d'autres actes de langage de même nature, autant qu'elle s'appuie sur des critères qui ne sont guère discutés et peuvent donc être facilement rectifiés. En effet, persifler n'est pas débattre: le persifleur parle pour être écouté, ne serait-ce que parce qu'il s'exprime le plus souvent sur le ton de l'humour ou du dépit. Lorsqu'ils dressent, cette fois solennellement, des portraits mitigés de la valeur humaine de leurs «amis du quartier», dont ils jugent qu'«ils abusent vraiment», c'est finalement la magnanimité de Majá qui devient une sorte de contre-exemple. Elle ne fait pourtant jamais figure d'étalon, car elle participe également de ce que tous lui reprochent: se laisser manger la laine sur le dos (*jamar soga*).

Face à la principale accusation dont il fait l'objet, «être à la masse», Majá se défend bec et ongles et persiste à dire qu'il est «affûté» et «capable». Mais les différences de point de vue entre Majá et ses amis n'ont pas pour seul objet le critère de l'efficacité.

Majá estime que Felipe et d'autres sont des «commerçants» et que leur ambition est illusoire : non seulement la recherche du gain ne leur offre pas de répit, mais l'enrichissement durable est impossible à l'intérieur du «système» dans lequel ils vivent. Lorenzo, en tant que «bon commerçant», a «triomphé» à Miami, mais au prix de «tout le reste». L'opinion de Majá n'est pas nécessairement péjorative : il se veut réaliste et n'entend pas alimenter inutilement sa «frustration».

Tout en le qualifiant d'«endormi», Lorenzo reconnaît la «noblesse d'âme» de Majá et se dit convaincu qu'il «donnerait sa vie pour un ami». Juan avance pour sa part que «la ligne de conduite» de Majá dérive des «principes des Abakuás» : «bon fils, bon frère, bon père, bon ami». (Les abakuas sont une société secrète magico-religieuse et exclusivement masculine d'ascendance *carabalí*, fondée au début du XIXe siècle à La Havane et à Matanzas sur le principe du secours mutuel). Majá rend visite chaque jour à sa mère, qui habite à quelques rues du *solar* où il vit. En revanche, il ne s'entend guère avec son frère, qui est de deux ans son cadet, et juge même que c'est «un enculé» (*un singado*) : vendeur de tickets (*cobrador*) dans un *camello*, il ramène au moins 1 000 pesos par mois «dans sa *lucha*» mais est «un égoïste» et «ne prend pas soin de [leur] mère». Majá voit parfois son père, qui habite dans la Vieille Havane, mais beaucoup plus rarement ses demi-sœurs, qui vivent avec leur mère dans un quartier excentré de la capitale.

«Noble d'âme» (*noble*), telle est la caractéristique sur laquelle tous les amis de Majá mettent l'accent ; celui-ci n'insiste guère sur le fait qu'il est Abakuá et ne s'exprime sur ce sujet que lorsque ses interlocuteurs sollicitent des explications. Il précise simplement qu'il se considère comme un «Abakuá moderne», c'est-à-dire peu attaché aux rites et aux croyances, pour ne pas dire sceptique, et de mœurs ouvertement «libérales». Majá recherche ainsi la «satisfaction» dans l'estime que lui porte son entourage et dans les relations affectives, nombreuses, qu'il entretient avec les femmes:

«Je ne suis pas fait pour être maquereau (*Yo no sirvo para chulo*). Comme je n'ai pas de problèmes pour séduire (*enamorar*) les gonzesses, il y a plein de gens qui me disent: "T'es con, celle-là c'est vraiment un canon, tu devrais la mettre au travail", mais bon, c'est pas mon truc, si tu deviens maquereau, ta gonzesse, il faut la tenir à la gorge (*sofocarla*), lui mettre des coups... il faut être mauvais (*fula*).»

Cela ne veut pas dire que Majá hésite à faire usage de tous les stratagèmes dont il dispose pour «séduire» des femmes et, en particulier, à se faire «bœuf» malgré son statut de «grenouille». Il lui est également arrivé d'avoir des liaisons avec des femmes qui de leur propre chef se prostituaient occasionnellement auprès d'étrangers, notamment lorsqu'ils allaient à la plage et qu'elles n'entendaient ni se priver de nourriture et de boissons, ni dépendre du bus pour retourner à La Havane.

La plupart des amis de Majá disent des femmes qu'ils fréquentent qu'elles leur «conviennent», ne laissent transparaître aucun état d'âme s'ils viennent à rompre avec elles, et s'attachent à projeter à travers leur comportement sexuel une logique de pure jouissance, sans autre but que la prédation elle-même. Juan ne frappe jamais sa compagne, à la différence de Lorenzo ou de Raynelis, qui n'éprouvaient aucune gêne à raconter qu'ils avaient donné «une bonne avoinée» à leur «gonzesse», accusée d'aguicher d'autres hommes. Majá ne frappait pas sa femme, mais il avait asséné quelques coups de poings à une fille lorsqu'elle avait insinué qu'il avait eu une relation sexuelle avec la fiancée d'un de ses amis. Quelques jours plus tard, Majá avait corrigé le frère, venu venger sa sœur, avant d'être contraint de s'expliquer devant leur père. «Les compagnes de mes amis, je ne les regarde même pas», se justifie-t-il souvent. Juan ou d'autres complètent assez systématiquement cet impératif moral en ajoutant : «Pour moi, elles sont asexuelles.» Le père, semble-t-il, avait pris conscience qu'il se trouvait face à un jeune homme vertueux. Il avait reconnu les torts de sa fille affabulatrice, mais avait reproché à Majá «de ne pas s'être contenté de lui donner quelques gifles».

Majá aussi est un jouisseur, mais il a également tendance à s'attacher et, pire encore, il a vécu des peines de cœur, notamment quand il s'est séparé en 2002 de sa compagne, originaire de l'Est de l'île, avec laquelle il était marié depuis 1995. Après avoir terminé ses études secondaires dans sa province natale, puis étudié l'anglais et l'informatique à La Havane par ses propres moyens, elle avait intégré un ministère où elle travaillait comme réceptionniste :

«Quand elle est arrivée à La Havane, elle était *guajira*, mais alors *guajira* (*guááájara guááájara*), elle était même gênée de marquer sa place dans la file d'attente à l'arrêt de bus[83] [...]. Maintenant, elle a attrapé le vice de La Havane, elle a beaucoup appris... [...] Sa mère, elle a vraiment de la noblesse d'esprit (*es noble*), [là-bas, en *Oriente*], elle fait la cuisine, elle fait la vaisselle, elle fait le ménage, elle lave le linge, elle porte l'eau, et elle va chercher du bois [...]. Sa sœur, elle vit aussi à La Havane, elle n'est pas bête, elle se débrouille bien et gagne de l'argent, mais elle est toujours la maîtresse [*siempre es la querida* – jamais l'épouse officielle]. [...]

Quand nous avons signé les papiers du divorce, [ma femme] m'a dit qu'elle était avec un autre type [...]. Il a une maison, une moto... Qu'est-ce que je souffre...»

De telles faiblesses sont inavouables, s'il ne veut pas subir une fois de plus les railleries (*el cuero*) de ses amis, et c'est avec parcimonie qu'il profite de conversations avec des quasi-inconnus pour se livrer. À l'époque, seul un voisin qui a divorcé de sa femme après qu'elle lui a été infidèle (*le pegó los tarros*) comprenait sa souffrance, mais leurs conversations étaient tenues secrètes. Juan, Lorenzo ou d'autres disent pourtant que le principal défaut de ce voisin est justement de « jouer les bandits » (*hacerse el cabrón*) : il s'invente des « *business* » et prétend volontiers qu'il a parié de l'argent lorsqu'il joue une partie d'échecs ou de billard en réalité sans enjeu. L'intérêt de « jouer les bandits » et l'intérêt de « jouer les Casanova » se situent sur le même plan : mieux vaut ne pas avoir l'air « faible » ni démontrer un attachement à des principes moraux qui ne peuvent être avoués en tant que tels.

Ces dernières années, la « noblesse d'âme » de Majá et « la folie » de Lorenzo font de plus en plus mauvais ménage. Ce dernier travaille sans répit à Miami, gagne plusieurs centaines de milliers de dollars par an et consomme plusieurs grammes de cocaïne par semaine, ce qui « accélère » encore davantage son mode de vie frénétique au quotidien. Devenu citoyen américain cinq ans après être arrivé aux États-Unis, il attendait tout du « pays de la liberté » et c'est sur le ton de la reconnaissance qu'il déclare vivre aujourd'hui le « rêve américain » sans même parler l'anglais. Il approuve la « fermeté » du Parti Républicain et condamne la « mollesse » des Démocrates, non seulement vis-à-vis du gouvernement cubain, mais également à l'égard des « assistés ». Sa réussite matérielle est pour lui la preuve de ses capacités et de son « éthique du travail » ; il est fier de dire que, grâce à lui, sa mère « n'a plus comme seul souci que de profiter de la vie ». Il sait malgré tout qu'il est condamné, de par ses activités, à « se méfier de tout et de tout le monde» et à «se réunir avec des gens patibulaires qui ne deviendront jamais des amis». Sa fille, arrivée à Miami à l'âge de huit ans, est une brillante élève. Elle veut devenir chirurgienne et il l'encourage dans cette voie. À l'image, en définitive, de beaucoup d'immigrants latino-américains qui «croient au rêve américain», il espère que ses enfants (il a eu un premier fils avec son épouse en 2005, puis un second avec une autre compagne en 2010) vivront confortablement grâce à leurs diplômes et trouveront une place légitime au sein des élites sociales et culturelles du pays. Il «lutte pour [ses] enfants» qui un jour, espère-t-il, finiront par «laver» leur famille.

En attendant, il aime venir passer des week-ends à La Havane, à l'occasion desquels il dépense sans compter. Avant d'arriver, il charge Felipe par téléphone de «préparer» son séjour : location d'un van avec chauffeur, commande de plusieurs grammes de cocaïne, de marihuana et surtout de «ce qui se fait de mieux à Cuba» – des filles «de 20 ans maximum». Lorenzo pour sa part se charge d'amener les dollars et le viagra ou le «*stiff 4 hours*» (il n'est âgé que d'une quarantaine d'années, comme ses amis, mais veut «profiter au maximum» de ses séjours), ainsi que d'imaginer des scénarios de «fête». Lors d'une conversation téléphonique en 2009, Majá m'avait dit que Lorenzo «[agissait] maintenant comme un *yuma*, un vrai pigeon», parce qu'il dépensait à tout va. Quelque temps après, il ajouta :

«Lorenzo a oublié d'où il vient, quand il revient ici, il ne pense qu'à lui, il fait la fête, il s'en met plein le nez, mais venir saluer ma mère, ça, il oublie. Qu'est-ce que tu veux, on est habitué, des mecs qui étaient comme nous, et maintenant qu'ils vivent aux États-Unis, ils nous humilient […].

Il arrive, il faut lui trouver trois putes, lui il leur dit : "Je vais vous donner de l'argent, mais c'est à vous d'aller le chercher", et voilà, il se fait son film pornographique, les putes ce sont ses esclaves, il répartit les rôles... pour 300 dollars chacune... Je sais bien qu'aux États-Unis, ça lui coûterait dix fois plus... Moi maintenant quand il vient, je ne le vois presque pas, parce qu'il sait que ces trucs-là, c'est pas mon truc... Les gens du quartier se foutent tous de moi, je sais qu'ils te disent tout le temps que je n'attrape rien, mais c'est juste que j'ai mes gonzesses, de mon côté[84]. »

Quelque temps après, Lorenzo s'est brouillé définitivement avec un ami qui vit aux États-Unis et qui est resté proche de Juan, Majá et Felipe depuis son départ de Cuba. Lorenzo, en dépit du bon sens, accuse cet ami commun d'avoir eu une relation sexuelle avec sa nouvelle compagne. Celle-ci, d'après lui, n'a pas son pareil pour mener les gens en bateau (*es mecaniquera*) et ment en permanence. Il est vrai que, à l'époque où elle n'était que sa maitresse, elle lui avait dit de ne pas se soucier d'utiliser un moyen de contraception, car elle ne pouvait pas avoir d'enfant – et deux ans plus tard, Lorenzo était père pour la troisième fois et en instance de divorce avec la mère de ses premiers enfants. Quant à l'ami en question, « drapé sous ses airs de bon garçon », Lorenzo résume sa malhonnêteté par le dicton suivant : « Il met trois plumes dans le cul à un poulet et il te le vend au marché comme si c'était un dindon ! » (*¡Le mete tres plumas en el culo a un pollo y lo vende como guanajo en el mercado!*) « Se méfier de tout et de tout le monde », m'avait dit une fois Lorenzo, est « une leçon apprise *del tipo* » (de Fidel Castro).

Lors d'un voyage à La Havane en octobre 2011, il a dit à Majá, dans un accès de lucidité, qu'il ne « [savait] même pas comment s'excuser [de ce qu'il avait fait], [auprès de cet ami], tellement [il avait] honte, et [qu'il valait] donc mieux laisser les choses comme ça ». Mais, dans la logique du « *cabrón* », « laisser les choses comme ça » (avec l'ami en question) veut dire « enfoncer

le clou» ailleurs pour «transformer le revers en victoire», autre
«leçon apprise *del tipo*», peut-être. Lors du voyage suivant, il
est revenu à la charge et a fait la liste des indices qui prouvaient
la culpabilité du «traître». Felipe s'est dit convaincu. Juan s'est
débrouillé pour l'éviter. Majá a refusé de prendre parti et en a
payé le prix fort : Lorenzo ne veut plus le voir et ne l'appelle plus
au téléphone. Il vit toujours avec sa compagne. Peu importe qu'il
soit conscient d'avoir déraillé : il a transformé le litige en épreuve
permettant de faire le tri entre «ceux qui sont avec lui» et «ceux
qui sont contre lui».

Persifler, au sens cubain, est donc un moyen de contenir le
conflit à l'intérieur d'actes de langage dont la nature fugace est
souhaitable, en l'absence des personnes incriminées. Les critères
de justice sont tellement élusifs et antagoniques – l'«audace» et
la «droiture dans le *business*», l'«esprit de famille», la «gratitude» et la «fidélité», la «solidarité virile», la «noblesse d'âme»
et l'«absence de faiblesse de caractère» – que personne n'est jamais vraiment jugé de façon définitive. Même s'il s'agit de prétextes, on peut toujours trouver des excuses aux fautes morales,
lorsqu'elles ne sont pas sublimées dans l'humour. Mais, lorsque
le persiflage se fige, les individus mis en cause ne peuvent pas
être ramenés à autre chose que des positions morales et plus
personne ne fait droit aux excuses. Les critères d'évaluation
en viennent à manquer, à la fois par surabondance et parce
qu'ils se dérobent à la discussion, provoquant une sorte d'affolement moral qui rend souhaitable la formulation d'une vérité,
quelles qu'en soient les limites. Les personnes en elles-mêmes
(«Juan», «Majá», «Lorenzo») finissent par être associées à des
paradigmes moraux ou immoraux, et deviennent des ressources
de persiflage «sédimentées», qui permettent à nouveau aux
persifleurs de s'accorder tacitement soit à ne pas se contredire

mutuellement, soit à recourir à l'humour pour atténuer tout critère antagonique.

« Qu'ont-ils fait de l'Homme ? »

Si Lorenzo peut se payer le luxe de porter le conflit jusqu'à ses ultimes conséquences, c'est qu'il dispose d'un avantage absolu par rapport aux habitants de *Colón* : il habite à Miami et n'a aucune intention de s'établir de nouveau à Cuba. Dans le cas de Juan, volontiers « conflictuel », ce sont ses proches qui se comportent différemment à son égard : ils font avec et s'efforcent de prendre leur mal en patience (*lo aguantan*). De manière générale, l'envie, le ressentiment, la rancune, le conflit latent font tellement partie de la routine qu'ils coexistent avec cette façon de s'accepter et de se supporter les uns les autres (*aguantarse*). Individuellement, chacun puise là, en fin de compte, d'autres ressources pour tenir le coup.

À l'intérieur du groupe de sociabilité au sein duquel évolue Juan, les relations entre les individus oscillent en permanence mais, comme cette oscillation finit par relever de la routine, même les brouilles spectaculaires et les jugements à l'emporte-pièce finissent par être engloutis dans un continuum qui nivelle les sentiments antagoniques. Certains individus nourrissent une haine féroce les uns envers les autres et les explosions de violence ne sont pas rares, surtout si un commentaire irrespectueux (*una falta de respeto*) en est à l'origine ; le désir de revanche, même latent, est dans certains cas tenace. Mais, dans la plupart des cas, les gens qui sont forcés de cohabiter se tolèrent (*se aguantan*), ce qui ne les empêche pas d'éprouver les uns envers les autres à la fois tendresse et agacement, amitié et méfiance, respect et lassitude.

Le chaos (*la cagazón*) redouté par tant de Cubains le jour hypothétique où «la Révolution s'effondrera» est fondé en grande partie sur le fantasme du «règlement de compte», sur la crainte d'une libération soudaine des haines et rancœurs contenues pendant des années, voire des décennies. Mais qui peut prédire un tel dénouement pour autant? Comment le «système» peut-il s'enrayer au point de s'effondrer? L'espoir placé dans la *lucha*, le soin pris par chacun de se blanchir et l'efficacité de l'administration du pouvoir par l'arbitraire, pris ensemble, concourent à perpétuer le «système». La peur du chaos est un facteur qui œuvre dans le même sens mais, en tant que symptôme, elle est d'une tout autre nature: elle témoigne de l'illisibilité de la réalité sociale et, plus encore, de la mise en difficulté de la permanence de soi. Le cas de Juan est à cet égard paradigmatique:

«Ici tout est double, à commencer par la *double morale*: faire une chose et dire le contraire, dire une chose et faire le contraire.»

Juan reprend comme tout le monde un terme qui a été forgé par la propagande, comme si la «double morale» relevait d'une évidence ou d'un choix. La formule traduit pourtant mal une expérience individuelle de la vie collective confrontée à des moments de vide ou d'impossibilité:

«Dans la rue, il y a un proverbe, Fidel disait "celui qui ne travaille pas ne mange pas" (*el que no trabaja no come*), nous, on dit "celui qui travaille ne mange pas" (*el que trabaja no come*). Fidel a fait de nous des voleurs, et à nous, les jeunes, il nous a volé notre jeunesse. Moi je lutte pour ma famille; mon rêve, ce serait que mes parents mangent de la viande tous les jours, que mon père arrête de se fatiguer comme ça, que je puisse lui louer une maison à la plage pour 15 jours avec une pute [...]. Et moi je suis jeune, quand est-ce que je vais m'amuser sinon maintenant? Je suis comme tous les jeunes, je veux m'amuser, sortir en discothèque, déconner (*joder*), fumer, boire... Et ça les adultes, enfin tu vois ce que je veux dire quand je dis les adultes, en général ils ne comprennent pas et tu ne peux pas leur dire [...]. Ma famille sait que je fume, mais évidemment pas que je *deale* de temps en temps, et encore moins du crack [...]. Si mon beau-père savait que j'ai fumé dans ma vie, je ne mettrais plus les pieds chez lui.»

Juan décrivait de cette manière en 2002 l'impossibilité face à laquelle il se trouvait, non plus seulement de dévoiler ses pensées et ses actes devant les individus en compagnie desquels il lutte, ni de fonder des reproches sur des critères reconnus par son entourage, mais aussi de se justifier «moralement» au sein de l'espace intime dans lequel il côtoie sa propre famille. La mère de Juan se fait toujours «un sang d'encre» pour ses fils, qui lui font perpétuellement des promesses qu'ils ne comptent pas tenir: «ne pas prendre trop de risques». Il n'est pas rare que trois ou quatre explications différentes circulent quant à l'origine d'un produit ou d'une somme d'argent rapportés à la maison: d'ordinaire, la mère est tenue moins informée que le père, qui l'est lui-même moins que ses fils.

Juan vit désormais en couple avec la mère de son fils, depuis qu'elle a hérité en 2008 de la maison de sa grand-mère, située dans la périphérie de La Havane, en zone rurale. Le père de sa compagne est un militaire de rang intermédiaire à la retraite et plusieurs de ses propres frères, neveux et nièces appartiennent au Ministère des Forces Armées Révolutionnaires. Il possède une voiture, se rend plusieurs fois par mois dans une caserne où il reçoit de la viande, du poulet et d'autres denrées. Il a aussi accès à un club de villégiature, situé à l'ouest de La Havane. Certains de ses proches occupent de hautes fonctions dans l'armée et disposent d'avantages beaucoup plus importants : ils perçoivent leur salaire en Cuc, ne payent pas leur essence et, pour certains, sont régulièrement envoyés à l'étranger afin de signer des contrats pour le compte d'une des corporations gérées par l'Armée. En revanche, le beau-père de Juan n'est aucunement au courant des activités de sa fille, qui est spécialisée dans la vente d'habits.

Cette dernière se lève tous les jours aux aurores, pour être la première dans la file d'attente à l'ouverture de l'un ou l'autre des magasins de vêtements en pesos cubains. Elle est aussi de mèche avec des individus qui reçoivent des habits de l'étranger, envoyés par des parents ou des amis. Ses marges sur la revente des vêtements sont réduites mais, à force d'abnégation, elle parvient à assurer la stabilité économique du foyer, alors que Juan ne vit que de «coups». Ses activités ont beau être fort raisonnables, surtout par rapport aux registres dans lesquels se situe Juan, elle doit les dissimuler à son père qui, s'il en était informé, les assimilerait à du «banditisme» ou de la «délinquance» et serait pris d'une peur panique ; elle peut pour cela compter sur sa mère, laquelle ignore toutefois la plupart des activités de Juan. Celui-ci cache aussi à sa compagne les combines ambitieuses auxquelles il lui arrive de se risquer. Non seulement elle refuse de s'aventurer dans des «*business*» qui n'ont à ses yeux aucune chance de jouir du laisser-faire des autorités, mais elle le menace régulièrement de rompre si jamais il s'engage dans telle ou telle «combine» qui lui paraît «trop illégale». Depuis 2006, Juan suit par ailleurs un nouveau traitement, dont il dit qu'il fonctionne bien. Le médicament qu'il prend tous les jours, *Risperdal,* n'est pas toujours disponible dans les pharmacies d'État ou auprès du psychiatre qui le suit, et c'est sa compagne qui veille à ce qu'il soit toujours approvisionné. «C'est une sacrée démerdarde» : telle est depuis toujours l'opinion unanime des amis de Juan à son sujet.

Dans ses courriers électroniques et ses lettres, Juan décrit sans entrer dans les détails les «*business* de *guajiro*» auxquels il est réduit : l'élevage de quelques porcs, la vente d'appât pour la pêche, voire la construction d'un alambic, à laquelle «[il a] dû finalement renoncer pour [sa] compagne». Il racontait avec humour qu'il «[n'allait] presque plus à *Colón*», qu'il «[passait] son temps à faire la cuisine et à aider [sa compagne]», qui «[travaillait] sans relâche», et qu'il «[était] devenu un putain d'homme au foyer (*un singa'o amo de casa*)». Il insiste souvent aussi, lorsqu'il se sent contraint de réfléchir à ce qu'il a de plus cher, sur les sentiments qu'il éprouve pour son fils. Ils sont «aussi forts que ceux [qu'il] éprouve envers *Barbapapa*, mais à l'inverse»[85]. En 2008, il constatait dans une lettre que «les gens vivent ici un petit peu plus sainement qu'à *Centro Habana*». Il me disait aussi qu'il «[s'était] fait un nouvel ami, un peu mongolien mais un brave type (*buen chamaco*)». Une autre fois, il écrivait :

«Les gens d'ici ne sont pas méchants, mais on les croirait tout droit sortis d'une *telenovela* mexicaine ; en comparaison, quand tu passes cinq heures à jouer aux cartes [à Colón] en écoutant les histoires des vieilles fripouilles, tu as l'impression d'être descendu en enfer et d'avoir une entrevue avec le diable.»

Aussi Juan se plaint-il régulièrement au téléphone ou par courrier électronique de s'ennuyer et de tourner en rond (*estoy obstinado*). Dans un courrier électronique de 2009, il m'écrivait qu'il s'était «fait remonter les bretelles» par sa compagne :

«Cette fois-ci, son grand classique "je te l'avais dit !", j'ai dû l'entendre et l'entendre, parce que comme toujours, cette folle a toujours raison, parce qu'elle est comme elle est, elle passe ses journées à travailler sans relâche, à maintenir la maison propre et en état, et bon il y a un mois, je lui ai dit que j'allais faire les choses à égalité avec elle [...] et voilà, les problèmes cette fois ont pour origine ma grande passion, le jeu. Je te jure que je n'en ai plus aucune autre [...] mais le jeu pour moi c'est différent, c'est ma réalisation en tant qu'homme encore capable d'un exploit, pour déconnecter de l'ennui de la vie monotone d'ici.»

Quelques mois après, il était animé par un nouvel espoir, tout aussi précaire :

«L'Équateur a de nouvelles régulations et règles pour les visas, il n'y a plus besoin de visa, il y a juste quelques conditions à remplir, mais bon, pour te le dire vite, il y a déjà plus de 10 000 Cubains qui vont et viennent en Équateur, au Pérou, au Chili et en Bolivie, et les conditions à remplir pour un Cubain, je les remplis toutes [...]. Ce qu'il y a de bien avec ce mécanisme et la raison pour laquelle tant de gens le font, c'est parce que cela s'est converti en une forme de lutte [...]. Les Cubains se payent le coût du voyage, et ensuite ils commencent à ramener des habits et en six mois tu as récupéré tout l'argent que tu as investi, plus des gains extrêmement grands pour un Cubain [...]. Pour l'instant, je n'en ai parlé à personne, seulement avec une personne qui fait du *business* en Équateur [...]. Le changement dans ma vie ce serait, du pauvre fou qui n'a rien de plus que des idées, à un monsieur de presque 40 ans, libre comme le vent, et qui pourrait aider tous les siens (*toda su gente*).»

Juan avait dû rapidement abandonner son plan car, de l'avis de tous, il n'était pas en condition de se hasarder ainsi en terrain inconnu. En effet, Juan a été interné de nouveau en trois occasions dans la deuxième moitié des années 2000. Ce n'est que lorsqu'il interrompt son traitement qu'il «entre en crise», mais c'est justement parce qu'il a l'impression d'être «dompté» qu'il est à la recherche de «la vie» ou de «l'exploit». Dans une lettre de 2008, il revenait sur sa dernière «crise»:

«J'ai arrêté de prendre les comprimés et je suis parti en vrille une fois encore (*me troqué otra vez*), quand ils ont réussi à me mettre dans l'hôpital, je me suis arrangé (*cuadré*) avec un infirmier et j'ai vendu douze matelas en mousse, et je me suis enfui pour dépenser l'oseille (*la estilla*) dans quelques spectacles de cabaret. Mais à la fin, j'ai fini avec de l'électricité dans le cerveau [des électrochocs].»

Juan se dispute régulièrement avec sa compagne, quitte la maison, se plaint d'être soumis à «son autoritarisme», puis finit par «la séduire» à nouveau et à accepter de se «laisser contrôler» pour un temps. En 2002, il disait:

«À mon fils de trois ans, je dis ce qu'il peut faire et ce qu'il ne peut pas faire, je lui interdis de toucher quelque chose par exemple, je le préserve pour qu'il ne se fasse pas mal, parce qu'il ne se rend pas compte; Fidel, c'est un peu la même chose, il te dit "ne touche pas" ou "ne fais pas", mais peut-être qu'il faut qu'il y ait toujours ça, pour que ça ne devienne pas n'importe quoi, un bordel incontrôlable (*un reguero sin salida*).»

Juan ne sait plus vraiment comment décrire les épreuves qu'il traverse et il ne reste finalement que deux repères: «Fidel» et le «système» d'un côté et, de l'autre, la *lucha*, dont le sens obscur devient finalement souhaitable.

«Toute cette palabre (*muela*) communiste, toutes ces conneries de Fidel sur la morale, etc., ont réussi à faire que les gens se sentent coupables. De quoi, j'en sais rien, c'est juste le sentiment qui même dans un tout petit coin de ta tête, même de temps en temps, ne disparaît jamais totalement [...]. Moi, je ne suis pas éduqué, je suis de la rue, mais je traite avec respect et décence tous les gens qui marquent les mêmes égards [...]. Regarde ces *camboleros*, c'est des *cochons* dans tous les sens du mot, ils s'arnaquent entre eux par exemple. Moi je suis *droit* dans ce sens-là, et j'ai jamais balancé personne, je ne mets pas les flics dans mes embrouilles personnelles. *Je suis un homme* [...].

Je ne suis pas cultivé, mais *l'esprit de lutte*, je l'ai [...]. Mon père, c'est un lutteur, tu ne peux pas savoir, il n'arrête jamais [...]. Il est comme le *Che*, sauf qu'il n'a jamais été communiste.»

Le tiraillement entre des logiques contradictoires et fluctuantes aboutit à une absence de perspective politique alternative. Il montre aussi comment à la stabilité du pouvoir correspond une altération de la capacité des individus à se représenter comme membres d'une société politique, comme citoyens ou même comme sujets pensants.

«L'autre jour j'étais assis dans la rue, et j'entendais deux touristes qui parlaient avec un *jinetero* et qui lui disaient que Cuba avait les meilleurs indices de santé et d'éducation d'Amérique Latine. Ces deux cons se croyaient intelligents alors que Fidel nous saoule avec ça depuis 40 ans. Après, ils parlaient du système capitaliste et disaient que là-bas l'économie marchait mieux, qu'il y avait plus de développement, et que je sais pas quoi en résumé chaque système avait ses bons et ses mauvais côtés. Tu vois, toutes ces conneries, je m'en fous, parce que ça veut rien dire, je sais même pas de quoi ils parlent. Le communisme, la Révolution, Fidel et les siens (*Fidel y su gente*)... Je te demande une seule chose : qu'ont-ils fait de l'Homme ? Je te le dis encore : qu'ont-ils fait des hommes ? Qu'ont-ils fait de l'Homme ?»

LES RESSORTS D'UN RÉGIME POLITIQUE

Les descriptions qui précèdent témoignent d'un contexte de délitement des dispositifs institutionnels et légaux, d'éclipse des repères idéologiques et de redéfinition des frontières, sans que la perpétuation de l'ordre révolutionnaire ne s'en trouve entravée pour autant. C'est pour cela que dire de Marcelo, des Ochoa ou de Juan qu'ils « résistent », chacun à sa manière, impliquerait de séparer de façon rigide les conduites et les mœurs de l'ordre de la politique et des institutions, en refusant de s'interroger sur la façon dont les normes et les règles qui assurent le fonctionnement social du régime politique sont le produit de leur enchevêtrement. La *lucha* contribue à préserver un univers commun, au point que le clivage entre « règles officielles », normes de fait et comportements officieux n'apparaît pas nettement et que finissent aussi par s'estomper les frontières entre le public et le privé, le politique et la quotidienneté, la débrouillardise et la délinquance.

On serait tenté d'affirmer, en s'inspirant de Lefort, que le déraillement du projet castriste reste un effet du phénomène de « capture » et concourt au maintien d'une « clôture » ou, en d'autres termes, qu'il n'empêche pas la prégnance d'une « logique politique». La *lucha* serait alors une manifestation du ressort des principes qui se trouvent au fondement du régime castriste. Ces principes étaient et demeurent la mise en mouvement permanente de la société, l'administration du pouvoir par l'arbitraire juridique, l'explication et la transformation du réel par l'idéologie et le refus des divisions sociales et du conflit. Ces quatre principes de base fournissent un socle aux deux principes supérieurs du régime castriste : l'ordre et l'égalité. Comment en effet ne pas constater que l'égalitarisme qui était au fondement du projet castriste agit aujourd'hui comme ressort sous la forme d'une égalité dans la *lucha* ?

Ces descriptions, malgré la disparité des registres individuels, illustrent à quel point le fonctionnement social sape les différences entre les groupes et statuts sociaux, pour rassembler les individus dans une *lucha* aux normes et activités semblables. C'est cette égalité qui est radicale et se substitue à l'équitable répartition des richesses. Malgré les différences de revenus, tous restent également soumis à l'arbitraire juridique et à la loi du mouvement qui est inhérente à la dialectique révolutionnaire. Cet effacement de la frontière entre coupable et innocent reste d'essence totalitaire et transforme toute absence de répression en laisser-faire des autorités. Les individus sont de cette façon soumis à une domination tout aussi efficace que dans les années 1960, restées les plus terribles dans la mémoire collective – à ceci près que, en laissant perdurer, sans d'ailleurs avoir d'autre choix, les écarts entre la légalité socialiste, la loi de l'idée, la loi du mouvement et les pratiques quotidiennes, les autorités font de chacun une cible potentielle de la répression, non plus sur l'instant mais dans la durée. L'inévitable manquement aux normes ne s'inscrit pas en référence à une terreur implacable, si bien que personne ne sait réellement à quoi il s'expose. La pérennité des

THE PEACOCK

[Ta] Expre

the product and stalls light

Saturda 6 October 2018

Bars Op 8:00 PM
Show : :30 PM

talls 0

2359908
branch

£45.00

Peacock Theatre, Portugal Street, London WC2A 2HT ⊖ Holborn
peacocktheatre.com Ticket Office: 020 7863 8222

3

Sadler's Wells VAT Reg No. 649 1784 96
Registered Charity No. 279884

This ticket is sold under the terms and conditions of Sadler's Wells Trust Ltd, a full copy of which is available at www.sadlerswells.com/terms together with our Privacy and Data Protection policy.

Please note:

We reserve the right to refuse admission.

Latecomers may not be admitted whilst a performance is in progress. To avoid disturbance to other patrons, you may be seated in seats other than those you have booked.

The Theatre Management reserves the right to make any alterations to the advertised arrangements, programme or cast without being obliged to offer a refund or exchange.

The use of cameras or any recording device is not allowed.

Exchanges: Tickets may be exchanged for future performances or credit issued in lieu (in the form of Gift Vouchers, valid for up to two years for Sadler's Wells, The Peacock and Lilian Baylis Studio ticket purchases only), if returned at least 24 hours before the scheduled performance time (3 weeks if returning 8 or more tickets). Booking amendment fees apply. Refunds are not permitted except where the performance is cancelled or abandoned when less than half the performance has taken place.

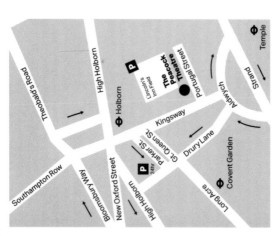

écarts commis par tous est donc soumise à l'arbitraire : la sanction peut s'appliquer et la répression frappe tout le monde, mais sans qu'on puisse savoir à quel moment, dans quelle mesure et à l'encontre de quel groupe ou individu.

La généralisation, l'étendue et la diversité des activités de *lucha* étant déconnectées du statut, des attributs et des marqueurs sociaux des individus et des groupes, cette égalité radicale règne encore d'une autre façon : l'incertitude plane sur l'identité réelle de chacun et l'on ignore en fin de compte la valeur des «capitaux». Ce doute se prolonge dans l'égale impossibilité pour tous de se justifier, ainsi que dans la recherche par tous de repères pour l'action et de critères de vérité dans les rumeurs. L'idéologie castriste n'est peut-être plus apte à produire une explication logique du réel, mais elle agit encore sous forme de ressort : le besoin d'explication logique du réel demeure et la redéfinition perpétuelle par le PCC de lignes de séparation entre conduites «révolutionnaires» et «contrerévolutionnaires» continue de déposséder la société du sens du possible.

Comment ne pas remarquer enfin que l'intérêt à ne pas se montrer, afin d'éviter les sanctions et de ne pas attiser l'envie, renforce cette égalité radicale et témoigne de la crainte de tous à l'égard de tous, qui se prolonge dans un fantasme du chaos habilement entretenu par la propagande ? À bien des égards, la société refuse cet état d'égalité et réagit contre les formes d'indifférenciation à l'intérieur desquelles elle est enserrée, sans parvenir à définir des différences valides. Le projet d'ordre total qui était au fondement du régime castriste agit à son tour comme ressort, sous la forme d'un recroquevillement autour des préjugés raciaux et de l'aval donné aux «gens doués de raison», pour maintenir sous leur joug les hétérogénéités destructrices et le manque de civisme de la «plèbe».

La perpétuation des normes

Les jeux de langage autour du verbe *lutter* ont constitué l'indice de départ de l'enquête. Si l'on rassemble les bribes qui reviennent avec le plus de récurrence dans le *jargon de la rue*, une description de l'expérience sociale prend forme de la manière suivante : « Tu *suffoques*, donc tu te mets à *inventer*, et donc tu te *taches*, alors tu dois te *laver*, et voilà, tu *tombes* dans la *combine de Fidel*. » (« Te *sofocas*, pues te pones a *inventar*, entonces te *marcas*, luego te tienes que *limpiar*, y ya, *caes* en *la mecánica de Fidel*[86]. ») La normalisation des stratégies d'accomodement déployées par les individus ordinaires et fonctionnaires de tout rang reste contrainte par les règles fortes qui perpétuent le dispositif légal et institutionnel du régime politique.

La logique de la *lucha*

Depuis l'instauration de la *période spéciale*, plus encore qu'au cours des décennies précédentes, le salaire réel ne permet pas d'assurer les besoins des personnes (alimentation, santé, éducation, loisirs...) en sus des services offerts par l'État. Parallèlement, le mode de vie des touristes, les produits du *Yuma* (les États-Unis) envoyés par les parents émigrés et l'ouverture de restaurants, lieux de divertissement et magasins offrant en devises vêtements, chaussures, biens d'équipement, etc., ont donné libre cours à des désirs de consommation «immédiate». La continuité d'une vie au jour le jour s'accompagne ainsi d'une différenciation sociale introduisant une nouvelle échelle dans le sentiment de perte d'un système historiquement homogène.

L'écrasante majorité de la population subit les dégradations de tout ordre liées à la rupture du principal canal d'approvisionnement (*la libreta*) et se trouve réduite à vivre quotidiennement au rythme d'attentes et de quêtes incertaines. À divers degrés, les autres peuvent satisfaire des besoins distinctifs alors que, parallèlement aux modes de consommation diffusés par les touristes, les autorités tolèrent maintenant un certain éclectisme des goûts vestimentaires et culturels. En outre, ceux qui faisaient figure de choyés du régime, comme les médecins et les enseignants, subissent un déclassement, tandis que les agents actifs de la «seconde économie» – qu'il s'agisse du portier d'un hôtel, d'un chauffeur de taxi privé, d'une prostituée ou d'un pompiste – jouissent d'un niveau de vie plus élevé.

Dans le même temps, toute l'organisation interne des entreprises s'effectue autour du «*vol*», du *grappillage*, du *détournement*, de l'*invention* et autres termes plus ambigus encore. S'engager dans l'«auto-entreprenariat» sous licence, vendre et acheter au marché noir, «*résoudre*» à l'aide de moyens rudimentaires les réparations diverses (habitations, moyens de transport privés) dont on a besoin, utiliser sa voiture comme taxi clandestin, louer une partie de son logement ou un objet personnel dont d'autres ont l'utilité, toucher des commissions d'intermédiation dans le cadre de diverses transactions, escroquer, *faire un coup* (*meter una jugada*), vendre de la drogue, braquer, se prostituer : les gammes d'activités englobées et combinées dans la *lucha* n'ont pas de limite.

Au niveau du voisinage ou de l'entreprise, le viol de la légalité socialiste est inclus dans un système d'arrangements mutuels, souvent tacites, qui procure à chacun des bénéfices. Les micro-arrangements qui, dans la période précédente, structuraient le détournement et le vol de biens appartenant à l'État sont devenus les bases organisationnelles du fonctionnement interne des entreprises. Aux niveaux inférieurs de la hiérarchie, les employés s'arrangent en sachant que le gérant appartient à un cercle de réciprocité *sociolista* et qu'il fait bénéficier ses *socios* de ses détournements, autant qu'il peut obtenir des faveurs de leur part. Il existe en quelque sorte un équilibre des transgressions : puisque la connaissance mutuelle des identités sociales réelles prévaut au sein des groupes, les termes des arrangements sont englobés dans un équilibre des stigmates et doivent satisfaire au mieux toutes les parties. L'équilibre des « *taches* » (*manchas, máculas*) qui existait dans les petits cercles sociaux s'établit cette fois à l'échelle du voisinage, du quartier et du lieu de travail.

Toutes les réunions des organisations de masse (CDR, CTC, FMC...) consistent essentiellement en une mise en scène tacite et collective des faux-semblants. Dans le cadre des réunions au niveau des « noyaux » du syndicat ou du CDR, les individus réunis connaissent réciproquement une grande partie de leurs activités de *lucha* : chacun d'entre eux est *signalé* et la marge est la norme. Tous restent pourtant suspendus aux orientations révolutionnaires et soumis aux changements soudains des directives décidées au sommet de l'État. Les lois sont en effet sujettes à de perpétuelles modifications tandis que d'autres sont créées à un rythme effréné. Cette mise en mouvement permanente témoigne des objectifs antagoniques des dirigeants ; elle relève aussi d'une prise en compte des aléas historiques et sociologiques et correspond aux aménagements économiques et juridiques qui permettent aux groupes sociaux de maintenir des activités stratégiques – faute de quoi, sans espoir aucun, ces derniers seraient susceptibles de verser dans l'opposition politique.

Les individus restent soumis à la fois à l'arbitraire des lois et à la capacité des autorités de les appliquer de façon imprévisible. L'équilibre atteint n'empêche pas non plus l'activité discrète des *chivatones* et autres *gallos tapados* («balances» et «coqs cachés», délateurs anonymes qui n'appartiennent pas forcément au Ministère de l'Intérieur). La ligne politique et les règles du jeu ne pouvant par conséquent jamais être connues avec certitude, le laisser-faire dont jouissent les *lutteurs* peut être remis en cause à tout moment et des groupes entiers peuvent être dépossédés d'un coup de leur capacité stratégique.

Périodiquement, de vastes vagues de répression s'abattent sur les *jineteras* (dès 1996, à Varadero, puis en 1999, à La Havane), sur les trafiquants en tout genre, les *cuentapropistas* sans licence, les employés des *tiendas*, etc. L'exemple de la «guerre à la drogue», déclarée en janvier 2003, permet de décrire les séquences typiques d'une opération de répression contre «l'économie illégale». Le 10 janvier 2003, une note officielle parue dans *Granma* et *Juventud Rebelde* révèle «l'existence d'un début de marché des stupéfiants qu'il faut combattre par tous les moyens». Pour la première fois, le gouvernement reconnaît la simple existence de drogues à Cuba et promulgue la loi 232, qui prévoit l'incarcération des individus en possession de produits illicites et la confiscation de leurs biens. La «guerre à la drogue» est déclarée et l'opération *Coraza* est confiée à la Direction Nationale Antidrogues qui multiplie les opérations spectaculaires, réalisées avec d'importants effectifs et dont on informe la population à travers les médias.

Si certains dealers (*jíbaros*) notoirement connus dans leurs quartiers sont arrêtés, de lourdes peines sont prononcées contre des individus trouvés en possession d'une quantité infime de marihuana ou déclarés coupables à partir de «conviction morale». Rapidement, la satisfaction s'estompe et l'opération apparaît aux yeux d'une grande partie de la population comme un prétexte pour traquer l'économie illégale et «l'enrichissement illicite». Dès la fin du mois de janvier, la police harcèle sans relâche les petits vendeurs de rue (meringues, croquettes, sandwichs...), les ambulants qui proposent leurs marchandises de maison en maison et d'immeuble en immeuble (œufs, café, jambon, poisson, habits, outils...), les revendeurs qui opèrent à partir de leur domicile, les artisans qui ne possèdent pas de licence (barbiers, masseurs...), les taxis clandestins et maisons d'hôtes illégales... Invariablement, les marchandises sont confisquées, des amendes sont distribuées sans modération et certains biens d'équipement (téléviseur, magnétoscope, ordinateur, lavabos, habits, vaisselle...) sont retirés à leurs propriétaires. Soit ceux-ci ne peuvent justifier leur provenance (achat au marché noir), soit ils ne disposent pas officiellement des revenus suffisants pour se permettre de telles dépenses dans les «boutiques de récupération des devises» et ce sont donc des activités économiques illicites qui en sont à l'origine.

Les inspecteurs de l'ONAT (*Oficina Nacional de Administración Tributaria*) multiplient quant à eux les contrôles et s'attaquent aux agents de l'économie privée disposant de licences.

Le non-respect des normes d'hygiène (gants, pinces en métal pour les petites *cafétérias*...), l'origine frauduleuse de certains produits (le fromage ou le jambon des pizzas, l'essence des taxis...), la non-fiscalisation de certains services (maison qui sert d'entrepôt pour la marchandise d'un artisan, voisin de la famille qui sert le petit déjeuner aux touristes dans une maison d'hôtes...) entraînent la même cohorte de sanctions et jusqu'au retrait de la licence.

«Ils resserrent le jeu» (*están apretando la jugada*) : le commentaire se glisse dans toutes les conversations, anecdotes à l'appui en provenance des derniers ragots dont tout le monde parle ou de la dernière rumeur publique tenue «de source sûre». En étant contraintes au laisser-faire, les autorités sont ainsi parvenues à intensifier la tactique des vagues répressives ciblées, déjà familières aux Cubains depuis le début des années 1960, et font tomber l'épée de Damoclès sans sourciller lorsque les circonstances s'y prêtent. En 2008, dans la situation de pénurie provoquée par le passage des ouragans Gustav et Ike, certains individus se sont retrouvés en prison pour avoir vendu de l'eau en bouteille ou des oignons. Systématiquement, les ouragans dévastateurs des dernières années ont servi de justification aux autorités pour requalifier la gravité des «activités illicites».

Cette somme d'incertitudes constitue la dimension centrale de la *lucha* et les *luchadores* s'appliquent perpétuellement à *se laver*. Durant les réunions des Organisations de masses, manier l'art du *teke* (la langue de bois) ou hurler des consignes plus fort que son voisin n'est, à la fois et selon les cas, pas suffisant et pas nécessaire. *Se laver* est un impératif pratique qui consiste avant tout à ne pas «dire des horreurs de la Révolution» («*hablar basura de la Revolución*», expression officielle) ou des

dirigeants et à participer aux «activités» de base de la Révolution : payer sa cotisation en tant que membre des diverses
Organisations de masses auxquelles on appartient, rejoindre
de temps à autre une «manifestation populaire», réaliser des
travaux d'utilité collective (comme le nettoyage de la *cuadra*)
ou faire un don de sang. On peut *se laver* en effectuant son service militaire, en travaillant de façon réelle ou fictive[87], voire
en reprenant des études. Au début des années 2000, dans le
cadre de la «Bataille des Idées» (voir chapitre suivant), le gouvernement avait créé des «cours d'amélioration intégrale», sur-
nommés «cours des paresseux» par la population. Ils offraient
la possibilité aux «*désaffectés*» (sans-emploi, mères inactives,
délinquants repentis, etc.) de suivre un programme de niveau
préuniversitaire (collège-lycée) et de percevoir un salaire de
160 pesos par mois.

Les *éléments* les plus *cramés* doivent utiliser les espaces publics comme des espaces de concurrence pour la conformité
s'ils ne veulent pas simplement *disparaître* (selon l'estimation
du Comité Cubain pour les Droits de l'Homme et la Réconciliation Nationale, 1 % de la population cubaine se trouve en
prison). La posture du *comecandela*, du *concientón* (l'incondi-
tionnel du régime) qui «*sur-satisfait*» relève moins souvent de
la ferveur révolutionnaire que d'un calcul. Le *comunistón* (*su-
per-communiste*) cherche à s'assurer une certaine tranquillité
ou à obtenir des faveurs administratives, voire un poste avantageux, à moins que sa position politique lui ait déjà donné
accès à un statut professionnel grâce auquel il *fait du pognon*
(*hace billete*) mais aussi des envieux. Il s'estime alors en risque
de perdre ce statut s'il ne renforce pas constamment son capital
politique. Les membres du parti communiste, plus encore s'ils
sont de haut rang et bien que beaucoup aient été simplement

tronados (destitués – et souvent replacés à un poste équiva-lent[88]), s'exposent en effet à des sanctions légales plus sévères s'ils sont reconnus coupables de malversations.

Les frontières de la normalité politique

Ceux dont la trajectoire est exemplaire et qui ne sont pas enga-gés dans des *inventos* trop *forts* ou ceux qui bénéficient de pri-vilèges dont ils ne sont pas disposés à perdre l'usage, comme le droit d'entrer et de sortir du territoire à leur guise, peuvent en général *s'en tirer* (*salvarse*) en répondant à un minimum de sol-licitations et en se maintenant «apolitiques» le reste du temps.

De nombreux artistes et intellectuels sont passés maîtres dans l'art de «parler sans rien dire», esquivant les questions des journalistes étrangers lorsqu'ils abordent des thèmes politiques, ou y répondant à l'aide d'un langage proprement ésotérique. Lors d'un concert au Lincoln Center de New York, en août 2010, le chanteur Carlos Varela lançait au public : «Peu nous importe la politique ! Vive la musique !» Avant de tirer sa révérence, il ajoutait toutefois prudemment : «Obama, finis-en avec le blo-cus !» Lors de la présentation, le 16 février 2012 à l'Université de Miami, de son projet musical, «Habanization», le chanteur Raúl Paz expliquait qu'il essayait de «passer au-dessus de la po-litique». Il déclarait ensuite que lui-même et les autres membres de son groupe, revenus vivre à Cuba après être restés des années à l'étranger, s'étaient «rendu compte [qu'ils ne savaient] même pas pourquoi» ils avaient quitté l'île et «qu'[ils ne se souve-naient] plus des raisons qui les avaient poussés à le faire».

Les autorités assistent néanmoins depuis une position fra-gile à l'émergence de conduites et de discours potentiellement subversifs ; comme la ligne politique est elle-même sujette à des revirements fréquents, les façons de *se laver* et de consentir au lavage deviennent changeantes et multiples. Il arrive bien qu'une poignée d'artistes bougonnent ou s'enhardissent : en plein concert, en 2013, le chanteur Robertico Carcasses se plaignait du délai de livraison de sa voiture. Les autorités finissent presque toujours par réussir à transformer ces formes d'insubordination en « malentendus » ou, au pire, en « critiques loyales » : Carcasses, fallait-il comprendre, s'en était pris à la bureaucratie du Ministère des Transports et ne revendiquait en fin de compte que son droit à la consommation dans le cadre prévu par la loi. Beaucoup d'écrivains et de chanteurs-compositeurs abordent en revanche des thèmes « problématiques » comme la prostitution ou le racisme, lorsqu'ils ne condamnent pas tout simplement l'absurdité du *système* dans son ensemble. Autant que les autorités policières ont dû se résoudre tacitement à accorder davantage de marge de manœuvre aux jeux stratégiques des *luchadores*, les autorités culturelles sont en partie réduites à réagir au cas par cas, en maniant habilement le bâton et la carotte. Elles savent aussi contraindre les artistes protestataires à rappeler que leurs critiques, aussi virulentes qu'elles puissent être, importent moins en définitive que leur engagement en faveur de la « Patrie », de « la Révolution » et des dirigeants. Le fait que les autorités soient contraintes de réagir ne signifie pas qu'elles ne disposent plus de l'initiative.

L'opération mise en place au printemps 2003 après l'arrestation des 75 dissidents et journalistes indépendants est paradigmatique. Dès sa prise de fonction en septembre 2002, James Cason, chef de la Section des Intérêts Américains à La Havane (nommé pour deux ans), avait fait l'objet de vives critiques de la part de Fidel Castro. Régulièrement soupçonné par la presse cubaine de mettre en œuvre une politique de provocation impulsée par

l'«administration républicaine d'extrême droite» et la «mafia terroriste de Miami», il est début mars 2003 accusé de conspirer et
traité de «bagarreur protégé par l'immunité diplomatique» (*gua-
petón con imunidad diplomática*) par le líder Máximo. En date
des 17 et 18 mars, le programme quotidien *Mesa Redonda Informativa* est consacré aux «grossières provocations de Mr Cason»
et «démontre les violations répétées du protocole» commises par
un chef de la SINA avide de «fomenter» matériellement et moralement des «groupuscules de contre-révolutionnaires» dégui-
sés en «agneaux»-journalistes-pacifistes. Le journal télévisé du
18 mars annonce à 20 heures l'arrestation de «plusieurs dizaines
de personnes directement liées aux activités conspiratrices que
mène Mr James Cason». À l'issue des procès qui leur sont inten-
tés, tous sont condamnés à de lourdes peines de prison.

Parallèlement à l'écrasement du mouvement dissident, l'opinion mondiale s'est focalisée à l'époque sur le détournement des
deux avions de ligne assurant la liaison Nueva Gerona (Île de la
Jeunesse)-La Havane et la prise d'otage de la *lancha de Regla* (navette assurant la liaison maritime entre les deux rives de la baie
de La Havane). Le 19 mars au soir, plusieurs individus armés de
couteaux forcent le pilote d'un DC-3 à continuer sa route jusqu'à
Cayo Hueso (Key West, Floride). Le 31 mars, sous la menace
d'un homme armé de fausses grenades, c'est un AN-24 qui suit
le même parcours, après un arrêt à l'aéroport de La Havane au
cours duquel 22 passagers sont libérés en échange de carburant.
Le 2 avril, huit individus ont tenté de rejoindre la Floride à bord
de la navette *Baraguá*, retenant en otage les passagers et l'équi-
page sous la menace d'armes blanches et d'une arme à feu. Sans
carburant à 48 km des côtes, après vingt-deux heures de dérive
au milieu d'une forte houle, ils ont dû accepter d'être remorqués
par les garde-côtes jusqu'au port de Mariel. L'assaut est ensuite

donné sans coups de feu par les Forces des Brigades Spéciales. Soumis à la procédure d'urgence, les preneurs d'otages sont reconnus coupables de «graves délits de terrorisme» en vertu de la loi 93 contre les Actes de Terrorisme du 24 décembre 2001. Les trois femmes qui accompagnaient le commando sont condamnées à deux, trois et cinq ans de réclusion, les cinq hommes à trente ans pour l'un et à la prison à perpétuité pour les autres et «les trois principaux, les plus actifs et les plus brutaux des preneurs d'otages» sont condamnés à mort et exécutés le 11 avril après confirmation des sentences en appel[89]. Le monde entier s'est tout autant ému et indigné de la «répression du printemps de Cuba» que du renouement avec l'application de la peine capitale, après trois ans d'un tacite moratoire. Un nombre non négligeable de soutiens traditionnels du régime a même déserté les rangs de la «solidarité avec Cuba», à l'image du prix Nobel de littérature José Saramago qui, ne trouvant aucune légitimité aux exécutions sommaires, «s'arrête là»[90].

Mais à ce moment, à Cuba, la presse et les dirigeants politiques attirent l'attention sur tout autre chose : l'intervention militaire en Irak, lancée le 20 mars 2003 sans mandat de l'ONU par une coalition dirigée par les États-Unis. En référence au Congrès pour la Défense de la Culture célébré sous les bombes en Espagne en 1937, le Conseil National de l'Union des Écrivains et Artistes Cubains (UNEAC) prend alors l'initiative de créer un front antifasciste et publie une déclaration le 13 avril 2003 dans les journaux *Granma* et *Juventud Rebelde* :

«Le Conseil National de l'Union des Écrivains et Artistes Cubains se réunit dans des moments dramatiques et de danger extrême pour l'Humanité, quand le fascisme resurgit avec la prétention d'exercer sa domination brutale sur la planète. La guerre de conquête déclenchée contre le peuple d'Irak, dans le mépris absolu de l'opinion publique mondiale et de la communauté des nations, rappelle l'intervention fasciste en Espagne, en 1936, qui a constitué le prélude à la Seconde Guerre mondiale. En ces jours de malheur, le fascisme a testé ses armes d'extermination comme à Guernica et a amorcé une escalade qui a culminé avec l'invasion de la Pologne et un conflit qui a coûté 50 millions de vies et la destruction et la ruine de continents entiers. Nous nous trouvons aujourd'hui face à un danger bien plus grave car ce retour du fascisme à l'échelle mondiale n'a pas, comme à l'époque, d'opposants armés ou de mur de contention et sa mécanique belliqueuse atteint un pouvoir dévastateur, capable de détruire n'importe quel pays en quelques minutes.

Avec l'invasion de l'Irak, le gouvernement des États-Unis a ignoré ouvertement les principes de coexistence entre les nations et la Charte de San Francisco, qui avait fondé l'espoir en un ordre juste, équilibré et pacifique dans le système de l'Organisation des Nations Unies [...]. À son époque, avec les mêmes buts, l'Allemagne nazie avait abandonné la Ligue des Nations. Il s'agit, comme il a été dit avec raison, de la substitution fatidique de l'empire de la loi par la loi de l'empire.

Dans cette agression, nous voyons, parfaitement articulées, les théories fascistes de la guerre préventive et de la guerre éclair, auxquelles s'ajoutent un puissant système de propagande et de désinformation. Sans aucun doute, l'héritage de Goebbels est aussi présent dans le néofascisme [...]. Cette mécanique inonde la planète quotidiennement en réitérant le message sur la supériorité des États-Unis et leur rôle messianique, de sauveurs de l'Humanité, complété par une vision caricaturale et xénophobe de l'Autre et particulièrement du Tiers-monde [...]. Les tragiques événements du 11 septembre 2001 ont été convertis en prétexte pour implanter une politique pré-élaborée de domination et de pillage universels. La présente lutte contre le terrorisme a facilité un déploiement sans précédent d'armes et de ressources, une splendide affaire qui a toujours été le rêve du complexe militaro-industriel [...]. Le programme expansionniste qui fonde cette agression a été élaboré par l'ultra droite américaine, héritière de la pensée de ceux que José Martí dénonçait à son époque avec une étonnante vision historique [...]. Nous assistons au sinistre dessein d'imposer une tyrannie mondiale néo-fasciste qui garantisse à la superpuissance impériale le contrôle des marchés, des matières premières, des sources d'énergie, des industries et des services fondamentaux de la planète [...]. Si au début du XIXe siècle Simón Bolívar s'aperçut que les États-Unis paraissaient destinés par la Providence à cribler l'Amérique de misères au nom de la liberté, cette menace plane aujourd'hui sur toutes les régions de la planète. La combattre de toutes nos forces est un devoir auquel nous ne renoncerons pas. Semer des idées, semer la conscience, comme il a été proclamé à l'occasion du 150e anniversaire de José Martí, doit être notre tâche primordiale.»

Plus qu'un rappel à l'ordre, cette déclaration, que tous les membres de l'UNEAC ont été invités à signer, vient retracer la frontière primordiale entre intellectuels et artistes loyaux à la patrie, en lutte contre l'Empire, et «traîtres apatrides»[91]. Cette frontière est aussi validée en retour par la plupart des artistes, écrivains et intellectuels qui ont choisi l'exil, à l'image de l'écrivain Juan Abreu : il a quitté Cuba en 1980 dans le cadre du pont maritime mis en place entre Mariel et Cayo Hueso, n'est jamais retourné depuis dans son île natale et se réfère dans son blog emanaciones.com à la «crapule intellectuelle et gratouilleuse de guitare [de l'île]» (*la crápula intelectual y guitarrera*). Ce procédé est appliqué dès que l'occasion se présente, comme en février 2010 après le décès en prison des suites d'une grève de la faim du dissident Orlando Zapata Tamayo. Un mois plus tard, des «personnalités de la culture et de la pensée critique, universitaires et acteurs des luttes sociales», provenant du monde entier, ont rédigé une pétition pour demander la fin du «harcèlement médiatique contre Cuba». Dans cette déclaration, intitulée «En defensa de Cuba», les signataires reviennent sur le cas de Zapata Tamayo, présenté comme un «délinquant commun» élevé au rang de prisonnier politique pour les besoins de la campagne de diffamation contre le gouvernement cubain, et sur les «Dames en blanc», qui sous leur apparence inoffensive, sont accusées de mener une campagne de subversion financée depuis les États-Unis[92]. Du côté cubain, exception faite du *trovador* Vicente Feliú, les premiers signataires sont surtout des hauts dignitaires du secteur de la culture, comme Roberto Fernández Retamar ou Miguel Barnet. C'est seulement par la suite que de nombreux artistes et intellectuels de l'île et de la «communauté» ont été invités à allonger la liste, en vue de ne pas compromettre leurs chances d'obtenir le renouvellement de leur Permis de Résidence à l'Étranger (PRE), de continuer de bénéficier du traitement de faveur d'Abel Prieto, le ministre de la Culture de l'époque, ou de pouvoir participer à un concert ou à une exposition hors de Cuba.

Les lignes qui séparent les critiques tolérées des critiques inacceptables sont d'autant plus mouvantes que l'apparition d'un artiste, d'un intellectuel ou d'un mouvement plus défiant fait mécaniquement des formes d'insubordination jusqu'alors les plus osées des critiques susceptibles d'être phagocytées. Lorsque le groupe punk-rock *Porno para Ricardo* intitule l'une de ses chansons «No comas pinga Comandante» (*Arrête tes conneries Comandante*), il créé une frontière à lui tout seul. Comme se plaît souvent à le raconter le «leader» du groupe, Gorki Águila, beaucoup d'artistes en tout genre chuchotent leur solidarité à son oreille, en prenant garde qu'il n'y ait pas de témoin dans les parages, mais aucun d'entre eux ne commet l'erreur de l'inviter à participer à un concert ou de venir assister à ses «happenings».

À l'inverse, les bloggeurs Orlando Luis Pardo Lazo (qui a quitté Cuba en 2013), Yoani Sánchez et Claudia Cadelo, le graffiteur El Sexto, le groupe de discussion Estado de Sats côtoient

Gorki Águila, se solidarisent avec les «Dames en Blanc» et critiquent ouvertement *le système*, se retrouvant de la sorte endigués de fait par la retenue des autres. Dès lors, certains artistes et écrivains, qui faisaient figure de «presqu'opposants», donnent à leur insu des gages de leur loyauté au régime, en se maintenant dans un espace critique devenu intermédiaire.

Des musiciens ou artistes-plasticiens qui assumaient une position critique voient ainsi apparaître des lignes de partage qui les séparent d'autres individus ou collectifs plus indépendants ou protestataires et obtiennent simultanément des prébendes auxquelles ils n'avaient pas accès jusque-là, comme la possibilité de se rendre à l'étranger pour y travailler. Le groupe *Los aldeanos*, l'artiste plasticienne Tania Bruguera, certains membres du collectif *Omni Zona Franca* sont invités par des institutions culturelles ou des universités aux États-Unis et en Europe et se retrouvent injectés – de manière différente et inégale – à l'intérieur du «*système*». Certains d'entre eux finissent par atténuer la vigueur de leurs critiques, appréciant un mode de vie qu'ils n'avaient pas anticipé, et peuvent se trouver mis à l'écart par ceux qui, à Cuba et au sein de l'exil, leur reprochent leur disposition à transiger[93].

Les hauts dirigeants tentent de contrôler la thématique du débat en refusant de reconnaître la légitimité du conflit à l'intérieur du régime politique; ils luttent pour phagocyter les critiques dont leur politique fait l'objet et excréter les nuiseurs. La vocation officielle des processus autocritiques collectifs, décrétés cycliquement par les plus hautes autorités, est englobée dans la même logique: veiller à ce que «la Révolution» se fasse toujours plus pure. Très actifs sur le terrain du «cheminement dialectique», les hauts dirigeants tracent en permanence de nouvelles lignes de partage, autant parce qu'ils y sont contraints par les conduites des individus que parce que «la production de l'Un par retranchement de l'Autre» est une logique motrice du régime politique[94].

Les motifs des uns et des autres sont différents – *maintenir les apparences*, ne pas s'exposer à la «Loi de Dangerosité», atténuer l'*explote* (les répercussions) au cas où un délit serait soudainement sanctionné, gravir les échelons de la société, entrer et sortir librement de l'île – mais, ensemble, ces opérations perpétuent à la fois les signes de l'existence de la société révolutionnaire et le fonctionnement social du régime. C'est à ce cercle vicieux que les Cubains semblent faire allusion en évoquant la *combine de Fidel*. Ils signalent en ce sens le renouvellement perpétuel de modalités d'allégeances qui conforment en réalité un dispositif institutionnel de production de «mérites» et de *lavages*: participation aux «marches combattantes», «tribunes ouvertes de la Révolution» et mobilisations spontanées, disposition ponctuelle à prêter serment, appui au régime par le silence, prise de distance vis-à-vis d'un groupe ou d'un individu mis sur le gril par les autorités, etc. La *combine de Fidel* renvoie aux logiques inextricables de la *lucha*: les stratégies mises en œuvre en vue de se prémunir des sanctions sont en même temps des manières de se mettre en capacité, en donnant prise aux modes de perpétuation du régime et sans jamais pouvoir se soustraire aux situations de risque et d'imprévisibilité.

Une conduite révolutionnaire «irréprochable» est la voie d'accès privilégiée à des statuts associés à des privilèges et à des possibilités d'arrangements très lucratifs. Les déplacements hors du territoire national (professionnels ou privés) ont été réservés jusqu'en janvier 2013 aux citoyens les plus loyaux au gouvernement et, à l'exception de l'asile politique, des regroupements familiaux et des époux(ses) de ressortissants étrangers, les consulats des pays occidentaux ne délivrent de visas aux citoyens cubains que dans la mesure où, sur la base de leur intégration durable dans l'économie officielle et de l'absence d'antécédents pénaux rédhibitoires, ils ne présentent pas le profil d'immigrants potentiels. Ainsi, jusqu'au moment de pouvoir sortir du territoire – objectif d'une majorité écrasante de la population –, il faut feindre de ne pas y songer et contribuer par là même à la perpétuation de la mise en scène révolutionnaire[95].

Le castrisme de marché

Depuis qu'il assume officiellement les rênes du pouvoir, Raúl Castro s'est résolu à engager un processus dit d'«actualisation du modèle socialiste». Il a entrepris dans une certaine mesure de desserrer les restrictions qui ont pesé pendant cinquante ans sur la liberté d'entreprendre, d'acquérir et de circuler. Le secteur privé, encore embryonnaire, témoigne de l'acceptation d'un principe de réalité : les entreprises d'État sont incapables d'assurer à elles seules la production de nourriture, de biens de consommation courante et de services. L'élimination du permis de sortie – et donc la possibilité accordée à la grande majorité des Cubains de se rendre hors de l'île pour une période allant jusqu'à deux ans – est une réforme du même acabit. Tel est, semble-t-il, le sens de la «modernisation» rauliste : donner aux Cubains de nouveaux moyens d'améliorer leur niveau de vie, obtenir tacitement en échange qu'ils renoncent à revendiquer leurs droits politiques et sauver le pays de la banqueroute en captant les ressources de la «diaspora».

Sans l'avouer, la «modernisation» rauliste trouve ses fondements dans l'expérience communiste des vingt-cinq dernières années à travers le monde : la souplesse des modèles chinois et vietnamien est enviable, mais la mesure reste de mise et la perte de contrôle subie par les dirigeants soviétiques sert de repoussoir. Le socialisme cubain est aussi fort de sa propre expérience : depuis que l'Union Soviétique a cessé de soutenir l'économie de l'île, le régime castriste s'est perpétué sans que la routinisation de l'émigration ni l'acceptation de la corruption et de la débrouille généralisées, auxquelles il a été contraint depuis, n'aboutissent à la modification des règles fortes mises en place dès le début des années 1960.

Du point de vue économique, les nouvelles « réformes concédées au marché » s'inscrivent, selon la terminologie officielle, dans le processus d'« actualisation du modèle socialiste ». Elles montrent surtout la continuité du tâtonnement qui caractérise la politique économique du gouvernement et ne témoignent pas d'une acceptation nouvelle de l'« enrichissement personnel », d'une disposition à partager le contrôle de l'économie avec des intérêts concurrents ou d'un renoncement à l'arbitraire juridique.

Immédiatement après sa « prise de fonction » en février 2008, Raúl Castro s'est contenté de libéraliser la vente de téléphones portables et d'ordinateurs et d'autoriser l'accès aux hôtels et centres touristiques aux Cubains. Jusqu'en septembre 2010, la distribution de terres cédées sous conditions en usufruit aux agriculteurs (décret-loi n° 259 du 10 juillet 2008 et décret-loi du n° 282 du 29 août 2008) a été la seule « réforme » susceptible de porter à conséquence. À cette date, le gouvernement annonce le licenciement en six mois de 500 000 fonctionnaires « en excédent »[96], soit près de 10 % de la « masse des travailleurs », mais ajoute qu'en vertu d'un ensemble de dispositions, parues ensuite dans l'édition spéciale du *Journal Officiel* du 8 octobre 2010, il va délivrer des licences pour que tous ces individus puissent se reconvertir dans l'une des 178 activités « à son propre compte » déjà légales ou nouvellement autorisées[97]. À terme, ces réformes ont pour but d'assainir les comptes de l'État, en allégeant les dépenses de la sécurité sociale et en augmentant les recettes fiscales en proportion du nombre de nouveaux «travailleurs à leur propre compte». En parallèle, plusieurs produits sont retirés de la *libreta* et vendus désormais *por la libre*: les pommes de terre et les pois-chiches[98] dès 2008, puis les cigarettes, le savon, le dentifrice et la lessive[99], alors que les tarifs de l'électricité, du gaz, de l'essence et de l'eau, qui avaient augmenté une première fois en 2005, connaissent une nouvelle hausse.

Ces différents décrets et dispositions ne témoignent pas d'un changement de nature des activités privées légales à Cuba: les petites entreprises qui ont vu le jour ces dernières années sont des conglomérats de «travailleurs à leur propre compte» et n'ont pas de personnalité juridique. Tout d'abord, ces activités privées légales restent très limitées et les «professionnels» (les diplômés de l'université, en particulier ceux du secteur médical et de la recherche) ne peuvent toujours pas les exercer. Non seulement la superficie des terres cédées en usufruit ne peut excéder 13,42 hectares (article 6 du décret-loi n° 259), mais la concession à titre individuel est limitée à une durée de dix ans (vingt-cinq ans pour les coopératives), renouvelable une fois (article 2), et ne peut être transmise par héritage (article 29 du décret-loi n° 282)[100]. Les usufruitiers s'engagent en outre à vendre un pourcentage de leur production à l'État (au système *Acopio*), à un prix inférieur à celui du marché (jusqu'à 70 % en vertu des lois régissant le fonctionnement des coopératives promulguées en 1992). L'octroi de nouvelles licences est restreint pour sa part à des activités triées sur le volet, dont certaines semblent plus aléatoires que d'autres: fournisseur de services gastronomiques, loueur de chambre, transporteur, charpentier, serrurier, barbier, mais aussi vendeur de CD, gestionnaire de voyage, entraîneur sportif, maquilleur, masseur, domestique ou encore éplucheur de fruits, étêteur de palmier, réparateur de parapluies et de parasols, figurant, clown, etc.

Ensuite, les termes mêmes de ces décrets et dispositions sont arbitraires. En vertu du décret-loi n° 282 d'août 2008, la concession d'une parcelle de terre est conditionnée, notamment, à «l'observation d'une conduite morale et sociale en accord avec les principes éthiques de notre société» (article 7). La «convention sur les relations et obligations entre l'usufruitier et le Délégué Municipal» est soumise à examen chaque année. Elle n'est reconduite que si l'usufruitier s'acquitte de ses obligations, dont la principale, «la mise en production des terres et le maintien durable et croissant de la production» (article 19), est par sa définition même sujette plus que d'autres à interprétation[101]. Conduit par le Délégué Municipal lui-même, cet examen relève donc en dernier ressort du domaine de compétence des autorités politiques locales. Enfin, l'article 28 précise qu'il peut être «mis fin» à la convention «pour des raisons d'utilité publique ou d'intérêt social». La question du dédommagement, le cas échéant, n'est toujours pas élucidée, alors que selon le blog officiel du gouvernement, *cubadebate.cu*, 9 000 des 146 000 usufruitiers répertoriés jusqu'en juillet 2011 avaient perdu leur terre[102].

De la même façon, la Résolution n° 32 du 8 octobre 2010 du Ministère du Travail et de la Sécurité Sociale établit pour les «travailleurs à leur propre compte» certains «devoirs» dont l'énoncé est si peu codifié qu'il ouvre la porte aux interprétations arbitraires. En vertu de l'article 8, les «travailleurs à leur propre compte» doivent «se montrer responsables au niveau de la qualité de la production qu'ils réalisent et des services qu'ils offrent» ou encore «maintenir, dans les lieux où ils exercent leurs activités, le respect des normes sur la parure publique, la sécurité dans le travail, l'hygiène communale, sanitaire, et la préservation de l'environnement». D'autres règles énoncées au titre de l'article 8 sont tout simplement impossibles à respecter : un étêteur de palmiers ou un éplucheur de fruits aura le plus grand mal à se contenter de «réaliser exclusivement l'activité ou les activités pour lesquelles [il a] reçu une autorisation». Dans la mesure où beaucoup de produits alimentaires ne sont disponibles qu'au marché noir, la plupart des «travailleurs à leur propre compte» du secteur gastronomique ne pourront pas se limiter non plus à «utiliser dans l'exercice de leur travail des matières premières, matériaux et équipements de provenance licite».

En vertu de ces décrets et dispositions, les usufruitiers et «travailleurs à leur propre compte» sont en outre assujettis à plusieurs types d'impôts. Pour les premiers, un impôt sur l'utilisation de la terre, un autre sur la force de travail et un dernier sur le revenu, en sus de la cotisation au régime spécial de sécurité sociale. Pour les seconds, outre le prix de la licence et la cotisation au régime spécial de sécurité sociale, un impôt sur le revenu, un impôt sur la force de travail, un impôt sur la vente et un impôt sur l'usage des services publics. Le calcul de ces diverses cotisations est non seulement très technique, mais leur montant est aussi perpétuellement en ajustement, si bien que l'on peut simplement dire qu'il oscille grandement mais que, si les contributeurs les plus modestes versent de la sorte 30 à 50 % de leurs revenus à l'État, il arrive que certains «travailleurs à leur propre compte» se voient contraints de reverser 100 % de leurs revenus *déclarés*, ce qui ne peut que les inciter à la fraude.

Selon l'ONE, le nombre de *cuentapropistas* a atteint un maximum en 2005, avec le chiffre de 169 400, et est redescendu à 147 400 au moment où les réformes de 2010 ont été promulguées[103]. À la fin du mois de janvier 2011, le gouvernement informe que 113 618 licences supplémentaires ont été délivrées. Or 68,3 % d'entre elles ont été obtenues par des personnes qui ne travaillaient pas avant octobre 2010[104]. Non seulement le processus de licenciement est presque au point mort, mais les bénéficiaires d'une licence catégorisés comme ne travaillant pas auparavant ont pour la plupart simplement légalisé leurs activités. En annonçant, en décembre 2010, la tenue du VIe Congrès du PCC pour avril 2011, Raúl Castro avait rendu public un document contenant un ensemble de «lignes de débat», dont certaines portaient sur les réformes récentes. Le 27 mai 2011, de nouvelles décisions adoptées en Conseil des Ministres sont annoncées à la télévision, parmi lesquelles le gel du plan de licenciement, renvoyé à «la fin du plan quinquennal», l'autorisation donnée aux «travailleurs à leur propre compte» de recruter des employés extérieurs à leur famille, et des allègements d'impôts. L'édition extraordinaire du 7 septembre 2011 du *Journal Officiel* présente un nouvel ensemble de résolutions, qui détaillent le contenu des décisions prises en mai au sein du Conseil des Ministres. Le 21 décembre 2011, le gouvernement informe cette fois que le nombre de *cuentapropistas* atteint 357 000[105] mais, selon des estimations non officielles d'économistes cubains, 25 % du total des «nouveaux travailleurs à leur propre compte» ont rendu leur licence au cours de l'année 2011[106]. Les chiffres présentés par le gouvernement cubain n'indiquent toujours pas, six ans plus tard, la durée moyenne d'utilisation des licences.

Le «processus d'actualisation du modèle socialiste» suit son chemin malgré tout. En novembre 2011, l'achat et la vente de voitures (décret-loi n° 292 publié dans l'édition extraordinaire du *Journal Officiel* du 27 septembre 2011) et de maisons (décret-loi n° 288 publié dans l'édition extraordinaire du *Journal Officiel* du 2 novembre 2011) sont légalisés, malgré des restrictions importantes. L'achat et la vente de véhicules à moteur, limités jusqu'alors à ceux mis en circulation avant 1959, sont étendus à tout le parc automobile et la possession de plusieurs d'entre eux par un seul individu est légalisée. En vertu de l'article 2 du décret-loi n° 288, la propriété immobilière est toutefois restreinte à une résidence principale et une maison de vacances. La permutation de logement avec compensation est également légalisée (article 69.2 du décret-loi n° 288) et toutes les démarches (article 69.1 pour les permutations, article 70.1 pour les donations, article 70.3 pour l'achat-vente) s'effectuent dorénavant directement devant l'office notarial public du municipe, alors que l'autorisation de la *Vivienda* était auparavant obligatoire.

L'autre nouveauté est la possibilité donnée aux citoyens qui «quittent définitivement» le pays de vendre ou de transmettre leur véhicule ou leur résidence, alors que ceux-ci étaient jusqu'alors confisqués par l'État en vertu de la loi n° 989 de 1961.

Les deux décrets fixent à 4 % l'impôt sur la transmission et la vente de véhicules à moteur (Résolution n° 314 du *Ministerio de Finanzas y Precios*) et l'impôt sur la donation, la vente ou la permutation de logements (modification de l'article 38 de la loi n° 73 du 4 août 1994). Dans le cas des permutations, un impôt, calculé par tranche, s'ajoute au montant de la compensation (article 38). L'achat d'un véhicule auprès d'une entité commerciale de l'État[107] est en revanche soumis à des restrictions et n'est autorisé qu'une fois tous les cinq ans (article 5.3 du décret-loi n° 292). Il est réservé aux individus qui ont perçu des revenus en Cuc ou en devises comme «résultat de leur travail dans des fonctions assignées par l'État ou au bénéfice de celui-ci» (article 5.1 du décret-loi n° 292 et article 2.1 des «Instructions pour compléter la certification des revenus obtenus»). Ce type d'achat est limité *a fortiori* à une liste de «catégories d'occupations» énoncées au titre de l'article 3.1 des normes complémentaires. Cette liste vaut la peine d'être reproduite car elle donne une idée de la recomposition des élites économiques du moment, en dehors des canaux internes du Minfar :

«I – Les personnes qui perçoivent des revenus à l'extérieur :

Fonctionnaires, techniciens, professeurs, scientifiques, personnel de santé, artistes, écrivains, personnel de navigation, personnel administratif et de services qui travaillent dans le cadre de missions officielles à l'extérieur.

Artistes et écrivains liés à des institutions culturelles et qui obtiennent des prix internationaux, avalisés par l'organisme recteur de chaque activité en particulier.

II – Les personnes qui perçoivent des revenus à Cuba :

Artistes et écrivains liés à des institutions culturelles et qui perçoivent des revenus en monnaie librement convertible à travers la commercialisation de leurs œuvres, des droits d'auteur ou des droits sur leurs présentations artistiques, à travers les entités autorisées à ces fins.

Les travailleurs de la pêche.

Les producteurs de tabac.

Le personnel de navigation qui travaille dans les navires de cabotage.

Le personnel des compagnies de navigation qui reçoivent un bonus [*estimulación*] en pesos convertibles.

Employés et retraités de la Base Navale de Guantánamo.

Sont exclues des catégories d'occupations auxquelles se réfère le paragraphe précédent ceux :

Qui assurent une mission à l'extérieur à travers le Programme Intégral de Santé (PIS) et d'autres Programmes Spéciaux approuvés par le Ministère de la Santé Publique.

Qui travaillent au Venezuela, en Bolivie, au Nicaragua et en Équateur, à l'exception du personnel diplomatique et consulaire et des offices ou représentations cubaines ou mixtes constituées avant le 31 décembre 2004.»

Non seulement l'État promeut toujours des filières donnant accès à des prébendes qui suscitent un certain engouement, mais l'octroi de privilèges est aussi conditionné au maintien de normes d'affiliations strictes aux divers organismes placés sous son contrôle. Ainsi, la bloggeuse Yoani Sánchez, lauréate de nombreux prix non reconnus par l'Union des Journalistes de Cuba (UPEC), comme le Prix Ortega y Gasset, n'est pas autorisée à acheter un véhicule alors qu'elle a reçu ces dernières années, à travers tous ces prix, plus de 500 000 dollars de dotation. Le maintien de normes bureaucratiques contraignantes continue d'ailleurs de rendre les acquéreurs vulnérables à tout type de «complications» procédurales. Dans le cas de l'achat d'un véhicule à une entité commerciale de l'État, chaque ayant-droit doit effectuer les démarches auprès de l'entité responsable de la catégorie d'occupations à laquelle il appartient (article 4 du décret-loi n° 292). Il doit obtenir de cette dernière la certification des revenus qu'il a perçus à travers elle (article 6) et même la certification de tous les revenus perçus à travers chacune des entités précédentes auxquelles il était statutairement rattaché (annexe n° 2 aux «instructions pour compléter la certification des revenus obtenus»).

Pour toutes les procédures d'achat, les acquéreurs restent donc contraints de prouver l'«origine totalement licite» de leurs fonds (l'annexe n° 1 à la Résolution n° 85 de la Banque de Cuba le notifie également dans le cas de l'achat ou de la permutation avec compensation d'un logement), alors que la complexité des lois et la nature même de la *lucha* laissent aux autorités une marge de manœuvre considérable pour continuer de contrôler le jeu. L'arbitraire reste de toute façon au cœur des nouvelles lois, puisque en vertu de l'article 13 du décret-loi n° 292 «le Ministre des Transports pourra exceptionnellement, au nom de l'État, refuser le transfert de propriété d'un véhicule à moteur […] pour des raisons d'utilité publique ou d'intérêt social» et que les articles 109 et 110 de la loi n° 65 de 1988, en vertu desquels l'État garde tout pouvoir de décision sur les logements situés dans les «zones déclarées de haute signification pour le tourisme[108]», ont été prorogés.

D'autres aménagements techniques continuent d'être introduits afin d'alléger les charges qui pèsent sur l'État et d'améliorer l'efficacité du système économique. En vertu d'un ensemble de résolutions publiées dans l'édition extraordinaire du *Journal Officiel* du 15 novembre 2011, les établissements gastronomiques du secteur touristique d'État ont ainsi été autorisés à acheter directement des produits – sans passer par le système *Acopio* – aux coopératives agricoles. En vertu du décret-loi n° 289 du 21 novembre 2011, l'accès au crédit bancaire, pour un minimum de 500 à 3 000 pesos, a aussi été octroyé aux *cuentapropistas*, aux agriculteurs et aux particuliers qui désirent effectuer des travaux de rénovation.

La logique des réformes vise à récompenser la loyauté politique sans faire place à une division d'intérêts entre secteur public et secteur privé, lequel reste à la merci de l'arbitraire juridique et de brusques changements de cap mis en œuvre depuis le sommet du pouvoir. Les réformes ont également pour objectif d'inciter les émigrés à investir en finançant les projets de leurs parents et amis qui résident à Cuba. À un premier niveau, cette nouvelle mise en mouvement témoigne de l'acceptation d'un principe de réalité et répond à la volonté des dirigeants de «sauver» l'économie cubaine du naufrage. Raúl Castro l'a répété plusieurs fois au cours de l'année 2011 : «Ou bien nous rectifions, ou bien nous coulons.» Mais, à un second niveau, la normalisation a insufflé une nouvelle vigueur au mouvement produit par les logiques antagoniques du fonctionnement social : l'impossibilité de respecter à la lettre la légalité socialiste justifie l'intensification de la «lutte contre les indisciplines et la corruption» et la mobilisation révolutionnaire contre les «bureaucrates», rendus responsables des «blocages». Dans cette situation, les individus qui ont bénéficié des «réformes» risquent à tout moment de se voir dépossédés de leur capacité stratégique.

La diaspora à l'intérieur de la Révolution

Si les réformes perpétuent le fonctionnement social du régime, elles visent aussi à rasseoir un ordre politique sur une base sociale plus large. D'une part, la position économique des dirigeants et des entreprises gérées par l'armée a été encore renforcée, afin de négocier dans les meilleures conditions possibles si une transition pactée s'avérait inévitable. Depuis une quinzaine d'années, comme l'ont montré Sergio Díaz-Briquets et Jorge Pérez-López, l'élite au pouvoir a aussi engendré une nouvelle classe d'«entrepreneurs cubains» composée d'officiels du PCC, de membres en activité ou retraités des forces armées et de fils, filles ou parents de membres de la *nomenklatura*[109]. Ils se sont déjà approprié une partie des ressources de l'État grâce à la réorganisation administrative d'entreprises publiques en sociétés anonymes privées, dont ils sont propriétaires ou qu'ils contrôlent. Il existe des preuves d'un commencement de «capture de l'État» par certaines de ces entreprises, c'est-à-dire de tentatives d'influencer la législation et les régulations de façon à améliorer leur position économique à long terme. Dans ce contexte, aucun des membres de cette nouvelle classe n'a intérêt à ce que se produise au sein du régime une rupture qui pourrait mettre en péril la position de son groupe ou de sa *piña*[110] D'autre part, les *cuentapropistas*, les Cubains qui entrent et sortent de l'île à leur guise et les artistes « critiques » qui se sont insérés dans le marché international de la culture peuvent bénéficier des réformes, s'ils admettent en retour les limites qui leur ont été fixées par l'élite au pouvoir.

Le processus de réconciliation que celle-ci promeut est plus ambitieux encore : en échange du rôle d'intermédiaire qui lui a été provisoirement reconnu dans le dialogue avec la « communauté émigrée » et d'autres interlocuteurs étasuniens, l'Église catholique accompagne le « processus d'actualisation du socialisme » et se voit autorisée à renforcer son activisme social. Elle continue à cet égard de palier l'incurie de l'État, notamment à travers l'organisation *Caritas*, qui fournit des repas, des médicaments et des produits de première nécessité aux personnes âgées et aux indigents[111]. D'un côté, la hiérarchie de l'Église catholique a « intercédé » auprès de Raúl Castro, aux côtés du gouvernement espagnol, pour obtenir la libération des 52 dissidents et journalistes encore détenus qui avaient été incarcérés au printemps 2003 : l'Église catholique se présente comme un pôle de réconciliation, notamment en ouvrant les colonnes de la revue *Espacio laical*, de l'archidiocèse de La Havane, aux universitaires nord-américains favorables au « dialogue » et aux exilés qui désirent investir dans l'île. D'un autre côté, la hiérarchie de l'Église catholique s'est nettement distanciée des revendications des dissidents et un document diffusé par *WikiLeaks* montre le rôle joué par le Cardinal de La Havane, Jaime Ortega, dans la fermeture en 2007 de *Vitral*, la revue du diocèse de Pinar del Río dirigée par Dagoberto Valdés[112]. En cherchant à renforcer sa position, l'Église catholique est ainsi tenue de valider la frontière tracée par Raúl Castro. Elle se situe dorénavant «à l'intérieur de la Révolution», aux côtés des groupes critiques dont l'opinion s'exprime en vue de pérenniser «la Révolution», de bâtir le socialisme et de maintenir l'ordre face aux menaces de déstabilisation ourdies depuis l'étranger. Par effet de soustraction, les dissidents et les groupes s'exprimant au nom de «la société civile» indépendante sont rejetés du côté des contre-révolutionnaires qui n'ont «aucun droit».

Le pouvoir de phagocytose du régime s'exerce enfin en direction des «émigrés»[113]. L'assouplissement des formalités permettant à certains Cubains de vivre la plus grande partie de l'année à l'étranger, sans perdre leur statut de «résident cubain», sert de modèle à la «nouvelle relation» avec la «communauté émigrée». Une réforme migratoire de plus grande envergure, grâce à laquelle les «émigrés» seraient autorisés à se rendre dans l'île «à leur guise», a été officieusement «en discussion» pendant plusieurs années à l'intérieur des cercles dirigeants. Cette réforme a fini par voir le jour en octobre 2012, en vertu d'une série de décrets-lois (n° 302, 303, 304, 305 et 306) portant modification à la Loi Migratoire du 20 septembre 1976 (loi n° 1312). Les résidents cubains, autorisés dorénavant à séjourner hors du territoire pour une durée maximale de 24 mois (contre 11 auparavant), n'ont plus besoin ni d'un permis de sortie (*tarjeta blanca*), ni d'une lettre d'invitation (*carta de invitación*), mais seulement d'un passeport délivré par les autorités (valable deux ans et dont le coût est fixé à 100 Cuc[114]). Le Permis de Résidence à l'Étranger (PRE – mis en place en 1984 au bénéfice des conjoints d'étrangers puis étendu à d'autres catégories de la population) est éliminé, tout comme le permis d'entrée, et les émigrés peuvent séjourner dans l'île pour une période maximale de 90 jours (180 pour les résidents cubains domiciliés à l'étranger[115]). L'obligation, pour les Cubains détenteurs d'une autre nationalité, de se rendre à Cuba munis d'un passeport cubain obtenu auprès des autorités consulaires du pays où ils résident reste inchangée pour tous les émigrés ayant quitté l'île après 1971. Les «émigrés illégaux» (étudiants ou voyageurs restés à l'étranger, *balseros*, etc.) qui sont partis après la signature des accords migratoires de 1994 sont autorisés à se rendre dans l'île au bout de huit ans. En vertu de nouvelles mesures annoncées en octobre 2017 par le ministre cubain des Relations Extérieures, Bruno Rodríguez Parrilla, cette période suspensive ne s'applique plus qu'au personnel des missions médicales, diplomatiques ou sportives qui ont «fait défection» à l'étranger, alors que «l'habilitation du passeport pour l'entrée sur le territoire», une démarche consulaire qui alourdit le coût de chaque voyage à Cuba, est éliminée.

Dans le cadre prévu par la nouvelle loi, le gouvernement se réserve le droit de refuser de délivrer un passeport pour «raisons de défense et de sécurité nationale» ou si le demandeur ne bénéficie pas de «l'autorisation établie en vertu des normes dont l'objectif est de préserver la force de travail qualifiée pour le développement économique, social, scientifique et technique du pays, et aussi la sécurité et la protection de l'information officielle». Cette disposition concerne principalement les athlètes, le personnel médical, les scientifiques et les membres de l'armée et du Ministère de l'Intérieur. De la même façon, il est précisé que certains individus sont «inadmissibles» dans l'île : ceux dont les antécédents signalent «activités terroristes, trafic de drogue, blanchiment d'argent ou trafic d'armes» et ceux qui «organisent, stimulent, réalisent ou participent à des actions hostiles contre les fondements politiques, économiques et sociaux de l'État cubain». En d'autres termes, les nouveaux «droits» restent conditionnés à un acte d'allégeance à «la Révolution», dont les formes devenues multiples et circonstancielles n'ont rien perdu de leur caractère arbitraire. Une telle réforme s'appuie sur la disposition des catégories de population concernées à restreindre les motifs de leur séjour aux visites familiales, au ressourcement culturel, au voyage d'agrément, c'est-à-dire à renoncer à leurs droits politiques tout en se tenant prêtes à donner ponctuellement des preuves de leur engagement en faveur de «la Révolution». Pour tous ces émigrés redevenus «loyaux à la patrie», l'expérience du retour épisodique s'est peu à peu normalisée et un fossé s'est creusé avec l'exil «historique», nettement plus politisé et votant majoritairement pour le parti Républicain.

D'après les données fournies par l'Office National des Statistiques de Cuba, plus d'1,5 million de Cubains ont émigré vers un autre pays depuis l'arrivée au pouvoir de Fidel Castro en 1959; 1 200 000 d'entre eux se sont établis aux États-Unis. Recensés à 85 % comme «blancs», ils se divisent dans une proportion égale entre hommes et femmes. Ils vivent dans leur grande majorité en Floride (un million) ou dans la région de New York et du New Jersey (100 000). Le nombre de Cubains de la seconde génération, nés aux États-Unis, avoisine les 900 000 (environ 600 000 en Floride et 120 000 dans la région de New York et du New Jersey). Ailleurs dans le monde, les Cubains émigrés se sont principalement installés en Espagne (115 000 en 2014) et, pour quelques dizaines de milliers d'entre eux, en Italie, au Mexique et au Canada.

Par vagues successives, 900 000 Cubains ont définitivement émigré entre 1959 et 1993. Qualifiés de «traîtres», de «vers de terre» ou d'«apatrides» par le gouvernement de La Havane, ils ont été dépossédés de tous leurs biens avant de quitter le territoire, en vertu de la loi n° 989 promulguée en décembre 1961. Celle-ci mentionnait l'«impardonnable dédain» avec lequel ils «[abandonnaient] la patrie» et leur interdisait en pratique tout retour à Cuba. Dans le cadre du dialogue engagé en 1978 par Fidel Castro avec la «communauté» des émigrés, quelques centaines de Cubains-Américains qui avaient pris le chemin de l'exil dans les années 1960 ont été autorisés à rendre visite à leurs parents restés à Cuba. Dans la foulée des émeutes du 5 août 1994 à La Havane et de la crise dite des *balseros* – au cours de laquelle environ 60 000 Cubains ont tenté de rejoindre les eaux internationales à bord d'embarcations de fortune –, un accord migratoire a été signé entre les gouvernements cubain et nord-américain. En marge des «départs illégaux» et des visas accordés dans le cadre des «regroupements familiaux», ce dernier a accepté de délivrer 20 000 visas supplémentaires par an aux ressortissants cubains. Il a également ajouté une clause nouvelle, dite «pieds secs, pieds mouillés», au *Cuban Adjustment Act*. Promulguée en 1966, cette loi offre aux ressortissants cubains – qui reçoivent automatiquement un permis de séjour provisoire (le «*parole*») s'ils arrivent sans visa aux États-Unis – la possibilité de devenir résidents américains après deux ans de présence continue sur le territoire national (durée réduite à un an en 1976). Après la signature des accords de 1994, les Cubains parvenant à quitter l'île devaient toucher le sol américain pour être autorisés à déposer un dossier auprès de l'*Immigration and Naturalization Service* (le *Department of Homeland Security* depuis 2002) et bénéficier du *Cuban Adjustment Act*.

Avec une grande habileté, le gouvernement cubain s'est appliqué depuis 1994 à recatégoriser les nouveaux candidats au départ comme des victimes de la crise économique et du «blocus américain», et non plus comme des «contre-révolutionnaires». À la différence des précédentes générations d'exilés, la plupart des «réfugiés» qui ont bénéficié du *Cuban Adjustment*

Act au cours des vingt dernières années se rendent régulièrement à Cuba. Même lorsque l'administration Bush a imposé en 2004 des restrictions, il leur était relativement aisé d'obtenir une attestation d'un quelconque groupe religieux pour obtenir une licence du Département d'État les autorisant à se rendre à Cuba. Les sommes d'argent envoyées depuis les États-Unis parvenaient à leurs destinataires par l'intermédiaire de banques clandestines, dont les faibles commissions continuent d'empêcher *Western Union* d'exercer un monopole. Le gouvernement cubain, de son côté, a réussi à capter les ressources des émigrés. Depuis 2013, le montant des remises est compris entre 1,2 et 4 milliards de dollars par an, selon les estimations discordantes des experts du Dialogue Interaméricain, de ceux du Département d'État américain ou d'autres sources indépendantes. Elles constituent quoi qu'il en soit la première source de revenu de l'île (en dehors de la commercialisation des «services») et il est certain que la difficulté à les quantifier ne peut masquer le fait que les émigrés soutiennent le pouvoir d'achat de leurs parents restés à Cuba. Ils refinancent en grande partie l'économie de base des foyers, depuis la remise en état des logements jusqu'à l'achat de biens d'équipement, sans oublier les micro-investissements réalisés dans le cadre d'activités économiques privées aux marges de la légalité. Depuis les États-Unis, on peut faire livrer de la nourriture chez des particuliers à Cuba, ou encore ajouter du crédit sur un téléphone portable, alors que tous les opérateurs appartiennent à l'État. À l'instar des «mules» (les passeurs), les émigrés ramènent des biens d'équipement, des habits, des produits de beauté, etc., et s'exposent à l'arbitraire des normes douanières. Les migrants qui vont et viennent entre l'île et les États-Unis ont surtout appris à respecter les limites fixées par l'élite au pouvoir. Renoncer à revendiquer des droits politiques est un coût d'autant plus acceptable que leurs séjours à Cuba donnent souvent libre cours à une consommation revancharde, en signe de triomphe sur le système auquel ils ont échappé.

À bien des égards, les migrants cubains ne font plus figure d'exception par rapport aux émigrés du reste des Caraïbes et de l'Amérique latine installés aux États-Unis. Depuis une vingtaine d'années, les différences économiques entre les deux groupes tendent à s'estomper, alors que les premiers exilés cubains formaient une communauté prospère. Les premières générations d'exilés ont transformé Miami, ville typique du Sud des États-Unis, en mégalopole au dynamisme économique, commercial et financier rayonnant. Ils s'en sont emparés politiquement et ont constitué un lobby influent dont les réseaux sont implantés à Washington. Les nouveaux migrants cubains s'ajustent à des modèles de circulation et d'enracinement au contact, par exemple, des Dominicains et des Portoricains installés en Floride ou dans la région de New York. Ceux-ci parviennent à perpétuer depuis les États-Unis une forme d'appartenance retenue et intermittente à leur pays d'origine. Ils s'orientent aussi en estimant qu'ils ont laissé derrière eux un univers de barbarie, sur lequel ils n'ont guère de prise. L'identité des nouveaux arrivants en provenance de Cuba se redéfinit sous l'influence de ces récits.

L'observation de ce nouveau contexte a amené la plupart des observateurs à estimer que l'émigration cubaine avait changé de nature : les générations précédentes d'*exilés* du castrisme, arrivés par vagues successives entre 1959 et 1989, auraient fait place à une *diaspora transnationale*, devenue le moteur de la «transition démocratique». Ce récit fait des Cubains de passage dans leur pays les principaux agents du changement : imprégnés du «droit à avoir des droits», dont ils auraient fait l'expérience aux États-Unis et en Europe, ils participeraient d'un travail de sape des fondements «totalitaires» du régime. Combinée à la «résistance culturelle» d'un ensemble d'artistes et d'intellectuels qui s'émancipent de la tutelle de l'État, cette contagion «par le bas» propagée par les émigrés fait volontiers figure de phase de gestation avant la transformation démocratique des lois et des institutions.

Le 17 décembre 2014, Barack Obama a justifié sa décision de rétablir les relations diplomatiques avec Cuba et d'œuvrer à la levée de l'embargo commercial en prétextant que la politique visant à isoler l'île n'avait porté aucun fruit depuis 1961. Une telle affirmation relève du bon sens, mais l'alternative qu'il propose, «mettre en capacité la société civile», sonne davantage comme un slogan *rebattu* que comme une stratégie réalisable. Il est ironique de constater que, certes, le rapport de la *Commission For Assistance to A Free Cuba*, remis à Georges W. Bush en 2004 par Colin Powell, préconisait à l'inverse de priver Cuba de ressources extérieures en vue d'«accélérer la transition», mais qu'il visait aussi à «mettre en capacité la société civile» et à «rompre le blocage de l'information». Barack Obama a répété plusieurs fois que les changements attendus ne se produiraient pas du jour au lendemain, mais que son pari était celui de l'«engagement», entendu comme un processus initial qui aurait inévitablement un effet d'entraînement démocratique – une affirmation qui fait écho au discours d'un groupe d'universitaires cubains-américains partisans du dialogue avec les «Cubains de l'île», *Cuban-Americans for Engagement* (Café).

Les idées de «mise en capacité» et d'«engagement» font complètement abstraction de la réalité de la relation que les artistes et émigrés «loyaux à la patrie» ont progressivement nouée avec le système castriste au cours des vingt dernières années. Or celle-ci risque de devenir la matrice des nouvelles relations commerciales que Barack Obama envisage de développer si l'embargo est un jour levé ou complètement vidé de sa substance. La stratégie de contagion démocratique de personne (américaine ou cubaine-américaine) à personne (cubaine) manque également de tout fondement empirique. Les séjours touristiques à Cuba viennent bien davantage satisfaire une soif d'exotisme et de sensations fortes qu'ils ne donnent lieu à des connivences militantes[116]. Internet n'est pas non plus une panacée : la libre circulation de l'information peut donner accès aux événements tus par les medias cubains, mais les *consommateurs* ont le *droit* de s'intéresser davantage aux nouveautés, aux résultats sportifs ou aux aventures des *people*, sans parler des forums de rencontre et des sites plus triviaux.

Barack Obama a été particulièrement mal inspiré de citer les exemples de la Chine et du Vietnam pour montrer non seulement que les États-Unis avaient fait la paix avec d'autres ennemis du temps de la guerre froide, mais qu'ils ne comptaient pas non plus abandonner leur combat en faveur des droits humains. Il règne dans ces deux pays un capitalisme d'État qui exige des investisseurs étrangers qu'ils fassent respecter à l'échelle de leurs entreprises les lois nationales ou directives spécifiques qui restreignent les libertés des citoyens. À cet égard, les dirigeants cubains ont tiré les leçons de l'ouverture aux investissements étrangers. Les entreprises européennes, canadiennes ou latino-américaines qui ont investi à Cuba dans les vingt dernières années n'ont jamais protesté contre les conditions de travail de leurs employés ou contre le fait que ceux-ci percevaient une part infime de leur salaire, versé directement à l'État. Raúl Castro répète, depuis qu'il a pris la relève de son frère, que les puissances étrangères et les investisseurs potentiels doivent respecter la « souveraineté » et le « système politique » de Cuba : il fait référence au parti unique et à l'absence de liberté d'association, de liberté d'expression ou de liberté syndicale, justifiée par le risque de division du corps révolutionnaire.

Barack Obama a pris soin de ne pas apparaître simplement comme un idéaliste et en appelle aux « intérêts américains » : pourquoi laisser le reste du monde se tailler la part du lion ? Depuis la promulgation en 2000 du *Trade Sanctions Reform and Export Enhancement Act*, plusieurs entreprises américaines du secteur agro-alimentaire ont été autorisées à exporter leurs produits vers Cuba – à tel point que les États-Unis sont aujourd'hui le premier fournisseur de denrées alimentaires de l'île. À l'heure actuelle, chaînes hôtelières, compagnies pharmaceutiques et autres constructeurs automobiles se frottent les mains en anticipant une reprise totale du commerce avec Cuba. Alfonso Fanjul, proche des époux Clinton, anticastriste de la première heure et propriétaire du géant *Domino Sugar*, s'est prononcé il y a peu pour la levée de l'embargo. Il a émis le souhait d'investir dans son pays natal, à condition que « le cadre légal [soit] adéquat ». Il n'a abordé ni le thème des salaires, ni celui du droit de grève ou des libertés syndicales, car il est bien entendu qu'il faisait référence à la « sécurité des investissements ».

Le commerce adoucit les mœurs ; les « émigrés loyaux à la patrie », les touristes américains, internet et les investisseurs amélioreront dans un premier temps la situation des Cubains ; puis ils transformeront le pays en bouillon de culture démocratique, alors que Cuba sera devenue totalement dépendante de l'économie américaine : on peut à bon droit douter de cette stratégie et craindre que la « réconciliation » ne s'effectue dans les termes du castrisme de marché.

C'est peut-être conscient de cela que, dans les derniers jours de sa présidence, Barack Obama a abrogé la clause « pieds secs, pieds mouillés », contraignant les milliers de Cubains qui projetaient de gagner la frontière sud des États-Unis à redéfinir une stratégie alors qu'ils se trouvaient en transit, parfois depuis des mois voire des années, en Équateur, en Colombie, en Amérique centrale ou au Mexique. La réforme entrée en vigueur en janvier 2013 ayant fait passer de onze à vingt-quatre mois la durée maximale de résidence légale à l'étranger pour un citoyen cubain, l'objectif reste néanmoins, pour beaucoup, de devenir des doubles résidents. En 2013, d'après les chiffres fournis par le gouvernement à La Havane, 184 787 Cubains (dont 52 % n'étaient pas encore rentrés en décembre) avaient effectué plus de 250 000 « voyages » hors de l'île (soit 35 % de plus qu'en 2012). Pour la première fois depuis 1959, le solde migratoire était positif en 2013 (3 302) et en 2014 (1 922), mais il est redevenu négatif en 2015 (- 24 684) et en 2016 (- 17 251)[117]. Depuis 2009, 70 000 Cubains sont quant à eux (re)devenus espagnols en vertu de la « Ley de Nietos ».

Lutter pour se repérer

La logique de la *lucha*, tout en visant à satisfaire des stratégies individuelles et à permettre dans l'idéal la sortie du territoire, perpétue le phénomène de capture de la citoyenneté et des droits individuels, assuré dans les premières années du régime par l'appel à la «lutte» et à la vigilance, et en est en quelque sorte le ressort.

Dès la mise en place du nouveau régime politique, la recherche d'un mode de réglage infaillible de l'édifice social a oscillé entre l'idéal de mobilisation, de sélection et de renouvellement opéré par la lutte d'une part et, d'autre part, l'appui sur des chaînes de commandement et sur des hiérarchies pour assurer la discipline individuelle et l'ordre total. L'objectif, d'essence totalitaire, était le même: abolir l'écart entre cognition, interprétation et action. Par la suite, les autocritiques du processus révolutionnaire et les changements de cap de la ligne politique ont eu pour fonction de réaffirmer périodiquement la validité de la lutte comme principe même de production de l'ordre.

Après la fuite de Batista, Fidel Castro et ses partisans avaient lutté pour imposer une vision unanime de la situation révolutionnaire et du joug sous lequel se trouvait «le peuple». La lutte se muait en révolution : faire table rase du passé incarné par la réaction, la religion, le capitalisme et le vice. Cette première fixation de la doctrine du régime ne résista pas longtemps aux imprévus, à la désorganisation et à la nature antagonique des objectifs poursuivis par les dirigeants. Le slogan «100 ans de lutte» est apparu dans le sillon du discours «Pourquoi il n'y a eu qu'une seule Révolution à Cuba» (*Porque en Cuba sólo ha habido una Revolución*), prononcé par Fidel Castro le 10 octobre 1968, un siècle après le début de la première guerre d'indépendance. Replacée dans la longue durée, la référence au concept de lutte était remise au premier plan : à partir du moment où les limites de la *tabula rasa* étaient admises officieusement, la maléabilité théorique des «phases de la société communiste» offrait un précepte aux contorsions de la «marche révolutionnaire»[118]. Après la disparition de l'Union Soviétique, la *lucha* a fini par se transformer en un conflit sans but ni adversaire précis ; comme dimension de la vie quotidienne, comme disposition à faire face, elle est ainsi devenue le ressort de la lutte pour la sauvegarde de la Révolution et l'avancée vers le communisme. Mais les *luchadores* d'aujourd'hui ne sont pas plus capables de décrire ceux contre qui ils se défendent que les dirigeants ne sont parvenus à définir ce vers quoi ils avancent. La *lucha* opère ainsi une capture, dans la mesure où elle n'a pas de fins.

La récupération par la propagande révolutionnaire d'une histoire de luttes politiques, qu'elle a ramenée à une série de conspirations contre «le peuple», ourdies par les grandes puissances et leurs «mercenaires» créoles, ne s'inscrit pas dans l'imaginaire social sans interagir avec la réalité produite par l'expérience sociale. Dans l'intellection interpersonnelle du quotidien, c'est avec cette expérience sociale de la *lucha*, à partir de laquelle se produit le normal et se constitue le lien collectif produisant le réel et le vrai, que s'articulent les modalités sous lesquelles se diffuse la pensée officielle du régime – enseignement scolaire, presse et publications diverses, discours et réunions politiques. On lutte pour se repérér et pour imposer des repères.

Entre intrigue et conflit

Le décalage entre conduites réelles, discours et fictions officielles s'est progressivement imposé comme norme de fait dans la vie quotidienne. Davantage que les traces du passé ou la croyance en l'existence d'une menace contre-révolutionnaire agitée en permanence par le gouvernement, c'est le fonctionnement social décrit à travers la logique de la *lucha* qui constitue la pierre angulaire de l'imaginaire de l'intrigue. Les situations d'insécurité dans lesquelles les individus et les groupes *se débrouillent, s'arrangent, résolvent, inventent, s'en sortent,* etc. induisent une appréhension de l'espace social à travers le prisme du leurre, de la duperie, de la mystification et les registres de l'imposture, du mensonge et de la trahison.

L'usage récurrent, en référence à l'environnement social, de la métaphore du *bois* et la certitude selon laquelle on ne saurait connaître l'«identité sociale réelle»[119] de chacun, y compris de ses propres amis – en qui l'on a confiance «jusqu'à un certain point» – sont les manifestations du sentiment de vivre dans un monde où «tout est possible». De là émerge une perception proprement paranoïaque de l'univers révolutionnaire, par le biais de laquelle chacun soupçonne, dans les interactions quotidiennes avec autrui, l'existence de rationalités multiples, dissimulées, antagoniques et, en tout cas, impossibles à circonscrire dans leur totalité. Le gouvernement, l'élite dirigeante et les hauts fonctionnaires jouissant d'un quelconque pouvoir de décision ne sont presque jamais autrement nommés ou désignés que par «ils» ou «eux» (*ellos*). Toute réforme, tout aménagement ou toute nouvelle loi est volontiers perçue comme une «combine» ou un «manège» de «ces gens» (*ellos, esa gente*) en vue de perpétuer le régime et de permettre à une élite de conserver ses privilèges.

L'intervention des autorités est vécue avant tout comme un harcèlement, sans distinction de nature entre un contrôle d'identité, une battue policière, un recensement de population, une campagne de fumigation ou le remplacement des appareils électro-ménagers imposé par la pénurie d'énergie. L'idée que tout *luchador*, pour *s'en tirer*, est susceptible de *se retourner* (*virarse*) et de porter préjudice aux personnes qui l'entourent, si les «agents infiltrés du gouvernement» ne s'en chargent pas eux-mêmes, relève du sens commun. Par son sens de l'intrigue et son culte du secret tout autant que par son absence de scrupules et sa longévité au pouvoir, Joseph Fouché reste à Cuba l'un des personnages historiques les plus célèbres et les plus dignes de fascination. La biographie que lui a consacrée Stefan Zweig y a été traduite et publiée. Le nom de celui qu'on a souvent décrit comme «l'inventeur du Ministère de l'Intérieur» est passé depuis longtemps dans la langue courante: «C'est un *Fouché*» – c'est un traître, hypocrite et calculateur.

Dans l'univers révolutionnaire, où tous violent la légalité socialiste, le personnage le plus craint est le *chivato* (le mouchard) dont le visage se dérobe toujours aux regards. Son identité et ses motivations font l'objet des spéculations les plus complexes et sa présence insaisissable constitue la référence sans cesse présente à l'esprit qui définit les limites auxquelles sont soumises les pratiques de *lucha* et la liberté de parole. L'anony-mat du *chivatón*, qui oblige à un semblant de normalisation, de régulation et d'autocontrôle des comportements, apparaît dans toute sa symbolique à travers l'expression «*gallo tapado*»: le «coq caché» ne saurait à première vue se voir soupçonner de *donner la langue* ou d'appartenir aux organes de vigilance; il se dissimule et excelle dans sa spécialité, comme l'illustre l'emploi de l'expression lorsqu'elle s'applique au jeu – combat de coqs, cartes, dominos, paris... Le *gallo tapado* feint d'être un novice ou un joueur médiocre pour encourager des adversaires alors tentés par l'appât du gain à miser des sommes démesurées ou à abaisser leur niveau de jeu.

S'instaure de cette façon une véritable hantise, proche de la peur du «complot protéiforme» décrite par l'historien Bronislaw Baczko à propos de l'imaginaire social sous la Révolution fran-çaise[120]. Ce complot menace entre autres choses la «substance vitale du peuple» et Baczko établissait un lien entre rumeur et «violence populaire»:

«La rumeur qui accompagne la montée de la violence populaire a pour effet direct que l'exercice de celle-ci soit vécu comme un acte de légitime défense ou de vengeance contre les "scélérats"[121]...»

Un tel phénomène de «violence populaire» n'existe pas à Cuba, mais des remous sont provoqués de façon sporadique par quelque groupe, témoin des *abus* perpétrés par la police et les inspecteurs de l'ONAT ou las de subir les avanies des services publics. Il arrive que les résidents d'une zone temporairement privée d'eau ou d'électricité se rassemblent devant la maison du délégué municipal des Organisations du Pouvoir Populaire ou au pied d'un office administratif du quartier. Dès les années 1990, lorsque des vendeurs de *pacotille* handicapés, comme ceux massés au croisement des rues Zanja et Galiano dans le centre de La Havane, étaient réprimés par la police ou les inspecteurs au prétexte qu'ils n'avaient pas de licence, il n'était pas rare que se forment des turbulences à l'issue desquelles les représentants des autorités devaient quitter les lieux. Dans l'attroupement, les insultes les plus fréquemment dirigées à l'encontre des policiers ou des inspecteurs étaient «*abuseurs*», «*sbires*» et même «*batistiens*»[122]. Il ne faut pas en conclure que les forces de l'ordre sont assimilées à l'ancien régime, mais plutôt que les restrictions qui frappent les possibilités de critique à l'intérieur des espaces publics ont conduit à une uniformisation du langage et à l'obligation de ne pas sortir du cadre normatif délimité par les images de la justice et de l'injustice mobilisées par le régime. Toutefois, si le mot «*sbires*» ne renvoie plus à un ancien régime ou à un dictateur déchu, et seulement de manière suggérée aux frères Castro, si donc ces policiers ou inspecteurs sont des sbires mais, en d'autres termes, ne sont les sbires de personne, c'est parce qu'ils s'inscrivent dans cet imaginaire spécifique du complot. Et parce que celui-ci est dirigé contre la «substance vitale du *peuple*», ses origines sont obscures et ses figures interchangeables.

Aussi la «tradition de lutte du peuple cubain», thème de prédilection de la propagande, s'est-elle reformulée au gré des aléas de l'expérience quotidienne et en fonction de cette perception du «complot protéiforme». La réponse la plus commune à la question: «Comment ça va?», par laquelle on engage une conversation, est sans aucun doute: «*Dans la lutte*» («*en la lucha*» ou «*luchando*»). On insiste de cette manière sur la précarité du quotidien et sur les nécessités tyranniques dont la satisfaction limitée requiert travail et inventivité. La *lucha* est la dimension centrale d'une logique stratégique qui traverse le monde social de part en part. Aussi, elle renvoie à la fois au caractère illégal des activités qu'elle englobe et à leur justification en termes de «défense» et de «bon droit», face à des lois qualifiées d'iniques et une répartition des richesses jugée injuste. Le dicton populaire «celui qui vole un voleur mérite mille années de pardon» met en évidence l'accusation qui pèse sur «l'État», montré du doigt comme un «voleur».

De cette dynamique a surgi un nouveau collectif: «le peuple en lutte», qui se défait comme il peut de l'adversité et trouve, dans son triomphe face à la faim, aux pénuries et à la décadence ou la dislocation qui menacent chaque famille, les motifs d'honneur les plus respectés et reconnus à l'échelle de la société. S'inscrivant dans une filiation historique de «lutte des hommes du peuple pour les leurs», les *luchadores* exhument et s'approprient opportunément l'image de *Liborio*. Personnage de bande dessinée contemporain de la République, malchanceux, abandonné par les puissants, souvent victime de leurs caprices, il ne doit sa survie qu'à sa persévérance et son astuce. L'imaginaire révolutionnaire valorise avant tout «*l'esprit de lutte*» et *la vivacité* (*la chispa*); les *luchadores* se veulent «indifférents» à «la politique» et aux «promesses des politiciens». L'imaginaire de la *lucha*, aussi faible et limité qu'il soit, permet ainsi de lier des registres hétérogènes de l'expérience sociale, dont il fixe également le cadre narratif.

Se justifier: une épreuve sisyphéenne

La contrainte morale et idéologique qui pèse sur les acteurs est présente à plusieurs niveaux dans leur vie quotidienne. D'une part, elle définit des normes de comportement public et, d'autre part, elle agit au cœur même des petits cercles sociaux, sous la forme d'une contrainte de légitimation des modes de subsistance et, par extension, de la teneur des relations à autrui. Veiller, à partir de règles tacites entre les membres des petits cercles sociaux, à ce que les stigmates ne soient pas visibles hors des sphères privées ne touche en rien à l'établissement d'un accord sur le juste ou sur les règles éthiques et morales guidant les activités de *lucha* et les rapports à autrui.

Les principes supérieurs communs se réfèrent à une conception du «bon droit» dans sa tension avec le droit[123]. Les déclassements, les nouveaux critères d'exclusion et l'apparition de nouvelles hiérarchies sociales légitiment dans un premier temps un ensemble de transgressions : le vol de biens appartenant à l'État et non à des personnes privées, la *lutte* pour les siens, l'ingéniosité. Mais ces principes sont plus vagues qu'intangibles, à l'image de la polysémie et du niveau de généralité de mots tels que *luchar, inventar, resolver, desenvolverse* ou *cuadrar*. Le cas de *lucha* et sa mesure sont inextricablement liés et la règle selon laquelle voler l'État, *lutter* et *inventer* relèvent du «bon droit» est toujours soumise à l'interprétation des personnes, au regard de la teneur singulière des faits. La validité des critères de ce «bon droit» n'est jamais établie et les uns et les autres s'accordent à argumenter en fonction d'une casuistique. Or les individus et les groupes, plongés dans une atmosphère de soupçon et de suspicion généralisés, sont pris dans des logiques contradictoires et des contraintes de justification fluctuantes et ambivalentes. La porosité des frontières entre les espaces de ressources engage les acteurs dans une chaîne d'intermédiation où les registres de la *lucha* se nivellent, tout en franchissant continuellement des limites morales qui auparavant permettaient de se démarquer du *bajo ambiente* (ici «l'inframonde»).

Non seulement les individus et les groupes sont pris dans une «contrainte d'incohérence», mais la justification ne peut s'appuyer de toute manière que sur une dissimulation des informations déficientes. Les justifications débouchent à nouveau sur l'institution de «faux-semblants», cette fois à divers niveaux des espaces sociaux intermédiaires, au sein de l'environnement professionnel, du quartier, du voisinage, de la famille. Les acteurs ne parviennent à «se rapprocher dans un rapport pertinent» qu'à travers l'accord selon lequel ils *luttent* et *inventent,* sans entrer dans le détail de leurs pratiques[124]. Aussi le compromis, dont tout le monde sait qu'il n'est pas viable et qu'il est fondé sur la dissimulation, ne s'inscrit-il pas dans une «double morale» que se plaisent à évoquer les autorités, la population et la plupart des observateurs, mais relève bel et bien de moments d'impossibilité. Soit les thèmes sujets à litiges sont évités, soit les groupes cherchent simplement à formuler une qualification suffisamment vague et polysémique pour qu'elle en vienne à ne plus rien signifier en particulier. Le sens des mots se dilue de plus en plus tout en permettant le maintien de conversations portant sur l'«éthique», la «morale» ou le sens du juste. Les personnes sont souvent engagées dans un véritable «labyrinthisme», combiné aux tentatives opportunes de «faire passer les signes d'une déficience stigmatisée pour ceux d'un attribut dont le caractère stigmatique est moins grave»[125].

Ainsi, la perte du sens des actes et des mots et l'élaboration de champs lexicaux neutres mais manipulables se renforcent mutuellement. Le «champ lexical de la *lucha*» s'insère dans des jeux de langage. Devenus des ressources cognitives induisant un contenu de pertinence instrumentale, ils facilitent le passage prudent d'un registre de comportement public à des arrangements discrets. Mais la généralité et la polysémie de la *lucha* recouvrent un assombrissement des finalités de la vie en groupe et la disparition de la notion de «bien commun», une perte du

sens du collectif et l'absence de règles éthiques et morales légiti-
mées de manière commune :

« La lutte est la forme indéterminable du conflit, souvent confuse, parfois
féroce et démesurée par rapport à l'enjeu s'il y en a un [...]. Il est en général
difficile de compter les participants, sinon grossièrement, car au gré des circonstances, du déroulement des événements, de la peur que ceux-ci peuvent
susciter ou de l'attrait qu'ils peuvent exercer, les uns se retirent tandis que
d'autres viennent s'ajouter dans un va-et-vient incontrôlable [...]. [Indéter-
minée] dans l'affrontement, elle [la lutte] se prolonge de façon latente dans
l'indécision, sans que l'on puisse lui fixer un terme [ni par conséquent] dire
qu'elle finira un jour[126]. »

Au cours des vingt-cinq dernières années, la *lucha* s'est inten-
sifiée au gré d'un changement social qui, bien que sans rapport
avec le bouleversement de fond en comble évoqué par certains
acteurs et observateurs, a tout de même véhiculé l'acceptation
de modes de consommation immédiats et distinctifs, tandis que
l'arrivée du tourisme de masse et des entreprises étrangères ont
à la fois introduit de nouvelles ressources et brouillé les attributs
et les appartenances aux différents groupes sociaux.

Comme en attestent les exemples développés dans la partie
précédente, des univers flous et lâches, guère dénombrables,
sont nommés dans le langage. L'« *ambiente* » désigne une
vague « sous-culture » caractérisée, de l'avis de ceux qui s'en
démarquent, par ses pratiques de violence et sa délinquance
dangereuse et, pour ceux qui s'en réclament, par des codes
d'honneur incluant l'usage de la violence. « *El fuego* » (« le feu »)
rassemble toutes les pratiques de *jineterismo*, qui impliquent la
recherche de bénéfices économiques à travers l'approche des touristes ou la prostitution en général. « *La lucha* » regroupe toutes

les activités permettant de «joindre les deux bouts», attachées à la thématique de la «*sueur*». Le monde des «*sociolistas*» est celui des hauts fonctionnaires qui s'accordent mutuellement des facilités par démarches administratives interposées et pratiquent échanges, vols et détournements aussi bien à des fins personnelles que pour approcher les objectifs de production qui leur sont assignés. Dans ce monde, aussi hétérogène que les autres, se situent de façon caricaturale, à une extrémité, le «*pincho*», haut dirigeant qualifié par les autres secteurs sociaux de «voleur» et «d'hypocrite», et, à l'autre extrémité, le cadre «*escapao*» («*escapado*», «échappé», ingénieux, au-dessus des autres) qui détourne des sommes importantes, en altérant les comptes de l'entreprise ou en détournant à son avantage lois et procédures, dont il défie la complexité.

Non exhaustive, cette liste traduit des tendances classificatoires diffuses qui ne sont pas propres à des secteurs sociaux particuliers. Elles induisent difficilement une grille de lecture commune de la réalité sociale et les différents univers ne recoupent guère de clivages réels. L'«effort» ou le comportement de chacun sont moins appréhendés en fonction de leur nature que par rapport aux caractéristiques prêtées selon les uns et les autres aux personnes. Un membre des forces armées à la retraite qui dispose d'un taxi avec licence peut être considéré par certains comme un *luchador* travaillant sans relâche et par d'autres groupes comme un *sociolista* ayant bénéficié de ses relations pour obtenir son statut légal (c'est l'exemple du beau-père de Juan). Un jeune homme qui ne travaille pas et semble vivre exclusivement des *remesas* (envois d'argent) qui lui parviennent de sa famille depuis Miami peut appartenir pour les uns au monde de l'*ambiente*, sous prétexte qu'il satisfait la quasi-totalité de ses besoins (alimentation, vêtements, réservations dans les discothèques, centres de vacances, etc.) grâce aux trafiquants et *mecaniqueros* de toute sorte, qui abondent dans le quartier de mauvaise réputation où il vit, tandis que d'autres loueront sa *lucha*, retenant le fait qu'il se prive pour acheter des matériaux de construction et restaurer son logement. Les deux appartenances ne sont pas exclusives l'une de l'autre et beaucoup se contenteront de le cataloguer comme *gente de billete*, voire comme *maceta* («pot», nom donné aux «riches», qui date de l'époque prérévolutionnaire).

Un jeune trafiquant «tous azimuts», qui selon les opportunités vend ses produits directement aux acheteurs, étrangers ou nationaux, ou à des intermédiaires, peut être perçu comme un *luchador* en général ou rejeté du côté du *fuego* ou du *jineterismo*, au nom d'une pluralité de formules morales. Il peut appartenir au monde du *fuego* ou à celui de l'*ambiente*, et ce pour des raisons inverses. Ceux qui valorisent la prise de risque ou la «modernité» peuvent de façon élogieuse dire qu'il est «*en el fuego*», méprisant ainsi les *jineteros* «traditionnels» qui manquent d'inventivité, d'intelligence et sont incapables de s'extraire des *jugadas* de petite envergure, leur déniant au passage la qualité de *luchadores* (c'est l'exemple du frère cadet de Juan). Mais d'autres peuvent de façon péjorative le considérer comme *ambientoso* parce qu'il a une propension à faire usage de la violence (*meter pases calientes*). Ceux qui projettent positivement une image de l'*ambiente* peuvent le reconnaître comme «*gente de ambiente*» ou «*ambia*» parce qu'il fait preuve d'un sens de l'honneur et des principes, en se montrant honnête et fidèle vis-à-vis de ses «partenaires de *business*» (*socios de negocio*). Il arrive que quelqu'un qui se réclame de l'*ambiente* dévalorise une personne en la qualifiant de *jinetero*, suggérant ainsi que c'est «un rat», c'est-à-dire un être capable de n'importe quelle «trahison» ou «cochonnerie».

Encore une fois, l'enjeu qui consiste à s'approprier l'image positive du *luchador* est inextricable, car celle-ci ne fait pas l'unanimité. Les critères de l'effort, de l'intelligence, de la loyauté, de l'honneur et des principes ne sont jamais établis, autant parce qu'ils sont des critères concurrents et que chacun les manipule pour se situer et se démarquer par rapport aux autres, que parce que la recherche de leur élaboration ne peut être valide, aussi bien d'un point de vue pratique que moral ou logique. Aussi, la construction de normes internes ou la recherche de nouvelles solidarités étant rendues impossibles, ces catégories incorporent-elles plus que toute autre chose des représentations collectives ancrées dans la longue durée et, parce qu'elles désignent les médiations par lesquelles les uns et les autres tentent de définir la réalité sociale, libèrent les passions et les fantasmes.

La modification profonde de la vie en groupe sous la Révolution n'a pas seulement transformé les valeurs, les références ou les croyances mais le principe même de leur production. Les possibilités d'inclusion dans des collectifs, leurs horizons d'intelligibilité et, en dernier lieu, le sens de la réalité s'en sont trouvés tout aussi profondément altérés. Or c'est aussi en s'attachant à discerner ce mode particulier de production de la réalité que l'on peut décrire l'imaginaire social et l'imaginaire politique de la période actuelle et montrer de quelle manière ils influent sur le maintien au pouvoir du régime castriste ou freinent l'avènement d'un régime démocratique.

Les modalités sous lesquelles se diffuse la pensée officielle du régime regroupent la propagande et l'endoctrinement, qui peuvent également circuler dans le contenu des rumeurs, l'idéologie et les normes de langage intériorisées. L'idéologie, au-delà de la logique d'une idée qui contraint la pensée, est à la fois une conception de l'histoire, une lecture de l'environnement immédiat et un langage. Le fonctionnement social constitue l'ensemble des logiques de l'expérience sociale qui orientent les stratégies et les conduites. Parce qu'il est un ajustement perpétuel «bouclé sur lui-même», qui finit par se constituer en référent autosuffisant mais dont la validité n'est jamais établie définitivement, le mode de production du savoir interpersonnel apparaît à son tour comme un ressort idéologique du régime politique mis en place entre 1959 et 1962. Les rumeurs y tiennent le rôle de jeu de langage privilégié et s'articulent dans un va-et-vient permanent avec les registres de la propagande, maintenant l'imaginaire politique et social à l'intérieur du possible délimité par les leaders révolutionnaires.

De la rumeur à la *Weltanschauung* castriste

Le dispositif institutionnel du régime permet un contrôle total de la presse, dont l'évidence a amené la population à conclure que la *réalité* en elle-même échappe en grande partie aux individus[127]. Cette certitude ressort de façon paradigmatique d'une plaisanterie notoire autour d'un dialogue imaginaire entre Fidel Castro et Napoléon. Le premier lance ainsi: «Moi, si j'avais disposé de ton armée, je n'aurais jamais perdu la bataille de Waterloo!», à quoi le second rétorque: «Moi, si j'avais disposé de ta presse, personne ne s'en serait aperçu!» Aussi le recours à une «communication horizontale», prise dans le «on» et l'anonymat relatif, constitue-t-il le ciment de l'imaginaire révolutionnaire: du *chisme* (ragot de voisinage) à la *bola* (rumeur publique), les rumeurs établissent la mesure du savoir interpersonnel et ajustent le sens du réel, du vraisemblable et du normal.

Le premier critère selon lequel on juge la véracité d'une rumeur relève autant de son contenu que de sa source. Les discours se réfèrent toujours à d'autres discours qui se suffisent à eux-mêmes, car la référence est «*fulano*» (un tel) qui «sait de quoi il parle» parce qu'il est «au-dessus de la mêlée» («*está por arriba de la bola*»). L'univers révolutionnaire, depuis les foyers familiaux jusqu'au sommet du pouvoir, étant associé à une multitude de sphères secrètes entourées par l'obscurité, ceux qui sont «au-dessus de la mêlée» ont l'accès le plus direct au «secret». Ils détiendraient le savoir parce qu'ils appartiennent à l'élite du pouvoir ou aux organes répressifs et connaissent ainsi de première main les mesures qui seront mises en œuvre dans un futur proche. Les étrangers ou les *communautaires*[128], dans la mesure où ils n'appartiennent pas à l'univers cubain et viennent donc du «monde transparent», se situeraient également «au-dessus de la mêlée».

La *bola* ne trouve récepteur attentif que si celui-ci se représente son propre isolement, accepte comme réelle l'existence de groupes détenteurs d'informations clés et inscrit la circulation interindividuelle de ces dernières dans une logique d'affranchissement collectif et d'anticipation stratégique. Marc Bloch, dans ses réflexions sur la Première Guerre mondiale, remarquait déjà que «les fausses nouvelles de la guerre» venaient de l'arrière, où se produisaient mouvements et rencontres, et se propageaient vers le front par l'intermédiaire de «certains individus spécialisés» comme les «agents de liaison», jusqu'aux combattants isolés dans la «guerre de position»[129]. Aussi ces rumeurs relatent-elles toujours une «vérité cachée» qui, dans la mesure où elle présente les caractéristiques d'une information que la presse passerait sous silence, ne saurait trouver d'autre moyen de diffusion que *radio Bemba* (la *bemba* désigne la «bouche» en argot). D'un côté, comme l'écrivait Marc Bloch:

« L'erreur ne se propage, ne s'amplifie, ne vit enfin qu'à une seule condition : trouver dans la société un bouillon de culture favorable. En elle, inconsciemment, les hommes expriment leurs préjugés, leurs haines, leurs craintes, toutes leurs émotions fortes[130]. »

De l'autre, l'illisibilité de la réalité sociale a fait émerger un besoin de dissipation de l'opacité. Au silence des autorités se sont ajoutés tout à la fois la distanciation vis-à-vis du récit historique officiel, le sentiment d'incertitude auquel les individus ne sauraient se soustraire dans leurs interactions avec le monde immédiat et pour finir la perte de confiance dans les plausibilités du monde social. Les possibilités d'émergence et de diffusion des rumeurs à Cuba sont donc indissociables d'un imaginaire dont le sens du réel a été mis en branle par l'expérience révolutionnaire. Dans son analyse de la « propagande totalitaire », Hannah Arendt écrivait :

« La populace croyait réellement que la vérité était tout ce que la société respectable avait hypocritement passé sous silence, ou couvert par la corruption. Dans le choix d'un sujet, le premier critère devint le mystère en tant que tel. L'origine du mystère n'avait pas d'importance [...]. L'efficacité de ce genre de propagande met en lumière l'une des principales caractéristiques des masses modernes. Elles ne croient à rien de visible, à la réalité de leur propre expérience ; elles ne font confiance ni à leurs yeux ni à leurs oreilles, mais à leur seule imagination, qui se laisse séduire par tout ce qui est à la fois universel et cohérent en soi. Les masses se laissent convaincre non par les faits, même inventés, mais seulement par la cohérence du système dont ils sont censés faire partie [...]. [Elles] refusent de reconnaître [...] le caractère fortuit dans lequel baigne la réalité [...] et sont prédisposées à toutes les idéologies parce que celles-ci expliquent les faits comme étant de simples exemples de lois et éliminent les coïncidences en inventant un pouvoir suprême et universel qui est censé être à l'origine de tous les accidents[131]. »

Dans l'univers révolutionnaire cubain, la relation des acteurs à la circulation des informations et à la propagande semble pourtant moins relever d'un état mental collectif sur lequel se serait appuyé le castrisme à l'origine que du résultat d'un long processus d'imbrication entre représentations inscrites dans des temporalités différentes, rationalisations successives des comportements individuels et collectifs à l'intérieur d'une réalité sociale nouvelle et recherche fébrile de motifs capables d'orienter et de justifier les jeux stratégiques. Enfin cette relation est en elle-même un objectif de contrôle du pouvoir, lequel diffuse et modèle les informations de telle sorte que jamais ne se fasse jour un possible distinct de la normativité de la *lucha* et, au-delà, de la sécurité de l'univers révolutionnaire.

Il est certain qu'à l'état latent le refus de reconnaître «le caractère fortuit dans lequel baigne la réalité» est toujours susceptible de faire basculer dans des idéologies fantastiquement rigides. Ce que souligne Arendt, c'est la prétention de ce système cohérent à passer du registre de la croyance en une explication infaillible à la réalité tangible d'une organisation sociale, en présentant l'engendrement de celle-ci comme la conséquence de la logique de l'idée matrice de la croyance. Ce vers quoi elle attire l'attention, c'est la propension de cette organisation à fournir tous les éléments de fonctionnement d'un monde social nouveau: motifs d'action, intérêts concurrents, jeux stratégiques, hiérarchies, différenciation des fonctions, etc.

Dans le cas cubain, le système cohérent et universel que projette la propagande pour expliquer et définir la réalité est le complot des puissants et sa cohorte de manœuvres perfides. Si l'on peut parler de la perception de l'espace social en tant que lieu du «complot protéiforme», on ne peut cependant en conclure que l'émergence de la rumeur de menace ou de complot relève simplement d'opérations propres au registre des croyances. La peur du «complot protéiforme» décrite par Baczko reposait sur un imaginaire collectif ou un environnement mental tradition-nel, d'Ancien Régime :

«Ces rumeurs sont *politisées* par la Révolution mais elles ne font pourtant que prolonger, dans un nouveau contexte, des thèmes et fantasmes fort anciens[132].»

Marc Bloch évoquait pour sa part «tous ces thèmes que l'imagination humaine, au fond très pauvre, ressasse sans cesse depuis l'aurore des âges : histoires de trahisons, d'empoisonne-ments, de mutilations, de femmes crevant les yeux des guerriers blessés, que chantaient jadis aèdes et trouvères, que popula-risent aujourd'hui le feuilleton et le cinéma[133]».

À Cuba, les rumeurs actuelles et la propagande castriste trouvent certes un terrain fertile dans une tradition orale qui perpétue le souvenir des convoitises dont l'île a fait l'objet tout au long de la période coloniale. Mais l'insistance sur une sup-posée «mentalité d'assiégé», héritée de l'époque des pirates, de la prise de La Havane par les Anglais en 1762 ou des valeurs militaires de la société coloniale, est sans rapport avec l'écho rencontré par la rumeur de danger, de piège ou de dissimula-tion. C'est bien davantage l'épuisement mental résultant de plus d'un demi-siècle d'expérience révolutionnaire et la disparition des espaces collectifs nécessaires à l'établissement de critères de vérité ou d'exactitude qui ont aboli le sens critique des individus – ou plus exactement, le sens critique n'ayant plus de prise, il est devenu un excès de sens critique, inintelligible de par sa radicalité même. Enfin, l'administration du pouvoir par l'arbi-traire n'a jamais permis que s'instaurent des règles du jeu : ce qui est autorisé ou toléré un temps est de nouveau interdit ou sanctionné par la suite. Le statut des *cuentapropistas* reste à cet égard très précaire, même si Raúl Castro assure qu'il n'y aura pas de retour en arrière.

Tout au long des vingt-cinq dernières années, les rumeurs, dont l'origine remonte à «l'oncle d'un ami qui est l'ami d'un capitaine des Forces Armées Révolutionnaires» ou «*fulano* dont tu sais que le père est *pincho*», annonçant une augmentation des impôts, la prohibition des locations de chambre ou la suppression d'un certain nombre de licences, ont été constantes. Depuis le «retour à la souveraineté monétaire» en 2004, des rumeurs circulent selon lesquelles «Fidel» (puis «Raúl») va convertir en *chavitos* l'épargne en dollars déposée sur les comptes bancaires – qui n'ont pas été affectés par les mesures – ou selon lesquelles la valeur du *chavito* va chuter drastiquement – ce qui a eu pour conséquence que le taux de change du dollar par rapport au peso non convertible est passé certains jours de 2005 de 1 pour 24 ou 25 à 1 pour 30 ou 32 au marché noir. Les *combines* sont sujettes aux mêmes aléas: les chauffeurs de taxis employés par l'État, opérant en pesos convertibles, redoutent qu'un taximètre inviolable soit finalement mis au point; les vendeurs de cartes d'accès aux chaînes de télévision par satellite, prépayées depuis Miami, que le gouvernement réussisse à bloquer l'émission du signal; les employés qui volent du lait en poudre, de la farine ou des matériaux de construction, que les entreprises ou usines dans lesquelles ils travaillent soient fermées, etc. Tous craignent, avant tout et simplement, que les autorités décident soudainement de sanctionner les délits qu'ils ne peuvent éviter de commettre. Dès le début de l'opération «Coraza Popular» mise en place en janvier 2003 pour «stopper le marché des stupéfiants», les rumeurs annonçaient simultanément «*le peligro*» (la loi de dangerosité).

Les rumeurs qui se propagent au sein de la société révolutionnaire annoncent un risque collectif, censé motiver une anticipation individuelle. Elles puisent à la fois dans l'imaginaire du *luchador*, «menacé dans sa propre existence», et dans l'expérience d'un pouvoir dont la rationalité se dérobe à l'interprétation. En outre, selon qu'un pays est en état de guerre ou soumis à une dictature, la censure n'est pas équivalente à la représentation que se fait la société totalitaire du contrôle absolu de l'information exercé par les autorités. Dans le premier cas, on soupçonne que la censure se porte sur des sujets sensibles, comme la vie des dirigeants ou les souffrances endurées par les soldats et les populations civiles. Dans le second, on suspecte l'invention d'un monde totalement fictif et l'on conçoit par conséquent que «tout est possible», «dans les limites de ce qui fait le jeu de *ces gens*».

En août 1994, 30 000 *balseros* ont gagné la Floride à bord d'embarcations précaires après que Fidel Castro a annoncé que les garde-côtes n'empêcheraient plus les «sorties illégales». La crise économique était à son paroxysme, les coupures d'électricité duraient en moyenne dix heures par jour et une émeute s'était produite dans les quartiers de *Centro Habana* et *Habana Vieja* le 5 août. Au cours de l'été 2004, les coupures de courant se sont à nouveau prolongées jusqu'à dix heures par jour, mais une très nette amélioration a été observée les 25, 26 et 27 juillet, jours fériés commémorant l'assaut de la caserne Moncada en 1953. Peu de temps après est apparue une rumeur selon laquelle «Fidel» privait délibérément le pays d'électricité pour que les «insatisfaits» provoquent un exode massif et afin de se débarrasser ainsi d'opposants potentiels. Les *bolas* autour des possibilités de quitter le territoire mettent en évidence l'importance des rumeurs en tant que facteur d'anticipation. En les entretenant, le gouvernement leur associe la fonction de favoriser les jeux stratégiques au détriment de l'affrontement. De façon récurrente, au cours des années 2000, des groupes préparaient leurs embarcations, prêts à profiter de l'«autorisation imminente» de se lancer à la mer que «Fidel» (ou ensuite «Raúl») devaient donner, «décidé qu'il [était]» à «provoquer une crise migratoire». Dans le même registre, la Sûreté de l'État a dû déloger quelques centaines d'individus accourus aux abords de la Section des Intérêts Américains au début du mois d'août 2004, «pour bénéficier des visas que les Américains allaient délivrer à l'occasion de l'anniversaire de Fidel».

À Cuba, l'émergence et la propagation des rumeurs inclinent à penser, pour paraphraser Arendt, que les Cubains soupçonnent par principe l'existence d'un «autre niveau» de connaissance, derrière des apparences forcément trompeuses. Mais, davantage qu'une «prédisposition des *masses* aux idéologies», il semble que ce soit le résultat de la syntaxe totalitaire, à partir de laquelle la propagande ajuste ses registres, dans un va-et-vient permanent entre imaginaire collectif et récit castriste du monde.

Imaginaire collectif, rumeur et propagande

«Transformer le revers en victoire»: en novembre 1999, fidèle à l'adage qu'il avait énoncé après l'échec de la «*zafra de los diez millones*»[134], Fidel Castro prend appui sur une tragédie familiale pour mobiliser la société dans sa totalité. Elián González, un garçonnet de 6 ans, a été remis aux gardes-côtes américains par des pêcheurs qui l'ont trouvé sur une bouée à la dérive. Il s'avère rapidement qu'il est l'un des trois rescapés du naufrage d'une embarcation qui se dirigeait vers la Floride depuis Cuba. Sa mère, qui s'est noyée, avait agi sans en avertir le père de l'enfant, dont la garde est confiée à son grand-oncle à Miami. S'ensuit un bras de fer légal entre la famille d'accueil, qui demande l'admission d'Elián sur le sol américain au titre de l'asile, et le père et les grands-mères de ce dernier, qui s'appuient sur le droit international pour solliciter son rapatriement. Après décision du Tribunal Fédéral pour le District du Sud de la Floride en faveur du père, Janet Reno, Procureure Générale des États-Unis, ordonne au grand-oncle de remettre l'enfant aux autorités fédérales. La famille d'accueil refuse d'obtempérér et ce sont les forces spéciales qui viennent le récupérer dans la nuit du 22 avril 2000. La photo de l'agent casqué tenant en joue l'adulte aux bras duquel s'agrippe Elián, terrorisé, a fait le tour du monde et obtenu un Prix Pullitzer[135].

La «campagne pour la restitution de l'enfant Elián» a marqué le début de la «Bataille des Idées». Celle-ci a pour objectif officiel de réinsuffler la conscience révolutionnaire à une société que les réformes concédées au capitalisme ont rendue vulnérable aux visées subversives du gouvernement américain. «Marches du peuple combattant» et «défilés» se multiplient. Chaque semaine, des orateurs se succèdent aux «Tribunes ouvertes de la Révolution» pour rappeler au «peuple» qu'il ne «peut pas baisser la garde». Une émission quotidienne, «Table Ronde» (*Mesa redonda informativa*) dissèque les menaces dont «la Révolution» fait l'objet et présente le bien-fondé des mesures gouvernementales. La «Bataille des Idées» entend aussi redonner la priorité au système scolaire, qui a subi de plein fouet les effets de la crise. Des programmes éducatifs sont introduits à la télévision ; des «maîtres émergents», préparés en un an à exercer leurs fonctions, viennent pallier le manque d'enseignants dans les écoles primaires ; des «travailleurs sociaux» sont formés pour répondre aux besoins des «communautés». Enfin, les services d'intelligence du pays prenant acte des conséquences d'internet à l'échelle mondiale sur l'accès à l'éducation, la formation des opinions et les modes de communication, l'Université des Sciences Informatiques (UCI) est créée en 2002 pour former une élite aux défis du futur et, notamment, à la «cyber guerre».

Les opérations de propagande déployées dans le cadre de la «Bataille des Idées» consistent dans une large mesure à instrumentaliser la peur du complot protéiforme, l'obsession de la vérité cachée, le sentiment que tout est possible et finalement la confusion régnante, pour les transformer en une croyance, dont l'implication principale serait qu'il n'existe pas d'alternative collective au régime castriste, et canaliser ainsi les comportements individuels.

Dès la chute du mur de Berlin, Fidel Castro avait redéfini les axes de sa *Weltanschauung* (vision du monde). Dès 1990, il a mis de côté l'antagonisme Est-Ouest et lui a substitué un discours sur le fossé entre riches et pauvres et la domination de la «logique néolibérale». Il en a tiré une conséquence: il existerait un lien de parenté entre la révolution cubaine, tous les mouvements de lutte contre «le pouvoir inique des riches» et *a fortiori* tous les «exploités de la Terre». Les régimes «de gauche» apparus par la suite en Amérique Latine, mais aussi Greenpeace, les papes Jean-Paul II et François ou encore Michael Moore, incarneraient le même axe politique «global», inspiré dans son esprit par les «réussites de la Révolution».

Le monde entier est mis en mouvement dans cette perspective, à travers un bombardement d'images, d'articles et de témoignages en provenance de l'étranger – cet en dehors de transparence aux yeux de l'internaute ou du téléspectateur. Depuis le début de l'année 2000, l'émission quotidienne *Table Ronde* (*Mesa Redonda*) «informe le peuple».

Un premier ensemble de thèmes éclaire un monde en proie au chaos. Les anciens pays communistes, «empêtrés dans un marasme économique sans précédent», «gangrenés par la corruption» et «livrés aux mafias»[136], les pays du tiers-monde, «accablés par une démographie galopante», les «guerres» et une «exploitation sans vergogne des pays riches», côtoient une Amérique Latine en proie à la «misère», au «narcotrafic», à l'«insécurité» et à la «prostitution infantile», dans un scénario apocalyptique.

Un deuxième ensemble de thèmes rend compte de l'«émergence d'une autre politique» dont les assises, à échelle mondiale, seraient de plus en plus solides. La Révolution cubaine aurait réveillé la «conscience latino-américaine» et l'arrivée au pouvoir de gouvernements de gauche dans de nombreux pays du continent signalerait la «prise de pouvoir des peuples» face aux «élites traditionnelles corrompues» et aux États-Unis. À Cuba, chaque année reçoit un nom «proposé» par Fidel Castro: 2005 était par exemple «l'Année de L'Alternative Bolivarienne pour les Amériques», en référence au projet «concurrent» de l'ALCA (la zone de libre-échange des Amériques). Mais la lutte pour un «commerce équitable» ou les manifestations en Europe contre les réformes «libérales» des systèmes de retraite ou d'assurance-chômage figurent aussi en bonne place parmi les axes et les valeurs de cette «conscience du monde».

Toutes ces «luttes» sont présentées à travers leur référence à la Révolution cubaine, à l'instar du forum social de Porto Alegre, diffusé en continu par la télévision cubaine. Drapeaux cubains, portraits du *Che*, gestes de «solidarité avec Cuba» sont systématiquement mis en exergue: ces amplifications systématiques visent à démontrer à la population cubaine que «sa» révolution est au centre de la politique internationale, que tout ce qui s'y réfère est discuté activement et que Fidel Castro est une référence de tout premier ordre partout dans le monde. Mise en place dès

1959, cette technique contribue à rendre plausible le monde tel qu'il est présenté par Fidel Castro. Et, malgré la singularité de «la Révolution», les valeurs aujourd'hui partagées par tous ceux qui pensent qu'«un autre monde est possible» s'exprimeraient dans un combat contre l'ennemi commun.

Le troisième axe de *Mesa Redonda* est d'ailleurs tout entier consacré à la mise en perspective de ce camp ennemi de l'Humanité et du travail de sape qu'il effectuerait à travers ses méthodes perfides et souterraines, élevées au rang de règles réelles gouvernant les rapports internationaux, voire les rapports humains. La «mafia cubaine terroriste de Miami» et l'«extrême droite républicaine» ne seraient que les figures contemporaines d'une menace qui chemine à travers l'Histoire sous des visages multiples : l'«Inquisition», l'«opération Condor», le «colonialisme français en Afrique», la «politique génocidaire d'Israel»... Après les attentats du 11 septembre 2001, le «fascisme» a tenté d'accomplir «son sinistre dessein» par l'intermédiaire de ses bras armés : Bush «le petit *Fuhrër*», «Benito Berlusconi» ou «le nazi Sharon».

Toute l'efficacité de *Mesa Redonda* et, à sa suite, des sites internet administrés par les diplômés de l'UCI, comme *Cubadebate (contra el terrorismo mediático)*, repose sur la mise en scène de l'information. La plupart des images présentées proviennent de CNN en espagnol ou d'autres télévisions et sites étrangers, dont les téléspectateurs savent bien qu'ils n'ont *a priori* pas de sympathie pour Fidel ou Raúl Castro. En outre, le *teke* est d'autant plus visiblement mis à distance que les protagonistes étrangers (personnalités diverses, experts, badauds) s'expriment à l'origine hors du cadre de la télévision ou des blogs cubains. Pratiquement chaque jour, les Cubains découvrent dans les quotidiens *Granma* ou *Juventud Rebelde* des articles du *New York Times* ou du *Washington Post*, voire (un comble) du *Miami Herald*, choisis

en fonction de leur pertinence par rapport aux axes de la propagande. Les photos des viols collectifs et autres abus perpétrés
à l'intérieur de la prison irakienne d'Abu Graib ont été publiées
en pleine page des quotidiens nationaux, assorties d'une pléiade
d'articles extraits dans leur intégralité des grands journaux
américains. Plus il est possible de démontrer que les informations « arrivent directement », sans l'intervention de la « main
cubaine », plus le procédé est efficace.

Les exemples abondent, à commencer par la diffusion, à
peine un mois après sa sortie aux États-Unis, du documentaire
de M. Moore *Farenheit 9.11*, à l'horaire de diffusion habituel
de *Mesa Redonda*. Les données offertes par la presse étrangère
servent systématiquement à projeter l'image du chaos. Publié
dans l'édition de *Granma* du 18 janvier 2005, l'article intitulé
« Trois latino-américains sur quatre vivent dans des bidonvilles »
livre les détails d'une étude de la *Comisión Económica para
América Latina* (CEPAL). Le 8 février de la même année, selon
l'auteur de l'article « Un enfant meurt toutes les trois heures aux
États-Unis » : « Un enfant meurt aux États-Unis toutes les trois
heures des suites de blessures par balle, d'après un rapport du
Fond pour la Défense de l'Enfance, cité aujourd'hui par le journal
La Prensa de Nueva York. » La récupération de tous ces articles
vise aussi à démontrer la justesse des points de vue du gouvernement cubain, qui serait reconnue dans le monde entier. Le
27 juin 2004, après l'adoption par l'administration républicaine
d'une série de mesures « destinées à accélérer la transition démocratique à Cuba », *Granma* a reproduit sous le titre « Le *New York
Times* qualifie d'outrage les mesures des États-Unis contre Cuba »
de larges extraits de l'éditorial du quotidien américain.

La propagande insiste avant tout sur l'omniprésence du
complot et de la dissimulation dans les affaires du monde. Les

problèmes juridiques auxquels sont confrontés certains dirigeants étrangers qui sont la cible de la propagande sont exposés en détail. Ainsi S. Berlusconi ou M. Moscoso[137] ne seraient
que des «politicards» dont les prises de position ne relèvent
d'aucune conviction particulière, si ce n'est leur disposition à
se laisser acheter par l'«argent des États-Unis» ou de la «mafia
de Miami». Mais la mise en scène du complot ou du «tout
est possible» s'insinue également à partir d'un détournement
des thèmes les plus fantasmagoriques. En s'appuyant sur des
«sources étrangères» (qu'il cite), le journaliste Manuel Freytas
publie dans l'édition de *Granma* du 3 juin 2004 une explication
détaillée de la «soi-disant mort de Nicholas Berg», intitulée «La
vidéo du Nord-Américain décapité en Irak était un montage de
la CIA». De temps à autre, un officier mythique de la Sûreté de
l'État révèle dans un quelconque ouvrage les secrets les plus
insoupçonnables des intrigues de l'histoire, à l'instar du général en retraite Fabián Escalante, auteur du livre publié en 2004
sous le titre *1963 : El complot : Objetivos : JFK y Fidel*, co-édité
par Ocean Press et Ciencias Sociales. Peu de temps après les
élections de novembre 2004 aux États-Unis, une *Mesa Redonda*
a été consacrée le 28 septembre aux «preuves de fraude électo-
rale dans l'Ohio» et le thème du 28 janvier 2005, «La nouvelle
"arme de destruction massive" : manipulation du climat à des
fins militaires», tutoie l'apocalypse.

Loin de réduire la portée de la *Weltanschauung* castriste, le
fait que les individus lisant les journaux cubains ou suivant les
«Mesas Redondas» sont peu nombreux constitue au contraire
le facteur le plus favorable à son expansion à travers la rumeur.
Ceux qui ont vu ou lu diffusent et commentent immédiatement les nouvelles les plus frappantes. Celles-ci ont trait à la
promulgation d'une nouvelle loi, à une vérité dévoilée ou aux

attributs effrayants du monde extérieur. D'une part, ces nouvelles viennent satisfaire les attentes des imaginations et fixer dans le réel les représentations collectives. D'autre part, les sources et le contenu informatif de ces nouvelles se transforment insensiblement à mesure que les interlocuteurs directs – amis, inconnus, individus extérieurs qui prêtent l'oreille aux conversations des autres pendant qu'ils attendent le bus ou font la queue à la *bodega* – relaient eux-mêmes le commentaire d'origine, formant ainsi une chaîne.

Deux commentaires d'origine en provenance de la même personne, qui pour l'un évoquait des «précisions données par un colonel dans la *Mesa Redonda*» et pour l'autre «la saisie de drogue à l'aéroport», peuvent rapidement annoncer dans la bouche d'une troisième personne qu'un «colonel a été arrêté à l'aéroport quand il essayait d'introduire des drogues», que «l'ami d'un ami dont l'oncle est colonel dit qu'il va y avoir une opération anti-drogue à l'aéroport», voire que «certains disent que Fidel a chargé l'armée de trouver les dollars que les gens ont gardés chez eux et n'ont pas changé en *chavitos* pour les leur confisquer en les accusant de trafic de drogue». Rapidement, la source disparaît et l'information devient une *bola*, dont l'origine demeure un *pincho*, un *mayimbe* (haut gradé de l'armée), un étranger ou «quelqu'un de confiance», et dont le contenu canalise les peurs du moment, amplifiant la dimension du danger, du risque et de la dissimulation. Les étrangers de passage ou les Cubains qui font le récit de leur voyage à Miami voient la «narrativité» et la pertinence de leurs histoires contraintes par ces représentations du vraisemblable et du réel. Ils réduisent peu à peu les thèmes de leurs conversations à ceux qui rencontreront un intérêt ou exciteront les imaginations : le monde extérieur ne peut être que «violent et dangereux», les Cubains sont assurément « plongés dans le mensonge » et, forcément, ce qu'on dit de Cuba à l'étranger relève d'une « fable ».

En s'emparant du pouvoir en 1959, Fidel Castro avait révélé au *peuple* que « le monde [était] intrigue » et que la « survie de la Révolution » dépendrait de sa capacité à vaincre les conspirations qui se tramaient pour la renverser. Il a établi le contrôle de l'information, entouré de secret les décisions gouvernementales et capté à son profit la dilution du sens de la réalité, pour s'imposer comme la seule personne capable de dissiper l'opacité. Son installation dans le rôle de leader charismatique s'est peut-être opérée dans le sillon d'un mythe sous-tendu par le culte collectif de la relation personnelle avec le chef, qui abolirait l'anonymat du monde bureaucratique et de la société moderne ; mais, en créant le besoin de dissipation de l'opacité, Fidel Castro a aussi instauré sa propre fonction et fait de cette relation personnelle avec le chef l'unique médiation apte à fonder la certitude, dans le rapport des individus à leur en dehors.

Lors du sommet de Monterrey en mars 2002, le « Lider Máximo » était rentré précipitamment à Cuba en affirmant que des « fonctionnaires mexicains » avaient « exercé une pression » afin qu'il ne soit pas présent le jour de l'arrivée de George W. Bush. Diplomates américains et mexicains avaient immédiatement démenti ses accusations, le priant de fournir des preuves de ce qu'il avançait. À Cuba, l'épisode avait été reçu avant tout dans l'indifférence : les « ficelles » des « *combines de Fidel* » pour « attiser la confrontation avec les États-Unis et la paranoïa de la population » sont trop connues. « L'affaire » était déjà tombée dans l'oubli lorsque Castro décida d'offrir une conférence de presse, muni de la cassette audio contenant sa conversation téléphonique avec le président mexicain, Vicente Fox. Priant le dirigeant cubain de « ne pas lui compliquer le vendredi » (jour de l'arrivée de Bush),

Fox lui proposait de «s'asseoir à côté de [lui] lors du dîner du jeudi» pour compenser son absence le lendemain.

Ainsi, Fidel Castro a lui-même créé et maintenu l'«intrigue», laissant le temps à chacun de spéculer sur ses déclarations et de chercher un sens à l'événement. S'appuyant sur les ressorts de la rumeur – curiosité pour les choses «cachées», soupçon envers l'existence d'un pouvoir manipulateur, recherche impossible de critères ou d'éléments de confirmation de la vérité –, il a mis en scène une énigme qui consolide l'inscription dans le réel, d'une part, du contenu de l'imaginaire révolutionnaire et, d'autre part, de la tangibilité de l'intellection interindividuelle du savoir. Tout d'abord, les pressions étaient réelles, troubles à souhaits, et le «fonctionnaire mexicain» était le président Fox lui-même, ce qui n'a pas fini de surprendre jusqu'aux partisans les plus convaincus de la thèse des «laquais de l'empire». Ensuite, la preuve est imparable et constitue en même temps un viol spectaculaire des usages protocolaires entre chefs d'État. Enfin, ce qui s'est vérifié dans l'imaginaire révolutionnaire, c'est non seulement que «tout est possible» mais aussi qu'en fin de compte «tout doit pouvoir s'expliquer».

Ainsi, en poursuivant dans la rumeur ou dans la propagande les signes d'éléments «vrais» susceptibles de fournir des motifs d'action, les individus et les groupes ont façonné un registre du fonctionnement social et continuent d'alimenter la lutte des dirigeants pour imposer les repères.

Grammatologie castriste et ventriloquie de régime

Au sein de l'univers d'illisibilité qu'il a lui-même contribué à forger, Fidel Castro avait donc pour habitude, jusqu'à ce qu'il tombe malade, de mettre en spectacle sa capacité à dissiper l'opacité du réel et à donner sens aux événements, en dévoilant publiquement et au moment propice des informations clés dont seul le maître du jeu pouvait disposer[138].

Du jour où il s'est trouvé en retrait, il s'est employé comme il le pouvait à conserver cette prérogative, dont la nature ne tient pas à la capacité de diriger un appareil ou de nommer des dirigeants, mais à l'incapacité même des Cubains à se représenter les modes de perpétuation du régime au sein duquel ils vivent. En dépit de la passation de pouvoirs, les Cubains ont d'abord ignoré si l'état de santé du dirigeant historique de la Révolution avait une incidence réelle sur sa participation aux affaires gouvernementale ; ils s'épuisaient aussi à comprendre la logique des remaniements ministériels opérés dès l'été 2006 et, plus encore, à interpréter la portée des «changements» mis en œuvre par Raúl Castro. C'est dans ce contexte que Fidel Castro s'est livré, à partir de 2007, à un exercice de ventriloquie, rappelant sa présence à travers ses «réflexions» – des articles diffusés sur le site officiel *Cubadebate*, puis repris dans les quotidiens *Granma* et *Juventud Rebelde* – ou les photos prises avec les dignitaires étrangers venus lui rendre visite. Il s'appliquait ainsi à faire transpirer depuis l'intérieur du huis clos au sommet de l'État un ensemble de signes dont il savait que les Cubains tenteraient de déchiffrer la signification. Ceux-ci ne disposaient pour cela que des règles de syntaxe dont le grammairien en chef avait défini l'usage, non sans prolonger des modes d'appréhension du réel enracinés dans la culture cubaine. «On peut entendre, mais on ne peut pas voir ce qui se passe derrière le mur», disait, en référence au signe sous lequel s'augurait l'année 2008, l'un des «refrains» annoncé par le «*Consejo cubano de sacerdotes mayores de Ifá*»[139].

Le souci premier de Fidel Castro semblait tout simplement de rappeler qu'il était vivant. Depuis l'annonce de sa maladie le

31 juillet 2006, un rôle de ventriloque avait été dévolu à Hugo Chávez qui, dans son programme dominical *Alo Presidente*, distillait des bulletins de santé informels. Oscillant entre évocations détaillées du contenu de ses conversations avec Fidel et envolées sibyllines célébrant l'immortalité de l'œuvre du *Comandante* au-delà de sa disparition physique, il était régulièrement relayé par les chefs d'État latino-américains en visite dans l'île. Ceux-ci repartaient avec leur photo aux côtés de Castro, diffusée le lendemain dans la presse, assortie d'un commentaire des visiteurs, qui l'avaient unanimement vu lucide et actif.

À son tour, le désormais «compagnon Fidel» partageait dans une «réflexion» l'impression que lui avait laissée l'heureux visiteur. Tour à tour historien, analyste politique et chroniqueur sportif, il livrait des informations capitales, maniait l'ésotérisme et percevait les indices avant-coureurs de l'Apocalypse. Pour contrebalancer les signes d'incohérence qu'il laissait échapper, il tentait de conserver son monopole des effets de scène. Il ne laissa à personne d'autre que lui le soin d'annoncer son renoncement en février 2008 aux fonctions de président du conseil d'État et des ministres. Plus encore, il se faisait le ventriloque des agences de presse internationales, voire du monde extérieur. Il commentait les câbles, auxquels les Cubains n'avaient pas accès, et particulièrement ceux qui avaient trait à l'actualité cubaine ou rapportaient le contenu d'une de ses «réflexions». Après la passation de pouvoirs, la presse internationale créait l'information en décortiquant chaque micro-événement en provenance de Cuba. Par l'intermédiaire de conversations téléphoniques ou grâce à internet et aux chaînes câblées du sud de la Floride, l'écho de tous ces commentaires revenait çà et là aux oreilles de quelques Cubains, puis circulait sous la forme de rumeurs. Fidel Castro en reprenait méthodiquement le contenu et jouait sur le registre de la transparence. La population déconcertée constatait que le *Comandante* était toujours sous les feux de la rampe, qu'il révélait lui-même toutes les spéculations dont sa santé, sa mise à l'écart du pouvoir ou sa rivalité avec Raúl faisait l'objet dans la presse internationale et ne se privait pas de railler la bêtise de certains analystes, visiblement peu au fait des réalités cubaines.

C'était d'ailleurs sa capacité à trouver dans l'adversité la façon de conserver le contrôle de l'intrigue qui lui assurait encore un rôle central au sein du régime. Après avoir publié très régulièrement ses «réflexions» au cours de l'année 2008, il disparut pendant plus de cinq semaines à partir du 15 décembre. La «Révolution» célébra en son absence le cinquantième anniversaire de son «triomphe» et deux chefs d'État latino-américains se rendirent dans l'île en visite officielle sans qu'il ne se manifestât. La rumeur d'un Fidel à l'agonie revint avec force. À partir de la mi-janvier, «quel jour meurt Fidel Castro?» devint le jeu favori des exilés: le 20 janvier, jour de l'investiture de Barack Obama? ou le 28, jour anniversaire de la naissance de José Martí, héros de l'indépendance dont la «Révolution» revendique l'héritage? Si la seconde hypothèse emportait la conviction, c'est justement parce que les uns et les autres connaissaient le souci d'efficacité symbolique du régime: Fidel, ventriloque de sa propre mort, serait parti le jour où, chaque année, Martí revient.

Puis Fidel Castro réapparut, le 21 janvier 2009, pris en photo aux côtés de la présidente argentine Cristina Kirchner. Dans sa «réflexion» du lendemain, il expliquait que de sa position de retrait découlait que dorénavant il n'interviendrait que ponctuellement, en espérant de toute façon qu'il ne serait plus là «pour voir la réélection d'Obama». Il reçut de nouveau les dignitaires latino-américains, dont la présidente chilienne, Michelle Bachelet, qui découvrit le lendemain de son entrevue, alors qu'elle était encore en visite officielle à Cuba, le contenu d'une nouvelle «réflexion» soutenant le «droit légitime» de la Bolivie à revendiquer un débouché sur le Pacifique. Ce fut l'occasion pour la presse internationale de spéculer sur l'opposition entre Castro I le Belliqueux et Castro II le Diplomate et de donner au frère aîné l'opportunité de balayer de telles insinuations dans la «réflexion» du 14 février, intitulée «Le comble du ridicule».

Alors que «le compagnon Fidel» s'était à nouveau éclipsé depuis plus de deux semaines, le Conseil d'État annonça le 2 mars 2009 un important remaniement ministériel et, notamment, la «libération» de Felipe Pérez Roque et de Carlos Lage de leurs fonctions respectives de Ministre des Relations Extérieures et de Secrétaire du Conseil des Ministres. En l'espace de 24 heures, la destitution de deux des «inconditionnels de Fidel Castro» fit les gros titres dans la presse internationale et la plupart des analystes expliquèrent que «le général» mettait en place sa propre machine et se libérait de l'ombre oppressante de son frère. Tous insistaient sur le fait que la plupart des postes clés étaient dorénavant occupés par des militaires, oubliant étrangement que, depuis la décapitation des officiers du «premier niveau» du Ministère de l'Intérieur en 1989 et donc bien avant l'accession au pouvoir du général, l'armée est l'institution centrale du régime.

Le 3 mars 2009, Fidel Castro réapparut en publiant une nouvelle «réflexion», «Des changements sains à l'intérieur du conseil des ministres». Comme à l'accoutumée, il commenta immédiatement les commentaires qui circulaient depuis la veille et réfuta précisément la thèse du clivage entre les «hommes de Fidel» et les «hommes de Raúl». Fidèle aux règles de «sa» grammaire, il attendit que les uns et les autres cherchent à dissiper l'opacité des événements en recourant aux ventriloques extérieurs, avant d'intervenir en maître du jeu en étant le premier à révéler une information cruciale:

« Aucun des deux dirigeants que les dépêches signalaient comme les plus lésés n'a dit mot pour exprimer son désaccord. Ce n'est absolument pas faute de courage personnel, mais pour une tout autre raison: le miel du pouvoir – qui ne leur a coûté aucun sacrifice – a éveillé en eux des ambitions qui les ont poussés à jouer un rôle indigne. L'ennemi extérieur s'est fait des illusions à leur sujet. »

Il ajoutait qu'« on [l'avait] consulté à propos des nouveaux ministres qui [venaient] d'être nommés, bien qu'aucune norme n'[eût] obligé les compagnons à le faire, car [il avait] renoncé aux prérogatives du pouvoir depuis longtemps. » Il distillait en-suite les signes de sa récupération, à travers ses ventriloques: le président dominicain Leonel Fernández rapportait l'avoir vu non pas à l'hôpital, comme de coutume, mais chez lui et en compagnie de son épouse. Dans sa « réflexion » du lendemain, Fidel racontait que Fernández voulait une photo pour qu'on ne l'accusât pas de mentir lorsqu'il parlerait de son entrevue et pré-cisait qu'il était « impossible » que sa parole fût mise en doute, car « personne ne prendrait ce risque en sachant qu'[il – Fidel] pourrait prendre l'avion et atterrir dans un pays voisin ». Chávez évoquait dans *Alo Presidente* la promenade sporadique que Fidel avait effectuée dans La Havane, où la rumeur circulait depuis un certain temps, et révélait même qu'il arrivait au *Comandante* de revêtir son uniforme. Dans la « réflexion » du 5 mars, portant sur la visite que lui avait rendu la veille le président hondurien Manuel Zelaya, Fidel rappelait que « certains [avaient] demandé ce qu'il en avait été de la rencontre avec Zelaya, à laquelle le Commandant [avait] fait allusion dans sa réflexion d'hier ». Le

signe était sibyllin mais, alors qu'il avait lui-même tenu, du jour
où il avait «renoncé à ses fonctions», à ne plus être dorénavant
que «le compagnon Fidel», il redevenait «le Commandant» au
détour d'une phrase.

Le même jour, les autocritiques, signées du 3 mars, de Felipe
Pérez Roque et de Carlos Lage, étaient publiées dans les quotidiens cubains. L'un comme l'autre renonçaient à toutes leurs
fonctions au sein du Conseil d'État et du Parti Communiste,
«[reconnaissaient] leurs erreurs», en «[assumaient] la pleine
responsabilité», assuraient qu'ils «[continueraient] de servir
et de défendre la Révolution» et réitéraient leur fidélité envers
Fidel et le parti, sans oublier Raúl Castro, à qui les lettres étaient
destinées.

Cette répétition de deux des rites centraux du communisme
– l'autocritique et la purge – venait rappeler l'irréductibilité du
régime politique, passé ou présent, à l'État, au gouvernement ou
à l'un ou l'autre des frères Castro. Point culminant des exercices
de ventriloquie synchronisée, la purge et les autocritiques, plus
qu'elles ne sous-tendaient une lecture commune de la réalité,
venaient suggérer à chacun la toute-puissance d'un régime qui
semblait mener son existence propre, comme si personne n'avait
de prise sur son fonctionnement et que chacun n'y exerçait qu'un
rôle inaltérable ou écrit d'avance. Fidel Castro pouvait bien sembler alors mourant ou définitivement marginalisé; la population
de l'île portait peut-être un regard navré sur son acharnement
pathétique à ne pas vouloir quitter le devant de la scène; mais
son rôle de ventriloque en chef était l'une des expressions de
la permanence de la nature du régime mis en place à partir de
1959. Ce rôle était certes le résultat précaire d'une habile adaptation par Fidel Castro de ses ressources de pouvoir aux limitations de tout ordre contre lesquelles il ne pouvait pas combattre,

mais il était aussi le symptôme de sa lutte, l'expression de l'impuissance de tous face à un régime qui les possède : personne, ni les hauts dignitaires, ni même le «compagnon Fidel», ne peut s'en extraire sans être absorbé dans «l'autre». Entre l'été 2010 et le début de l'année 2013, le «leader de la Révolution» a même ponctuellement fait quelques apparitions publiques et, entre le printemps 2012 et le début de l'année 2013, il s'est aussi essayé à de nouvelles «réflexions» qui, par leur format très court, venaient ancrer sa présence dans «Internet 2.0».

L'accès à internet

D'après les chiffres fournis par l'Office National des Statistiques, il y avait en 2016 à Cuba 403 utilisateurs d'internet pour 1 000 habitants, mais aucune donnée qualitative n'est disponible concernant l'usage, la fréquence ou la durée des connexions[140]. Un système de pare-feu (*firewalls*) empêche l'accès à plusieurs catégories de sites, notamment ceux qui «présentent une vision erronée et déformée de la réalité cubaine» et «diffament la Révolution et ses dirigeants», qui diffusent des images violentes ou dont le contenu est de caractère pornographique. Le haut débit reste un privilège octroyé au compte-gouttes et cet *intranet cubain* souffre d'autres limitations : c'est une gageure que d'envoyer ou de recevoir des fichiers volumineux, des applications comme *Skype* ou *Facetime* ne marchent pas (à défaut, reste *Imo*) et, de façon générale, les connexions sont défaillantes.

La plupart des internautes accèdent à l'*intranet cubain* depuis leur lieu de travail, où un «quota» leur est assigné. En vertu de la résolution 127 de 2007 du Ministère des Communications (Mincom), ils doivent composer avec les règles laissées à la discrétion de leur employeur (un organisme public, dans tous les cas) s'ils souhaitent naviguer sur les réseaux sociaux ou utiliser leur service de messagerie pour communiquer avec des correspondants à l'étranger. Il est attendu des internautes qu'ils respectent les normes de langage observées dans les espaces publics et l'usage d'un compte personnel concédé à des tiers, gratuitement ou moyennant rémunération, n'est pas légal. Les titulaires s'exposent à des sanctions s'ils sont reconnus coupables d'un « mauvais usage » de leur quota et des comptes de messagerie sont régulièrement clôturés, le plus généralement pour des périodes limitées (un mois à un an). Miguel Díaz Canel, le premier vice-président des conseils d'État et des ministres, affirmait cependant, lors de la session plénière de juillet 2017 de l'Assemblée Nationale du Pouvoir Populaire, que Cuba était le pays dans lequel l'usage des réseaux sociaux avait le plus augmenté dans le monde en 2016 (346 %). Les données offertes par le gouvernement cubain sont invérifiables mais plusieurs dizaines de milliers de Cubains ont ouvert un compte Facebook, même si l'activité de l'écrasante majorité d'entre eux est très faible. Les « *facebooqueros* » cubains reproduisent les codes de communication qui font la marque du Web 2.0 (*selfies*, « like », émôticones…) mais, timidement, des groupes de discussion se créent pour échanger des informations et localiser des ressources.

En à peine dix ans, l'arrivée massive des téléphones portables (4 103 000 lignes, dont 840 000 payées depuis l'étranger) et, dans une moindre mesure, des ordinateurs personnels (103 pour 1 000 habitants) a permis à de nouvelles catégories de la population d'accéder à l'intranet cubain[141]. On peut se connecter depuis des « zones Wi-Fi » (508 au total en décembre 2017 – aucune en zone rurale) en se procurant des cartes rechargeables (*nauta*) vendues par la compagnie d'État Etecsa et dont le prix est passé de 4,50 Cuc l'heure de connexion en septembre 2014 à 1 Cuc en décembre 2017. Il est également possible d'utiliser des ordinateurs de bureau dans les «salles de navigation Etecsa» (165 dans tout le pays) ou dans les Joven Club de Computación (602 en décembre 2016), créés en 1987 sous l'égide de l'Union des Jeunes Communistes. Il existe enfin toute une gamme d'options informelles consistant à «louer» un temps de connexion à des détenteurs de quota mensuels ou de recharges *nauta*.

L'accès à internet suit les méandres de la *lucha* et entre davantage dans une logique d'accès aux ressources que de droit à l'information. Depuis qu'elles ont fait leur apparition, les clefs Usb circulent entre connaissances qui se partagent films, documentaires, séries, albums musicaux, etc. Depuis 2011, plusieurs groupes d'individus ont commencé à commercialiser au prix de 6 à 8 Cuc par mois un «paquet hebdomadaire» («*el paquete semanal*»). Chaque semaine – parfois chaque jour si le contenu du paquet est actualisé à la demande –, des messagers amènent un disque dur chez les particuliers et téléchargent les fichiers sur leur ordinateur personnel (jusqu'à 1 térabit). Il est impossible de connaître le nombre exact d'abonnés (et de «sous-abonnés») puisqu'il s'agit d'un négoce toléré mais qui n'est pas déclaré légalement. Les concepteurs des différents *paquetes* privilégient le divertissement (films et séries américaines, telenovelas latinoaméricaines, clips musicaux, etc.) et s'abstiennent catégoriquement d'inclure des programmes à caractère politique ou pornographique. Des rumeurs circulent selon lesquelles les «propriétaires» (*dueños*) du *paquete* appartiennent à des familles de hauts dirigeants et réalisent des millions de Cuc de bénéfice chaque mois. La méfiance à l'égard des circuits de distribution des fichiers importe peu dès lors que l'acquisition et la circulation des *paquetes* ne participent pas de formes de défiance envers le régime et entrent avant tout dans une logique de consommation. Dans la même veine, pour 5 Cuc par mois, des agents illégaux proposent «La Antena», qui capte certaines chaînes de télévision de Miami. Enfin, de petits réseaux se créent et disparaissent en permanence, notamment autour de jeux connectés : les lutteurs déploient aussi leur ingéniosité pour capter des signaux wifi, partager des données ou accéder à des sites bloqués depuis Cuba.

Face à cette demande de divertissement et de consommation, de petits groupes cherchent malgré tout à diffuser et échanger des informations censurées, voire à s'organiser politiquement, en tissant notamment des liens avec des acteurs politiques à l'étranger. C'est le cas de l'Union Patriotique de Cuba (Unpacu), créée par un ancien prisonnier politique du groupe des 75, José Daniel Ferrer. Ses militants filment des scènes de la vie quotidienne, échangent des points de vue, tentent d'organiser des petites manifestations et sont durement réprimés par les autorités, à l'image des «dissidents historiques» ou des «Dames en blanc». De nombreux journalistes indépendants envoient également des articles diffusés depuis l'étranger sur des sites et blogs résolument critiques à l'encontre du gouvernement cubain, qui bloque leur accès depuis Cuba (*14ymedio, Diariodecuba*, etc.). Au mieux, la population leur prête une oreille distraite ; au pire, elle est indifférente à la répression dont ils sont victimes.

L'accès à internet n'a donc rien du *deus ex machina* imaginé par les promoteurs de la démocratie, d'autant plus qu'il survient dans le contexte de mise en représentation du monde élaboré depuis plus d'une décennie dans le cadre de la «Bataille des Idées». Il n'en constitue pas moins un enjeu majeur pour les dirigeants, qui craignent qu'internet ne facilite des mobilisations à visées contestataires. Ils ne peuvent non plus agir autrement que sous l'effet d'une contrainte génétique du régime : l'idéologie absorbe la réalité et produit sans cesse des catégories ; la mécanique de retranchement des mauvais usages d'internet est le processus à partir duquel jaillira le sens de l'action révolutionnaire dans le domaine des nouvelles technologies. Lors de la session plénière de juillet 2017 de l'Assemblée Nationale du Pouvoir Populaire, le premier vice-président des conseils d'État et des ministres, Miguel Díaz-Canel, appelait les Cubains à « être capables de mettre tous les contenus de la Révolution sur internet, sur toutes les plateformes, depuis toutes les institutions. Et en profiter pour contrer de la sorte cette avalanche de contenu pseudo-culturel, banal, vulgaire, qui existe sur la toile ». Devant les cadres du PCC, en août, il estimait qu'étaient apparus « des sites, des portails, des revues dont le contenu est apparemment inoffensif, mais distille des stéréotypes éprouvés de guerre culturelle ». Il ajoutait que plusieurs ambassades menaient des activités subversives en finançant « des ONG, des fondations, des églises et des entités non-étatiques ». Il décrivait deux types de « projets ennemis » : la « contre-révolution traditionnelle » et l'« opposition loyale », celle que les États-Unis « tentent de consolider au sein de la société civile cubaine ». Il donnait des exemples de cette vague subversive : le *paquete*, les réseaux wifi illégaux, les négoces privés qui font commerce de la nostalgie des années 1950, mais aussi *Cuba Emprende*, un cours créé en 2012 par l'Église catholique pour assister, conseiller et former les « travailleurs à leur propre compte », ou encore *On Cuba*, une revue américaine qui a ouvert un siège à La Havane et dont le directeur, Hugo Cansio, a toujours fait figure d'« allié du régime ».

Attaquer la « contre-révolution traditionnelle » n'est pas une stratégie nouvelle : depuis la fin des années 1980, des vagues répressives se sont régulièrement abattues sur les dissidents, militants et journalistes indépendants dont la population a entendu parler et qu'elle appelle les «gens des Droits de l'Homme»[142]. En 2003, 75 «mercenaires au service de l'empire» avaient été condamnés en tout à 1454 années de prison, à l'issue de «procédures d'urgence». Depuis que Raúl Castro a pris les rênes du pouvoir, la Sûreté de l'État a renoué intensément avec les «actes de répudiation», mobilisant notamment des foules considérables sur le trajet dominical des Dames en Blanc vers l'église de Santa Rita à La Havane[143]. La propagande gouvernementale s'applique depuis toujours à prouver que les «soi-disant dissidents» poursuivent en réalité des objectifs frivoles. Lorsque l'un d'entre eux se rend à l'étranger par l'entremise d'une organisation de défense des droits humains, le gouvernement explique que le «caméléon» a joué la carte de la persécution pour parvenir à ses fins: obtenir un visa pour les États-Unis.

L'extrême confusion qui résulte de la *lucha* porte non seulement sur l'identité sociale réelle des individus et la nature des activités qu'ils mènent, mais aussi sur le fait que les «délits», une fois découverts, sont davantage évalués en référence à leur auteur qu'à leur nature. Car cette dernière est vite entendue: tout le monde «se cherche un *business*» ou «invente quelque chose» dès que l'occasion se présente, d'où la facilité avec laquelle la propagande castriste parvient à présenter un acte d'opposition politique comme une vulgaire combine ou la «contre-révolution» comme un simple «*business*». À cet effet, il était aisé au printemps 2003 d'insister sur le fait que les journalistes indépendants percevaient 100 dollars par mois et recevaient parfois de l'étranger des sommes de plusieurs centaines de dollars, quand le salaire moyen équivalait à peine à 7 dollars par mois.

De plus, dans un pays où la sortie du territoire est le désir de l'écrasante majorité de la population, l'intention attribuée aux dissidents d'acquérir un visa pour les États-Unis leur ôtait toute singularité. En précisant que seuls quatre individus avaient reçu une formation en journalisme, Felipe Pérez Roque, le ministre des Relations Extérieures de l'époque, savait aussi qu'il gommerait les spécificités des condamnés. Bien malgré elle, la bloggeuse Yoani Sánchez s'est exposée à la même campagne de décrédibilisation de la part des «contre-bloggeurs» loyaux au gouvernement : les nombreux prix qui lui ont été décernés depuis 2008 pour son blog *Generación Y* (Ortega y Gasset 2008, Prix Maria Moors Cabot 2009, etc.) lui ont rapporté plus de 500 000 dollars. En outre, l'imaginaire social de la *période spéciale* fait souvent de l'étranger le «pigeon» (*gil, mareado* ou *bobo*) toujours prêt à «tomber dans le piège» (*caer en la trampa*) ou à «se laisser tromper» (*dejarse engañar*) par «la tchatche» (*la muela* ou *el cuento*) ingénieuse du cubain *pícaro* ou *jinetero*. Aussi est-il adroit, pour évoquer cette image dans l'esprit du «Cubain moyen», de présenter les dissidents et aujourd'hui les bloggeurs comme des apprentis journalistes décrivant à des étrangers la déliquescence des droits sociaux, les pénuries, la difficulté à se nourrir ou la cherté de la vie et recevant de leur part une poignée de dollars et des invitations à l'étranger.

La population peine à prêter une oreille attentive à ces individus dont elle pense finalement ignorer le véritable dessein, voire la véritable identité, car c'est bien dans les temps longs de l'expérience révolutionnaire que s'enracine la perte du sens des actes et des mots : on cohabite depuis presque 60 ans avec le «traître», l'«apatride», le «conspirateur», le «ver de terre» (*gusano*). Ces personnages reviennent avec une telle récurrence qu'ils n'ont plus ni visage ni caractéristiques propres. Ces qualifications sont certes réservées à ceux qui ont «trahi» le pays, qui se sont opposés politiquement à la Révolution ou ont souhaité son renversement. Mais, comme la propagande a justement tout ramené à un seul enjeu, la défense de l'édifice menacé, toute infraction aux lois ouvre une brèche dans laquelle l'ennemi peut s'engouffrer. Tout cela, ajouté aux perpétuels revirements de la ligne politique et donc de la liste de ce qui était permis et ne l'était pas, fait que le recours à l'anathème a concerné aussi bien le trafiquant, le revendeur au marché noir, le détenteur de dollars, le fan des *Beatles*, l'homosexuel, le paresseux, voire le joueur d'échecs ou de dominos, s'il pariait de l'argent… En quoi les «mercenaires», «traîtres à la patrie», sont-ils différents de tous ceux qui ont été affublés des mêmes sobriquets sans qu'on se rappelle précisément pour quel motif?

Les dirigeants continuent de tracer de nouvelles frontières et attendent que les groupes mis sur le gril les valident en retour. Les cyberguerriers tels Iroel Sánchez Espinosa et son blog *la pupila insomne* propagent la mise en représentation du monde élaborée par *Mesa Redonda*. Ils s'appliquent, en postant des commentaires, à discréditer tous les opposants sur les blogs administrés depuis l'étranger; ils infiltrent aussi les groupes de discussion sur Facebook, comme «#NoSomosDesertores #SomosCubanosLibres», rejoint par plus de 10 000 membres du personnel médical qui ont déserté les missions internationales et vivent aujourd'hui hors de Cuba. Ils contribuent aux sites de partage des connaissances (comme Wikipedia) et Ecured, le «Wikipedia cubain» qui a vu le jour en 2010, compte à l'heure actuelle plus de 150 000 articles. Depuis août 2014, le gouvernement a créé un *paquete* concurrent, «*la mochila*», présenté comme «un produit culturel pour la famille cubaine, […] fidèle aux valeurs que promeut la société cubaine: attachement aux principes et aux valeurs morales qui soutiennent le processus révolutionnaire». Aux films et documentaires cubains contenus dans «*la mochila*», les consommateurs de divertissement continuent sans discussion de préférer les programmes du *yuma* offerts dans le *paquete semanal*. Les déclarations de Miguel Díaz-Canel au sujet du contenu «pseudo-culturel [...] qui existe sur la toile» font écho au concept de «diversionnisme idéologique», apparu dans les années 1970 : à l'époque, Fidel Castro avait expliqué que l'ennemi avait aussi pour méthode de «distraire», de «détourner l'attention du peuple révolutionnaire». Plus récemment, c'était le reggaeton qui était présenté comme «vulgaire» ou la fête d'Halloween importée des États-Unis comme «superficielle». L'espace «apolitique» entre les cyberguerriers et les opposants est appelé à rejoindre «la Révolution». Les promoteurs de la démocratie pariaient sur l'effet d'entraînement d'internet, mais la circulation des données est plutôt venue combler un besoin de consommation et c'est aujourd'hui le gouvernement cubain qui s'attaque à cette «dégradation culturelle» alors que, une fois de plus, il pourrait se contenter d'assoir son pouvoir. Les cyberguerriers mènent donc l'offensive à l'intérieur de la blogosphère d'État «de la famille cubaine» (la plateforme de blogs *Reflejos*) : en écho au désintérêt pour les thèmes politiques affiché par les *consommateurs* de divertissement, ils s'appliquent de plus en plus à présenter le socialisme, l'attachement à «la Révolution» et le legs de Fidel Castro comme des valeurs culturelles. Leur lutte se donne pour objet de réaffirmer la fusion entre nation, culture, socialisme et Révolution, en y ajoutant peu à peu les figures historiques récemment disparues.

Neuf jours de deuil national ont été décrétés après la mort de Fidel Castro, survenue le 25 novembre 2016, puis neuf jours d'hommage à partir du 25 novembre 2017. Entre-temps, il a rejoint les «pères de la Patrie» dans la mise en représentation du Panthéon national et plusieurs universités cubaines ont intégré «[sa] pensée» à leurs cursus, sans que les élèves du primaire ne se trouvent en reste : un poème récité un matin par les *pioneros* d'une école de la capitale évoquait «Fidel [...] le fiancé de toutes les petites filles». Le meurtre du père n'est pas à l'ordre du jour : il est pour l'instant impensable et, pourtant, c'est de lui que dépend le retour du possible.

Le critère racial contre
l'égalisation des conditions

Le projet dissident et le bourgeonnement des micro-espaces de débat œuvrent à un «retour du sens du possible[144]», mais les individus semblent avant tout aspirer au «bonheur privé», à la liberté de choisir leur «mode de vie» et à la consommation. Une tendance historique s'est en outre dessinée depuis la fin des années 1980. Les emprisonnements, la peur, la «découverte» d'agents infiltrés et finalement l'indifférence et le peu de soutien manifestés par la population ont eu raison de la majorité des dissidents, militants des droits humains et journalistes indépendants, poussés par le découragement à accepter les possibilités qui leur ont été offertes de quitter le pays[145]. Insidieusement, l'assouplissement des conditions de sortie du territoire élargit l'horizon de ces activistes, qui peuvent décider de profiter de nouvelles opportunités à l'étranger et connaître des ruptures biographiques, rejoignant l'«exil historique» ou, à l'image de la diaspora, finissant par s'habituer à une existence clivée, sujets de droit dans leur terre d'accueil, Cubains de la communauté faisant profil bas à Cuba.

En 2003, presque toute l'opposition avait trouvé un terrain d'entente en jouant la stratégie du consensuel *Projet Varela*, qui œuvrait à un changement dans le respect de la loi. L'article 88 de la Constitution de 1992 stipule que «l'initiative des lois» revient aux citoyens si une proposition «d'au moins 10 000» d'entre eux «jouissant de la condition d'électeur» est présentée devant l'Assemblée Nationale du Pouvoir Populaire. Le projet, déposé en 2001 et appuyé par 11 020 signatures, ne proposait pas de modifier la Constitution mais de faire en sorte que les lois en respectent l'esprit et garantissent les droits qu'elle proclame. À ce titre, il réclamait la tenue d'un référendum autour de cinq propositions : établir la liberté d'association, d'expression et de la presse ; amnistier les prisonniers politiques ; créer le droit à former des entreprises privées ; déterminer des circonscriptions électorales distinctes (municipales, provinciales et nationales) élisant, pour chacune des assemblées correspondantes, des candidats nommés uniquement sur la base des signatures de soutien récoltées auprès des électeurs de la circonscription ; et enfin organiser des élections générales deux cent soixante-dix à trois cent soixante-cinq jours après le référendum. En juin 2002, la légitimité de celui-ci a été balayée tacitement par une réforme de la constitution proclamant le caractère socialiste «irrévocable» de l'État, adoptée à l'unanimité par les députés au cours d'un vote oral individuel et par près de neuf millions de citoyens appelés à apposer leurs noms, prénoms et numéros de carnet d'identité sur le registre du CDR auquel ils appartenaient. Oswaldo Payá, le leader du Mouvement Chrétien de Libération à l'origine du *Projet Varela*, a reçu en novembre 2002 le prix

Sakharov des Droits de l'Homme du Parlement européen. Plus de la moitié des opposants arrêtés en mars 2003 étaient des promoteurs du *Projet Varela*, qui avait récolté à cette date plus de 40 000 signatures.

Oswaldo Payá, mort en 2012 dans un accident de voiture qui pourrait avoir été provoqué par la Sûreté de l'État, évoquait depuis les années 1990 le processus de «libération de la peur» qui caractérisait d'après lui la société cubaine. Certes, les manifestations d'exaspération et les critiques tous azimuts, jadis libérées à voix basse dans le confinement du foyer familial, ont envahi les arrêts de bus, les magasins d'État, voire les réunions des CDR et les «assemblées de reddition de comptes». La «peur» reste pourtant ancrée au cœur du fonctionnement social – soutenir la norme pour continuer à «aller de l'avant», se résigner à émigrer plutôt que de se risquer à promouvoir un changement des lois et des institutions –, alors que la dimension de l'*intrigue*, propre à la *lucha*, se cimente dans la rumeur et se prolonge dans la vision castriste d'un monde où règnent le chaos et le complot.

Le discours dissident interpelle la conscience des citoyens en pointant du doigt leur part de responsabilité dans le maintien au pouvoir d'un régime qui n'est pas inébranlable. Mais la population s'entend répéter depuis 1959 qu'elle doit se sacrifier, amender son comportement et songer au poids de ses manquements aux normes dans les préjudices subis par la société dans son ensemble. Le discours dissident renvoie de cette façon la même image négative qui enferme l'individu dans sa culpabilité et il ne peut guère susciter autre chose que le rejet, l'irritation ou le scepticisme.

L'autre grande limite du discours dissident est qu'il ne parvient pas à se départir du fantasme de l'homogénéité, ancré au cœur de la culture politique cubaine. D'une part, l'action politique ou le combat pour la liberté ne peuvent être entrepris qu'au nom et au bénéfice de l'Un, du Tout social, des entités que sont la Nation ou la Patrie ; de cette manière, le sens et la reconnaissance accordés à l'action politique individuelle se trouvent cantonnés au sacrifice désintéressé, à la geste héroïque, au suicide dans l'honneur, c'est-à-dire au statut de martyr ou à celui de sauveur. D'autre part, les conflits qui traversent le social et en font un lieu de division ont souvent été interprétés comme une menace conduisant au chaos. Certes, le radicalisme intact des hauts dirigeants incline les opposants à la prudence, mais comment discerner, dans la posture de la «réconciliation nationale», la part qui revient à la sagesse et celle qui traduit et, serait-on tenté de dire, «trahit» la vision d'un futur régime politique limité au mieux à une «démocratie de consensus»?

De l'intérieur d'une société révolutionnaire plongée dans l'insécurité, portée à la préfiguration du chaos dès que se présentent des situations de tension, rejaillissent les dimensions fantasmagoriques d'une histoire de longue durée et se consolide une idéologie d'ordre dont aucun des acteurs ne parvient complètement à se départir.

Une demande d'ordre

Le naufrage du projet révolutionnaire, les «lésions anthropologiques[146]» laissées par presque soixante ans de domination castriste, la perception d'un chaos mondial depuis Cuba ont favorisé un immobilisme politique auquel participent également les composantes autoritaires, hiérarchiques et anti-démocratiques de l'imaginaire politique et social. Une partie de la population craint en outre que la fin de la *Révolution* n'entraîne la remise en cause de l'indépendance nationale par les États-Unis et le retour du secteur «dur» de l'exil, enclin à récupérer les biens confisqués et à liquider les droits sociaux. Aussi les Cubains anticipent-ils déjà la désillusion démocratique sans avoir vécu la démocratie. Celle-ci, se demande-t-on, a-t-elle autre chose à promettre que la libération des forces du chaos qui auraient été contenues jusqu'à présent par le gouvernement révolutionnaire?

Dans cette période d'opacité rejaillit intensément la conception autoritaire que la société cubaine avait d'elle-même, tant les tensions raciales, niées pendant plus d'un demi-siècle, et les rancœurs inassouvies d'individus et de familles qui ont vécu au milieu des mouchardages aux auteurs incertains et qui ont préféré étouffer stratégiquement les conflits, nourrissent un fantasme du chaos. Les différents groupes sociaux se représentent la société cubaine comme une entité mal unifiée, menacée par les velléités hégémoniques dont ils s'accusent les uns les autres, inapte au civisme et, en tout cas, livrée à l'impérieuse nécessité de s'en remettre aux hommes de bon sens, capables de circonscrire l'élan d'autodestruction de la nation, pour imposer l'ordre et la concertation.

La pluralité suscite toujours le soupçon et l'initiative individuelle en politique peine à s'affranchir de la logique historique selon laquelle seuls priment le salut du groupe et la vertu du collectif. Cette limite se manifeste dans l'incapacité d'inventer une nouvelle fiction collective attachée à un idéal politique et à des références renouvelées. Elle se traduit surtout par le renoncement généralisé à toute réflexion collective face aux défis du présent, ce dont témoigne l'option individuelle, massive et univoque, de la *sortie*.

Les discours des acteurs sur la *période spéciale* relatent davantage l'appauvrissement que la pauvreté, se référant par là même à des temps historiques, sédimentés dans les mémoires, d'abondance relative et de stabilité apparente des hiérarchies. Dans l'imaginaire social, l'accès aux positions économiques nouvelles et aux bénéfices qui y sont attachés, comme la possibilité de sortir du territoire, ont été captés avant tout par les membres des élites dirigeantes et leurs proches. Mais une formule récurrente, la «pyramide inversée», souligne également le sentiment selon lequel les «pires *éléments*», grâce à leur culture de la délinquance et à leur absence de scrupules, auraient aussi largement profité de la période pour s'enrichir et acquérir une position enviable.

Dès lors, certains prêtent à l'«élite» l'intention de bloquer tout changement et même de précipiter le pays dans la guerre civile s'il le faut, de façon à conserver coûte que coûte sa situation et de ne pas avoir à rendre des comptes si se produisait un changement de régime. D'autres estiment qu'un vaste «secteur délinquant» a trouvé le moyen de vivre commodément, sans travailler, et se montre peu enclin à vouloir un changement, étant donné que, sous un autre régime, ses membres se retrouveraient «au bas de l'échelle sociale». Une première dynamique fantasmagorique se forme donc autour de la quête du fin mot de l'histoire, alimentée constamment par la rumeur. Comme cette quête s'inscrit dans l'impossibilité d'éprouver la validité de critères du juste et du vrai, elle ne peut que puiser dans les préjugés communs. Ceux-ci incorporent des formes intériorisées de la contrainte idéologique imposée par le régime, comme la valorisation du désintéressement, tout autant qu'ils sont véhiculés dans leur reproduction quotidienne par les clivages «raciaux», sociaux et géographiques.

L'angoisse se cristallise autour de l'image des foules, de la figure de la «populace» (la *chusma*) et du fantasme du «péril noir». À La Havane, il arrive souvent que la figure de *l'oriental* incarne la réunion de ces trois éléments. Les foules tiennent une place particulière dans l'imaginaire national, qui garde en mémoire les innombrables manifestations/contre-manifestations qui ont rythmé les conflits politiques de la période républicaine et, en particulier, les *turbas* favorables au régime de Fidel Castro. Les «masses» occupant les locaux des entreprises «contre-révolutionnaires» et demandant leur «saisie» par l'État en 1959, les manifestants réclamant à la même époque le «peloton d'exécution» contre les «traîtres» ou encore les «hordes» qui se sont abattues sur les *gusanos* candidats à la «désertion» en 1980 fournissent à l'imaginaire collectif autant d'images de l'instinct barbare des foules, tantôt manipulées par un régime qui les mobilise, tantôt incontrôlables car dépourvues de raison. Tout cela fonde dans l'immédiat une demande d'ordre, qui vient s'incorporer dans des *conceptions* de l'ordre ancrées dans les temps longs de l'histoire nationale et captées dans la syntaxe révolutionnaire. Car le projet castriste était aussi dans son fondement un projet d'ordre : l'accès à l'éducation pour tous ne relevait pas seulement de l'humanisme ou de l'égalitarisme, mais d'une conviction selon laquelle l'éducation des «classes basses» pourrait générer l'ordre et les couper, par le progrès, de leur essence barbare.

Aussi les clivages sociaux et géographiques traditionnels ressortent-ils aujourd'hui avec d'autant plus de force face au sentiment d'échec du projet égalitaire. La demande d'ordre se traduit d'abord par l'aval donné aux autorités pour garantir la sécurité et maintenir le pays dans une situation gouvernable. Elle s'exerce aussi sous la forme d'une réaffirmation des hiérarchies, sous l'égide des élites traditionnelles, c'est-à-dire les «secteurs blancs éclairés». Depuis le début de l'expérience révolutionnaire, les agents les plus actifs de la «seconde économie» ont parfois mené un train de vie comparable ou supérieur à celui des membres des catégories privilégiées du régime (médecins, professeurs...) mais jamais de façon ouverte et légitime. Ce qui a changé, c'est que des individus qui n'appartiennent ni aux élites politiques, ni aux élites traditionnelles et qui doivent leur pouvoir d'achat à la «libre entreprise» voient leur «réussite» de plus en plus légitimée socialement. Mais, comme il est impossible de définir avec certitude l'existence de nouvelles hiérarchies ou de discerner les «réussites» légitimes des «réussites» illégitimes, l'imaginaire social semble se recroqueviller sur des schémas d'ordre connus, distinguant *la gente de nivel* («les gens d'un haut niveau culturel») de la *chusma*. Ensuite, une dynamique se forme à partir de cette idéologie d'ordre, autour de laquelle vient se greffer la hantise du chaos qui règnerait dans le monde extérieur – et auquel Cuba échapperait jusqu'à présent – ou encore le sentiment de nombreux secteurs noirs qui, tout en dénonçant la «domination des Blancs» au sein du régime actuel, se demandent si le gouvernement révolutionnaire ne les protège pas malgré tout de situations bien plus discriminatoires.

Brève phénoménologie du « racisme culturel »

Une nuit de janvier 2003, Majá et moi avons été surpris en train d'uriner contre un mur dans une rue de la Vieille Havane par une femme blanche d'une quarantaine d'années, qui s'est avérée être une *cederista* effectuant son tour de garde[147]. Elle s'était précipitée vers nous en criant: «Hé! Bande de cochons! Pissez pas ici!», et alors que Majá prenait la poudre d'escampette, elle s'était retournée vers moi et m'avait dit d'un air implorant: «Toi qui es Blanc, quand même, dis-lui à l'autre Noir là qu'il pisse pas ici!»

Au lieu de lui répondre que notre manque de civisme ne l'autorisait pas à dire n'importe quoi, je choisis d'essayer de la prendre en défaut, en retournant à mon avantage une invective révolutionnaire, vague parmi tant d'autres, dont la vertu est de semer la confusion. Je lui rétorquai : « T'es pas au courant qu'on a eu une révolution socialiste ici, il y a quarante-cinq ans ? » Quelque peu déstabilisée, elle me répliqua : « Et qu'est-ce que tu veux dire par là ? » Je poursuivis en lui disant que cela signifiait « qu'on est tous égaux » et que donc « je [ne voyais] pas ce que ça [avait] à voir cette affaire de Noir et de Blanc ». Rassurée puisque, selon ses critères, la justesse de son attitude révolutionnaire n'était pas mise en cause, elle riposta avec didactisme et bienveillance : « Justement, mon gars, tu dois donner le bon exemple. » Décidant alors de mettre à l'épreuve sa capacité de résister à la contagion négro-plébéienne en appliquant le principe de l'« intervention sociologique », je m'éloignai d'elle en l'insultant à dessein de la façon la plus obscène : « Arrête ton baratin, t'es une raciste et c'est tout, espèce de pute, connasse, grosse vache, va niquer ta mère, grosse truie ! » Et la réponse exemplaire ne se fit pas attendre : « Toi va te faire enculer pédé, pauv'con, gros fils de pute, pédé, pédé, pédé ! » Pendant ce temps, hormis l'éventualité de l'arrivée de la police, dont il aurait sûrement été le seul à faire les frais, rien n'avait troublé le stoïcisme de mon ami. Peu lui importait le sens de l'altercation – l'opinion implicite de la *cederista* selon laquelle il est vain d'expliquer à un Noir qu'il s'est mal comporté, puisque sa seule condition ontologique l'empêche de le comprendre – ou encore ma réaction solidaire à peu de frais. Non, tout cela était – selon ses mots – « culturel ». Et combien de Cubains, « noirs » ou « blancs », en entendant cette anecdote, m'ont expliqué depuis, avec le même détachement, qu'en effet le racisme existe à Cuba mais qu'il est « culturel », c'est-à-dire qu'il n'empêche pas le mélange, voire l'affection entre Noirs et Blancs et n'a rien à voir avec la haine raciale telle qu'elle a existé sous l'*apartheid* en Afrique du Sud, ni avec le «cloisonnement ethnique» tel qu'ils l'imaginent au sein de la société nord-américaine d'aujourd'hui[148].

L'habitude de s'apostropher les uns les autres : «Hé, le Nègre !», «Hé, le Chinois !», «Hé, le Gros !» ; la référence aux personnes : «la petite Négresse du troisième», «le petit Blanc d'à côté», «ton copain, le p'tit pédé» ; les expressions idiomatiques : «avoir un arrière-grand-père chinois» (*tener un chino atrás*, être malchanceux), «t'es crétin ou t'es de Pinar del Río ?», «la radinerie du Galicien», «Le Galicien noir»... À l'instar de ce dernier surnom, parfois donné à Majá (connu dans son quartier pour son avarice), tous ces propos, m'a-t-on prié de comprendre, ne doivent pas être appréhendés sans tenir compte du mélange de bonne humeur et de plafonnement intellectuel[149] qui en forme le socle.

Bien entendu, certains stéréotypes «culturels» sont plus avantageux que d'autres. On a souvent essayé de me convaincre qu'il y avait des «Blancs qui agissent comme des Noirs – bruyants, jouisseurs, paresseux comme des couleuvres [«*majá de sombra*», le serpent boa local, réputé paresseux] », et aussi des «Noirs fins», qui n'ont rien à voir avec «les négros en bandes» (*la negrada*). Un professeur de physique «blanc» d'une quarantaine d'années m'avait expliqué, en prenant grand soin d'éviter les grossièretés, que «les Noirs n'ont pas la même morale», faisant alterner exemples normatifs («ils ne font pas la différence entre l'amitié et le profit économique qu'ils peuvent retirer de l'amitié») et angoisses fantasmatiques («ces défilés de carnaval des Noirs de Santiago qui suent à grosses gouttes sous un soleil à te cramer»).

Mais, comme on en reste aux stéréotypes, il ne s'agirait que d'un «racisme culturel», donc anodin – comme cet humoriste qui, lors de son spectacle au cabaret *El cocodrilo* situé dans le quartier havanais du *Vedado*, disait devant un public hilare, composé dans sa grande majorité de Blancs: «Moi je dis pas que tous les Noirs sont des voleurs… mais que tous les voleurs sont noirs.» Culturelles encore la façon de se frotter le dos de la main avec l'index pour désigner les Noirs en général, les expressions «améliorer la race» (*adelantar/mejorar la raza*) si une femme accouche d'un enfant dont la peau est plus claire que la sienne, «faire reculer la race» (*atrazar la raza*) si c'est le contraire ou encore «brûler du pétrole» (*quemar petróleo*) pour désigner l'acte sexuel entre une personne de peau noire et une personne de peau blanche. Culturelle peut-être aussi la mise en garde bienveillante qui m'était adressée par deux voisines à la peau blanche, âgées d'une quarantaine d'années, lorsque j'avais mis une plante devant la porte de mon appartement: «Tu n'y penses pas, remets-là à l'intérieur, les Noirs vont pisser dessus!»

Un jour, j'étais passé chez Juan – Blanc et peu enclin à percevoir des différences de nature entre les «races» – et, comme il n'était pas encore arrivé, je patientais en discutant avec sa mère, à l'époque âgée d'une cinquantaine d'années, et une voisine septuagénaire. Apprenant que j'étais étranger, cette dernière me pria de lui expliquer «pourquoi les touristes courent toujours après les filles noires». Après lui avoir répondu de façon sibylline que je l'ignorais, je lui demandai candidement à mon tour si elle avait déjà eu une relation amoureuse avec un Noir ou une Noire:

«Coucher avec une personne de couleur? Moi? Si je suis née blanche comme le lait?! Vous vous rendez compte! Moi, le drap touuut-tout blanc, impeccable. Avec un Négro (*un negrón*) avachi à côté?!… Manquerait plus que ça!»

Serrant les dents, la mère de Juan ajouta, à propos de sa petite-fille âgée de 15 ans dont elle avait la garde :

« Pareil que notre fille à l'époque, mon mari l'a à l'œil, et c'est là, tout le temps, constamment qu'il faut être derrière elle, jusqu'à ce qu'elle entre dans le droit chemin, comme l'autre [à l'époque, la sœur de Juan, âgée de 30 ans, était mariée avec un « Blanc », dont elle avait eu deux enfants]… Et si elle s'amourache d'un Noir, elle le sait, ici elle ne peut pas revenir. »

Juan finit par arriver et, lorsque, restant discret sur les propos de sa mère, je lui rapportai ceux de la voisine, il éclata de rire en me disant : « Cette vieille-là, c'est une commère ! » Une forme anodine de commérage, donc. Tout au plus un choix esthétique. Fidel Castro lui-même, après avoir mis fin aux pratiques de ségrégation dans les lieux publics (plages, clubs de loisirs, cabarets, etc.), n'avait-il pas déclaré que les gens pouvaient continuer de danser avec qui ils l'entendaient ? Après tout, un universitaire « impartial » ne manquerait pas de remarquer que le site américain « *jdate* », par exemple, est un site de rencontres « entre Juifs ou individus désirant se convertir au judaïsme » ou encore, dans un registre différent, que les catégories des sites pornographiques sont définies autant en référence aux pratiques sexuelles qu'à l'appartenance « ethnique ». Mais, là encore, un rapide tour d'horizon sur l'espace « rencontres » du site *revolico.com* permet de se rendre compte que, lorsque les personnes précisent dans leur « petite annonce » qu'ils recherchent « un Blanc » ou « une Blanche », elles y associent systématiquement les adjectifs qualificatifs « propre, travailleur, instruit »[150].

Le « racisme culturel » est accepté avec un certain fatalisme, qui entre bien dans le syndrome de répétition dont les Cubains se plaisent à croire qu'ils sont frappés[151]. Un peuple voué au malheur et à en rire, dont la vertu est d'accepter les maux qui l'accablent, son «vin amer»[152], le *choteo*[153] ou le racisme – rien de moins ordinaire dans les récits de la nation cubaine. Dans cette vision, le «racisme culturel» plane au-dessus du temps et imprègne la routine du quotidien: il n'empêche pas la concorde et en constitue même un facteur.

Traces et contextes: au-delà du «racisme culturel»

Se contenter de relier le lexique ou les images racistes qui circulent au quotidien dans la société cubaine contemporaine aux contextes historiques particuliers dans lesquels ils sont apparus conduirait, paradoxalement, à former la même image d'un racisme de nature immuable et soustrait aux temporalités, en ignorant les différences, à travers les époques, entre les événements et les phénomènes avec lesquels ses formes interagissaient.

Ainsi, le stéréotype des «*congas santiagueras*», l'obsession de préserver les femmes blanches du contact de la peau noire ou le préjugé autour du pouvoir de séduction des femmes noires portent la trace des trois «icônes de la peur» à travers lesquelles, selon Aline Helg, les Blancs ont perçu, entre le début du XIXe et le milieu du XXe siècle, la menace que les Afro-Cubains faisaient peser sur la nation[154]. Néanmoins, la démarche intellectuelle de Helg ne consistait pas à relever la présence de ces trois images fantasmatiques – le *Nègre marron* comme personnification de la révolution haïtienne, le *sorcier* ou *ñáñigo* comme incarnation de la barbarie des cultures et religions afro-cubaines, le violeur noir ou la mulâtresse séductrice comme images de la sexualité bestiale des Afro-cubains – mais à expliquer comment elles avaient été *mobilisées* en vue de fins politiques particulières: empêcher l'émergence du Parti des Indépendants de Couleur[155].

Toutefois, dans l'anecdote rapportée plus haut, c'est dans le contexte de son foyer que la grand-mère se contente d'estimer que, si sa petite-fille «s'amourache d'un Noir, elle ne peut pas revenir».

De la même façon, les expressions «améliorer/faire reculer la race» portent la trace de leur concepteur : Francisco de Arango y Parreño[156]. Mais, là encore, la solution du «blanchiment» témoignait d'un contexte marqué par la révolution haïtienne et la hantise du «complot noir», alors que les Afro-Cubains constituaient la majorité démographique. La façon dont les Cubains emploient l'expression «améliorer/faire reculer la race» à l'heure actuelle relève d'une *habitude* qui ne peut pas être située sur le même plan que les *fins* qu'Arango avaient assignées à l'idéologie du blanchiment, dans le contexte du premier tiers du XIXe siècle.

Me demander, «[à moi] qui au moins [suis] Blanc», de dire «à l'autre Noir là qu'il pisse pas» dans la rue témoigne évidemment de l'influence du discours éducateur sur mon interlocutrice. Mais, là encore, le cadre et les implications du discours éducateur ne sont plus les mêmes que dans le contexte de son apparition. Le discours éducateur avait une fonction précise dans le contexte, propre aux guerres d'indépendances, de la réunion de divers groupes sociaux et raciaux sous la condition commune de combattants rebelles, puis de futurs citoyens cubains. Comme l'a montré Ada Ferrer, pour les «tenants de la civilisation», le comportement «barbare» des esclaves et des *affranchis* était acceptable tant qu'ils étaient sous le joug de leur condition, mais devenait inacceptable dès lors qu'ils devenaient des citoyens à part entière[157]. Mobiliser le discours éducateur dans le contexte pour le moins confus d'une garde du CDR ne participe pas, comme à la fin du XIXe et au début du XXe siècle, de la consolidation d'un ordre racial.

Enfin l'idée qu'il existe des « Blancs dépravés qui se comportent comme des Noirs » ou l'association du « blanc » au « propre » contiennent une trace de la pensée hygiéniste mais ne sont pas relayées, comme c'est le cas dans le contexte du début du XXᵉ siècle, par des conceptions scientifiques officielles qui confortent un ordre racial[158].

Bref, relever les bribes de discours et de schémas de pensée qui flottent aujourd'hui dans le langage courant et les actions quotidiennes ne doit pas conduire à confondre la trace de l'histoire et la manifestation d'un contexte qui renvoie au passé. Manuel Moreno Fraginals, Aline Helg ou Ada Ferrer, en étudiant différents moments de l'histoire de l'île, se sont proposés de saisir la dynamique de l'idéologie raciale à Cuba, pour mieux s'interroger sur les temporalités et les modes de production d'un ordre racial façonné à partir de variables démographiques, économiques, politiques, culturelles et idéologiques, soumises elles-mêmes à l'effet de changements de contextes et d'événements nouveaux. À l'heure actuelle, des formes flottantes d'idéologie raciale sont ré-élaborées et remises en sens dans les interactions quotidiennes, mais dans le contexte propre à la *période spéciale* qui dure depuis 1990. C'est en essayant de décrire ce phénomène que l'on peut rendre compte de la dynamique du racisme contemporain à Cuba.

Cette démarche ne jouit d'aucune légitimité auprès du gouvernement cubain. Pour l'essentiel, la propagande gouvernementale se contente d'estimer que le racisme est une survivance d'un passé qui conspire à lui nuire et dont seule la conscience révolutionnaire peut délivrer le *peuple-Un*. Dans cette logique, outre l'appel convenu à la vertu critique, le travail d'éradication du racisme est circonscrit à la revalorisation des « Noirs et des Mulâtres » dans le récit national, en particulier depuis le champ universitaire[159].

L'absence d'espace public handicape plus encore les initiatives qui, depuis des horizons divers, visent à décortiquer le racisme en tant qu'il est un fait social et pas seulement un sentiment palpable, plus ou moins sujet à polémique. Çà et là, des groupes de rap dénoncent dans leurs chansons les discriminations dont ils sont victimes au quotidien : avant de disparaître des ondes peu après sa sortie au printemps 2002, le refrain « *¿Quién tiró la tiza? ¡El negro ese!* » (« Qui a foutu le bordel ? [littéralement « Qui a jeté la craie ? »] L'autre Noir là ! ») avait fait mouche auprès de la jeunesse afro-cubaine[160]. Spontanément, un nombre croissant d'Afro-cubains tente d'articuler un discours sur le racisme mais ne trouve prise que sur des éléments qui peinent à faire émerger des critères de litige, parce qu'ils ne peuvent pas être situés sur le même plan : les préjugés au quotidien, les situations de discrimination, le harcèlement policier, la très faible présence de « Noirs » parmi les élites, la sur-représentation des « Noirs » au sein de la population carcérale[161] ou au sein du contingent militaire envoyé en Angola à partir de 1975, les actes de haine perpétrés çà et là, le massacre refoulé de plusieurs milliers de sympathisants du Partido de los Independientes de Color en 1912, la croyance selon laquelle la mort en 1896 du général afro-cubain de l'Armée Rebelle Antonio Maceo fut le résultat d'un complot interne visant à maintenir la future république dans le giron des « Blancs ».

De façon générale, cette vision synchronique du racisme à l'encontre des « Noirs » apporte davantage de confusion qu'elle ne permet de saisir la dynamique d'un phénomène à l'intérieur duquel s'entremêlent des temporalités et des variables sociologiques hétérogènes. Les « enquêtes d'opinion » dévoilent tout au plus la force des préjugés communs, mais ne montrent pas la façon dont de tels sentiments se manifestent et s'articulent dans des contextes ou face à des événements particuliers[162]. À l'inverse, l'étude du «phénomène» ne doit pas non plus céder à un imaginaire anti-raciste enclin à percevoir le racisme comme un engrenage et, donc, à identifier dans le préjugé le signe avant-coureur de la discrimination légale, puis de la violence raciale, voire du «génocide».

Dans cette situation, les meilleures descriptions de ce phénomène social nous viennent comme souvent de la littérature. Dans les pages qui suivent, je proposerai, à partir d'une lecture du roman *Las Bestias* (*Les Bêtes*) de Ronaldo Menéndez (2006), une réflexion sur la dynamique du «racisme culturel» à La Havane pendant la *période spéciale*, en portant une attention particulière aux effets de l'égalisation des conditions, dans le contexte de dé-différenciation sociale véhiculé par la *lucha*.

Du racisme d'évitement à la fureur négrophobe

Las Bestias raconte l'histoire du célibataire Claudio Cañizares, un professeur de l'enseignement secondaire dont l'insignifiante existence s'écoule au rythme de journées mal remplies par la haine généreuse qu'il voue à l'humanité, plus particulièrement à son île et plus encore à ses voisins afro-cubains du quartier havanais de *Buenavista* :

«Il a traversé son portail, ce portail déglingué et qui lui appartient en propre, où jouent quand il leur plaît (c'est-à-dire en permanence) les Mulâtres du quartier âgés de moins de dix ans. À peine la paire de gonds de la porte avait-elle grincé, l'équipe d'innocents interrompit sa ludique occupation pour sauter le mur et se mettre hors de portée du professeur, laissant à celui-ci juste le temps de les observer avec la même attitude, entre incompréhension et indulgence, avec laquelle un vieux mâle observe le remue-ménage des plus jeunes mandrills de la horde[163].»

Au cours de sa vie, seuls un lointain «voyage comme récompense pour travailleur d'avant-garde» aux chutes d'Iguaçu, dont une morsure de coati avait précipité le terme, et un récent coït avec une prostituée sont venus interrompre sa routine quotidienne. Celle-ci débute invariablement par une séance de masturbation, suivie par une salve d'urine dont le porc (noir) qu'il élève dans sa baignoire est la cible en joie. Au-delà, il travaille à sa thèse doctorale, intitulée «Ces valeurs métaphysiques ou d'une autre nature que l'Homme a mise en relation avec l'obscurité depuis des temps immémoriaux». Son porc – «machine à dévorer tout ce qui n'est pas son propre corps» – et les Afro-Cubains de son quartier constituent sa principale source de rêverie:

> «Les yeux fermés et la pensée divaguant autour de l'obscurité, Claudio imagina un Noir quelconque, qui ne tarda pas à prendre les traits de Sotomayor, puis de là prit la forme de Nieves, la mère du susdit, qui était de surcroît la mère d'une légion de Noirs divers et très turbulents qui ravageaient le quartier de par leur seule condition ontologique. Ensuite il pensa à l'obscurité de la Caverne de Platon, et sourit d'avoir pu transcender l'eschatologie anthropologique de son quartier[164].»

Son hobby consiste à composer au hasard des numéros de téléphone, jusqu'à ce que deux personnes entrent sans le vouloir en communication, du fait des anomalies techniques propres au réseau téléphonique havanais. Or, un jour où il est tout occupé à jouer ce vilain tour, un dialogue s'établit entre deux hommes qui, ô surprise, évoquent une mission dont l'objet est de l'éliminer, lui, Claudio Cañizares. Fixant un instant sa haine interloquée sur l'appareil téléphonique qui, comme tous les téléphones de l'époque à Cuba, est de couleur noire, il se rend apeuré dans le quartier de Jesús María pour acheter une arme à feu au premier trafiquant venu. Il tombe sur *el Gordo* («le Gros»), un Afro-cubain qui, se trouvant par ailleurs être écrivain, s'intéresse à l'histoire de Cañizares et en devient le narrateur. Apprenant qu'il avait profité du sommeil de la prostituée pour s'enfuir sans la payer, *el Gordo* le convainc qu'il doit rechercher la cause du «complot létal contre sa personne» sur les lieux de son crime, le cabaret *El Gato Tuerto*.

Tapi dans l'obscurité, Jack, l'un des deux hommes (noirs) qui cherchent à l'éliminer, se trouve justement au *Gato Tuerto* le soir où le professeur vient mener son enquête. Profitant de l'opportunité qui lui est donnée d'accomplir sa mission, il suit Cañizares, lequel, muni de son revolver, fait feu le premier et le tue. Bill trouve le cadavre de Jack, son partenaire, et en informe «La Société» pour le compte de laquelle ils doivent supprimer Cañizares. Conformément aux règles du «*jeu Abakuá*» dont Jack était membre et auquel il appartient lui-même, Bill jure de venger la mort de son *ekobio* («frère»). Le barman du *Gato Tuerto* les ayant informés séparément que l'un et l'autre s'observent à distance, Bill et Cañizares, pendant le mois qui suit, se tiennent sur leurs gardes.

Filant le professeur venu trouver conseil auprès du *Gordo*-narrateur, Bill attend le départ du visiteur pour mener son interrogatoire. Il pénètre dans la maison du trafiquant, à laquelle il se réfère en termes méprisants – «erreur éthique» qui décide *el Gordo* à «faire pencher la balance du côté de la limace humaine appelée Claudio»[165]. Il soutient, face à son visiteur, que Cañizares ne sait pas qu'il est suivi et Bill, dont le «principal problème est d'être convaincu qu'il existe ce que nous Noirs appelons "solidarité raciale[166]"», décide de passer à l'action. Prévenu par *el Gordo*, Claudio se laisse suivre et parvient à mettre Bill en joue, lequel refuse de lui révéler la raison pour laquelle il veut l'éliminer. Le professeur lui tend alors une paire de menottes et l'emmène chez lui, où il décide de le garder prisonnier jusqu'à ce qu'il parle.

Menotté à une chaise du salon pendant plusieurs jours, nu et affamé, puis battu avec un sabre de plastique, Bill ne parle toujours pas, métamorphosant le racisme à distance de Cañizares en fureur négrophobe :

«Bill sentit, davantage à travers la mémoire génétique de ses ancêtres emprisonnés dans les cannaies qu'à travers la douleur physique, davantage à travers la douleur morale de se sentir encore une fois pris au piège qu'à travers les insupportables brûlures du plastique sur son dos nu, la plus grande des douleurs qu'il avait connues au cours de sa vie de mulâtre affranchi en pays de prolétaires[167].»

Cañizares construit une petite fenêtre dans la porte de la salle de bain, juste assez grande pour laisser passer un seau de *sancocho* («bouillie»), sort de la baignoire le porc qui pèse maintenant deux cents kilos, l'affame pendant trois jours, puis lui impose la présence d'un «compétiteur» pour la nourriture : Bill. Cañizares jouit chaque jour davantage de torturer «son Noir», de le réduire à la condition de «bête» et d'observer le mimétisme qui va grandissant entre son comportement et celui du porc. Il remarque ainsi dans son journal :

«Il n'est pas facile de subtiliser une tête de poisson au porc, qui fait preuve d'un instinct d'ubiquité malsain, lequel, associé à son égoïsme porcin, dérive en une surveillance agile pour sauvegarder la mangeaille sous son groin dur. Il parvient même de temps à autre avec ses coins à grappiller la peau tendue des bras de son adversaire. J'aime ça. Petit à petit, ses bras se transforment en pattes de zèbre rouges et noires. Je mets au point cette subtilité : j'ai prévu de servir chaque jour une seule dose, minimale, de façon à ce que le porc reste disposé à mâcher quoi que ce soit[168].»

Il écrit encore, quelques jours plus tard :

«C'est curieux, lorsque je rentre [de l'institut où il travaille], le sourire s'empare de moi petit à petit. Il m'entoure. Il me projette. Et pour qu'il ne s'efface pas, je cours vers la cuisine, j'attrape le balai et j'improvise un javelot en attachant un couteau à l'extrémité du manche. Pour l'attacher j'utilise un foulard de *pionero* [élèves du primaire] : rouge. D'où ai-je bien pu le sortir ? Quand Le Noir remarque que ce bâton entre par la trappe de la salle de bain, il s'effraye. Il crie. Je l'imagine en train de mesurer la distance et je ne peux éviter de me tordre de rire. J'en tombe à la renverse. Le rire et les cris entremêlés. Je me relève et je frappe et je frappe et je frappe. Sans voir. Mais de temps à autre, je sens sa chair qui s'interpose. En train de s'ouvrir, même, peut-être. Ensuite je me lasse et ce n'est plus drôle[169].»

Au bout du 32e jour, Bill, à l'agonie, finit par céder et, enfin extrait de la salle de bain, lui révèle qu'il appartient à une société secrète qui, grâce à un réseau d'informateurs présents dans les hôpitaux, les centres de donations sanguines et même le sanatorium de *Los Cocos* où sont reclus les malades, se charge d'éliminer tous les individus infectés par le virus du sida. Il ajoute que Jack et lui ont supprimé la prostituée porteuse de la maladie avec laquelle Cañizares a eu des rapports sexuels non protégés et particulièrement risqués. Comprenant alors pourquoi il souffre de fièvres intermittentes, le professeur saisit une machette et, emporté par la rage d'impuissance, commence à frapper aveuglément sa victime. Soudain, le porc réussit lui aussi à sortir de la salle de bains et se précipite sur Bill pour en faire son festin. Cañizares a tout juste le temps de s'enfermer dans sa chambre avec du pain et du chou. Le porc et le professeur mènent pendant plusieurs jours une vie parallèle, s'alimentant chacun de son côté et agonisant de part et d'autre de la porte qui les sépare, jusqu'à ne plus former qu'une seule et même masse. Le porc finit par dépérir de faim et de soif, moment où Cañizares sort de sa chambre et lui assène un fatal coup de machette. Pendant les jours qui suivent, il déguste la viande de l'animal et perd le fil du temps. Il finit par s'allonger sur son lit, terrassé par la maladie, et c'est *el Gordo*, curieux de savoir comment finirait sa chronique, qui découvre son cadavre et son journal lorsqu'il fait irruption chez lui.

Le porc égalisateur

En vertu des conceptions évolutionnistes qui imprègnent la société cubaine depuis le XIXᵉ siècle, le professeur Claudio Cañizares est confortablement convaincu de sa supériorité culturelle sur les milieux populaires et, plus encore, sur les Afro-Cubains de son quartier. Son éducation et les mérites qui lui ont été reconnus par le parti – c'est en tant que «Travailleur d'avant-garde» qu'il a obtenu son voyage à Foz do Iguaçu – lui autorisent un sentiment de mépris vis-à-vis de ses voisins. L'ostentation matérielle ou la débrouillardise de ces derniers ne viennent pas troubler ses conceptions hiérarchiques, dont la prégnance à l'échelle sociale est mise en exergue par le narrateur, lui-même afro-cubain, qui décrit sarcastiquement l'insistance avec laquelle les «Noirs qui veulent s'élever» tentent de se démarquer des clichés qui leur collent à la peau. Jack fait ainsi remarquer à Bill que «dans ce pays [...] les seuls Noirs qui travaillent, c'est nous», ce à quoi Bill acquiesce en ajoutant: «Le reste, ils passent leur temps à jouer aux dominos au coin de la rue[170].» Tout au long du récit, le narrateur revient à cette image des «Noirs de

Buenavista», prisonniers abrutis d'un stérile tournoi de dominos qui «devait déjà être en cours avant même que ne fût posée la première pierre du quartier[171]». Le narrateur pousse la raillerie à son paroxysme à travers un dialogue grotesque entre les deux tueurs sans scrupules :

> «Bill: Hé, Jack, t'aimes bien la Orquesta Aragón?
>
> Jack: Oui, mais je préfère le Conjunto Sierra Maestra.
>
> Bill: Ils sont plus audacieux, mais moins talentueux... Et Bach, tu aimes Bach?
>
> Jack: C'est l'un de mes préférés, les trois B: Beethoven, Bach et Brahms[172]. »

Or, à partir du moment où le professeur est, comme tout le monde, contraint d'élever un porc, le contact avec ceux qu'il considère comme la «racaille ignorante» lui révèle, à travers des temporalités décalées et parallèlement à un processus d'égalisation des conditions, la brutalité du déclassement qu'il est en train de subir. Sa conception évolutionniste l'avait poussé à croire que, si la nécessité lui imposait de frayer avec des groupes ou des individus d'un «niveau» culturel inférieur au sien, il lui suffisait de moduler à sa guise son propre «niveau» et d'accepter de descendre du nombre d'échelons nécessaires. Mais, lorsqu'il se résout à engraisser un porc, qui non seulement le prive de sa baignoire mais l'oblige aussi à revenir chez lui plusieurs fois par jour pour le nourrir, il se rend compte – la bête se contentant de piétiner le *sancocho* et de déféquer – qu'il est incapable de comprendre le mode alimentaire de l'animal et doit trouver conseil auprès du voisinage :

> «Et le pire, c'étaient les hurlements par le moyen desquels l'animal manifestait sa faim auprès du voisinage. Claudio était désespéré et dut ravaler

son mince amour-propre, à mesure que les voisins se rendirent compte que *le professeur aussi était en train d'élever son petit porc.* Et si, auparavant, ils ne le saluaient pas à cause de ses airs de conférencier vétéran et aristo-crate décadent dans un pays de prolétaires, ils n'hésitaient plus maintenant à lui taper sur l'épaule de temps à autre et à lui demander des nouvelles du *petit* [...]. C'est alors que les gens d'expérience l'informèrent que les porcs mangent seulement deux fois par jour, matin et soir, et que le *sancocho* pré-cédent doit être retiré avant de leur donner le suivant, le petit animal, à l'intérieur de sa cochonnerie, ayant son code hygiénique secret, qu'il faut apprendre à respecter[173]. »

À la cantine de l'Institut, il se voit dorénavant obligé, après chaque déjeuner, de sortir un sac en plastique pour y enfouir les restes de nourriture laissés par ses collègues mais, comme ceux-ci élèvent eux-mêmes un porc chez eux, le ramassage tourne au « pugilat honteux ». Alors que sa « porcinophobie » grandit, Cañi-zares s'aperçoit un matin que l'on n'entend plus les grognements des porcs dans le quartier. Il s'abaisse à en demander la raison aux voisins occupés à leur tournoi de dominos, lesquels, sans même le regarder ni lui adresser la parole, constatent que « le prof, il a toujours un train de retard, il est pas au courant des nouvelles techniques » et concluent qu'il faudra dire à José « qu'il aille faire un tour chez le prof »[174]. Le jour suivant, un vétérinaire sonne chez lui et, pour 20 pesos, anesthésie le porc avant de lui sectionner les cordes vocales.

Dans la même logique, « il se croit obligé », lorsqu'il va ache-ter une arme à feu dans le quartier de Jesús María, « d'expliquer dans une contrefaçon de jargon des bas-fonds les motifs de son incursion dans un pareil endroit », avant que son interlocuteur ne le prie de « parler clairement »[175]. Là encore, le professeur imagi-nait, à l'instar des « gens instruits », que le fait de ne pas parler la langue «folklorique» du *lumpen* relevait simplement de son choix et tombe de haut lorsqu'il s'aperçoit qu'il ne la maîtrise pas. Bref, lorsqu'il doit s'adapter à la nouvelle réalité – l'insécurité de la *période spéciale*, dont les menaces de mort qui pèsent sur lui sont la métaphore –, c'est lui qui a besoin d'être guidé et, un comble, de s'en remettre à la sagesse d'un «Noir crasseux», *el Gordo*.

Et le pire, c'est qu'à l'inverse les conséquences de sa rencontre avec la prostituée du *Gato Tuerto* font remonter à la surface une action dont la teneur, avant même le début de sa «mésaventure», le mettait déjà sur un pied d'égalité avec les «gens d'en-bas» vis-à-vis desquels il affichait à bon compte tout son dédain. C'est seulement parce que d'ordinaire les «petits arrangements» sont maintenus dans l'ombre que les «gens instruits» peuvent insister *nettement* dans le langage sur le comportement «décent» qui leur permet de se démarquer des «gens de la rue». À La Havane, l'un des jeux favoris des *éléments* («*elementos*», «éléments anti-sociaux» dans le langage officiel, repris par la population pour désigner les délinquants irrécupérables) est d'aborder une *jinetera* et de lui promettre monts et merveilles de façon à ce que, d'elle-même, elle consente à un rapport sexuel peu ou pas rémunéré, en prévision de bénéfices futurs autrement intéressants. Lorsqu'il est placé devant une opportunité similaire, Cañizares agit comme un *élément* et ainsi disparaît la frontière entre le comportement d'un délinquant et celui d'un professeur respectable.

Enfin, il note dans son journal que le quartier lui redevient supportable à partir du moment où le fait de posséder un Noir qu'il torture à sa guise le «soulage de sa haine abstraite». Mais sa description de la façon dont «il parvient à s'infiltrer dans la confrérie noire du coin» témoigne d'une ambivalence révélatrice. Il apostrophe «cet exemplaire représentatif de couleur du nom de Nieves» en lui demandant : «Ça avance?» (*¿Cómo está* *la cosa?*), expression idiomatique des plus vagues, qu'il choisit à dessein pour mieux se délecter de la réplique non moins idiosyncrasique et obscure qu'elle lui lance telle un automate : «On en est là» (*Ahí va*[176]). Il éprouve du plaisir à vérifier, à travers l'expérimentation sur un échantillon représentatif, qu'il avait correctement anticipé la façon dont on peut se dispenser de réfléchir en se contentant de suivre des rites de langage auxquels l'usage ne confère pourtant pas de sens, sans que cela pose de problème à personne. Mais en prouvant, à travers ce bref échange verbal typique des conversations des années 1990-2000, que les gens qui sont la cible de son mépris ont la faculté de parler sans rien dire, il montre que malgré lui il a également développé la capacité de s'orienter dans le vague et qu'il est tout autant affecté par la perte du sens des mots. Il échange encore des propos sur le base-ball, la science des dominos et Steven Seagal, pour mieux se délecter en son for intérieur de la crédulité avec laquelle ses voisins accueillent son nouveau personnage et de l'enthousiasme que suscitent chez eux des sujets à ses yeux aussi primitifs. Mais il le fait avec un sens de l'à-propos montrant qu'il aborde des éléments qui sont inclus dans son panorama culturel. Même si sa vie ne tourne pas autour du base-ball et des dominos, il n'en ignore pas les règles et la pauvreté des programmes de télévision ne lui laisse souvent d'autre choix que de suivre, même distraitement, le championnat national de base-ball et les films d'action américains du samedi soir.

Ces deux exemples font apparaître le fantasme de différenciation qui anime Cañizares : s'il s'efforçait jusqu'alors d'éviter les gens de son quartier, c'est parce qu'il leur ressemblait trop et partageait à bien des égards leur condition. S'il ne pouvait accepter leur existence que s'il les voyait comme des «bêtes noires dégénérées», c'est parce que sa peau blanche était le seul attribut qui le distinguait *tangiblement* et lui permettait d'éprouver un *fébrile* sentiment de sécurité. À partir du moment où les conséquences de sa décision d'élever un porc concourent à abolir cette différenciation, le cadavre de Jack et le corps supplicié de Bill deviennent les objets transitionnels qui lui permettent de fixer la hiérarchie.

La contagion obscure

Ce n'est pourtant pas simplement à partir du moment où des menaces pèsent sur sa vie que Cañizares bascule dans la violence raciale, mais plutôt dès l'instant où l'opacité du monde qui l'entoure, jusqu'à présent tolérable, se rétracte dans une question à laquelle il ne supporte pas de ne pas trouver de réponse : pourquoi veut-on le tuer ? Là encore, il s'agit d'une parabole qui renvoie à la fois à l'illisibilité de la réalité sociale et au fait que les motifs qui poussent les individus à agir et les critères qui leur permettent d'orienter leur action se dérobent à l'interprétation de sens commun.

Depuis le début de la *période spéciale*, le monde dans lequel vivent les habitants de *Buenavista*, en imbrication avec la précarisation des conditions de vie et la dégradation de l'environnement urbain, est devenu proprement improbable. On a inventé une technique pour pêcher les chats de gouttières d'une terrasse à une autre, en accrochant un poisson d'aquarium à un hameçon. On élève des porcs dans les baignoires des appartements. Tous les trafics imaginables sont devenus possibles, en marge de l'identité sociale mise en exergue par ceux qui s'y adonnent. Aussi le sentiment d'être surveillé en permanence, ancré dans les temps longs de l'expérience révolutionnaire, est-il mêlé désormais à une incertitude profonde sur l'identité réelle des personnes. Plus les uns

413

et les autres font preuve d'ingéniosité ou se montrent téméraires dans les trafics auxquels ils se livrent, plus pèsent sur eux les soupçons des voisins, collègues et amis, prompts à déceler l'artifice. Pris de paranoïa en imaginant que *el Gordo* pourrait le dénoncer, Cañizares appelle son ami *Evaristo teniente López* («Evaristo Lieutenant López»), auprès duquel on devine qu'il a l'habitude de moucharder, pour lui signaler «un gros poisson». Le policier le rappelle pour lui dire qu'il vient de «dénoncer un intouchable»:

«Le type a son business et il nous file toujours un coup de main, on sait qui vient faire du trafic d'art, quels touristes traînent dans des affaires louches, qui sont les membres du Parti qui cherchent à se tirer en radeau, mais le plus important, c'est qu'on lui a laissé le monopole du marché noir de la zone: il vaut mieux avoir affaire à un seul type qu'avoir vingt Noirs en train de traficoter et de se tuer entre eux, *capicci*[177]?»

Bill, tueur professionnel, est complètement déboussolé par le comportement de Cañizares quand il le prend en filature. L'observant de loin qui demande aux joueurs de domino pourquoi les porcs se sont tus, il bascule dans un délire d'interprétation et imagine qu'il leur donne des instructions:

«Il est évident que dans ce cas critique, il se trouvait face à un homme rusé et virtuose, une espèce de Tyrannosaurus Rex croisé avec un caméléon, quelqu'un dont la personnalité multiple lui permettait de passer pour un professeur anodin, un solitaire adepte de la masturbation[178].»

Dans ce contexte, Cañizares flotte et passe avec une grande fluidité de la position de victime à celle de bourreau, pendant que Bill suit le mouvement inverse. Cañizares est l'image désaxée de ses contemporains de la *période spéciale* – révolté face à l'injustice dont il est lui-même le vecteur contraint, mobilisé pour rétablir une justice dont les critères de définition lui échappent et aliéné par sa tentative désespérée d'identifier avec certitude les responsables de son malheur et de sa confusion.

À une échelle temporelle plus réduite, ce flottement apparaît à travers la profonde incertitude de tous les personnages à l'égard des fins qu'ils poursuivent. Cañizares s'est surpris à tuer un homme, puis s'est découvert une capacité à contrôler celui qui le suit sans qu'il s'en aperçoive. De là, il a recouvré le sens de sa propre intelligence dans une sorte d'apothéose perverse : mettre cet homme en concurrence avec une «machine à dévorer tout ce qui n'est pas son propre corps» pour observer comment, dans un tel contexte, l'humanité et, particulièrement, les «dégénérés» se confondent rapidement avec le comportement animal. Tout cela l'a «mis en capacité» (dans une version «*gore*» du paradigme de l'«*empowerment*»), à tel point qu'il en a cessé de demander à Bill pourquoi il voulait le tuer, ce dont il se rend compte soudainement un jour. Perdu dans l'obscurité de son délire, il en a oublié son but : savoir. Et, finalement, lorsqu'il apprend, depuis l'obscurité, que ses jours sont comptés, c'est la passion vitale, la plus primitive de toutes, qui ressurgit et, telle «une bête», le réoriente.

Bill, quant à lui, «apprend petit à petit à lire certains rythmes à l'intérieur de la masse cochonne[179]», à l'image des Cubains qui, après les premières années de la *période spéciale*, ont fini par s'adapter à l'âpreté du quotidien. Dans les derniers jours de sa captivité, il n'essaie même pas de fuir quand il en a l'opportunité, oubliant son but le plus immédiat, retrouver la liberté, pour ensuite poursuivre la noble «cause» qu'il défend.

À l'intérieur de temporalités plus furtives, les personnages s'orientent en fonction d'une casuistique précaire. *El Gordo* se

comporte en « bon commerçant » : il promet à Cañizares une remise de 20 % sur le prix du revolver si, dans le cas où il serait
encore vivant, il revient lui raconter la suite des événements. En
quittant la maison du professeur, à la fin du récit, il fait main
basse sur la viande de porc qui se trouve dans le réfrigérateur
et emmène également « la thèse », qu'il espère vendre à « un étudiant de Philosophie attardé », sans éprouver d'autre forme d'in-
confort que celle liée à la chaleur et à la longueur du trajet de
retour qui l'attend jusqu'à chez lui[180]. À côté de cela, *el Gordo*
juge que les termes irrespectueux dans lesquels Bill s'est référé à
sa maison constituent une « erreur éthique ».

C'est au nom de l'« éthique » que *el Gordo* prend le parti d'une
« limace humaine », c'est suivant le « principe » de la « société
abakuá » que Bill jure de venger son *ekobio*, tout comme il tue
aveuglément des cibles qui lui sont désignées par une « société
secrète » : *Las Bestias* tourne en dérision les discours sur l'éthique
ou l'honneur, dont les critères de litige sont tout au plus casuistiques et reposent quoi qu'il en soit sur un grand-écart permanent, qui lui-même dissimule non-dits et faux-semblants. Nul
autre passage ne parodie de façon plus caustique cette recherche
à tâtons de critères susceptibles de justifier la barbarie que celui
au cours duquel Cañizares, dans sa dynamique amorale, décide
de s'offrir le silence de Bill pour son anniversaire. Il fait revenir
le vétérinaire chez lui afin qu'il sectionne les cordes vocales de
ce dernier car ses vagissements incessants l'irritent :

« José prit un air de désapprobation éthique et fit remarquer, non sans avoir
demandé au préalable un verre d'eau bien froide et un café, que cela lui
paraissait excessif, ou tout du moins relever d'une plaisanterie de mauvais
goût [...]. [Je l'avais] appelé, confiant que j'étais en sa capacité de comprendre la situation dans laquelle je me trouvais, étant désireux d'élever un

exemplaire de couleur dans la salle de bain de ma maison sans que personne ne le sache. Je lui dis, imagine, Jose, que d'autres soient au courant, ce serait néfaste, s'ils sont blancs, le bon exemple se répandrait et ils ne tarderaient pas à m'imiter, et le cas échéant la région commencerait à se dépeupler, et le tout terminerait en action policière ; mais si ce sont ceux de sa propre espèce qui s'en rendent compte [...] le lynchage commencerait par moi et passerait ensuite à d'autres êtres humains blancs et de là à d'autres gens de race indéfinie, comme toi qui est *jabao* [blanc aux traits négroïdes], et à la fin un coup d'État, imagine un président barbu et noir de surcroît, rappelle-toi qu'ils sont peu originaux[181]... »

Jose n'est toujours pas convaincu, ni intimidé par le revolver de Cañizares, lequel finit par le sommer de bien vouloir réfléchir au prix qui rendrait sa tâche acceptable. Le vétérinaire lui réplique qu'effectivement, son porc étant en fait une truie, un marché peut être conclu s'il le laisse l'inséminer et récupérer ensuite toute la portée. Alors le vétérinaire anesthésie Bill et lui sectionne les cordes vocales.

La façon dont les uns et les autres s'orientent dans l'obscurité (le huis clos social) ne met pas en lumière une « double morale », comme on l'entend si souvent à propos du comportement des Cubains, mais une impossibilité morale qui, poussée à l'extrême, débouche sur une absence de tout sens moral. Dans *Las Bestias*, les interactions entre les personnages échouent à permettre l'élaboration interne, même fugace, de critères de justice valides et personne ne parvient à suivre une morale. Celle-ci surgit alors depuis l'extérieur de la société, sous la forme de métaphores associées à la mort naturelle, pour laisser le mot de la fin à la littérature. Les malades atteints du sida étaient pour Bill les maillons dont l'élimination successive formait une chaîne au bout de laquelle le corps malade qui menaçait l'espèce aurait été

phagocyté. Vaincu par l'épuisement et la souffrance, Bill disparaît à son tour dans la chaîne alimentaire, à l'instar du porc, une
bête qui en tant que telle n'a pas de morale et succombe à la faim
et à la soif, tandis que Cañizares est terrassé par «un rétrovirus hypocrite, moraliste, implacable» auquel il ne peut faire face
avec une arme automatique[182].

Neutraliser la dangerosité

Le processus de «mise en capacité» de Claudio Cañizares
illustre, du point de vue romanesque, sa transformation progressive en *luchador* triomphant, pervers armé et tout-puissant.
Mais, au-delà du support littéraire, la façon dont il a neutralisé
le danger qui le menaçait constitue une métaphore de l'ordre
racial contemporain. Dans le contexte de la *période spéciale*, un
«Blanc» mal assuré de sa permanence en tant que sujet, mis en
concurrence avec des couches sociales dont il ne se différencie
que de façon ténue et ouvert à des horizons d'intelligibilité limités, au sein de la société révolutionnaire, par l'opacité de la *lucha*
et la circulation des rumeurs se sent menacé par un danger que,
à défaut de pouvoir le cerner, il fixe à l'aide des préjugés traditionnels, dans les situations ordinaires de la vie quotidienne. À son
image, les «Blancs» déclassés, aspirés dans le processus généralisé de marginalisation et de criminalisation, peuvent se rassurer en se convainquant, dans un mélange de fantasmes racistes
et de hantise des «classes dangereuses», que la responsabilité de
la délinquance, de la saleté dans les rues, du désordre et de la
décadence incombe aux Afro-Cubains, alors que dans le même
temps les ressorts du «système» sont à ce point opaques qu'ils
éprouvent, comme tout le monde, beaucoup plus de difficultés à
les décrire. Et, comme toujours, leur sentiment d'insécurité tient

aussi au fait que la justification de leur propre comportement est malaisée.

Dans ce contexte, la «société secrète» évoque autant les «mécanismes occultes» qui assurent la perpétuation du régime politique que leur enracinement idéologique à l'échelle de la société : dans sa confession, Bill précise que «l'on ne sait même pas si on agit dans le dos de l'État ou s'ils ferment les yeux. Pour le bien de tous[183]». La main invisible qui assure la viabilité du corps social en éliminant les organes infectés trouve un terrain d'entente avec une vision de l'ordre communément partagée, qui confère à l'heure actuelle toute son efficacité à la «Loi de Dangerosité, pré- et post-délinquance», sur laquelle les autorités s'appuient de façon privilégiée pour incarcérer ou placer dans des établissements spéciaux les individus (de fait, afro-cubains dans leur grande majorité) qui, sous prétexte qu'ils n'étudient pas, ne travaillent pas ou se signalent par leur conduite déviante, présentent un danger potentiel pour la société révolutionnaire. Comme Cañizares, qui a neutralisé le danger qui le menaçait et de la sorte tolère davantage la culture populaire de son quartier (symbolisée par le tournoi de dominos), la société cubaine maintient un fragile consensus, en s'employant notamment à neutraliser la «dangerosité» des Afro-Cubains, quand dans le même temps les touristes sont invités à découvrir l'authenticité de leur culture, les chercheurs étrangers, incités à s'intéresser à la *santería* plutôt qu'aux inégalités sociales et les historiens cubains, encouragés par le gouvernement à redonner leur place aux *Nègres marrons* dans les luttes d'émancipation nationale.

Les préjugés permettent aux uns et aux autres de supposer dans le quotidien plus d'ordre qu'ils n'en trouvent. On dira *a priori* d'un étudiant blanc qui guide des touristes étrangers au cours de leur périple dans l'île qu'il accompagne ses amis dans leur voyage et les protège de tous les profiteurs qui les harcèlent ; dans la même situation, un Noir qui ne travaille pas sera considéré comme un *jinetero*. Une étudiante blanche balbutiant trois mots d'anglais, qui se serait éprise en une heure d'un étranger incapable d'articuler une phrase en espagnol, ne serait pas perçue de la même manière si elle était métisse : même si l'étranger assurait l'intégralité des dépenses du couple avec l'une comme avec l'autre, *a priori* la première serait considérée comme une «fille sérieuse» et la seconde comme une «(*jinetera*) *negra*».

Peu à peu ces perceptions sont passées du plausible au tangible, par l'intermédiaire de nouvelles pratiques et de nouveaux phénomènes sociaux. À La Havane, la présence policière s'est considérablement accrue, occasionnant une multiplication des contrôles d'identité. Sans qu'il soit possible de mesurer le phénomène, il est certain que les Cubains à la peau noire et à l'accent «de la rue» (*callejero*) subissent ces contrôles dans des proportions beaucoup plus élevées que les autres[184]. S'ils sont en compagnie de touristes ou si l'adresse mentionnée sur leur pièce d'identité ne se trouve pas à La Havane, leurs justifications seront beaucoup moins facilement reçues que dans le cas d'un Blanc («ce sont des amis de mon frère qui habite en Italie», «je suis à La Havane pour une semaine afin de réaliser des examens médicaux à l'hôpital *Hermanos Almejeiras* car aucun hôpital ne peut les pratiquer dans ma province»). En outre, lors d'un contrôle d'identité, l'éventuelle situation délictueuse sera jugée différemment si l'individu peut prouver qu'il travaille ou étudie et s'il habite le quartier du *Vedado* ou de *Miramar* plutôt que ceux de *Centro Habana* ou *Marianao*.

Les quartiers à la plus forte densité de population – *Centro Habana, Habana Vieja, Guanabacoa, Cerro, San Miguel del Padrón, Marianao...* – et où la criminalité enregistrée est la plus forte sont devenus, dans l'imaginaire collectif, des quartiers majoritairement noirs et populaires, alors qu'aucun quartier de la capitale n'est homogène. L'augmentation de la délinquance à La Havane a été mise en relation avec l'émigration venue d'*Oriente*, la province orientale de l'île où la population noire est plus nombreuse. Par ailleurs, comme le fait remarquer de la Fuente, le concept de «*buena presencia*» («distinction») a été utilisé pour restreindre l'accès des Cubains à la peau noire aux nouveaux emplois créés dans le secteur du tourisme. Tout cela, ajoute-t-il, est venu donner du poids à l'argument selon lequel les opportunités données à tous sans distinction par la Révolution n'ont pas été mises à profit par les Noirs, qui seraient restés en majorité des délinquants ou des «travailleurs» non qualifiés, ce qui prouverait leur «infériorité raciale»[185].

Plusieurs auteurs se sont proposé de dégager des régularités à partir de l'étude sur la longue durée des liens entre «idéologie raciale» et «événements critiques». Sawyer, dans la perspective de la théorie des «cycles raciaux», a décrit les «crises étatiques» successives qui, tout en créant des «ouvertures» en faveur d'une plus «grande égalité raciale», ont maintenu celle-ci sous l'emprise de l'idéologie de «discrimination inclusive» qui a favorisé la marginalisation continue des Afro-Cubains[186]. De la Fuente a identifié pour sa part «un lien race/crise», c'est-à-dire la combinaison d'idéologies racistes avec un contexte de pénuries matérielles, qui stimule les pratiques de discrimination et les tensions raciales[187]. De la Fuente a mis en lumière la façon dont ressurgit l'image de la «barbarie noire» et du complot dans les moments de crise, non seulement dans l'insistance à percevoir les Noirs comme les «bénéficiaires du pouvoir en place» sous les dictatures successives de Machado (1925-1933), de Batista (1952-1958) et de Castro, mais aussi à travers les caricatures de Batista représenté en «bête noire» ou les rumeurs lancées en 1959 par des groupes contre-révolutionnaires, selon lesquelles Fidel Castro «avait invité les hommes noirs à envahir les sanctuaires aristocratiques du pays pour danser et s'encanailler avec des vierges qui, jusqu'à cet instant, avaient réussi à éviter le terrible contact de la peau noire»[188].

Sawyer a développé sa perspective des «cycles raciaux» à partir de trois «moments clés»: les guerres d'indépendance, la Révolution de 1959 et la guerre d'Angola[189]. Il a séparé, dans chacun des cas, la phase initiale au cours de laquelle l'entremêlement de mécanismes environnementaux, cognitifs et relationnels impulse une transformation de la «politique raciale», la phase de retour à l'équilibre et enfin la phase de consolidation de l'État[190]. Il estime que la première phase de consolidation de l'État s'est achevée avec la répression contre le PIC en 1912 et que la seconde a pris fin en avril 1961 avec l'échec de l'invasion de la Baie des Cochons, après deux années au cours desquelles, dans un premier temps, la déségrégation dans les endroits publics, les mesures favorisant un accès égalitaire à l'emploi, au logement, et la nationalisation des écoles privées avaient bénéficié grandement aux Afro-Cubains, avant que, dans un deuxième temps, la disparition des organisations noires et de toutes les autres organisations indépendantes ne vînt clore les débats sur les questions raciales et enfermer les Afro-cubains dans le statut de bénéficiaires de la démocratie raciale garantie par le nouveau gouvernement.

Enfin, Sawyer considère que la guerre en Angola a favorisé une plus grande acceptation de la culture des Noirs et leur représentation accrue dans les sphères du pouvoir, puis que la perspective de la crise économique, à partir du milieu des années 1980, a conduit le régime à rechercher le soutien des Afro-Cubains, en évoquant même pour la première fois la possibilité de mettre en place des politiques de discrimination positive, avant que les déséquilibres du nouvel ordre économique, à partir des années 1990, ne viennent imposer un nécessaire retour au mythe de la démocratie raciale. Pour autant, Sawyer juge que la consolidation de l'État n'est pas achevée dans la mesure où, face à la crise économique et politique ouverte avec la *période spéciale*, la concurrence entre les différents secteurs publics et la persistance de revendications raciales ne confèrent à l'État qu'une mince hégémonie[191].

Dans cette perspective, Sawyer s'est interrogé sur le mode selon lequel ces recompositions à l'intérieur de l'État interagissent avec les idéologies raciales, dont il remarque qu'elles constituent autant un mécanisme de stagnation qu'elles opèrent des déplacements. De la Fuente a remarqué en ce sens que c'est à partir du moment où, à la fin des années 1910, les élites prirent conscience que *tous* les Cubains avaient été ramenés par les Américains au statut égal de «sang mélangé», sur fond d'appel à la «désafricanisation» lancé par les intellectuels afro-cubains en direction des Noirs, que par réalisme la contribution noire à la Nation cubaine fut revalorisée[192]. L'idéologie de la «nation métisse», sans jamais se départir de la vision de l'«amélioration raciale», fit son apparition dans les années 1920 et Carlos Moore avait en ce sens décrit le «processus de stylisation» de la *rumba*, passée en quelques années du statut d'attribut des «basfonds» à celui de symbole national[193]. À l'inverse, de la Fuente a montré que les réformes égalisatrices dont avaient bénéficié les Afro-Cubains au cours de l'année 1959 étaient allées de pair avec la stigmatisation de la *santería* et des religions afrocubaines. En vertu de la nouvelle idéologie révolutionnaire, «les croyants étaient vus comme des déviants sociaux potentiels ou comme des antisociaux dont la conduite était caractérisée par l'ébriété, la fainéantise et l'intérêt pour leur propre communauté religieuse, non pour la société socialiste dans son ensemble[194]». De la Fuente signale même que, «au début des années 1980, les études épidémiologiques dirigées par le Ministère de la Santé Publique identifiaient encore l'appartenance à des religions afro-cubaines comme une "conduite pathologique[195]"».

Depuis le début des années 1990, le tourisme est devenu la priorité nationale et le folklore «afro-cubain» a été remis à l'honneur, alors que dans le même temps ont ressurgi les préjugés traditionnels à l'encontre des «Noirs». Or, là encore, cette nouvelle déclinaison de l'idéologie raciale, qui dans sa phase actuelle maintient les Afro-Cubains dans une position subordonnée – en ne revalorisant que leur apport «folklorique» à la nation tout en leur attribuant une propension à la délinquance –, n'est compréhensible que si elle est mise en rapport avec la singulière égalisation des conditions véhiculée par la *lucha*, la perception du conflit protéiforme, l'attention aux rumeurs et le sentiment d'impuissance face à un régime politique qui semble mener son existence propre.

Tout l'intérêt du roman de Ronaldo Menéndez, *Las Bestias*, est de mettre en exergue cette poussée du «racisme culturel» sous l'effet de la mobilité ascendante d'une partie des membres des classes subalternes, de la généralisation de la mise hors-la-loi à l'échelle de la société entière depuis le début de la *période spéciale*, de l'interpénétration des espaces de ressources et, donc, de la multiplication de contacts auparavant plus limités entre des secteurs sociaux hétérogènes.

Conclusion

Les pistes de la lutte renvoient tout à la fois au politique, au juridique, à l'idéologique, au social, à l'économie, au langage, à la morale, à la culture et à l'histoire. Elles ramènent à une réflexion sur la nature du droit et des normes auxquels le régime castriste a livré passage. Elles sont le symptôme de l'ancrage historique de l'expérience politique mise en place à partir de 1959. Elles contiennent la genèse du projet idéologique du castrisme et témoignent de son accommodation à la réalité socio-historique. Elles sont du point de vue ethnographique un appel à décrire les conditions de vie matérielles des Cubains et leur tiraillement au quotidien entre des contraintes fluctuantes et antagoniques. Elles conduisent ainsi par exemple à établir un dialogue entre le contenu d'un roman et les conduites observées au quotidien – en écho à l'analyse par Lefort de *L'Archipel du Goulag* ou aux descriptions de l'Union Soviétique des années 1970 dans les romans d'Alexandre Zinoviev. Elles permettent au chercheur de prendre la mesure de l'affolement moral des personnes, tenues au quotidien de justifier leur comportement : celles-ci ne veulent pas renoncer à parler d'éthique ou de principes et luttent dans la justification, alors que l'établissement de critères du juste, perverti à tout point de vue, en vient à n'être plus souhaitable. Les tourments éthiques du chercheur, lui-même aspiré dans une logique de justification par prétexte, sans avoir droit à l'excuse, l'obligent à tout instant à se montrer créatif et à rester aux aguets. C'est là en fin de compte la seule expérience de la lutte qu'il partage à égalité avec les cercles d'enquêtes au sein desquels il évolue : l'obligation de rendre claires des choses qui ne le sont pas et de vivre dans l'inquiétude lorsque, nécessairement, il n'y parvient pas.

La lutte est la réponse à une contrainte qui ne peut être écartée en pratique et à laquelle il faut s'accommoder et faire face dans la durée. Elle soumet à son joug ceux qu'elle étreint : ses protagonistes acceptent l'état d'indécision chronique et la limite consistant à n'agir qu'à la marge du possible. En ce sens, la lutte est ce qui reste du projet totalitaire cubain, une fois que les dirigeants ont accepté que son idéal, transformer la société en communauté conquérante, épurée et indivisible au sein de laquelle «tout le monde sans exception peut être réduit à une identité immuable de réactions[196]», est hors d'atteinte à court ou moyen terme. Elle est aussi la modalité à travers laquelle la société et les individus se sont adaptés à un ensemble de règles fortes et à un sens de la réalité dont ils acceptent la fatalité, dès lors qu'ils parviennent à habiter l'espace social. Pour ce faire, ils s'attachent perpétuellement à créer et à préserver des routines disparates qui, tout en s'écartant de la légalité socialiste et de la pureté idéologique de l'«homme nouveau», intègrent les attentes normatives des dirigeants. L'adéquation entre les règles fortes et les normes idéologiques et d'organisation qui sont censées guider la politique du régime a toujours été le résultat provisoire d'un tâtonnement inéluctable, inséparable d'une doctrine flottante. Sous la *période spéciale,* ces attentes normatives sont devenues plus fluctuantes et polysémiques qu'elles ne l'étaient déjà auparavant. Des espaces de normalité plus souples se sont ainsi dessinés à l'intérieur du dispositif socio-institutionnel et la lutte des dirigeants consiste pour l'essentiel à en contrôler les frontières, avant de les imposer.

La lutte à Cuba est une forme du politique et un mode d'être en société qui brouille la dichotomie entre État et société, normes officielles et normes informelles ou adhésion et résistance. En ce sens, elle présente des airs de famille avec certaines des règles vernaculaires que l'on trouve dans des situations-limites ailleurs en Amérique latine ou dans des contextes de domination extrême propres aux expériences totalitaires. Arcadio Díaz Quiñones explique par exemple que *la brega* portoricaine consiste à «lutter» tout en se gardant de porter des «attaques frontales», ou à «agir sans rompre les règles du jeu», «dans le cadre d'une liberté restreinte, un cadre que le sujet ne choisit pas»[197]. *Bregar,* comme *luchar,* est un terme attrape-tout, qui est indissociable de son contexte d'énonciation. La *brega,* comme la *lucha,* est «un code de lois implicites qui permet d'agir» et «de naviguer dans la vie quotidienne», sans jamais pouvoir échapper à la logique du «moindre mal» ni parvenir à autre chose que des «équilibres instables»[198].

Selon une plaisanterie connue de tous les Colombiens, il existe dans le pays un «onzième commandement»: *no dar papaya.* Cette expression signifie «ne pas s'exposer» et son sens est indissociable des contextes dans lesquels elle est employée. Il peut s'agir de ne pas s'exposer à un désagrément d'ordre privé – une dispute conjugale ou une forme de manipulation exercée par un proche. L'expression s'utilise le plus souvent en référence à celui ou à celle qui s'expose à une entourloupe, une escroquerie ou un vol. Mais elle s'applique aussi lorsque le danger encouru est un acte de violence prosaïque ou un acte de représailles perpétré par un groupe armé. La référence à un «commandement» suggère bien que la victime potentielle est contrainte d'obéir en tant que sujet tenu d'accepter une règle qui lui est incommensurable, mais aussi en tant qu'individu privé de tout recours à une entente avec ses semblables. Or on dit à l'inverse de «l'audacieux» (*el verraco*) ayant fait de l'individu exposé sa victime qu'il «a profité de l'aubaine» (*aprovechó el papayazo*). L'«audace» et l'«aubaine» suggèrent cette fois que la compréhension intime du lien entre *dar papaya* et *aprovechar el papayazo* fluctue au gré de circonstances imprévisibles. *No dar papaya* s'apparente donc à une stratégie à la marge, ancrée dans des situations de risque multiples, dont la lisibilité est tout au plus épisodique.

Le *blat* [блат], sous le régime soviétique, était un système de relations personnelles qui permettait de faire face aux pénuries et de nouer des arrangements. Il entrait dans un rapport symbiotique avec la légalité socialiste[199]. Il était une norme pratique à l'intérieur de l'espace où s'enchevêtraient la collectivisation et la planification imposées «d'en haut» et les registres à travers lesquels les individus s'orientaient dans les labyrinthes bureaucratiques[200]. On pourrait encore évoquer la *tufta* [туФта] à l'intérieur du système concentrationnaire soviétique : le «bidouillage» prosaïque des normes imposées par les autorités centrales, géré de façon conjointe par les détenus et l'administration pénitentiaire à l'échelle de chaque camp.

Aussi la lutte et ses avatars ne sont-ils pas seulement les formes d'action individuelles ou collectives des «faibles» ou des «dominés», mais également dans une certaine mesure le principe d'action et l'horizon idéologique des dirigeants totalitaires.

Chez Hitler, Tim Mason attirait l'attention sur la lutte, en tant que vision ultime de la politique, de la concurrence et finalement de la guerre[201]. Hitler était convaincu que, dans le façonnement sélectif des générations, la guerre était essentielle à la réalisation de l'homme nouveau. Il croyait ainsi à la lutte en tant que confrontation à l'échelle de plusieurs millénaires. Dans le cas du nazisme, l'idéologie hitlérienne a donc prévalu jusqu'au bout : la destruction des Juifs d'Europe n'en était pas l'aboutissement, elle était le coup qu'il appartenait à sa génération de porter, au prix de son propre anéantissement. Dans cette vision, la destruction des Juifs d'Europe, aux dépens de l'Allemagne, ne signifiait pas la fin du combat, mais au contraire la condition du triomphe dans le futur. Et les formes de ce triomphe, conformément à la vision hitlérienne de la lutte, ne pouvaient pas être connues par avance, pas même par Hitler lui-même. C'est en ce sens qu'il n'était qu'un « guide », ne pouvant et ne sachant s'exprimer qu'à travers des prophéties. Aux prises avec la malléabilité limitée du réel, mais subjugué par sa vision du monde, il était réduit à faire de la mise en mouvement perpétuelle des individus et des groupes la fin et le principe d'action du régime.

Aux marges du « système » hitlérien, il existait des niches précaires à l'intérieur desquelles des règles locales pouvaient être stabilisées pour un temps, comme l'a montré Christopher Browning à travers le cas des camps-usines de Starachowice[202]. Ces espaces apparurent à l'intérieur du jeu produit par les contraintes disparates que les nazis s'étaient imposées à eux-mêmes : sécuriser le *lebensraum*, renforcer la communauté germanique, trouver une solution au problème juif et soutenir l'économie de guerre. C'est à partir du moment où, de complémentaires, les objectifs idéologiques et les objectifs économiques des nazis devinrent antagoniques que se dessinèrent des tendances locales, plus ou moins durables. En simplifiant, la volonté de Himmler d'exterminer tous les Juifs de Pologne avant la fin de l'année 1942 et l'accélération du processus à nouveau autour de l'*Erntefest* en 1943 étaient par moments contrecarrées par l'appareil de Göring et les entreprises privées dont l'objectif était la rentabilité. Mais l'orientation centrale, impulsée par l'idéologie hitlérienne, était bien celle de «la fuite en avant» et, en dernier ressort, du suicide.

Marcel Gauchet fait également de cette «fuite en avant permanente» la force motrice «irrépressible» du régime soviétique[203]. Le début du règne de Staline fut marqué selon lui par le «passage d'un *pouvoir* totalitaire, dominant la société de manière monopolistique mais ne la contrôlant pas, à loin près, à un *régime* totalitaire, où le pouvoir politique [disposait] d'un contrôle total de l'existence collective[204]». Mais, ajoute-t-il, cette première «fuite en avant» n'entraîna aucunement le passage à «une *maîtrise* totale». Gauchet rappelle ainsi l'image évoquée par Vassili Grossman, celle d'un monde «à tout jamais flottant», titre russe d'origine du roman *Tout passe*[205]. Aussi explique-t-il que la nouvelle «fuite en avant», après 1935, était un «mélange de normalisation et d'emballement», de «renoncement à l'utopie radicale» et «d'emballement terroriste». Il montre surtout que «Grande Terreur et Grande Retraite [faisaient] en dernier ressort système[206]». La mise en mouvement permanente était assurée autant par l'un que par l'autre. On pourrait ajouter que le «système» produit par ce mouvement de balancier était par moments un équilibre dans le mouvement. Il rappelait en cela la version platonicienne du mythe de Cronos, dans la genèse des Lois. Gauchet précise d'ailleurs que les dirigeants bolchéviques cherchèrent des solutions dans la combinaison de «lignes de conduite», dont certaines trouvèrent un ancrage dans la loi :

«Comment tout à la fois renouer le contact avec les masses, remettre de l'ordre, accroître la discipline et la productivité du travail, normaliser le fonctionnement collectif et tenir le Parti, cela tout en enveloppant cette rationalisation dans l'atmosphère mobilisatrice d'un nouveau bond en avant vers le communisme? Voilà l'équation singulièrement complexe dont les dirigeants bolcheviks sont acculés à trouver la solution. Ils vont la chercher dans la combinaison de trois lignes de conduite: l'avancée politique, sous l'aspect de l'adoption d'une nouvelle Constitution, la retraite culturelle et l'offensive contre "les ennemis du peuple[207]".»

Ainsi, Gauchet montre bien que les dirigeants soviétiques étaient contraints à la lutte: l'idéal véhiculé par l'idéologie ne pouvait être atteint ni dans l'immédiat, ni à moyen terme, mais il était nécessaire de préserver les conditions qui en eurent permis la réalisation dans le futur. De ce point de vue, il est incontestable que l'idéologie bolchévique avait moins de consistance doctrinaire que l'idéologie hitlérienne et que les dirigeants soviétiques étaient souvent plus enclins au pragmatisme que les dirigeants nazis. Gauchet estime néanmoins que le régime bolchévique ne pouvait échapper au «mouvement irrépressible qui l'[emportait]», parce qu'il était prisonnier de sa «logique» ou de «ses contraintes génétiques»:

«La retraite ne peut s'y formuler que dans le discours de l'offensive, ne peut se présenter que sous le signe de la suridéologisation et de l'hystérie mobilisatrice [...]. L'année 1936, déclarée "année stakhanoviste", se déroule sur fond d'enthousiasme obligatoire et de records de production [...]. Le mouvement retrouve comme malgré lui les accents de l'époque où l'on croyait que la politique pouvait commander à la technique[208].»

Gauchet insiste sur la notion d'«expérience», pour «désigner cet écart de l'idéologie et de la pratique et la dialectique qui s'établit entre elles». Cette expérience est de l'ordre de la lutte. Mais elle est orientée vers une direction spécifique, ce que Gauchet explique cette fois à l'aide de la notion de «trajectoire»:

«Ces idéologies, pour commencer, sont en grande partie aveugles à leur propre signification comme à leurs implications. Elles sont amenées à les découvrir peu à peu à l'épreuve du pouvoir et, par conséquent, à se transformer au fil de leurs improvisations et de leurs tâtonnements. Ensuite de quoi la tentative de transcrire la doctrine dans le réel ne va pas sans résistance de celui-ci, dont il faut bien relever le défi, d'une manière ou d'une autre, sans parler de l'imprévu des circonstances qui traversent et défient les desseins les mieux concertés. Autant de facteurs d'incertitude et de dérives qui constituent la part de vérité incompressible de la thèse dite "fonctionnaliste". Toutefois, cette part à faire aux contraintes de fonctionnement interne et à la pression des événements a ses limites. Elle égare à son tour lorsqu'elle porte à penser que ces régimes, au fond, marchent au hasard, derrière le rideau de fumée de l'idéologie. Pour n'être pas intentionnelle, leur fuite en avant n'en est pas moins pleine de sens. Elle ne va pas dans n'importe quelle direction. Elle obéit à une logique de radicalisation qui non seulement entretient les plus étroits rapports avec les idéologies inspiratrices, mais qui représente une dimension constitutive de nos régimes. Le mouvement leur est consubstantiel. C'est ce caractère que la notion de "trajectoire" est destinée à capter. Il ne suffit pas de décrire l'organisation des systèmes totalitaires. L'essence du phénomène réside dans sa dynamique[209].»

La routinisation du totalitarisme est d'autant plus susceptible de survenir que l'acceptation de la lutte comme principe d'action et horizon idéologique, si elle n'est pas subordonnée à une idéologie «de granit»[210], permet l'ancrage légal et politique de facteurs de normalisation. Ceux-ci protègent le régime de la «fuite en avant» tout en instaurant une clôture qui, loin de le transformer en «régime autoritaire», reste d'essence totalitaire.

L'absence de visées génocidaires et de références à une
«guerre des races» ou à l'anéantissement des «ennemis de
classe» isole le castrisme des expériences nazi et bolchevique.
Il appartient néanmoins à la famille des totalitarismes en ceci
qu'il est mû par une idéologie qui vise à expliquer la totalité du
réel et dont le foyer de production est un leader charismatique à
la tête d'un parti unique, perpétuellement mobilisé pour abolir
toute différence entre volonté individuelle, société civile et orientation gouvernementale, en veillant simultanément à lancer «le
peuple» à la conquête de l'Un et à retrancher grâce au relais des
organes répressifs, les éléments nuisibles à cet objectif. L'idéologie de Fidel Castro est néanmoins une rationalisation *a posteriori*
du mouvement du réel, davantage qu'elle ne puise aux sources
d'une doctrine ou d'une vision du monde. Mais, si le marxisme-
léninisme y fait vaguement figure de méthode analytique, en
revanche les prophéties de José Martí sur le rôle de Cuba dans
l'indépendance des peuples latino-américains et l'équilibre du
monde en constituent le contenu latent.

De ce point de vue, une série d'épisodes permettent de
prendre la véritable mesure de l'ambition idéologique du castrisme et de sa volonté de puissance: le projet de «libérer»
Saint-Domingue ou le Nicaragua dès 1959, le soutien prêté par
la suite aux «mouvements de libération» sur tout le continent,
la disposition à lancer une attaque nucléaire contre le territoire
étasunien, quitte à ce que Cuba soit rayée de la carte en représailles et, finalement, l'objectif guévarien de «créer plusieurs
Vietnam» partout sur la planète. À cet égard, la «libération du
continent» était entendue d'emblée comme un objectif dont les
modalités de réalisation et le sens lui-même se fussent forgés
dans la lutte. Comme les dirigeants cubains manquaient de ressources militaires et financières pour donner la pleine mesure

de leur ambition idéologique, la «libération du continent» devint rapidement un objectif auquel il fallut renoncer à court ou moyen terme. C'est donc aussi en ce sens que le principe d'action du castrisme en Amérique latine se réduisit à la lutte et que le «Goliath américain» acquit un rôle presque fonctionnel. Enfin, sur le plan interne, la conquête de l'Un se heurta à l'autonomie des conduites, à la normalisation voulue par la société et à la bureaucratisation du processus révolutionnaire, obligeant Fidel Castro et son groupe rapproché à renoncer à tenter de transformer totalement le réel à court terme. Pour toutes ces raisons, le castrisme était peut-être la forme de totalitarisme qui présentait l'affinité élective la plus grande avec la lutte, à la fois comme fin et comme principe d'action.

Grandes batailles et grands revers, cycles offensifs et cycles de normalisation ont créé un mouvement de balancier qui a préservé le régime de la «fuite en avant permanente». Plus encore, ce mouvement de balancier s'est stabilisé autour de principes, qui enserrent la mise en mouvement permanente de la société et des individus à l'intérieur d'une clôture. Gauchet explique que les régimes totalitaires sont emportés par la nécessité du mouvement et que leur expérience suit une trajectoire qui est orientée par l'idéologie. Il estime que la «fuite en avant» est inévitable dans la mesure où l'idéologie est une furieuse dénégation du réel : elle fixe un objectif «hétéronome» (l'assujettissement à la Loi de la race ou à la Loi de l'histoire) avec les instruments de l'«autonomie» (les conduites libres des humains). Le cas cubain montre que l'expérience suit une trajectoire qui est sous-tendue par des principes, davantage qu'elle n'est orientée de façon incontrôlable par une idéologie – de fait incomparablement plus favorable au pragmatisme, de par son inconsistance doctrinaire, que celle de Staline et *a fortiori* que celle de Hitler.

Les principes qui se trouvent au fondement du régime castriste ne se réduisent pas à l'idéologie. La mise en mouvement permanente de la société, l'administration du pouvoir par l'arbitraire juridique, l'explication et la transformation du réel par l'idéologie, le refus des divisions sociales et du conflit, l'ordre et l'égalité articulent à la fois la volonté politique des dirigeants, les formes d'historicité du régime et les conduites des individus. La lutte comme forme de vie, qui est le ressort de ces principes, n'est pas non plus seulement un effet du dispositif de pouvoir, au sens de Michel Foucault. Elle oriente la trajectoire du régime politique dans son ensemble d'une manière qui échappe en grande partie aux dirigeants. Ceux-ci luttent certes contre l'indépassable autonomie des conduites pour préserver les conditions de réalisation de leur projet dans le futur, mais ils sont prisonniers des principes de fonctionnement du régime quand bien même ils pourraient se contenter d'assoir leur contrôle sur la société.

Les principes qui enserrent la société à l'intérieur d'une clôture sont des effets de régime : la précarité des repères et l'éclipse de l'imaginaire politique relèvent du pourrissement social autant que des contraintes morales qui pèsent sur les conduites au quotidien. La perpétuation du régime politique est le résultat d'une lutte asymétrique : les dirigeants ont beau être « possédés » par les formes du régime, la société cubaine est prise dans un processus de fragmentation qui condamne les individus à la lutte tous azimuts. Rien de comparable à l'univers décrit par Primo Levi où « le nous perdait ses frontières » et au sein duquel se jouait « une lutte désespérée, dissimulée et continuelle », « entre mille monades scellées »[211]. Mais la lutte des individus, même si elle se déroule toujours dans des contextes où se produisent des convergences stratégiques, reste « la forme indéterminée du conflit » définie par Julien Freund[212]. On lutte pour se protéger, pour améliorer sa situation, pour se justifier; on continue d'éprouver un désir moral en acceptant d'être constamment ramené à des positions casuistiques, en n'ayant jamais fini de «se laver». Dans cette lutte, la fuite devient souhaitable et est vécue comme une libération à tous les points de vue. *No coger lucha* (renoncer à lutter) devient l'aboutissement de la *lucha*.

Notes

1. L'usage, souvent abusif dans les sciences sociales, de ce concept proposé par Marcel Mauss fait ici référence au fait que les mutations dans un champ de l'activité humaine, le politique, le social, l'économique, le culturel, sont prises dans des effets de résonnances et convergent vers le même sens, quelles que soient les désarticulations entre ces champs.

2. Voir V. Bloch, *Cuba, une révolution*, Paris, Vendémiaire, 2016.

3. G. Minà, *Un encuentro con Fidel*, La Havane, Oficina de publicaciones del Consejo de Estado, 1987.

4. Voir notamment H. J. Wiarda, «Is Cuba next? Crisis of the Castro regime», *Problems of communism*, vol. XL, n° 1, 1991, pp. 84-93, et Andres Oppenheimer, *La hora final de Fidel Castro. La historia secreta detrás de la inminente caída del comunismo en Cuba*, Buenos Aires, Javier Vergara, 1992.

5. Nom donné aux autobus à Cuba, à Porto-Rico et en République Dominicaine, dans la langue parlée.

6. Au plus fort de la pénurie de carburant, en 1993, des camions à remorque sont transformés en autobus capables de contenir au moins 300 personnes, pour remplacer les *guaguas* qui consomment trop. La partie centrale étant sous-élevée par rapport à l'avant et l'arrière, l'engin rappelle les deux bosses du chameau et a été baptisé *camello*.

7. J. Habel, «Cuba: une transition à hauts risques», *Problèmes d'Amérique Latine*, n° 17, avril-juin 1995, Paris, Documentation française, pp. 17-33, p. 27

8. A. Alonso Tejada, «Introduction de la logique de marché dans le système économique cubain. Appréciation sur les effets sociaux», *Alternatives Sud*, vol. 1, 2, 1994, pp. 105-120.

9. S. Eckstein, «The Rectification of Errors or the Errors of the Rectification Process in Cuba?», *Cuban Studies*, janvier-juin 1990, pp. 67-85, et C. Mesa Lago, «El proceso de rectificación en Cuba: causas, políticas y efectos económicos», *Revista de estudios políticos*, octobre-décembre 1991, pp. 497-530.

10. Toutes les entreprises des FAR sont aujourd'hui rassemblées à l'intérieur du Grupo Administración Empresarial S.A. (GAESA) dirigé par l'ex-gendre de Raúl Castro, Luís Alberto Rodríguez López Callejas.

11. E. Vilariño, *Reforma y modernización socialista*, La Havane, Editorial de Ciencias Sociales, 1997, p. 124.

12. Ramón C. Barquín III, «The Castro Regime Under the Bretton Woods System», in I. L. Horowitz, J. Suchlicki (dir.), *Cuban Communism*, New Brunswick/Londres, Transaction Publishers, 1998, pp. 212-225.

13. http://www.vanguardia.co.cu/index.php?tpl = design/secciones/lectura/actualidad. tpl.html&newsid_obj_id = 8906.

14. La population cubaine stagne depuis une décennie à un peu plus de 11 millions d'habitants (11,39 millions en 2016), au moins 50 % des familles cubaines ont un parent vivant à l'étranger et 2 millions de Cubains vivent en dehors de l'île, dont 1,5 million aux États-Unis. Sources: U.S. Census Bureau, 2010 Census, www.census.gov/2010census/; Migration Policy Institute, 2013; Office national des statistiques de Cuba (ONE), one.cu/ publications/cepde/anuario_2008/10_anuario_MIGRACIONES.pdf; http://www.one.cu/ aec2016/03 % 20Poblacion.pdf.

15. Barquín III, *ibid.*, p. 220.

16. Les employés du secteur «dollarisé» sont rémunérés par une agence cubaine. Celle-ci perçoit un salaire en dollars payé par toute entreprise étrangère qui utilise leur force de travail. L'agence cubaine reverse ensuite à chaque «travailleur» un salaire payé en pesos cubains nettement inférieur au forfait facturé à l'entreprise étrangère. Progressivement, à partir de la deuxième moitié des années 1990, ces salaires ont été payés pour partie en dollars (puis en Cuc).

17. *Tiendas de recuperación de divisas* ou *shopping*, descendantes des *diplotiendas* et *diplomercados*.

18. Selon les statistiques de l'Office National des Statistiques de Cuba (ONE), l'île a reçu 2 319 000 visiteurs en 2005, 2 221 000 en 2006 (http://www.one.cu/aec2010/datos/15 % 20 Turismo.pdf, p. 317), 3 524 779 en 2015 et 4 002 317 en 2016 (http://www.one.cu/ publicaciones/08informacion/panorama2016/28 % 20Turismo.pdf).

19. Depuis *Cubalex* (centrocubalex.com) dont les contributeurs détaillent les violations des droits humains et l'arbitraire des lois cubaines jusqu'à *la púpila insomne* (lapupilainsomne.wordpress.com) qui regroupe des auteurs engagés sans réserve en faveur du gouvernement.

20. Comme *14ymedio* (14ymedio.com), dirigé depuis Cuba par la journaliste Yoani Sánchez, *Diario de Cuba* (diariodecuba.com), créé à Madrid par l'écrivain Antonio José Ponte, ou encore *Havana Times* (havanatimes.org), qui rassemble des auteurs de l'île, de l'exil et de la diaspora.

21. J'ai présenté cette partie de mes recherches dans *Cuba, une révolution, op. cit.* (voir «Manœuvrer au quotidien», p. 329-361, et «Les labyrinthes de la conformité révolutionnaire», p. 362-402) en m'appuyant notamment sur les enquêtes ethnographiques menées à la fin des années 1960 à La Havane par les équipes de recherche dirigées par Oscar Lewis, sur celle effectuée dans l'est de l'île par Mona Rosendhal à la fin des années 1980, sur les témoignages de K. S. Karol et J. L. Llovió Menéndez et sur les entretiens réalisés par Juan Clark avec des nouveaux arrivants en provenance de Cuba entre la fin des années 1960 et la fin des années 1980.

22. Voir http://www.one.cu/aec2009/datos/07EMPLEO%20Y%20SALARIOS.pdf (p. 12), http://www.one.cu/publicaciones/08informacion/panorama2010/Panorama2010.pdf (p. 11) et http://www.one.cu/aec2009/datos/05CUENTAS%20NACIONALES.pdf (p. 17).

23. Depuis le début des années 2000, le gouvernement de Hugo Chávez (puis celui de Nicolás Maduro) couvre en effet les besoins en pétrole de l'île, officiellement en échange de l'aide médicale et technique fournie par le gouvernement cubain.

24. De ce point de vue, ma démarche d'enquête doit beaucoup aux réflexions présentées à la fin des années 1990 par Alain Cottereau dans le cadre de son séminaire «Sens du juste et sens de la réalité sociale» à l'EHESS. Ce sociologue a défini par la suite l'«ethnocomptabilité», comme «prise en compte de ce qui est pris en compte, à l'intérieur d'un milieu social donné, [conduisant] ainsi, par élargissements successifs, à observer et préciser les cadres de référence impliqués dans les interactions, qui servent de boussoles parmi les paysages de possibilités» (A. Cottereau, M. Mohatar Marzok, *Une famille andalouse. Ethnocomptabilité d'une économie invisible*, Saint-Denis, Bouchène, 2011, p. 14).

25. Les prix indiqués en dollars correspondent à la période précédant la décision du gouvernement cubain de retirer la devise américaine de la circulation, sans en pénaliser de nouveau la possession, mais en imposant une taxe de 10 % sur sa conversion en peso convertible (Cuc) dans les maisons de change (novembre 2004). À partir du 9 avril 2005, la Banque Centrale de Cuba a réévalué le Cuc de 8 %. Le taux de change hors taxe est alors passé à 1,08 dollar, aboutissant à fixer le taux de change réel du Cuc à 1,25 dollar et à 24 pesos cubains. À partir de mars 2011, la parité du Cuc avec le dollar a été rétabli, mais ce dernier ne reste utilisable qu'auprès des agents privés.

26. O. Lewis, R. M. Lewis, S. M. Rigdon, *Four Men: Living the Revolution, an Oral History of Contemporary Cuba*, Urbana, University of Illinois Press, 1977, p. x.

27. Dans les années 1960, on disait de quelqu'un qu'il était «intégré» à la révolution lorsqu'il appartenait aux «organisations de masse», comme les «Comités de défense de la Révolution», le «Syndicat des travailleurs de Cuba», la «Fédération des femmes cubaines», etc. (Cf. Vincent Bloch, *Cuba, une révolution, op. cit.*, pp. 333-340.)

28. O. Lewis, R. M. Lewis, S. M. Rigdon, *ibid.*, p. xviii.

29. *Ibid.*, p. xxiii.

30. *Ibid.*, p. xxviii.

31. Voir «Oscar Lewis, Proyecto Cuba», *Cubaencuentro*, 30/06/2011 et 04/07/2011 https://www.cubaencuentro.com/cuba/articulos/oscar-lewis-proyecto-cuba-1-264788 et https://www.cubaencuentro.com/cuba/articulos/oscar-lewis-proyecto-cuba-2-264920.

32. Le journaliste K. S. Karol (*Les Guérilleros au pouvoir. L'itinéraire politique de la Révolution cubaine*, Paris, Laffont, 1970) et l'agronome René Dumont (*Cuba est-il socialiste?*, Paris, Seuil, 1970), proches des dirigeants, ont offert des témoignages critiques de leurs expériences à Cuba dans les années 1960 (Cf. V. Bloch, *Cuba, une révolution, op. cit.*, pp. 329-402).

33. V. Bloch, «Réflexions sur les études cubaines», *Communisme*, n° 85-86, Paris, L'Âge d'Homme, 2006, pp. 9-24.

34. «El régimen cubano retira la acreditación al corresponsal de *El País* en La Habana», *El País*, 4 septembre 2011.

35. 55 garçons et filles qui avaient quitté Cuba avec leurs familles alors qu'ils étaient enfants dans les premières années de la révolution revinrent pour deux semaines «retrouver leurs racines», dans le cadre du dialogue de 1978.

36. E. Alberto, *Informe contra mí mismo*, México, Alfaguara, 1996, p. 15-16.

37. Plusieurs vagues d'émigration se sont produites depuis 1959. La première, en 1959, englobait une grande partie de l'élite du pays, convaincue que l'exil serait temporaire et ne durerait que le temps nécessaire pour que le nouveau régime soit renversé. La seconde vague comprenait davantage de membres des classes moyennes aisées, apeurés par la nette orientation marxiste-léniniste prise à partir de 1961. En 1965, un accord entre Castro et le président américain Lyndon Johnson autorisa des centaines de bateaux conduits par des exilés cubains à venir chercher leurs familles au port de Camarioca, pour les ramener avec eux à Miami. Par la suite, un pont aérien fut mis en place entre Varadero et Miami, dont les bénéficiaires furent choisis conjointement par les autorités américaines et cubaines, par l'intermédiaire des réseaux familiaux de part et d'autre du détroit de Floride. Lorsque ces «Vols de la Liberté» furent fermés en 1973, plus de 250 000 Cubains en avaient bénéficié. Cette troisième vague d'émigration était composée en grande majorité de membres de la petite bourgeoisie et des classes moyennes, dont beaucoup avaient appris, à la suite de la fermeture de tous les petits commerces déclenchée par l'«offensive révolutionnaire», qu'ils étaient des *parasitos*, voire des *gusanos*. La quatrième vague, dite des *Marielitos*, fut catalysée en avril 1980 par un groupe de Cubains qui, ayant envahi l'ambassade du Pérou pour demander l'asile politique, fit de nombreux émules. De la même manière qu'en 1965, des centaines de bateaux au départ de Miami amenèrent en quelques semaines 125 000 Cubains du port de Mariel vers la Floride. Venus chercher leur famille, ils repartirent en sus avec de nombreux «indésirables» – opposants, délinquants, homosexuels... – mis sur les bateaux par les officiels. L'exode de Mariel laissa l'image de hordes de criminels tout droit sortis des prisons cubaines, mais les services américains de l'immigration considérèrent que seulement 2 % des *Marielitos* étaient des criminels avérés. L'image décrite relevait d'un construit social servant les besoins du régime: le pays s'était débarrassé des *scories* (B. E. Aguirre, «Cuban Mass Migration and the social construction of deviants», *Bulletin of American Research*, vol. 13, n° 2, 1994, pp. 155-183). Cette vague comprenait une majorité d'«enfants de la Révolution», de «cols blancs», de «travailleurs» manuels et, pour la première fois, une proportion très élevée de Noirs. Mariel a constitué à mon sens la seule césure – un véritable traumatisme – du point de vue de la société, depuis 1961, tant la défection en nombre de présidents de CDR et autres «révolutionnaires *de bomba*» (de cœur) avaient surpris même ceux qui disaient «en avoir vu bien d'autres (*estar curados de espantos*)» (M. Lauret, *La odisea del Mariel (un testimonio sobre el éxodo y los sucesos de la Embajada de Perú en La Habana)*, Madrid, Betania, 2005; Mirta Ojito, *Finding Mañana. A Memoir of a Cuban Exodus*, New York, Penguin Press, 2005).

38. En août 1994, 30000 *balseros* ont gagné la Floride à bord d'embarcations précaires après que Fidel Castro a annoncé que les garde-côtes n'empêcheraient plus les «sorties illégales».

39. Déclaration de Otuardo Hernández Rodríguez, *agente Yanier*, au quotidien *Granma* («Otuardo, el agente Yanier», Enrique Atienzar Rivero, 13 avril 2003).

40. Un «*yuma*» est «un étranger» et «*El Yuma*» est «le monde extérieur»; le terme englobe de préférence les ressortissants des pays aux niveaux de vie élevés, les États-Unis en particulier.

41. J. Favret-Saada, *Les Mots, la mort, les sorts. La sorcellerie dans le Bocage*, Paris, Gallimard, 1977.

42. G. Bataillon, *Enquête sur une guérilla. Nicaragua (1982-2007)*, Paris, Le Félin, 2009.

43. On entend par *jinetera* une femme qui s'offre à des touristes ou à des étrangers en échange d'un bien-être matériel éphémère, d'une somme d'argent ou en vue d'une relation à long terme permettant de quitter l'île.

44. Voir V. Bloch, *Cuba, une révolution, op.cit.*

45. Voir notamment M. Mulet Pascual, «Le gouvernement joue à nous payer et nous jouons à travailler. L'élevage de cochons et le double travail à Cuba», in S. Baciocchi, A. Cottereau, M.-P. Hille, *Le Pouvoir des gouvernés*, Bruxelles, Peter Lang, 2018.

46. L. A. Pérez Jr, *On Becoming Cuban. Nationality, Identity and Culture*, Chapel Hill/London, University of North Carolina Press, 1999, p. 119.

47. E. Vincenot, *Histoire de La Havane*, Paris, Fayard, 2016, p.548.

48. 20 *centavos* aujourd'hui.

49. Equipe de «travailleurs» affectés à la construction de logements, ensuite répartis entre les plus «méritants» d'entre eux.

50. Lorsque les *jineteras* domiciliées hors de La Havane sont contrôlées par la police, elles peuvent être arrêtées si rien ne justifie leur présence dans la capitale. Parfois, elles sont simplement renvoyées dans leur ville d'origine, d'autres fois, elles parviennent à un arrangement monétaire ou «en nature» avec un ou plusieurs agents de police.

51. Depuis le 1ᵉʳ janvier 2013, le permis de sortie pour se rendre à l'étranger a été remplacé par une demande de passeport, dont l'octroi reste soumis au bon-vouloir des autorités et exclut les professionnels de la santé et de l'éducation.

52. Le manifeste était écrit en vers et je n'ai pas pu le retranscrire exactement.

53. *Jabita* signifie «sac en plastique», du type de ceux que l'on utilise dans les supermarchés. L'État octroie à la plupart des employés du tourisme quelques produits alimentaires (huile...) et de consommation courante (savon, déodorant...). Lorsque les Havanais parlent de la *jabita*, ils désignent en particulier cet avantage en nature, mais ils inscrivent ce mot dans un contenu de pertinence du langage davantage qu'ils ne se réfèrent au contenu précis de la *jabita*. Le mot évoque pour chacun les privilèges et les secteurs qui en bénéficient.

54. A. V. Couceiro Rodríguez, *Historia e identidad comparadas de las diversas barriadas del municipio Plaza de la Revolución*, La Habana, Centro de Investigaciones y desarrollo Juan Marinello, 2002.

55. Parodiant le mot «socialismo», le *sociolismo* vient du mot *socio* qui signifie «collègue», voire «pote». Il désigne un système d'aide mutuelle, non officielle, entre membres du parti communiste, consistant à obtenir une place par l'intermédiaire d'un *socio* chargé de pourvoir un candidat au poste ou capable d'influer sur sa désignation, à s'accorder mutuellement des facilités par démarches administratives interposées, à faire bénéficier sa famille de privilèges ou encore à échanger entre gérants d'entreprises d'État des biens détournés.

56. Je lui envoie pour ma part 20 à 50 euros de temps à autre, par l'intermédiaire de personnes qui se rendent à Cuba. À la fin du mois de novembre 2005, après le passage de trois cyclones successifs, elle m'avait fait parvenir une lettre via une amie qui s'était rendue à Cuba. Elle m'expliquait que les salaires avaient augmenté mais que le pouvoir d'achat avait baissé. Elle m'avait aussi envoyé des coupures de journal (*Juventud Rebelde* et *Granma*) informant la population de l'augmentation des tarifs électriques et de la nomination du fils de Carlos Lage (à l'époque Vice-Président chargé de l'économie), Carlos Lage Codorniú, à la présidence de la Fédération Estudiantine Universitaire. En commentaire, elle écrivait: «j'espère que tu viendras bientôt pour que je puisse te raconter personnellement le "foutage" de gueule (*el despingue*).» En conclusion de sa lettre, elle écrivait: «Ne prend pas ça comme un manque de respect, mais si tu pouvais avoir un geste de solidarité économique à mon égard à travers tes amis. Excuse ma franchise, mais qu'est-ce que tu veux que je fasse, imagine-toi. En plus, nous avons connu des hécatombes avec les cyclones, il y a beaucoup de choses par terre, les promesses [du gouvernement] gonflent beaucoup, mais comme elles n'ont pas suffisamment d'air, elles éclatent parce que ce sont des mensonges (*los globos se inflan mucho y como no tienen buen aire se revientan por mentira*).»

57. Bien entendu, je me garde de tenir des propos ou de poser des questions qui pourraient lui porter préjudice, autant que Maira évite de les aborder de son côté.

58. Ces quatre derniers verbes sont à l'imparfait de l'indicatif, comme s'ils renvoyaient à une habitude étalée dans le temps, plutôt qu'à une série d'épisodes circonscrits dans le passé.

59. Régulièrement, lorsqu'un ami, une connaissance ou une connaissance d'une connaissance se rend à La Havane, je lui remets de l'argent que je le charge de remettre à l'un ou l'autre de mes amis havanais. Selon l'identité de l'émissaire, je choisis le destinataire à La Havane par rapport aux affinités qui me semblent exister entre les uns et les autres. Je demande parfois à l'émissaire de se rendre chez chacun des destinataires, lorsqu'il me semble qu'il existe des tensions entre ces derniers. Au fil des ans, ces opé-

rations sont devenues de véritables casse-tête et il m'est aussi arrivé de passer par une
«banquière clandestine» de Miami. J'envoie de l'argent par mandat-lettre à cette personne, qui dès réception appelle son correspondant à La Havane en lui disant qu'il peut
remettre au destinataire l'équivalent en Cuc, auquel une commission, inférieure à celles
de Western Union, est retranchée. Jusqu'en mars 2011, le taux de change officiel était de
1,08 dollar pour 1 Cuc et, pour 1,20 dollar envoyé via ma «banquière», le destinataire
recevait 1 Cuc. À partir de mars 2011, le taux de change officiel est revenu à parité et,
pour 1,07 dollar envoyé, le destinataire reçoit 1 Cuc.

60. Les médecins possèdent une adresse de messagerie électronique et disposent d'un
temps de connexion mensuel, qui varie selon leur statut. Beaucoup d'entre eux louent
un temps de connexion à d'autres personnes, auxquelles ils communiquent alors leur
identifiant et leur code secret. Ces personnes doivent ensuite trouver un ordinateur
connecté à intranet, soit qu'elles en possèdent un (ce qui est le cas des amies d'enfance
de Maira), soit qu'elles louent encore à quelqu'un d'autre un temps d'utilisation ou en
disposent gratuitement. L'arrivée des smartphones depuis quelques années a rendu ces
opérations plus fluides.

61. Les critères discriminants à l'encontre des Noirs étant abjects, je n'avais pas mis
cette annonce en ligne. J'avais même trouvé que ces annonces étaient tellement déses-
pérantes – la mère de l'amie de Maira est une spécialiste reconnue du «folklore afro-
cubain», à propos duquel j'estime qu'elle perpétue les pires clichés tout en ignorant
ses propres préjugés racistes – que par bienveillance (m'étais-je dit) à l'égard de Maira
j'avais préféré effacer ces messages.

62. Chaque paragraphe est extrait de courriers électroniques datant respectivement du
28 janvier, du 13 septembre et du 14 novembre 2006.

63. T. A. Sippial, *Prostitution, Modernity and the Making of the Cuban Republic (1840-
1920)*, University of North Carolina Press, 2013, p. 177. Les dix pages qui suivent
reprennent le début de l'article «Le sens de la lutte» (*Communisme*, n° 85-86, Paris,
L'Âge d'Homme, 2006, pp. 125-147).

64. Le sens de ce terme dépend toujours du contexte. Ici, il désigne les codes d'honneur
à l'intérieur des quartiers «difficiles».

65. Dans la plupart des bars et des restaurants, les menus affichant les prix fixés «par
l'État» sont gardés dans un tiroir et les employés établissent les tarifs «à la tête du client».

66. Divers employés d'usines volent par exemple du bois, des matelas, du ciment ou
du plâtre, qu'ils revendent au marché noir. Mais comme souvent, revendre ce que l'on
vole depuis son propre domicile accroît le risque d'être découvert et attire les regards.
Si un acheteur est interpelé par la police, c'est avec une grande facilité que celle-ci
retrouvera le fournisseur. De ce fait, les frères de Juan servent d'intermédiaires entre
employés qui volent les matériaux de construction, charpentiers, fabricants de meubles
et particuliers. Ils achètent par exemple la mousse de matelas (1,80 m x 1,20 m) entre
10 et 20 dollars, et la revendent entre 15 et 30 dollars, le bois de cèdre entre 1 et 3 dollars le kilo, selon la qualité (revendu entre 2 et 4 dollars), le plâtre à 15 pesos la livre
(revendue 25 pesos).

67. Voir à ce propos le récit de Yaskra (cf. *supra*, chapitre 3) et les témoignages recueillis par Juan Clark dans les années 1980 (*Cuba: mito y realidad*, Miami/Caracas, Saeta, 1992).

68. Il peut paraître inutile pour un administrateur de *bodega* de confier les «surplus» à un revendeur extérieur au lieu de les écouler lui-même mais, lorsque ceux-ci ont été «détournés» et n'apparaissent pas dans la comptabilité ou qu'ils ont au contraire été reportés comme ayant été distribués à la population, il est préférable qu'ils ne soient pas stockés à l'intérieur de la *bodega*, en prévision de l'arrivée inopinée d'inspecteurs de tout acabit.

69. Tic de langage (*muletilla*) sur lequel les Cubains s'appuient souvent, surtout lorsqu'il vient évoquer une réalité emmêlée au point d'en être devenue difficile à décrire.

70. Dans le monde Bantu, *nganga* est une personne (un prêtre, un guérisseur, un médium) mais à Cuba le terme désigne un objet, une sorte d'autel préparé pour contrôler des «forces» et des «esprits» à des fins diverses. La *santería* et le *palo monte* sont des religions afro-cubaines dont les prêtres sont appelés respectivement *babalao* et *palero* (Cf. L. Cabrera, *El Monte* [1954]: *La Forêt et les dieux. Religions afro-cubaines et médecine sacrée à Cuba*, trad. B. de Chavagnac, Paris, JMP, 2003).

71. Les «camps populaires» sont des centres de vacances qui offrent pour une somme comprise entre 80 et 160 pesos un logement en pension complète pour une durée de quelques jours, transport aller-retour compris en bus, dans un rayon de quelques dizaines de kilomètres du lieu où le bénéficiaire est domicilié, le plus souvent à la plage. À partir du début des années 1990, les infrastructures de ces centres se sont grandement dégradées et la distribution de séjours dans le cadre des centres de travail ou par l'intermédiaire d'autres organisations de masse s'est réduite drastiquement.

72. La loi de 1978 de la dangerosité pré-délictueuse et post-délictueuse (*ley de peligrosidad pre-delictiva*). Alejandro de la Fuente (*Una nación para todos. Raza, desigualdad y política en Cuba (1900-2000)*, Madrid, Colibrí, 2000, p. 432) écrit à propos de cette loi: «L'histoire de cette figure criminelle est en elle-même révélatrice. Elle apparut dans le Code de Défense sociale cubain de 1936, sous l'influence du code pénal italien de l'époque, pour réprimer les individus présentant "une certaine disposition maladive, congénitale ou acquise" à commettre des crimes. Le Code Pénal de 1979 modifia quelque peu la définition légale de la dangerosité, mais continua de préconiser la répression (et notamment l'incarcération) pour les individus présentant "un penchant spécial" à commettre des crimes. En d'autres termes, une personne dont la conduite était jugée "manifestement" contraire aux normes de la "moralité socialiste" pouvait être privée de liberté même sans commettre d'actes définis par la loi comme des crimes. Dans ces conduites pré-délictueuses étaient incluses la consommation habituelle de boissons alcoolisées, le vagabondage et la fainéantise, la toxicomanie et d'autres conduites "antisociales".»

73. Les *corporations* sont des firmes étrangères, comme *Peugeot* ou *Iberia*, qui emploient des Cubains «fournis» par les entreprises d'État telles que *Cimex, Cubanacán, Gaviota*, qui dépendent presque exclusivement de l'armée: le Grupo Administración Empresarial S.A. (GAESA) regroupe à l'heure actuelle la totalité des entreprises des FAR et il est dirigé par l'ex-gendre de Raúl Castro, Luís Alberto Rodríguez López Callejas. Ces entreprises prélèvent aux firmes un salaire en dollars, qu'elles reversent aux employés cubains à hauteur de 5 à 10 %, en pesos cubains ou pour partie en dollars. Pour garantir leur efficacité et leur honnêteté, la plupart de ces employés reçoivent de leur firme entre 100 et plusieurs centaines de dollars «de la main à la main».

74. Eusebio Leal est l'«historien de la ville» et dirige le programme de réhabilitation et de rénovation de la Vieille Havane, classée patrimoine mondial de l'humanité par l'UNESCO, laquelle finance les travaux.

75. Les individus ayant des antécédents pénaux se voient apposer sur leur carte d'identité un signe discret (en général une petite croix).

76. Le chef de secteur appartient à la police et est en contact avec les différents chefs de zone des CDR qui appartiennent à son secteur, lesquels chapeautent respectivement tous les CDR de *cuadra* regroupés à l'intérieur de la zone qu'ils supervisent.

77. Le supérieur du chef de secteur est le chef de la station de police située à l'angle des rues *Zanja* et *Dragones*, à laquelle il appartient avec d'autres chefs de secteur.

78. À l'époque, en 1992, Rafael et son ami spéculaient à la hausse – et, en effet, le taux de change du dollar est monté à 120 pesos en 1994.

79. En réalité, au cours de ces transactions, le «billet travaillé» n'était pas présenté seul, il était toujours placé dans une liasse. L'efficacité de l'arnaque était fondée d'abord sur la rapidité de l'échange, ensuite sur le fait que la personne en possession de dollars devait immédiatement les cacher, au cas où des policiers décidaient de faire une «descente». À l'époque, la plupart des *guajiros* n'avaient que rarement ou même jamais vu de dollars américains et étaient des cibles idéales.

80. Comme les *guajiros* ne connaissaient pas les dollars, il était d'usage à l'époque de carrément coller sur un billet de 1 dollar le «20» directement découpé du billet de 20 pesos «Felipe Pazos», qui était de couleur verte et dont la police de caractères avait été choisie au début des années 1950 sur le modèle du billet de 20 dollars américains. Rafael explique que, pendant cette période, les *jineteros* avaient pris l'habitude d'utiliser les «0», les «1» et les «5» des «Felipe Pazos» pour «travailler» des billets de 1 dollar.

81. Le cousin de Majá faisait référence à la technique du «remplacement»: sa fiancée avait besoin de «ses» cigarettes pour les vendre aux clients de la *tienda* dans laquelle elle travaillait, soi-disant. Elle empochait directement le prix de vente, tout en laissant intacts les stocks de la *tienda*.

82. Pendant deux ans, en 2008 et en 2009, Juan s'était débrouillé pour avoir accès à la messagerie électronique d'une employée du ministère de la culture, à laquelle il versait dix dollars par mois. Pour une raison que j'ignore, cette personne «a perdu» sa ligne téléphonique au début de l'année 2010 et, par la suite, Juan m'a écrit «au compte-gouttes» (guère plus de cinq fois par an) lorsqu'il a eu l'opportunité de connaître quelqu'un qui a accès à un service de messagerie. Il m'expliquait en 2012 au téléphone qu'il «[pouvait] assumer le coût d'une heure de connexion de temps en temps» mais que «les gens qui ont internet font attention»: «Ils ne veulent pas laisser quelqu'un utiliser leur e-mail et écrire n'importe quoi, alors c'est difficile de gagner leur confiance, et je n'ai aucun ami qui a internet.» En 2014, il a pu s'acheter un smartphone et a obtenu l'année suivante une messagerie personnelle.

83. Il est de coutume, lorsqu'on arrive à un arrêt de bus, de demander «Qui est le dernier?» (*¿Último?*). Chacun connaît ainsi sa place dans la file d'attente en se repérant par rapport à la personne qui le précède et à la personne qui vient ensuite.

84. Majá s'est déjà retrouvé avec des amis en compagnie de plusieurs femmes ou de prostituées mais, s'il n'était pas opposé au fait d'obtenir de leur part des faveurs diverses par la ruse et le mensonge, il est en revanche «écœuré» par la façon dont Lorenzo leur donne des ordres ou les soumet à tout type de fantasmes grâce au seul pouvoir de l'argent.

85. Dans une lettre de 2007, qu'il commençait par «1er février 2007, année 48 et finale de l'Arnaqueur en Chef», il écrivait: «Je ne veux pas qu'il meure, je veux qu'il se chie dessus pour l'éternité.»

86. Dans ce chapitre, les mots caractéristiques de l'argot de la rue sont écrits en italique (en dehors des traductions), les mots qui font partie du vocabulaire officiel sont entre guillemets, et ceux qui appartiennent à l'un et à l'autre sont en italique et entre guillemets.

87. Nombreux sont les emplois situés hors du secteur dollar/Cuc (gardien, agent d'entretien...) qui se résument aux deux signatures correspondant à l'horaire auquel commence la journée de travail et à celui auquel elle finit, ce qui permet de disposer de temps libre pour mener d'autres activités (voir l'exemple de Majá).

88. Ceux qui ont été sanctionnés l'ont généralement été pour des raisons politiques, dans le cadre de purges collectives, comme dans le cas de l'arrestation des membres du «premier niveau» du MININT en 1989.

89. Note Officielle du vendredi 11 avril 2003.

90. «Hasta aquí llego», article paru le 14 avril dans le quotidien espagnol *El País*.

91. Cf. http://www.emanaciones.com/983.

92. Les épouses des dissidents et journalistes indépendants incarcérés au printemps 2003 ont commencé à se réunir chaque dimanche avant de se rendre ensemble à la messe à l'église de Santa Rita, située dans le quartier de *Miramar*. Vêtues de blanc, elles ont réclamé en silence, semaine après semaine, la libération de leurs époux et ont reçu en 2005 le Prix Sakharov du Parlement européen.

93. Voir notamment, à propos des «tâtonnements» des artistes et intellectuels, Y. Grenier, «Artistes et intellectuels cubains: entre incertitude et tâtonnements», in V. Bloch, Ph. Létrilliart (dir.), *Cuba, un régime au quotidien*, Paris, Choiseul, 2011, pp. 149-175, *Culture and the Cuban State. Participation, Recognition, and Dissonance under Communism*, Lexington Books, 2017, et S. Fernandes, *Cuba Represent! Cuban Arts, State Power, and the Making of New Revolutionary Cultures*, Durham/London, Duke University Press, 2006.

94. Voir C. Lefort, *Un homme en trop*, Paris, Seuil, 1986, p. 52.

95. Un jour de mai 2003, une amie havanaise de mon âge, Sara, m'a appelé à Paris pour me demander de l'aide et m'exposer un projet: elle avait un oncle qui vivait depuis plus de 20 ans à Madrid et avait lui-même un ami cubain âgé d'une cinquantaine d'années, qui était disposé à se marier avec elle afin qu'elle puisse obtenir la résidence légale en Espagne et quitter Cuba. Elle m'a expliqué que, l'Espagne ne délivrant plus de visa de tourisme aux Cubains, soupçonnés de vouloir s'établir dans la péninsule, elle devait obtenir un visa d'un pays membre de la zone Schengen pour pouvoir ensuite se rendre à Madrid. Je lui ai fait une «lettre d'invitation», grâce à laquelle elle a pu aller à Paris. Elle s'est rendue ensuite en Espagne, où elle s'est mariée, avant de retourner à Cuba pour mettre à jour ses papiers. Elle avait obtenu du service de l'immigration cubain une «carte blanche», l'autorisant à demeurer hors de Cuba pour une durée de 90 jours, et devait la transformer en permis de sortie d'une durée de 11 mois. Une fois obtenu le nouveau permis, elle s'est rendue à Madrid, où elle a commencé à travailler dans une agence immobilière. Ensuite, son fiancé, Víctor, avec lequel elle vivait en couple depuis plus de 10 ans, est arrivé à Madrid par le même mécanisme (une lettre d'invitation pour la France, une carte blanche de 90 jours). L'oncle de Sara avait à l'époque deux filles, nées en Espagne, dont l'aînée était âgée de 20 ans. Sur proposition de cette dernière, Víctor, âgé de 30 ans, s'est marié avec elle, afin de pouvoir lui-aussi résider en Espagne. Au bout de quelques années, l'un comme l'autre ont pu divorcer de leurs époux respectifs et ils vivent aujourd'hui en couple avec leurs deux enfants, nés en 2008 et en 2010, dans la banlieue de Madrid. Pendant les premières années durant lesquelles ils vivaient en Espagne, ils devaient payer près de 40 euros mensuels au Consulat de Cuba pour chaque mois supplémentaire passé hors de l'île, à partir du quatrième mois. Ils prenaient soin de revenir tous les 11 mois à Cuba pour faire renouveler leur permis de sortie. Depuis quelques années, ils n'ont plus à payer les 40 euros mensuels pour un séjour prolongé mais doivent toujours revenir à Cuba tous les 11 mois (tous les 24 mois depuis janvier 2013) s'ils ne veulent pas y perdre leur résidence. Bien qu'ils vivent à Madrid, ils résident toujours officiellement à Cuba et y possèdent donc encore tous leurs biens. Sara est notamment propriétaire de l'appartement du Vedado, depuis que sa grand-mère est décédée en 2009.

96. Un million d'ici à la fin de l'année 2011, et 1,8 million d'ici à la fin de l'année 2014. Par ailleurs, d'après l'ONE, le taux de chômage est resté compris entre 1,6 % et 1,9 % entre 2005 et 2009, avant d'atteindre 3,5 % en 2012 et de redescendre à 2 % en 2016 : http://www.one.cu/aec2010/datos/07%20Empleo%20y%20Salarios.pdf (p. 9) et http://www.one.cu/aec2016/07%20Empleo%20y%20Salarios.pdf (p. 11).

97. Le nombre d'activités répertoriées est passé à un peu plus de 200 en 2017.

98. Le prix de la livre de pommes de terre passe de 30 à 40 *centavos* de peso à 1 peso ; le prix de la livre de pois-chiches de 16 *centavos* de peso à 3.50 pesos.

99. À partir de janvier 2011, le tube de dentifrice passe ainsi de 65 *centavos* de peso à 8 pesos, le savon pour la toilette de 20 *centavos* de peso à 6 pesos, le savon pour laver les habits de 20 *centavos* de peso à 5 pesos et la bouteille de trois litres de lessive de 3.60 pesos à 25 pesos.

100. En juillet 2017, le gouvernement cubain annonce que 31 % de la surface agricole du pays est répartie entre les mains d'environ 220 000 usufruitiers et que les terres qui peuvent encore être cédées «manquent d'eau, sont éloignées des communautés rurales et des voies de communication, et sont envahies par les ronces (*marabú*)». En vertu d'une décision du Conseil des Ministres de juillet 2017, la superficie maximale des nouvelles terres cédées en usufruit est portée à 26,84 hectares (dans certains cas à 67,10 hectares) et la concession à titre individuelle passe à 20 ans, période renouvelable une fois pour la même durée (cf. http://www.granma.cu/cuba/2017-08-16/el-desafio-de-poner-a-produ-cir-las-tierras-ociosas-16-08-2017-22-08-40).

101. D'autres obligations figurent dans l'article 25, parmi lesquelles le paiement d'un impôt sur l'utilisation de la terre, le respect des normes environnementales et de construction et «le respect des dispositions relatives à l'embauche de la force de travail salariée nécessaire».

102. http://www.cubadebate.cu/noticias/2011/07/16/retiran-tierras-en-usufructo-a-9000-cubanos-por-deficiente-aprovechamiento/

103. Cf. http://www.one.cu/aec2008/datos/07Capitulo%20Empleo%20y%20Salarios.pdf (p. 160) et http://www.one.cu/aec2010/datos/07%20Empleo%20y%20Salarios.pdf (p. 164).

104. *Juventud Rebelde*, 4 mars 2011 : http://www.juventudrebelde.cu/cuba/2011-03-04/casi-se-duplican-los-trabajadores-por-cuenta-propia/

105. http://www.cubadebate.cu/noticias/2011/12/21/mas-de-357-mil-cubanos-ejercen-el-trabajo-por-cuenta-propia/ Selon des chiffres divulgués le 1er avril 2012, le nombre de *cuentapropistas* avait atteint 371 200 le 29 février et le gouvernement prévoyait 240 000 travailleurs «non étatiques» supplémentaires en 2012 : http://www.cubadebate.cu/noticias/2012/04/01/numero-de-cuentapropistas-sigue-creciendo-en-cuba/. D'après les calculs de l'ONE, les «travailleurs à leur propre compte» étaient 424 300 en 2013, 483 400 en 2014, 499 000 en 2015 et 540 800 en 2016 (http://www.one.cu/aec2016/07%20Empleo%20y%20Salarios.pdf, p. 11).

106. http://www.diariodecuba.com/cuba/7132-la-falta-de-microcreditos-y-las-barreras-del-gobierno-ahogan-los-cuentapropistas

107. Ces véhicules sont tous neufs ou récents, dont le prix d'acquisition est au minimum de 4 000 Cuc.

108. La Vieille Havane ou Varadero en font partie, mais le gouvernement dispose de toute latitude pour y inclure un nouveau quartier ou une ville entière du jour au lendemain.

109. S. Díaz-Briquets, J. Pérez-López, *Corruption in Cuba : Castro and Beyond*, Austin, University of Texas Press, 2006.

110. Une *piña* regroupe quelques hauts fonctionnaires et leurs dépendants, qui se solidarisent sous l'égide d'une ou plusieurs personnalités détenant pouvoir et influence, dans le but d'obtenir leur protection et de s'insérer dans un système d'échanges de faveurs et d'informations.

111. P. Létrilliart, «Religion dans la Révolution : le retour du catholicisme cubain», in V. Bloch, P. Létrilliart (dir.), *Cuba, un régime au quotidien*, Paris, Choiseul, 2011, pp. 121-147, p. 132-133.

112. http://www.mcclatchydc.com/2011/06/22/116284/cable-us-and-vatican-discuss-cuban.html

113. Les pages suivantes reprennent certains paragraphes de «Cuba : les illusions de la contagion démocratique», *Esprit*, n° 413, mars-avril 2015, pp. 178-184.

114. Les démarches administratives associées à la résidence temporaire à l'étranger coûtent 150 Cuc.

115. Les démarches administratives associées à la résidence temporaire à Cuba coûtent 100 Cuc.

116. Cf Romy Sánchez Villar, «Cuba, nouveau terrain de jeu de l'Occident», *Le Monde*, 11 mai 2015.

117. http://www.one.cu/aec2016/03%20Poblacion.pdf, p. 39.

118. Voir V. Bloch, *Cuba, une révolution, op. cit.*, pp. 299-328.

119. L'«identité sociale réelle» est formée par «les attributs dont on pourrait prouver que [l'interlocuteur] les possède en fait». L'«identité sociale virtuelle» correspond, quant à elle, à une «catégorisation en puissance» (E. Goffman, *Stigmate. Les Usages sociaux des handicaps*, Paris, Minuit, 1975, p. 12).

120. B. Baczko, *Comment sortir de la Terreur. Thermidor et la Révolution*, Paris, Gallimard, 1989, p. 270.

121. *Ibid.*, p. 42-43.

122. Dans le langage officiel, depuis 1959, le mot «sbire» a été utilisé de façon systématique en référence aux partisans de Batista.

123. Voir à propos de la thématique du droit et du bon droit les analyses d'A. Cottereau («Droit et bon droit. Un droit des ouvriers instauré, puis évincé par le droit du travail (France, XIXᵉ siècle)», *Annales HSS*, novembre-décembre 2002).

124. Le «rapprochement» et l'«établissement de la preuve» se font ici exactement à l'inverse de ce que décrivent Luc Boltanski et Laurent Thévenot (*De la justification. Les économies de la grandeur*, Paris, Gallimard, «NRF Essais», 1991) dans des «mondes» transparents.

125. «Le "labyrinthisme" pousse le dissimulateur à s'enfoncer toujours plus avant dans les méandres du mensonge, afin de prévenir une divulgation menaçante.» (E. Goffman, *op. cit.*, p. 103; voir aussi p. 115.)

126. J. Freund, *Sociologie du conflit*, Paris, PUF, 1983, p. 57.

127. Les dix pages qui suivent reprennent l'article «Les rumeurs à Cuba» (*Nuevo Mundo Mundos Nuevos*, n° 7, 2007, http://nuevomundo.revues.org/index3651.html).

128. Les Cubains qui résident de façon permanente à l'étranger, qualifiés officiellement de «vers de terre» (*gusanos*) jusque dans un passé récent, sont maintenant les «communautaires» ou la «diaspora». Le premier terme fait désormais référence aux seuls secteurs «durs» de l'exil.

129. M. Bloch, «Réflexions d'un historien sur les fausses nouvelles de la guerre», *Écrits de guerre, 1914-1918* [1921], Paris, A. Colin/Masson, 1997, p. 169-184.

130. *Ibid*, p. 172.

131. H. Arendt, *Les Origines du totalitarisme & Eichmann à Jérusalem*, Paris, Gallimard, «Quarto», 2002, p. 669-672.

132. B. Baczko, *op. cit.*, p. 43.

133. M. Bloch, *op. cit.*, p. 178.

134. En 1969, toutes les forces productives du pays avaient été réorganisées en vue de récolter 10 millions de tonnes de sucre l'année suivante – objectif manqué de peu. Cet échec avait été présenté par Fidel Castro comme la source d'un nouveau processus autocritique.

135. Alan Díaz, le photographe qui a pris le cliché, était présent cette nuit-là en compagnie d'autres activistes cubains-américains. L'adulte qui tenait Elián dans ses bras était Donato Dalrymple, l'un des deux pêcheurs qui lui avaient porté secours.

136. Sous la conduite de Poutine et de Medvedev, toutefois, la presse cubaine souligne régulièrement le redressement du pays.

137. En août 2004, le gouvernement cubain a rompu ses relations diplomatiques avec le gouvernement du Panama, dirigé par Mireya Moscoso. Accusée de s'être laissé soudoyer par la « mafia terroriste de Miami » après avoir approuvé la remise en liberté de terroristes cubains exilés, reconnus coupables par les tribunaux panaméens d'une tentative d'assassinat sur la personne de Fidel Castro, elle a par la suite été déchue de son immunité diplomatique et impliquée dans le détournement de fonds de l'État. En outre, dès la prise de fonctions de son successeur, cette fois « décent », des pourparlers ont été engagés par le gouvernement cubain en vue de rétablir les relations diplomatiques.

138. Les cinq pages qui suivent reprennent en partie l'article « Ventriloquie d'État à Cuba » (*Esprit*, n° 355, juin 2009, pp. 161-165).

139. Ce conseil, qui rassemble les prêtres de haut rang de l'une des principales religions afro-cubaines, se réunit à la fin du mois de décembre pour déterminer sous l'influence de quel signe – ou plus exactement de quel « saint » – s'annonce l'année qui commence.

140. http://www.one.cu/aec2016/17%20Tecnologias%20de%20la%20Informacion.pdf (chapitre 17.4)

141. http://www.one.cu/aec2016/17%20Tecnologias%20de%20la%20Informacion.pdf (chapitre 17.4)

142. Voir V. Bloch, « Réflexions sur la dissidence cubaine », *Problèmes d'Amérique latine*, n° 57/58 (été-automne), Paris, Choiseul, 2005, pp. 215-241.

143. La technique de la contre-manifestation a été employée dès 1959, les Organisations de masses ou la Sûreté de l'État envoyant des groupes exprimer leur indignation ou leur opposition à des actes ou des personnalités « contre-révolutionnaires ». Les « assemblées de répudiation » contre les candidats au départ ont pris des proportions beaucoup plus violentes lors de l'exode de Mariel en 1980. Composées d'éléments recrutés dans les centres de travail, les Brigades de Réponse Rapide ont été créées en 1991 à l'initiative de la Sûreté de l'État et incarnent « le peuple enhardi » lors des « actes de répudiation ».

144. Expression empruntée à C. Lefort, *La Complication. Retour sur le communisme*, Paris, Fayard, 1999, p. 242.

145. La majorité des membres du groupe des « 75 » excarcérés entre 2004 et 2012 ont pris le chemin de l'exil.

146. Formule empruntée à l'Archevêque Pedro Meurice, « Present and Future of the Church in Cuba », discours prononcé à l'Université de Georgetown, Washington D.C., 29 mai 1999.

147. Les 20 pages qui suivent sont une reprise de l'article «Égalisation des conditions et formes du racisme à La Havane pendant la *période spéciale*. Une lecture du roman *Las Bestias*, de Ronaldo Menéndez» (*Problèmes d'Amérique latine*, n° 77 (été), Paris, Choiseul, 2010, pp. 119-140).

148. Alejandro de la Fuente (*op. cit.*, p. 41) explique que c'est au quotidien que la race comme catégorie sociale est constamment créée et reproduite, à travers l'usage d'étiquettes et les petits actes d'exclusion. Il ajoute que ce qui a disparu du discours public à partir de 1959 «a trouvé un terrain fertile dans les espaces privés, où la race a continué d'influer sur les relations sociales entre amis, voisins, collègues de travail et membres de la famille. Une multitude de blagues racistes, supposées inoffensives, ont reproduit l'image traditionnelle du Noir comme délinquant, sale, paresseux et génétiquement inférieur. Les idéologies raciales traditionnelles se sont reproduites à l'intérieur du cercle familial et se sont transmises au sein de foyers multigénérationnels».

149. Alors que, au cours d'une conversation avec une amie afro-cubaine de ma génération, j'alignai les uns après les autres et dans leur contexte les *centaines* de commentaires racistes entendus au cours des deux années que j'ai passées à La Havane, celle-ci, indisposée par ce qu'elle percevait comme une «mise au ban» de son pays, mais reconnaissant que «mis les uns à côté des autres, les exemples donnent un tableau d'ensemble qui laisse songeur», jugea opportun de me rappeler un proverbe wolof que j'avais cité une fois dans une tout autre situation: «Si l'intelligence était à vendre, elle ne trouverait pas d'acquéreur.»

150. *Revolico.com* est un site internet de petites annonces. Exemple d'annonce «typique»: «Date: 8 octobre 2009, 1:51 PM. Salut, je suis une fille très propre de peau blanche, je suis blonde, j'étudie la psychologie. J'ai 20 ans et je vis seule avec mon copain à La Havane mais il n'est jamais là donc nous pourrons nous voir sans problème [...]. Je cherche une fille propre, agréable, bien féminine, avec des seins volumineux ou de taille moyenne, de peau blanche... éduquée. Si c'est possible envoyez-moi des photos de votre corps, sans le visage pour ne pas prendre de risque, je vous enverrai mes photos quand je recevrai les vôtres.» Dans la rubrique «emplois», certains n'hésitent pas à associer des critères discriminants aux qualifications professionnelles: «Je cherche un cuisinier de sexe masculin diplômé de Formatur pour un restaurant hors de Cuba. Date: samedi 17 octobre 2009, 12:55 PM. Je cherche, avec de l'expérience, de préférence 35-40 ans, qu'il ne soit pas du Parti et qu'il soit blanc, sérieux, de bonne apparence personnelle, avec sa famille à Cuba et qu'il désire l'aider et n'ait pas le projet de s'installer aux USA.»

151. Mon amie, sensible à l'universalité des proverbes wolofs, avait mis fin à notre conversation en disant: «Le racisme est culturel, il en a toujours été ainsi et il en sera toujours ainsi.» Voir note 149, ci-dessus.

152. Dans son essai «Nuestra América», publié le 10 janvier 1891 dans *La Revista Ilustrada de Nueva York*, Martí écrivait: «Créer est le mot d'ordre de cette génération. Le vin de banane; et si son goût est aigre, c'est notre vin!» Reste depuis, dans les conversations courantes sur le «sort de Cuba» et les «affres du quotidien», la phrase: «Notre vin est aigre mais c'est notre vin!»

153. J. Mañach (*La Crisis de la alta cultura en Cuba & Indagación del choteo* [1928], Miami, Universal, 1991, p. 51-94) publia en 1928 un essai resté célèbre, dans lequel il analysait un «trait de caractère» qu'il estimait propre aux Cubains: le *choteo*. Partant de la définition du «Cubain de la rue», dont la caractéristique serait de «ne rien prendre au sérieux» et de «tout tourner en dérision» (p. 58), il en vient ensuite à cerner les traits essentiels du *choteo*, le «goût du désordre» et la «haine envers la hiérarchie» (p. 68), et de là à conclure que «la moquerie chronique a été, en même temps qu'une de ses grandes afflictions, une des grandes défenses du Cubain. Elle lui a permis d'atténuer les chocs de l'adversité; lui a servi de ressort pour résister aux pressions politiques trop pesantes et d'échappatoire par rapport à tout type d'impatience» (p. 85).

154. A. Helg, *Our Rightful Share. The Afro-Cuban Struggle for Equality, 1886-1912*, Chapel Hill, University of North Carolina Press, 1995, p. 17-18.

155. Lorsqu'en 1912 les membres «insurgés» du Parti des Indépendants de Couleur – un parti revendiquant principalement l'égalité raciale et une répartition équitable des emplois publics entre Noirs et Blancs – menacèrent de détruire des propriétés étrangères et de prendre le maquis, 3000 à 5000 d'entre eux furent massacrés par des «milices de jeunes gens des meilleures familles» (A. Helg, *op. cit.*, p. 215-225). À cette occasion, le président José Miguel Gómez avait reçu l'appui unanime de la classe politique, en réprimant un mouvement qui risquait de provoquer une intervention américaine. Ni le Parti Conservateur, ni le Parti Libéral ne pouvaient laisser la voie libre au Parti des Indépendants de Couleur sans risquer de perdre une part de leurs prébendes, d'entrer en concurrence avec de nouveaux réseaux de patronage et, au-delà, de pâtir de la modification de toutes les hiérarchies du pouvoir (*ibid.*, p. 158). Dans sa description du contexte de la protestation armée emmenée par le Parti des Indépendants de Couleur (PIC) le 20 mai 1912, Helg a aussi insisté sur l'insécurité des élites et des classes populaires cubaines, déclassées économiquement par les nouveaux arrivants en provenance des États-Unis et d'Espagne depuis l'indépendance, comme point d'appui de la campagne de presse axée sur les «icônes de la peur». L'épisode de *la guerrita de los negros*, comme on l'a appelée, fut ensuite refoulé et ne ressurgit dans le récit national qu'à partir des années 1990.

156. Dans les dernières années de sa vie, au début du XIXe siècle, Arango, tête pensante de l'élite sucrière créole, prôna l'union des femmes noires avec des hommes blancs, de façon à ce qu'en accouchant d'enfants plus clairs de peau «la race fût améliorée». L'union de femmes blanches avec des hommes noirs serait proscrite, dans la mesure où les premières ne feraient alors que «faire reculer la race» (Manuel Moreno Fraginals, *Cuba/ España, España/Cuba. Historia común*, Barcelona, Editorial Crítica, 1995, p. 196).

157. A. Ferrer, *Insurgent Cuba. Race, Nation, and Revolution (1868-1898)*, Chapel Hill/ London, University of North Carolina Press, 1999, p. 23-60.

158. M. Iglesias Utset, *Las metáforas del cambio en la vida cotidiana: Cuba (1898-1902)*, La Habana, UNEAC, 2002.

159. Voir notamment H. Venegas Delgado, «Le spectre de la révolution haïtienne et l'in-dépendance de Cuba», *Cahiers des Anneaux de la Mémoire*, n° 8, 2005, Nantes, Centre de Recherche sur les Conflits d'Interprétation de l'Université de Nantes, ou encore M. del

Carmen Barcia, *Capas populares y modernidad en Cuba 1878-1930*, La Havane, Fondation Fernando Ortiz, 2006, et *Los ilustres apellidos: negros en La Habana colonial*, La Havane, Boloña, 2008.

160. Le rappeur Molano MC (El mola) racontait dans son morceau la différence observée, à la Escuela Nacional de Arte, entre le «fils du docteur», naturellement supposé être le «meilleur» et le «fils du constructeur», «el negro ese» («l'autre Noir là»), accusé de tricher, de désobéir, etc.

161. A. de la Fuente (*op. cit.*, p. 431) cite les chiffres d'une «organisation de prisonniers politiques à l'intérieur de la prison havanaise du Combinado del Este, [selon laquelle] à la fin des années 1980, huit reclus sur dix étaient noirs».

162. A. de la Fuente (*op. cit.*, p. 441-442) cite une «étude réalisée en 1995 dans trois quartiers havanais par le Centre d'Anthropologie, [selon laquelle] 58 % des Blancs considéraient que les Noirs étaient moins intelligents, 69 % des Blancs affirmaient qu'ils n'avaient pas les mêmes "valeurs" et la même "décence" et 68 % des Blancs étaient opposés aux mariages inter-raciaux.»

163. R. Menéndez, *Las Bestias*, Madrid, Lengua de Trapo, 2006, p. 37.

164. *Ibid.*, p. 30.

165. *Ibid.*, p. 79.

166. *Ibid.*, p. 80.

167. *Ibid.*, p. 86.

168. *Ibid.*, pp. 95-96.

169. *Ibid.*, p. 100.

170. *Ibid.*, p. 34.

171. *Ibid.*, p. 38.

172. *Ibid.*, p. 27.

173. *Ibid.*, p. 46.

174. *Ibid.*, p. 71.

175. *Ibid.*, p. 19.

176. *Ibid.*, p. 100.

177. *Ibid.*, p. 110.

178. *Ibid.*, p. 67.

179. *Ibid.*, p. 97.

180. *Ibid.*, p. 92.

181. *Ibid.*, p. 104.

182. *Ibid.*, p. 117.

183. *Ibid.*, p. 117.

184. Certes, la *lucha* a induit une évolution sémantique: la manière d'interpeller une personne en utilisant le mot «*asere*», jadis propre à certains milieux afro-cubains et à l'*ambiente*, s'est étendue à une partie importante de la jeunesse en général, qui a également fait sien un champ lexical dont l'usage rejetait auparavant du côté des «milieux bas». Mais la manière de prononcer ces mots, la manipulation d'autres termes argotiques, les fautes de syntaxe, la prononciation des consonnes, dont l'omission, associée à l'intonation emphatique, caractérise l'accent *de la rue*, permettent à chacun de différencier «*la chusma*» du «parler créole».

185. A. de la Fuente, *op. cit.*, pp. 439 et 444.

186. M. Q. Sawyer, *Racial Politics in post-Revolutionary Cuba*, New York, Cambridge University Press, 2006, p. xx, p. 4.

187. A. de la Fuente, *op. cit.*, p. 41.

188. *Ibid.*, pp. 140-141, 280, 348-354 et 363.

189. M. Q. Sawyer, *op. cit.*, pp. 1-35.

190. Sawyer reprend les catégories analytiques proposées par MacAdam, Tarrow et Tilly et se réfère en ce sens aussi bien à des bouleversements du contexte géopolitique qu'à des évolutions internes.

191. M. Q. Sawyer (*op. cit.*, p. 105) reprend la distinction proposée par James Scott entre «*thin*» et «*thick*» *hegemony*: «Les États qui sont seulement parvenus à instaurer une mince hégémonie doivent essayer de convaincre les groupes subordonnés que "l'ordre social dans lequel ils vivent est naturel et inévitable"; les membres de ces groupes ressentent souvent de la résignation et de l'ambivalence vis-à-vis de l'État. De l'autre côté, les groupes subordonnés qui vivent sous des États qui ont atteint une hégémonie dense possèdent une fausse conscience de grande portée qui produit le consentement.»

192. A. de la Fuente, *op. cit.*, pp. 221-248.

193. *Ibid.*, pp. 249-254.

194. *Ibid.*, pp. 400.

195. *Ibid.*, pp. 404.

196. H. Arendt, *op. cit.*, p. 783.

197. A. Díaz Quiñones, *El arte de bregar*, San Juan, Callejón, 2003, pp. 23, 47 et 81.

198. *Ibid.*, pp. 22, 25 et 35.

199. Voir A. Ledevena, *Blat: Russian Economy of Favours*, Cambridge, Cambridge University Press, 1998.

200. Voir également A. Yurchak, *Everything Was Forever Until It Was No More. The Last Soviet Generation*, Princeton/Oxford, Princeton University Press, 2006, et le dossier «L'expérience soviétique à son apogée. Culture et société des années Breznev», *Cahiers du Monde Russe*, n° 54, juillet-décembre 2013.

201. T. Mason, «Banalisation du nazisme? La controverse actuelle sur l'interprétation du national-socialisme», in M. Ferro (dir.), *Nazisme et communisme. Deux régimes dans le siècle*, Paris, Hachette, «Littérature», 1999, pp. 201-223 et 219-220.

202. C. R. Browning, *À l'intérieur d'un camp de travail nazi. Récit des survivants: mémoire et histoire*, Paris, Belles Lettres, 2010.

203. M. Gauchet, *L'Avènement de la démocratie III. À l'épreuve des totalitarismes, 1914-1974*, Paris, Gallimard, 2010, pp. 267 et 319-330.

204. *Ibid.*, p. 324.

205. *Ibid.*, p. 325.

206. *Ibid.*, p. 329.

207. *Ibid.*, p. 330.

208. *Ibid.*, p. 336.

209. *Ibid.*, p. 292.

210. Alexandre Soljénitsyne (*L'Archipel du Goulag (1918-1956). Essai d'investigation litté-raire (première et deuxième parties)*, Paris, Seuil, 1974, p. 112) est l'auteur de la formule : il évoque «l'effet de la doctrine d'avant-garde, d'une idéologie de granit». J'entends par opposition à une idéologie «de granit» une idéologie qui permet des formes d'accommo-dement au principe de réalité dans le sens d'une atténuation stratégique de la «fuite en avant». Plus la défaite semblait inéluctable, plus l'obsession antisémite de Hitler, sous-tendue par la représentation d'une lutte entre «race aryenne» et «race juive» à travers toute l'histoire, privait les contraintes militaires et économiques de toute pertinence dans le processus de décision central.

211. P. Levi, *Les Naufragés et les rescapés. Quarante ans après Auschwitz* [1986], Paris, Gallimard, 1989, p. 38.

212. J. Freund, *op. cit.*, p. 57.

Remerciements

Ce livre est extrait de la deuxième partie de ma thèse de doctorat, soutenue à l'EHESS en 2012. Mes remerciements vont d'abord à Daniel Pécaut et à Gilles Bataillon, dont les orientations intellectuelles ont été à la source de ce travail. Je voudrais aussi exprimer ma gratitude envers le Centre d'Étude des Mouvements Sociaux (CEMS), au sein duquel j'ai préparé cette thèse, et envers le Centre d'Études Sociologiques et Politiques Raymond Aron (CESPRA), dans le cadre duquel elle a été soutenue. Il y a longtemps, Salima Lahmer, Alain Cottereau et Luc Boltanski m'ont suggéré chacun à leur manière des pistes de recherche extrêmement fécondes ; je leur en suis également reconnaissant.

Je tiens à remercier tout spécialement Alexandre Solans, Pierre Benetti, Matthieu Elgard et Romy Sánchez Villar, Kahina Selmouni et Claire Richard pour leurs relectures, ainsi que Prosper Biju-Duval et Véronique Sales aux éditions Vendémiaire. En parallèle de mes recherches, Yolène Dilas et Stéphane Dufoix m'ont permis de travailler dans des conditions idéales à l'Université de Paris-X-Nanterre. Gerardo Aboy Carlés et les membres du Centre d'Étude du Discours et des Identités Socio-politiques (CEDIS) m'ont accueilli en 2009 à l'Université Nationale de San Martín (UNSAM) en Argentine. Je veux dire ma plus profonde gratitude à The Azi Schwartz Foundation.

Plusieurs personnes m'ont donné l'opportunité d'exposer, de discuter, de diffuser et de publier une partie des travaux qui ont fourni par la suite la matière de ce livre. D'autres m'ont fait des commentaires utiles ou m'ont encouragé à poursuivre mes recherches. Je voudrais remercier particulièrement Juan Carlos Guerrero Bernal et Alberto Valencia Gutiérrez, ainsi que Jaime de Almeida, Elizabeth Burgos, José F. Buscaglia-Salgado, Juan Clark, Stéphane Courtois, Michel Crépu, Enrique del Risco, Gabriel Kessler, Marco Estrada Saavedra, Clara Inés García, Liliane Hasson, Ivan Jablonka, Rose-Marie Lagrave, Claude Lefort, Philippe Létrilliart, Olivier Mongin, Jorge Moya, José Moya, Gerardo Muñoz, Marc-Olivier Padis, Stephan Palmié, Paulo Antonio Paranaguá, Johanna Parra, Antonio José Ponte, Giliard Prado, Marie-France Prévôt-Schapira, Rocco Prim, Rafael Rojas, Márcio Senne de Moraes, Pablo Stefanoni, Alain Touraine, Beatriz Urías Horcasitas, Carlos Victoria, Dominique Vidal et Suzi Vieira.

Depuis le début de mes recherches, j'ai bénéficié non seulement de l'aide mais aussi des avis et critiques éclairés d'amis cubains, parmi lesquels Roy Despaigne, Laura Cañizares Meneses, Arístides Falcón-Paradí, Gustavo Sánchez Perdomo, Narah Valdés, Flora Villar et Yusa.

Contraint de respecter leur anonymat, je ne peux remercier en les nommant tous les Cubains qui m'ont accepté dans leur entourage et ont fourni la matière de mes enquêtes. Certains d'entre eux apparaissent dans ce travail sous des pseudonymes, et je tiens avant tout à exprimer ma gratitude envers «Juan» et «Majá».

Je remercie enfin mes parents, mon épouse et mes filles de leur soutien de tous les instants.

Bibliographie

Aguirre Benigno E., «Cuban Mass Migration and the social construction of deviants», *Bulletin of American Research*, vol. 13, n° 2, 1994, pp. 155-183.

Alberto Eliseo, *Informe contra mí mismo*, México, Alfaguara, 1996.

Alonso Tejada Aurelio, «Introduction de la logique de marché dans le système économique cubain. Appréciation sur les effets sociaux», *Alternatives Sud*, vol. 1,2, 1994, pp. 105-120.

Arendt Hannah, *Les Origines du totalitarisme* & *Eichmann à Jérusalem*, Paris, Gallimard, «Quarto», 2002.

Aron Raymond, *Démocratie et totalitarisme*, Paris, Gallimard, 1965.

Baczko Bronislaw, *Comment sortir de la Terreur. Thermidor et la Révolution*, Paris, Gallimard, 1989.

Barquín III Ramón C., «The Castro Regime Under the Bretton Woods System», in I. L. Horowitz et J. Suchlicki (eds), *Cuban Communism*, New Brunswick/Londres, Transaction Publishers, 1998, pp. 212-225.

Barthélemy Gérard, *L'Univers rural haïtien. Le pays en dehors*, Paris, L'Harmattan, 1990.

Bataillon Gilles, *Enquête sur une guérilla. Nicaragua (1982-2007)*, Paris, Le Félin, 2009.

Bataillon Gilles, Merklen Denis (dir.), *L'Expérience des situations-limites*, Paris, Karthala, «Hommes et sociétés», 2009.

Binoche Bertrand, *Introduction à* De l'esprit des lois *de Montesquieu*, PUF, 1998.

Bloch Marc, «Réflexions d'un historien sur les fausses nouvelles de la guerre», *Écrits de guerre, 1914-1918* [1921], Paris, A. Colin/Masson, 1997, pp. 169-184.

Bloch Vincent, «Réflexions sur la dissidence cubaine», *Problèmes d'Amérique latine*, n° 57/58 (été/automne), Paris, Choiseul, 2005, pp. 215-241.

– «Réflexions sur les études cubaines», *Communisme*, n° 85-86, Paris, L'Âge d'Homme, 2006, pp. 9-24.

– «Entretien avec Juan Clark», *Communisme*, n° 85-86, Paris, L'Âge d'Homme, 2006, pp. 25-35.

– «Genèse d'un pouvoir totalitaire: le cas de Cuba», *Communisme*, n° 85-86, Paris, L'Âge d'Homme, 2006, pp. 85-115.

– «Le sens de la lutte», *Communisme*, n° 85-86, Paris, L'Âge d'Homme, 2006, pp. 125-147.

– «L'imaginaire de la lutte», *Problèmes d'Amérique latine*, n° 61/62 (été/automne), Paris, Choiseul, 2006, pp. 105-129.

– «Situations d'attente: les impasses de l'imaginaire national cubain, hier et aujourd'hui», *Hérodote*, n° 123 (4e trimestre), Paris, 2006, pp. 199-222.

– «Les rumeurs à Cuba», *Nuevo Mundo Mundos Nuevos*, n° 7, 2007a, http://nuevomundo.revues.org/index3651.html

– «Il y a de l'ordre et beaucoup de travail: où va Raúl Castro?», *Esprit*, n° 338, 10, 2007, pp. 173-174.

– «*Alzarse*: les formes d'une pratique, depuis l'époque des *palenques* jusqu'à l'extinction des derniers foyers de guérilla anticastristes», *Problèmes d'Amérique latine*, n° 73 (été), Paris, Choiseul, 2009, pp. 115-136.

– «L'expérience de la *lucha*: la recomposition des normes dans la société cubaine», in G. Bataillon, D. Merklen (dir.), *L'Expérience des situations-limites*, Paris, Karthala, 2009, pp. 127-143.

– «Ventriloquie d'État à Cuba», *Esprit*, n° 355, juin 2009, pp. 161-165.

– «Égalisation des conditions et formes du racisme à La Havane pendant la *période spéciale*. Une lecture du roman *Las Bestias* de Ronaldo Menéndez», *Problèmes d'Amérique latine*, n° 77 (été), Paris, Choiseul, 2010, pp. 119-140.

– «Les dédales du régime cubain, 1959-1989», in V. Bloch et P. Létrilliart (dir.), *Cuba, un régime au quotidien*, Paris, Choiseul, 2011, pp. 9-62.

– «Cuba: les illusions de la contagion démocratique», *Esprit*, n° 413, mars-avril 2015, pp. 178-184.

– *Cuba, une révolution*, Paris, Vendémiaire, 2016.

BLOCH Vincent, et LÉTRILLIART Philippe (dir.), *Cuba, un régime au quotidien*, Paris, Choiseul, 2011.

BOBES VELIA Cecilia, *Los laberintos de la imaginación. Repertorio simbólico, identidades y actores del cambio social en Cuba*, México D.F., Colegio de México, 2000.

BOLTANSKI Luc, THÉVENOT Laurent, *De la justification. Les économies de la grandeur*, Paris, Gallimard, «NRF Essais», 1991.

BOURETZ Pierre, «Penser au XXᵉ siècle: la place de l'énigme totalitaire», in M. Ferro (dir.), *Nazisme et communisme. Deux régimes dans le siècle*, Hachette, «Littérature», 1999, pp. 181-197.

BROSZAT Martin, *The Hitler State. The Foundation and Development of the Internal Structure of the Third Reich* [1969], London/New York, Longman, 1981.

– *Bayern in der NS-Zeit*, 6 vols., Munich/Vienna, Institut d'Histoire Contemporaine de Munich, 1977-1983.

Browning Christopher R, *À l'intérieur d'un camp de travail nazi. Récit des survivants: mémoire et histoire*, Paris, Belles Lettres, 2010.

Burrin Philippe, «Politique et société: les structures du pouvoir dans l'Italie fasciste et l'Allemagne nazie», in M. Ferro (dir.), *Nazisme et communisme. Deux régimes dans le siècle*, Hachette, «Littérature», 1999, pp. 45-68.

– *Fascisme, nazisme, autoritarisme*, Paris, Seuil, 2000.

– *Ressentiment et apocalypse. Essai sur l'antisémitisme nazi*, Paris, Seuil, 2004.

Busby Joshua W., Mujal-León Eusebio, «Mucho ruido y pocas nueces? El cambio de régimen político en Cuba», in R. Rojas et V. C. Bobes (dir.), *La transición invisible. Sociedad y cambio político en Cuba*, México D. F., Océano, 2004, pp. 87-118.

Castoriadis Cornelius, *L'Institution imaginaire de la société*, Paris, Seuil, 1975.

– *Les Carrefours du labyrinthe*, Paris, Seuil, 1978.

– *Les Carrefours du labyrinthe*, t. 2, *Domaines de l'homme*, Paris, Seuil, 1986.

– *Sur* Le Politique *de Platon*, Paris, Seuil, 1999.

Clark Juan, *Cuba: mito y realidad*, Miami/Caracas, Saeta, 1992.

Colomer Josep M., «La dictadura (ir)revocable», in R. Rojas et V. C. Bobes (dir.), *La transición invisible. Sociedad y cambio político en Cuba*, México D.F., Océano, 2004, pp. 119-137.

Cottereau Alain, «Droit et bon droit. Un droit des ouvriers instauré, puis évincé par le droit du travail (France, XIXe siècle)», *Annales HSS*, novembre-décembre 2002.

Cottereau Alain, Marzok Mokhtar Mohatar, *Une famille andalouse. Ethnocomptabilité d'une économie invisible*, Saint-Denis, Bouchène, «Méditerranée», 2011.

De Armas Erick, *Elena est restée… et Papa aussi*, Paris, Actes Sud, 2007.

DE LA FUENTE Alejandro, *Una nación para todos. Raza, desigualdad y política en Cuba (1900-2000)*, Madrid, Colibrí, 2000.

DEPRETTO Jean-Paul, *Pour une histoire sociale du régime soviétique (1918-1936)*, Paris, L'Harmattan, «Pays de l'Est», 2001.

DÍAZ-BRIQUETS Sergio, PÉREZ-LÓPEZ Jorge, *Corruption in Cuba: Castro and Beyond*, Austin, University of Texas Press, 2006.

DÍAZ QUIÑONES Arcadio, *El arte de bregar*, San Juan, Callejón, 2003.

DOBRY Michel, «Les voies incertaines de la transitologie: choix stratégiques, séquences historiques, bifurcations et processus de *path dépendance*», *Revue française de science politique*, vol. 50 (4), 2000, pp. 585-613.

DOMÍNGUEZ Jorge I., *Cuba: Order and Revolution*, Cambridge, Massachusets, Harvard University Press, 1978.

– «La transición política en Cuba», *Encuentro de la cultura cubana*, n° 1 (été), 1996, pp. 5-12.

– «¿Comienza una transición hacia el autoritarismo en Cuba?», *Encuentro de la cultura cubana*, n° 6-7 (automne-hiver), 1997, pp. 7-23.

– «El sistema político cubano en los noventa», in R. Rojas et V. C. Bobes (dir.), *La transición invisible. Sociedad y cambio político en Cuba*, México D.F., Océano, 2004, pp. 21-86.

DONATE Maida L., «Oscar Lewis: Proyecto Cuba (1)», *Cubaencuentro.com* (30/06/2011) http://www.cubaencuentro.com/cuba/articulos/oscar-lewis-proyecto-cuba-1-264788

– «Oscar Lewis: Proyecto Cuba (2)», *Cubaencuentro.com* (04/07/2011) http://www.cubaencuentro.com/cuba/articulos/oscar-lewis-proyecto-cuba-2-264920

DOUZANT-ROSENFELD Denise, LINCK Thierry et ZEQUEIRA Mario, «Se nourrir à Cuba: les enjeux de l'agriculture dans la région de La Havane», *Cahiers des Amériques Latines*, n° 19, 1995, pp. 35-64

DUCHÊNE Gérard, «L'officiel et le parallèle dans l'économie soviétique», Paris, *Libre*, n° 7, 1980, pp. 151-188.

DUMONT René, *Cuba est-il socialiste?*, Paris, Seuil, 1970.

ECKSTEIN Susan, «The Rectification of Errors or the Errors of the Rectification Process in Cuba?», *Cuban Studies*, janvier-juin 1990, pp. 67-85.

FAVRET-SAADA Jeanne, *Les Mots, la mort, les sorts. La sorcellerie dans le Bocage*, Paris, Gallimard, 1977.

FERNANDES Sujatha, *Cuba Represent! Cuban Arts, State Power, and the Making of New Revolutionary Cultures*, Durham/London, Duke University Press, 2006.

FERNÁNDEZ Damián J., *Cuba and the politics of passion*, Austin, University of Texas Press, 2000.

FERRER Ada, *Insurgent Cuba. Race, Nation, and Revolution (1868-1898)*, Chapel Hill/London, University of North Carolina Press, 1999.

FERRO Marc (dir.), *Nazisme et communisme. Deux régimes dans le siècle*, Hachette, «Littérature», 1999.

FIGES Orlando, *The Whisperers: Private Life in Stalin's Russia*, Penguin Books Ltd, 2008.

FITZGERALD Frank T., *The Cuban Revolution in Crisis: From Managing Socialism to Managing Survival*, New York, Monthly Review Press, 1994.

FITZPATRICK Sheila, *Le Stalinisme au quotidien. La Russie soviétique dans les années 1930* [1999], Paris, Flammarion, 2002.

– *The Russian Revolution*, New York/Oxford, Oxford University Press (3rd ed.), 2008.

FREUND Julien, *Sociologie du conflit*, Paris, PUF, 1983.

FRIEDERICH Carl J. et BRZEZINSKI Zbigniew, *Totalitarian Dictatorship and Autocracy*, Cambridge, Massachusets, Harvard University Press, 1965.

GAUCHET Marcel, «L'élargissement de l'objet historique», *Le Débat*, n° 103, janvier-février 1999, pp. 131-147.

– *L'Avènement de la démocratie III. À l'épreuve des totalitarismes, 1914-1974*, Paris, Gallimard, 2010.

Ginzburg Carlo, « Signes, traces, pistes. Racines d'un paradigme de l'indice », *Le Débat*, n° 6, novembre 1980, pp. 3-44.

– *Le Sabbat des sorcières*, Paris, Gallimard, 1992.

Goffman Erving, *Stigmate. Les Usages sociaux des handicaps*, Paris, Minuit, 1975.

González Ripoll Maria Dolores *et al.*, *El rumor de Haití en Cuba: temor, raza y rebeldía*, Madrid, CSIC, 2004.

Grenier Yvon, « Artistes et intellectuels cubains : entre incertitude et tâtonnements », in V. Bloch et Ph. Létrilliart (dir.), *Cuba, un régime au quotidien*, Paris, Choiseul, 2011, pp. 149-175.

– *Culture and the Cuban State. Participation, Recognition, and Dissonance under Communism*, Lexington Books, 2017.

Grossman Vassili, *Vie et destin*, Genève, L'Âge d'homme, 1980.

Guerra Felicia, et Álvarez-Detrell Tamara, *Balseros: Historia oral del éxodo cubano del'94/Balseros: Oral History of the Cuban Exodus of '94*, Miami, Universal, 1997.

Guilhot Nicolas, « La science politique et la transition démocratique à l'Est », *Multitudes*, 1995 (http://multitudes.samizdat.net/La-science-politique-et-la)

– *The Democracy Makers. Human Rights and International Order*, New York, Columbia University Press, 2005.

Habel Janette, « Cuba : une transition à hauts risques », *Problèmes d'Amérique Latine*, n° 17, avril-juin 1995, Paris, Documentation française, pp. 17-33.

Helg Aline, *Our Rightful Share. The Afro-Cuban Struggle for Equality, 1886-1912*, Chapel Hill, University of North Carolina Press, 1995.

Hernández-Requant Ariana (dir.), *Cuba in the Special Period: Culture and Ideology in the 1990s*, Palgrave Macmillan, 2009.

Hidalgo Ariel, *Disidencia. ¿Segunda Revolución Cubana?*, Miami, Universal, 1994.

HIRSCHMAN Albert O., *Défection et prise de parole*, Paris, Fayard, 1995.

HOROWITZ Irving L., et Suchlicki Jaime (dir.), *Cuban Communism* (9th ed.), New Brunswick/London, Transaction Publishers, 1998.

IGLESIAS UTSET Marial, *Las metáforas del cambio en la vida cotidiana: Cuba (1898-1902)*, La Habana, UNEAC, 2002.

KAROL K.S., *Les Guérilleros au pouvoir. L'itinéraire politique de la Révolution cubaine*, Paris, Laffont, 1970.

KERSHAW Ian, «"Se rapprocher du Führer": réflexions sur la nature de la dictature de Hitler», in M. Ferro (dir.), *Nazisme et communisme. Deux régimes dans le siècle*, Hachette, «Littérature», 1999, pp. 69-90.

– *Hitler. Essai sur le charisme en politique*, Paris, Gallimard, «Folio Histoire», 2001.

LATELL Brian, *After Fidel. The Inside Story of Castro's Regime and Cuba's Next Leader*, New York, Palgrave Macmillan, 2005.

LAURET Mari, *La odisea del Mariel (un testimonio sobre el éxodo y los sucesos de la Embajada de Perú en La Habana)*, Madrid, Betania, 2005.

LEDEVENA Alena, *Blat: Russian Economy of Favours*, Cambridge, Cambridge University Press, 1998

LEFORT Claude, *Essais sur le politique*, Paris, Seuil, 1986.

– *Un homme en trop*, Paris, Seuil, 1986.

– «Le concept de totalitarisme» [1996], *Le Temps présent. Écrits (1945-2005)*, Belin, 2007, pp. 869-891.

– *La Complication. Retour sur le communisme*, Paris, Fayard, 1999.

– *Le Temps présent. Écrits (1945-2005)*, Belin, 2007.

LÉTRILLIART Philippe, *Cuba, l'Église et la Révolution. Approche d'une concurrence conflictuelle*, Paris, L'Harmattan, 2005.

– «Religion dans la Révolution: le retour du catholicisme cubain», in V. Bloch et P. Létrilliart (dir.), *Cuba, un régime au quotidien*, Paris, Choiseul, 2011, pp. 121-147.

Levi Primo, *Survival in Auschwitz. The Nazi Assault on Humanity* [1947], New York, Collier Books, 1978.

– *Les Naufragés et les rescapés. Quarante ans après Auschwitz* [1986], Paris, Gallimard, 1989.

Lewis Oscar, Lewis Ruth M., et Rigdon Susan M., *Four Men: Living the Revolution, an Oral History of Contemporary Cuba*, Urbana, University of Illinois Press, 1977

– *Neighbors: Living the Revolution, an Oral History of Contemporary Cuba*, Urbana, University of Illinois Press, 1978

– *Trois femmes dans la Révolution cubaine*, Paris, Gallimard, 1980.

– *Cuatro hombres: Viviendo la Revolución, una historia oral de Cuba contemporánea*, México, J. Mortiz, 1980.

Linz Juan J., Stepan Alfred, *Problems of Democratic Transition and Consolidation*, Baltimore, Johns Hopkins University Press, 1996.

Loredo Miguel Angel, *Después del silencio*, Miami, Universal, 1989.

Mainwaring Scott, O'Donnell Guillermo A., Valenzuela Julio Samuel (dir.), *Issues in Democratic Consolidation: The New South American Democracies in Comparative Perspective*, Notre Dame, Indiana, University of Notre Dame Press, 1992.

Mañach Jorge, *La Crisis de la alta cultura en Cuba & Indagación del choteo* [1928], Miami, Universal, 1991.

Mason Tim, «Banalisation du nazisme? La controverse actuelle sur l'interprétation du national-socialisme», in M. Ferro (dir.), *Nazisme et communisme. Deux régimes dans le siècle*, Paris, Hachette, «Littérature», 1999, pp. 201-223.

Menéndez Ronaldo, *Las Bestias*, Madrid, Lengua de Trapo, 2006

Mesa Lago Carmelo, *The Economy of Socialist Cuba. A Two Decade Appraisal*, Albuquerque (NM), University of New Mexico Press, 1981.

– «El proceso de rectificación en Cuba: causas, políticas y efectos económicos», *Revista de estudios políticos*, octobre-décembre 1991, pp. 497-530.

– *Breve historia económica de la Cuba socialista*, Madrid, Alianza Editorial, 1994.

– *Economía y bienestar social en Cuba a comienzos del siglo XXI*, Madrid, Colibrí, 2003.

Mommsen Hans, *From Weimar to Auschwitz. Essays in German History* [1966], Cambridge, UK, Polity Press, 1991.

– *Alternatives to Hitler. German Resistance Under the Third Reich* [2000], London/New York, I. B. Tauris, 2003.

Montesquieu Charles Louis de Secondat, baron de, *De l'esprit des lois* [1748], Paris, Garnier Frères, 1961.

Moreno Fraginals Manuel, *Cuba/España, España/Cuba. Historia común*, Barcelona, Editorial Crítica, 1995.

Mujal-León Eusebio, «Higher Education and the Institutionalized Regime», *The Cuban University under the Revolution*, Washington, The Cuban-American National Foundation, 1988, pp. 21-38.

Mulet Pascual Margalida, *Resolver, un art cubain de la débrouille. La gestion du quotidien des Vazquez, une famille transnationale dans la Cuba des années 2000*, thèse de doctorat en anthropologie sociale et ethnologie, Paris, EHESS, 2016.

O'Donnell Guillermo, Schmitter Philippe C., Withehead Laurence (dir.), *Transitions from Authoritarian Rule: Comparative Perspectives*, Johns Hopkins University Press, 1986.

Oficina Nacional de Estadísticas de la República de Cuba (ONE), *Anuario estadístico de Cuba 2008, edición 2009*, La Havane, http://www.one.cu/aec2008.htm

– *Anuario estadístico de Cuba 2009, edición 2010*, La Havane, http://www.one.cu/aec2009.htm

– *Panorama económico y social, Cuba 2010, edición enero 2011*, La Havane, http://www.one.cu/publicaciones/08informacion/panorama2010/Panorama2010.pdf

– *Anuario estadístico de Cuba 2010, edición 2011*, La Havane, http://www.one.cu/aec2010.htm

– *Anuario estadístico de Cuba 2016, edición 2017*, La Havane, http://www.one.cu/aec2016.htm.

Ojito Mirta, *Finding Mañana. A Memoir of a Cuban Exodus*, New York, Penguin Press, 2005.

Oppenheimer Andres, *La hora final de Fidel Castro. La historia secreta detrás de la inminente caída del comunismo en Cuba*, Buenos Aires, Javier Vergara, 1992.

Orwell George, *Nineteen Eighty-Four*, Kindle Edition, 1949.

Pécaut Daniel, *L'Ordre et la Violence. Évolution socio-politique de la Colombie entre 1930 et 1953*, Paris, EHESS, 1987.

– *Entre le Peuple et la Nation. Les intellectuels et la politique au Brésil*, Paris, Maison des sciences de l'homme, 1989.

– *Crónica de dos décadas de política colombiana (1968-1988)*, Bogotá, Siglo XXI, 1989.

– «Postface», in G. Bataillon, D. Merklen (dir.), *L'Expérience des situations-limites*, Paris, Karthala, 2009, pp. 239-245.

Pedraza Silvia, *Political Disaffection in Cuba's Revolution and Exodus*, Cambridge University Press, 2007.

Pérez Jr Louis A., *Essays on Cuban History*, Gainesville, University Press of Florida, 1994.

– *Cuba Between Reform and Revolution*, New York/Oxford, Oxford University Press, 1995.

– *On Becoming Cuban. Nationality, Identity and Culture*, Chapel Hill/London, University of North Carolina Press, 1999.

– *To Die in Cuba*, Chapel Hill/London, University of North Carolina Press, 2005.

Pérez-López Jorge, *Cuba's Second Economy, from Behind the Scene to Center Stage*, New Brunswick, Transaction Publishers, 1995.

Pérez Stable Marifeli, *La Revolución cubana: orígenes, desarrollo y legado* [1993], Madrid, Colibrí, 1998.

Pérez Stable Marifeli, Cardoso Fernando Henrique (dir.), *Looking Forward: Comparative Perspectives on Cuba's Transition*, Notre Dame, Indiana, University of Notre Dame Press, 2007.

Piney Grace Giselle (dir.), *Bienvenidos a la transición*, Madrid, Aduana Vieja, 2005.

Pomian Krzysztof, «Qu'est-ce que le totalitarisme?», in M. Ferro (dir.), *Nazisme et communisme. Deux régimes dans le siècle*, Hachette, «Littérature», 1999, pp. 143-166.

Portes Alejandro, Rumbaut Rubén, *Immigrant America: A Portrait*, University of California Press, 4th ed., 2014.

Rojas Rafael, *Isla sin fin. Contribución a la crítica del nacionalismo cubano*, Miami, Universal, 1998.

– «Retour aux sources», *Communisme*, n° 85/86, 2006, pp. 45-64.

– *Tumbas sin sosiego. Revolución, disidencia y exilio del intelectual cubano*, Barcelona, Anagrama, 2006.

– «Anatomía del entusiasmo. La Revolución como espectáculo de ideas», *Encuentro de la cultura cubana*, n° 45/46, été/automne 2007, pp. 3-15.

– *Motivos de Anteo. Patria y nación en la historia intelectual de Cuba*, Madrid, Colibrí, 2008.

Rojas Rafael, Bobes Velia Cecilia (dir.), *La transición invisible. Sociedad y cambio político en Cuba*, México D.F., Océano, 2004.

Rosendhal Mona, *Inside the Revolution. Everyday Life in Socialist Cuba*, Ithaca N. Y., Cornell University Press, 1997.

Rosenberg Weinreb Amelia, *Cuba in the Shadow of Change: Daily Life in the Twilight of the Revolution*, University Press of Florida, 2012.

Sabel Charles F, Stark David, «Planning, Politics and Shop-Floor Power: Hidden Forms of Bargaining in Soviet-Imposed State-Socialist Societies», *Politics and Society*, 11, n° 4, 1982, pp. 439-475.

Sawyer Mark Q., *Racial Politics in post-Revolutionary Cuba*, New York, Cambridge University Press, 2006.

SCHMITTER Philippe, GUILHOT Nicolas, « De la transition à la consolidation. Une lecture rétrospective des *democratization studies* », *Revue française de science politique*, vol. 50 (4), 2000, pp. 615-632.

SCHÜTZ Alfred, *The Structures of the Life-World*, London, Heinemann, 1974.

SCOTT James C., *Weapons of the Weak: Everyday Form of Peasant Resistance*, New Heaven, Yale University Press, 1985.

SOLJENITSYNE Alexandre, *L'Archipel du Goulag (1918-1956). Essai d'investigation littéraire (première et deuxième parties)*, Paris, Seuil, 1974.

VILARIÑO Evelio, *Reforma y modernización socialista*, La Havane, Editorial de Ciencias Sociales, 1997.

VINCENOT Emmanuel, *Histoire de La Havane*, Paris, Fayard, 2016.

WERTH Nicolas, « De la soviétologie », in M. Ferro (dir.), *Nazisme et communisme. Deux régimes dans le siècle*, Paris, Hachette, « Littérature », 1999, pp. 224-240.

– , *La Terreur et le Désarroi. Staline et son système*, Paris, Perrin, « Temps », 2007.

WIARDA Howard J., « Is Cuba next? Crisis of the Castro regime », *Problems of communism*, vol. XL, n° 1, 1991, pp. 84-93.

YURCHAK Alexei, *Everything Was Forever Until It Was No More. The Last Soviet Generation*, Princeton/Oxford, Princeton University Press, 2006

Table des matières

LES RESSORTS D'UN RÉGIME POLITIQUE

Frédéric Angleviel, *Un drame de la colonisation. Ouvéa, Nouvelle-Calédonie, mai 1988*

Jean-Marie Autran, *La France, terre de mission américaine. La diplomatie religieuse du président Truman*

André Bach, *Justice militaire, 1915-1916*

Myriam Benraad, *Irak, la revanche de l'histoire. De l'occupation étrangère à l'État islamique*

Vincent Bloch, *Cuba, une révolution*

Emilie Brébant, *Au Rwanda, la Vierge est apparue*

Philippe Candegabe, *L'incroyable histoire de l'éléphant Hans. Des forêts du Sri Lanka au Muséum d'Histoire naturelle*

Jacques Carré, *La Prison des pauvres, l'expérience des workhouses en Angleterre*

Jean Luc Cattacin, *Les Libérateurs de l'Irlande. Huit siècles de lutte*

Pascal Cauchy, *L'Élection d'un notable. Les coulisses de mai 1981*

Rémy Cazals, *Bonaparte est un factieux ! Les résistants au coup d'État de 1851*

Hélène Chaubin, *La Corse à l'épreuve de la guerre, 1939-1943*

Philippe Chassaigne, Marie-Claude Esposito, *Londres, la ville-monde*

Thomas Chopard, *Le Martyre de Kiev*

Fabien Conord, *La France mutilée. 1871-1918, la question de l'Alsace-Lorraine*

Michel Cordillot, *Utopistes et exilés du Nouveau Monde. Des Français aux États-Unis de 1848 à la Commune*

Barthélémy Courmont, *Le Japon de Hiroshima. L'abîme et la résilience*

Marie-Danielle Demélas, *Parachutistes en Indochine*

François Duban, *Les Noirs à la conquête de l'Ouest*

Laurent Duguet, *Incarcérer les collaborateurs. Dans les camps de la libération, 1944-1945*

Éric Dussault, *L'Invention de Saint-Germain-des-Prés*

Philippe Foro, *Une longue saison de douleur et de mort. L'affaire Aldo Moro*

Jean-Charles Foucrier, *La Stratégie de la destruction. Bombardements alliés en France, 1944*

Marion F. Godfroy, *Kourou, 1763. Le dernier rêve de l'Amérique française*

Bertrand Goujon, *Du sang bleu dans les tranchées*

Lola Gonzalez-Quijano, *Capitale de l'amour. Filles et lieux de plaisir à Paris au XIXe siècle*

Christopher E. Goscha, *Indochine ou Vietnam ?*

Fabrice Grenard, *Une légende du maquis. Georges Guingouin, du mythe à l'histoire*

Lise Haddad, Jean-Marc Dreyfus (dir.), *Une médecine de mort*

Patrice Higonnet, *La Gloire et l'échafaud. Vie et destin de l'architecte de Marie-Antoinette*
— *Le Village des fanatiques*

Jean-Yves Le Naour, *Désunion nationale. La légende noire des soldats du Midi*

Jean-Yves Le Naour, Catherine Valenti, *Et le viol devint un crime*

Jacobo Machover, *Anatomie d'un désastre. Baie des Cochons, Cuba, avril 1961*

Christophe Maillard, *Un syndicalisme impossible? L'aventure oubliée des Jaunes*

Gregor Mathias, *La France ciblée. Terrorisme et contre-terrorisme pendant la guerre d'Algérie.*

Arnaud Manas, *L'Or de Vichy*

Jean-Clément Martin, Laurent Turcot, *Au cœur de la Révolution. Les leçons d'histoire d'un jeu vidéo*

Laurent Nagy, *D'une Terreur à l'autre. Nostalgie de l'Empire et théories du complot, 1815-1816*

Jean-François Nativité, *Servir ou désobéir?*

Thierry Noël, *Pablo Escobar. Trafiquant de cocaïne*

Caroline Parsi, *Vendetta. Crimes d'honneur en Corse au XIXᵉ siècle*

Jean-Louis Panicacci, *En territoire occupé. Italiens et Allemands à Nice, 1942-1944*

Guy Pervillé, *La France en Algérie, 1830-1954*

Gérard Piouffre, *Un crime de guerre en 1915? Le torpillage du Lusitania*

Régis Revenin, *Une histoire des garçons et des filles. Amour, genre, sexualité dans la France d'après-guerre*

Charles Ridel, *L'Ivresse du soldat. L'alcool dans les tranchées, 1914-1918*

Daniel Royot, Vera Guenova, *Les Aventuriers du Missouri. Sacagawea, Lewis et Clark à la découverte d'un nouveau monde*

Jean-Lucien Sanchez, *À Perpétuité. Relégués au bagne de Guyane*

Karine Salomé, *Je prie pour Carnot qui va être assassiné ce soir. Un attentat contre la République, 24 juin 1894*

Christian-Georges Schwentzel, *La Fabrique des chefs. D'Akhenaton à Donald Trump*
— *Les Quatre Saisons du Christ. Un parcours politique dans la Judée romaine*

Audrey Vedel-Bonnery, *La voix de la France. BBC, une radio en guerre*

Jean-Louis Vincent, *Affaire Dominici, la contre-enquête*

Thibaut Weitzel, *Le Fléau invisible. 1892, la dernière épidémie de choléra en France*

Cet ouvrage a été achevé d'imprimer
par Pulsio en janvier 2018
Dépôt légal : mars 2018
Imprimé en Union européenne